プリント形式のリアル過去問で本番の臨場感！

埼玉県 ✿市立 **浦 和** 中学校

2025年✿春 受験用

解 答 集

本書は，実物をなるべくそのままに，プリント形式で年度ごとに収録しています。
問題用紙を教科別に分けて使うことができるので，本番さながらの演習ができます。

■ 収録内容

・解答集（この冊子です）

　　書籍ID番号，この問題集の使い方，最新年度実物データ，リアル過去問の活用，
　　解答例と解説，ご使用にあたってのお願い・ご注意，お問い合わせ

・2024（令和6）年度 ～ 2018（平成30）年度　学力検査問題

○は収録あり	年度	'24	'23	'22	'21	'20	'19
■ 問題（適性検査Ⅰ・Ⅱ・Ⅲ）		○	○	○	○	○	○
■ 解答用紙		○	○	○	○	○	○
■ 配点							

全分野に解説があります

上記に2018年度を加えた7年分を収録しています
注）問題文等非掲載:2024年度適性検査Ⅰの2, 2021年度適性検査Ⅰの3

問題文の非掲載につきまして

　著作権上の都合により，本書に収録している過去入試問題の本文の一部を掲載しておりません。ご不便をおかけし，誠に申し訳ございません。

K 教英出版

JN132017

■ 書籍ID番号

入試に役立つダウンロード付録や学校情報などを随時更新して掲載しています。
教英出版ウェブサイトの「ご購入者様のページ」画面で，書籍ID番号を入力してご利用ください。

書籍ID番号 **102211**

（有効期限：2025年9月30日まで）

【入試に役立つダウンロード付録】
「要点のまとめ（国語／算数）」
「課題作文演習」 ほか

■ この問題集の使い方

年度ごとにプリント形式で収録しています。針を外して教科ごとに分けて使用します。①片側，②中央
のどちらかでとじてありますので，下図を参考に，問題用紙と解答用紙に分けて準備をしましょう（解答
用紙がない場合もあります）。

針を外すときは，けがをしないように十分注意してください。また，針を外すと紛失しやすくなります
ので気をつけましょう。

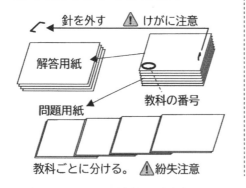
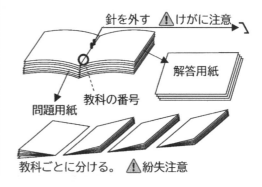

① 片側でとじてあるもの

② 中央でとじてあるもの

※教科数が上図と異なる場合があります。
　解答用紙がない場合や，問題と一体になっている場合があります。
　教科の番号は，教科ごとに分けるときの参考にしてください。

■ 最新年度 実物データ

実物をなるべくそのままに編集してい
ますが，収録の都合上，実際の試験問題
とは異なる場合があります。実物のサイ
ズ，様式は右表で確認してください。

問題用紙	Ａ４冊子（二つ折り）
解答用紙	Ａ４プリント

リアル過去問の活用

〜リアル過去問なら入試本番で力を発揮することができる〜

❀ 本番を体験しよう！

問題用紙の形式（縦向き／横向き），問題の配置や余白など，実物に近い紙面構成なので本番の臨場感が味わえます。まずはパラパラとめくって眺めてみてください。「これが志望校の入試問題なんだ！」と思えば入試に向けて気持ちが高まることでしょう。

❀ 入試を知ろう！

同じ教科の過去数年分の問題紙面を並べて，見比べてみましょう。

① 問題の量

毎年同じ大問数か，年によって違うのか，また全体の問題量はどのくらいか知っておきましょう。どのくらいのスピードで解けば時間内に終わるのか，大問ひとつにかけられる時間を計算してみましょう。

② 出題分野

よく出題されている分野とそうでない分野を見つけましょう。同じような問題が過去にも出題されていることに気がつくはずです。

③ 出題順序

得意な分野が毎年同じ大問番号で出題されていると分かれば，本番で取りこぼさないように先回りして解答することができるでしょう。

④ 解答方法

記述式か選択式か（マークシートか），見ておきましょう。記述式なら，単位まで書く必要があるかどうか，文字数はどのくらいかなど，細かいところまでチェックしておきましょう。計算過程を書く必要があるかどうかも重要です。

⑤ 問題の難易度

必ず正解したい基本問題，条件や指示の読み間違いといったケアレスミスに気をつけたい問題，後回しにしたほうがいい問題などをチェックしておきましょう。

❀ 問題を解こう！

志望校の入試傾向をつかんだら，問題を何度も解いていきましょう。ほかにも問題文の独特な言いまわしや，その学校独自の答え方を発見できることもあるでしょう。オリンピックや環境問題など，話題になった出来事を毎年出題する学校だと分かれば，日頃のニュースの見かたも変わってきます。

こうして志望校の入試傾向を知り対策を立てることこそが，過去問を解く最大の理由なのです。

❀ 実力を知ろう！

過去問を解くにあたって，得点はそれほど重要ではありません。大切なのは，志望校の過去問演習を通して，苦手な教科，苦手な分野を知ることです。苦手な教科，分野が分かったら，教科書や参考書に戻って重点的に学習する時間をつくりましょう。今の自分の実力を知れば，入試本番までの勉強の道すじが見えてきます。

❀ 試験に慣れよう！

入試では時間配分も重要です。本番で時間が足りなくなってあわてないように，リアル過去問で実戦演習をして，時間配分や出題パターンに慣れておきましょう。教科ごとに気持ちを切り替える練習もしておきましょう。

❀ 心を整えよう！

入試は誰でも緊張するものです。入試前日になったら，演習をやり尽くしたリアル過去問の表紙を眺めてみましょう。問題の内容を見る必要はもうありません。どんな形式だったかな？受験番号や氏名はどこに書くのかな？…ほんの少し見ておくだけでも，志望校の入試に向けて心の準備が整うことでしょう。

そして入試本番では，見慣れた問題紙面が緊張した心を落ち着かせてくれるはずです。

※まれに入試形式を変更する学校もありますが，条件はほかの受験生も同じです。心を整えてあせらずに問題に取りかかりましょう。

《解答例》

1　問1．A．何もない　B．信じてもらえたこと，まるごと認めてもらえたことがうれしかった　　問2．ウ

　　問3．自分が好きなことを，ほのかにも好きになってもらいたい　　問4．D．ウ　E．エ

2　問1．A．手段　B．指　C．月　　問2．下線部①…エ　下線部②…イ

　　問3．⑴D．水そのもののイメージ　E．water という文字列　F．water という言葉　⑵表現と意味のイメージ

　がセットにならないことで機能する，言葉が指し示す対象を想像できないもの　　問4．ア，オ

3　問1．A．62　B．70　C．林地残材　　問2．エ　　問3．エ　　問4．ア

4　問1．イ　　問2．イ　　問3．ウ

5　問1．ウ　　問2．A．ア　B．カ　　問3．イ

《解　説》

1　問1A　下線部①の2行後の「本当は，自分にできることなど，<u>何もない</u>ような気がしていた」より。

　　B　下線部①の15～20 行後に「―― 宝田さん(ほのか)は，なんでもできる。武市は言ってくれた～心の奥で反
芻する(くりかえし考える)。<u>こんなに信じてもらえたこと，自分をまるごと認めてもらえたこと</u>。～彼の言葉に
嘘はない。それが分かるから，ほのかは泣きたくなるのだ」とあることから読みとる。

　　問2　②　の3行後の「怖くなった」という気持ちの表れなので，ウの「足がすくんだ」が適する。「足がすく
む」は，恐怖や緊張のため足がこわばって思うように動かなくなる様子。

　　問3　下線部③の2行後に「その理由が分かった」とあることに着目する。その3行後の「<u>自分が好きなことを，
ほのかにも好きになってもらいたい</u>と，武市は思ってくれている」より。

　　問4D　下線部④の前行の「友達との約束が，世界を明るくしてくれる」を具体的に説明すると，ウの「武市との
交流が次も約束されていると思うと明るい気持ちになり」ということになる。　　E　花子さんが「一つ目の『何
か』は～代表委員になって教壇に立ったときに周りから感じた視線(「何か喋ってしまったら～踏みつけにさ
れる」と思って怖くなるような皆からの視線)～二つ目の『何か』は～『見守って』くれています」と言っている
ことから，エの「自分を見る視線には，厳しいものだけでなく温かいものもある」ということが読みとれる。

2　著作権上の都合により文章を掲載しておりませんので，解説も掲載しておりません。ご不便をおかけし，誠に
申し訳ございません。

3　問1　2014 年の日本の燃材の自給率は，(170＋12)÷292×100＝62.3…より，約 62%である。2020 年の日本の燃
材の自給率は，(882＋11)÷1280×100＝69.7…より，約 70%である。資料2を見ると，製材工場等残材や建設発生
木材は，そのほとんどを利用しているのに対して，林地残材は半分以上が利用されていないことが読み取れる。

　　問2　「流行りの」とは，下線部②の2～4行前で述べた「(先進国で)燃材は二酸化炭素を増加させないクリーン
なエネルギーとして，気候変動対策に有効であると認識されてきて～再生可能なバイオマスエネルギーとして，
需要は拡大傾向にある」ということを意味する。一方，「途上国では，燃材は伝統的な生活を支えるために唯
一利用できる大切なエネルギー源」なのである。これらをまとめると，エのような説明になる。この違いについ
て，筆者は「今後は先進国による次世代エネルギーの需要増加が，途上国が伝統的に利用してきた燃材を搾取し，

地域の生活を圧迫することになりかねない」と指摘している。

問3　安定した発電量を得られないのは，風力発電と太陽光発電である。風のない日には風力発電はできず，雨の日や夜には太陽光発電はできない。よって，aが風力発電，cが太陽光発電である。

問4　本文最後の段落で「地域社会のニーズとその置かれている状況を考慮して住民の活動を支援する視点が欠かせない」「彼らがそれを作るか，購入し，利用し，修理できるものでなければならず」と述べていることから，アのような考えが読みとれる。

4　問1　ア．誤り。予讃線と県道33号線にはさまれた場所に江戸時代の町人地があったが，現在では住宅密集地となっている。イ．正しい。ウ．誤り。丸亀駅の南側には，現在も寺院（卍）が残っている。エ．誤り。丸亀城の内堀は現在でも残っているが，外堀はうめ立てられて県道33号線になっている。

問2　城の修理には届け出を必要とするが，禁止されたわけではない。

問3　ア．誤り。元禄〜正徳年間につくられた藩校の数は6校だから，寛文〜貞享年間の4校の2倍より少ない。イ．誤り。実学が奨励され始めたのは宝暦〜天明年間ではなく，享保〜寛延年間である。ウ．正しい。エ．誤り。天保〜慶応年間から明治4年にかけては，関東地方より近畿地方の方が多くの藩校がつくられている。

5　問1　ア．誤り。1haあたりの収穫量は，小麦より米の方が約1000kg多い。イ．誤り。米の生産量上位2か国は中国とインドだが，中国は米の輸出量で上位5か国に入っていない。中国は人口が多く，米を主食とする人も多いので，国内消費量が多く，輸出量は多くない。ウ．正しい。エ．誤り。米の生産量上位8か国のうち，小麦の輸入量で上位5か国に入っている国は，インドネシアとフィリピンの2か国ある。

問2　米の輸出量の世界合計は42356千トン，輸入量の世界合計は45130千トン，小麦の輸出量の世界合計は179523千トン，輸入量の世界合計は179120千トンだから，小麦の方が輸出量も輸入量も多い。オ〜クの資料の中で，小麦のデータはカとクの2つであり，生産量と輸出量の関係がわかるのはカである。

問3　ア．誤り。さいたま市の農業産出額は，埼玉県全体の農業産出額の約10%（1678千万円）を大きく下回っている。イ．正しい。ウ．誤り。さいたま市の米の収穫量は，深谷市と本庄市の生産量の合計と等しく，さいたま市の米を生産する農業経営体数は893で，野菜を生産する農業経営体数の573の2倍より少ない。エ．誤り。さいたま市の農業部門別の農業経営体数は，畜産が極端に少なく，かたよりがないとはいえない。

《解答例》

1 問1. 4　　問2. 午前9時58分　　問3. 10000

問4. 太郎…C8　父…B5　母…C9　祖父…B7　祖母…B6　姉…C5　兄…C7　弟…C6

2 問1. 右図　　問2. 右図

問3. (1)28　(2)47　　問4. 26

3 問1. 午前10時11分50秒　　問2. ウ，エ，オ

問3. 音や熱のはたらきに変えられた

4 問1. 水てきが水じょう気に変化する　　問2. ウ　　問3. (1)17.7　(2)エ

5 問1. ①A　②C　③×　　問2. ①ク　②ク　　問3. ウ

2 問1の図

2 問2の図

《解 説》

1 問1　交通系ICカードで支払えば，1人あたり $210 \times \left(1 - \frac{1}{10}\right) = 189$（円）となる。

よって，交通系ICカードを使った中学生以上の人数は，$756 \div 189 = 4$（人）

問2　映画館に到着する時刻を，11時30分－35分＝10時55分よりも前にしたい。B駅から映画館までは $\frac{400}{50} = 8$（分）かかるので，A駅を出発する時刻はおそくとも，10時55分－8分－40分＝10時07分でなければならない。

10時07分以前に出る最もおそい電車は，10時04分発である。家からA駅までは $\frac{300}{50} = 6$（分）かかるから，10時04分発の電車に乗るためには，おそくとも10時04分－6分＝9時58分に家を出発しなければならない。

問3　映画館に行ったのは日曜日なので，ウェンズデイ割引は使えない。ペア割引は1人あたり2800÷2＝1400（円）になるので，ペア割引よりもシニア割引の方が安くなる。したがって，祖父と祖母はシニア割引を使うとよい。ペア割引は父ともう1人が使えて，そのもう1人は最も基本料金が高い母にするのがよい。4人の子供たちは全員それぞれの基本料金で入場することになる。

よって，求める入場料金は，1200×2＋2800＋1500＋1300＋1000×2＝10000（円）

問4　父と祖母と祖父は同じ列になり，太郎さんと兄と弟も同じ列になる。この6人が1つの列に座ることはできないので，それぞれの列を分けて，太郎さんは母のとなりに座ることにする。したがって，父と祖母と祖父はB列に左からこの順に座る。C列の右3つの席には，左から順に，兄，太郎さん，母が座る。姉と兄はとなり合わないので，姉がC列の左はし，その右に弟が座ればよい。

2 問1　正方形と●によって，2進数の表し方になっている。正方形の中の各マスの●は，右図の数を表す。12＝8＋4だから，左下と右下のマスに●をかけばよい。

問2　16を表す図に，●が4つかかれた正方形を1つ増やすごとに，数が16増えていく。

100÷16＝6余り4であり，●が4つかかれた正方形6つと●がかかれていない正方形1つで96を表す。

あと4増やすために，右はしの正方形の右下のマスに●をかけばよい。

問3　正方形のときと同じ考え方でいけるかと思いきや，先ほどとはルールが少し異なる。

1の図から上の●が1を，2の図から右下の●が2を表していて，3は上の●と右下の●で表せると考えられるが，

実際は異なる。したがって，正三角形の場合には，1つ1つの●が表す数があるのではなく，●の形がそのまま0～7の数に対応していると考える。

(1) 8を表す図に，●が3つかかれた正三角形を1つ増やすごとに，数が8増えていく。したがって，●が3つかかれた正三角形3つと●がかかれていない正三角形1つで8×3＝24を表す。図5の一番上の正三角形の中にある●2つの位置は，図3の4と同じだから，図5が表す数は，24＋4＝28

(2) ●が3つかかれた正三角形5つと●がかかれていない正三角形1つで8×5＝40を表す。6つ目の正三角形に●を3つかくと7を表すから，正三角形6つで，40＋7＝47まで表せる。

問4 図3の場合だと，●をかく位置が3つあり，それぞれの位置について，●がないかあるかの2通りの表し方があるから，全部で，2×2×2＝8（通り）の表し方ができる。したがって，0～7の8個の数を表せる。
○と●を使う場合，3つの位置ごとに，丸がないか○か●の3通りの表し方があるので，全部で3×3×3＝27（通り）の表し方ができる。したがって，0～26の27個の数を表せる。

③ 問1 1回目に青色の灯火の点滅が始まるのは，Aが30＋20＝50（秒後），Bが35＋25＝60（秒後）である。このあと青色の灯火の点滅が始まるのは，Aが10＋50＝60（秒）ごと，Bが5＋60＝65（秒）ごとである。つまり，青色の灯火の点滅が始まる秒数は，Aが（60の倍数）＋50，Bが（60の倍数）＋5となる。Bの青色の灯火の点滅が始まる秒数は，2回目以降は1回ごとに60の倍数から5ずつ増えていくから，このずれが50÷5＝10（回分）たまればよい。したがって，60＋65×10＝710（秒後）に60の倍数より50多くなる。710秒＝11分50秒だから，求める時刻は，午前10時11分50秒である。

問2 図2のグラフにかきこみながら考える。
まず，信号機A，Bそれぞれが通れない時間を実線でかきこむと，右図のようになる。ア～コの選択しの速さはすべて秒速5.0cmより速いので，はじめからかかれているグラフより上側を

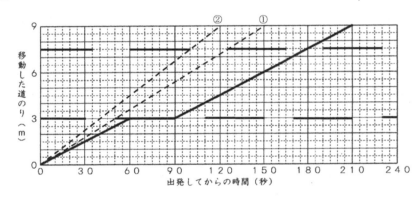

通るように，0mから9mのところまで直線が引ける速さならば，信号で一度も停止することなくゴールできる。そのような速さは，①の点線と②の点線の間である。
①の速さは，$\frac{300}{50}=6$，$\frac{750}{125}=6$より，秒速6.0cmである。ただし，秒速6.0cmだと，信号機Aで，信号に到着した瞬間に青色の灯火が点滅を始めるので，信号で停止しないためには秒速6.0cmより速くなければならない。
②の速さは，$\frac{750}{100}=7.5$より，秒速7.5cmである。秒速7.5cmだと，信号機Bに到着した瞬間に赤色の灯火から青色の灯火に変わるので，信号で停止しなくてもよい。
以上より，秒速6.0cmより速く秒速7.5cm以下の速さを選べばよいので，ウ，エ，オを選ぶとよい。

問3 【花子さんが手回し発電機について調べたこと】に，「ハンドルや歯車などの回転による音が出て，回転を続けていくうちに歯車やモーターがあたたかくなる」と書かれていることから，運動のはたらきのすべてが電気のはたらきにかえられているわけではないことを読み取る。また，電気のはたらきによってもう一方の手回し発電機のハンドルが回転するときにも同様に，電気のはたらきの一部が音や熱のはたらきに変えられることが考えられる。

4 問2　X地点で，1㎥の空気中にふくまれている水じょう気量が12.8gであることに着目すると，資料1より，気温が15℃になると1㎥の空気中にふくむことができる水じょう気量の限度に達する(雲ができはじめる)ことがわかる。つまり，X地点の気温は19℃だから，空気が上昇することで気温が19－15＝4(℃)低くなると雲ができはじめる。雲ができていないときは100m高くなるごとに1.0℃の割合で低くなるから，4℃低くなるのは空気が100×4＝400(m)上昇したときであり，標高600＋400＝1000(m)の地点である。標高1000mからさらに山頂に向かって空気が上昇するときは雲ができていて，100m高くなるごとに0.5℃の割合で低くなるから，山頂まで1800－1000＝800(m)上昇することで$0.5 \times \frac{800}{100} = 4$(℃)低くなる。つまり，山頂での気温は15－4＝11(℃)になる。よって，標高1000mで気温が15℃になり，そこで気温の下がり方が変化し(グラフが折れ曲がり)，標高1800mで気温が11℃になるウが正答となる。

問3(1)　標高1800mから30mまで1800－30＝1770(m)下降する。このとき100m下がるごとに気温が1.0℃の割合で上がるから，山頂より$1.0 \times \frac{1770}{100} = 17.7$(℃)高くなる。　　(2)　空気中にふくまれている水じょう気の量が多いほど，雲ができはじめる温度が高くなる。これは，気温が少し下がるだけで雲ができはじめるということだから，雲ができはじめる標高が低くなるということである。雲ができていないときの方が100m上昇したときの気温の下がり方が大きいから，雲ができはじめる標高が低くなる(気温の下がり方が大きい区間が短くなる)と，山頂での気温が高くなり，Y地点での気温も高くなる。

5 問1　資料1より，白色に見えるのは3色が重なっている部分だからA，空色に見えるのは緑色と青色が重なっている部分(赤色だけが当たっていない部分)だからC，赤色に見えるのは赤色だけが当たっている部分だからA～Gのどれにもあてはまらない。なお，Bは赤紫色，Dは黄色，Eは青色，Fは緑色，Gは黒色に見える。

問2　アサガオの葉が緑色に見えるのは，緑色の光だけを反射するためである。よって，真っ暗な部屋の中で赤色や青色の光を当てても，これらの光は吸収されて黒色に見える。

問3　プレパラートの動かし方や図5のミジンコの見え方からもわかる通り，顕微鏡の視野は上下左右が反対になる。

《解答例》

[1] 今から火災の被害を減らすための取り組みについて発表します。わたしたちが住む埼玉県は，住宅用火災警報器の設置率が全国平均よりも低いです。警報器が設置されていると，設置されていない場合に比べて，火災による死者数は半分になり，焼損床面積は半分以下になります。このように，住宅用火災警報器には火災の被害を減らす効果があるので，設置率を上げる必要があります。他にも火災の被害を減らすための対策があります。たとえばわたしは，火災の拡大やにげおくれを防ぐために部屋をきれいにしたり，近所の人と協力して初期消火ができるように防火訓練に参加したりしています。みなさんも，火災の被害を減らす取り組みを始めてみませんか。

[2] ４月に花が開くように，キンセンカ，デージー，パンジーを選び，内側から順番に，キンセンカ，デージー，パンジーの種をまきます。パンジーを植える場所は，（１８０－１５×２）×３．１４÷１５＝３１余り６だから，３１か所，同様に計算すると，デージーを植える場所は１７か所，キンセンカを植える場所は７か所となります。パンジーは６２つぶ，デージーは５１つぶ，キンセンカは１４つぶの種が必要で，パンジーをＡ店で２ふくろ，デージーをＢ店で１ふくろ，キンセンカをＡ店で１ふくろ買うので，費用が９９０円必要になります。

[3] 給食には輸入された食料品が使われています。食料自給率で考えると，パン（小麦）は約８３％，果物は約６１％を輸入にたよっていることになります。多くの食料品を輸入する日本のフード・マイレージの値は高く，イギリスの約４．８倍です。例えば，埼玉県小川町で豆腐を作るときのフード・マイレージとＣＯ２排出量は，地元産大豆１トンを使った場合は３．４ｔ・ｋｍと０．６ｋｇ，アメリカ産輸入大豆１トンを使った場合は１９９６８．４ｔ・ｋｍと２４５．９ｋｇになり，地元産大豆を使うと地球温暖化の原因となるＣＯ２の排出量を減らせることがわかります。このような考え方によって，食料の輸入が地球温暖化につながることを示すことができます。

《解　説》

[1] 【太郎さんと先生の会話】の太郎さんの最後の発言に着目する。「まず，資料１から，埼玉県〜全国平均との差を述べます。次に，資料２の①，②から〜設置効果を具体的に伝えます。最後に，資料３から〜わたし（太郎さん）が取り組んでいることを２点，理由を明らかにして述べよう」が解答に必要な内容である。つまり，埼玉県の住宅用火災警報器の設置率が全国平均に比べて低いこと，住宅用火災警報器には「死者数」と「焼損床面積」を大きく減らす効果があること，太郎さんが資料３の３「部屋を整理整とんして」と６「防火防災訓練への参加」を実践していることをまとめる。【太郎さんとリサさんの会話】で，太郎さんは「I clean my room every day.」（わたしは毎日自分の部屋をきれいにしています），「I went to a fire drill.」（わたしは防火訓練に行ってきました）と言っている。「理由を明らかにして」とあるので，それらを実践することにどのような効果があるのかを考えてまとめよう。

[2] ４月に花が開くものを選ぶので，３種類の植物はキンセンカ，デージー，パンジーに決まる。このうち最も背が高いキンセンカが一番内側に決まる。デージーとパンジーは背の高さが同じくらいなので，最も多くの植物を植えるにはどちらを外側にした方がよいかを考える。種の間隔を見ると，デージーは20㎝，パンジーは15㎝でパンジーの方が短いから，パンジーをより大きい円の円周上に植えた方が数の合計が多くなる。したがって，一番外側をパンジーにすればよい。花だんの外わくとパンジーの間隔を15㎝，パンジーとデージーの間隔を20㎝，デージーとキンセンカの間隔を25㎝にするので，円の直径は外側から順に，180－15×２＝150(㎝)，150－20×２＝

110(cm)，110－25×2＝60(cm)となる。

パンジーは，150×3.14÷15＝31余り6より31か所に，デージーは，110×3.14÷20＝17余り5.4より17か所に，キンセンカは，60×3.14÷25＝7余り13.4より7か所に種をまく。必要な種の数は，パンジーが2×31＝62(つぶ)，デージーが3×17＝51(つぶ)，キンセンカが2×7＝14(つぶ)である。

最も費用が安くなるのは，パンジーをA店で2ふくろ，デージーをB店で1ふくろ，キンセンカをA店で1ふくろ買ったときだから，必要な費用は，220×2＋330＋220＝990(円)になる。

3 まず，半分以上を輸入にたよっている食料品の品目としてパン(小麦)と果物を挙げる。次に，日本のフード・マイレージがイギリスの何倍になっているかを，小数第2位を四捨五入して述べる。次に埼玉県小川町で豆腐を作るとき，地元の小川町産大豆1トンを使った場合とアメリカ産の輸入大豆1トンを使った場合のフード・マイレージとCO_2排出量を述べ，地元産大豆を使うことで輸送時に発生する二酸化炭素の量を減らすことができることを述べる。最後に，地球環境を守るために地球温暖化の原因となる二酸化炭素の排出をできるだけ抑えることが必要であることを述べる。

《解答例》

1 問1．ア　　問2．清子の，挨拶もせず，目が合っても反応しないで顔を背ける態度。　　問3．A．返してきた
のが，嬉しかった　B．可愛らしく　C．自分の感情のせい　　問4．エ

2 問1．ウ　　問2．イ　　問3．A．サセテクダサル　B．サセテイタダク　C．他者　D．自分　　問4．非敬
語ではより近い言葉を，敬語ではより遠い言葉を使おうとする　　問5．エ

3 問1．ウ　　問2．ア　　問3．エ　　問4．イ

4 問1．7月30日　　問2．ア　　問3．ウ　　問4．B．ア　C．4740000

5 問1．ウ　　問2．④　　問3．車両から施設への電気の供給

《解　説》

1 問1　下線部①の前後を参照。「母に諭されて始めた」「返事は今もってないが，決めたことはやりとげるつもりだ」
と書かれていることに，アが適する。

問2　下線部②は「火に油を注いだ」と同じ意味。「火に油を注ぐ」は，勢いが盛んなものにさらに勢いを加える
ようなことをして，状況を悪化させるという意味。「蒼い目を理由に意地悪」をしてきたのは「周りの子」だが，
その状況を悪化させたのは清子自身の態度だったということ。それまでの清子の態度は，前書きに「トラブルをさ
けようと挨拶もしないで過ごしていた」，下線部①の2～4行後に「挨拶だけではない～誰と目が合っても，反
応しないでいた～嫌悪の表情をされる前に，自分から顔を背けることも珍しくなかった」と書かれている。

問3　下線部③のように決意し，行動した後の清子の思いは，本文最後から16～18行目に書かれている。「今暗が
りでこそこそやっている(ハナエと節子の)様子は可愛らしかった。それから気づいた。二人が～可愛らしく思える
のは，自分の感情のせいだと。節子が挨拶を返してきたのが，嬉しかったのだ」より。

問4　節子が「おやすみなさい」，リツが「……お，おはよう」と挨拶を返す反応をしたことから，エの「これか
ら良い方向に変化していきそうなきざし」が読みとれる。

2 問2　「させていただく」は「本来，目上の相手の許可を得て何かをすることで相手から恩恵を受けることを表
す」もの。つまり，「させていただく」を使う場合には，関わっている目上の相手がいるはずだということ。その
ような相手がいないのに「させていただく」を使っているものを選ぶので，イが正解。

問3C・D　本文中で「クレルの主語は～お金を与えた人です。それに対して，モラウの主語はこの文を言ってい
るこの人自身です」「aの文～『(あなたが)クレテ』のようにお金の与え手に言及している～bだと，『モラウ』
のはあくまで『私』～自分のことを言っているだけです」「aのクレル系では必ず主語である他者に触れざるを得
ないのに対して」と述べていることから読みとれる。

問4　下線部③の直後で「というわけで，非敬語ではより近い言葉へ，敬語ではより遠い言葉へ，というのが現在
の日本語におけるポライトネス意識だと言えそうです」とまとめていることに着目する。

問5　本文最後の段落で「日本語は，この種の面倒くささがどうも好きなようなのです。ちょうどいい距離感＝
敬意の度合いを求める日本人の旅は，どうやら終着駅がなさそうです」と述べている。よって，エの「日本人は，
距離感を保つために敬意の度合いを使い分けることはしないので」という部分は誤り。

3 問1　●の個数は人口密度（1㎢あたりの人口）に比例するので，人口密度についてインドがイギリスのおよそ何
倍かを求めればよい。イギリスの人口密度は，$\dfrac{6789万人}{24万㎢}=282.8\cdots$だから，およそ283人である。インドの人口密

度は，$\dfrac{138000\text{万人}}{329\text{万km}^2}$＝419.4…だから，およそ419人である。$\dfrac{419}{283}$＝1.48…より，インドの人口密度はイギリスのおよそ1.5倍だから，正方形の中に●が4×1.5＝6(個)あればよい。よって，ウが適切である。

問2　下線部②の1～3行前「人間はそんなに急に変わることはできないので，現代人の遺伝子も原始時代の記憶(おく)を引きずっている。だから容易に共有地の悲劇(ひげき)(多くの人が利己的な行動に走った結果，共有する資源がつきてなくなる現象)を引き起こす。これは人がもって生まれた性なのである」より，アのような理由が読みとれる。

問3　エが適切でない。米づくりがはじまる前についての記述であり，米づくりの広まりによる変化とは関係がない。米づくりが始まり，土地や水の利用などをめぐって争いが起こるようになると，弓矢は争いの道具としても使われるようになった。イについては，米づくりが広まる以前の縄文時代には，すでに定住自体は始まっていたが，米づくりが広まることで農地の近くに定住することになったので，あてはまるものとする。

問4　「楽観的悲観主義者のマインド」は，本文最後の2段落で述べた筆者の考えをまとめた表現である。よって，本文最後の2段落の内容をまとめている，イが適する。

4 問1　12日ごとにおとずれる「丑」の日を6月12日から順番に追っていく。6月12日を1番目とすると，2番目は6月12日＋12日＝6月24日，3番目は6月24日＋6日＋6日＝6月30日＋6日＝7月6日，4番目は7月6日＋12日＝7月18日，5番目は7月18日＋12日＝7月30日，6番目は7月30日＋1日＋11日＝7月31日＋11日＝8月11日である。「夏の土用」は7月20日～8月7日だから，2023年夏の「土用の丑の日」は7月30日である。

問2　ア．生鮮魚介類全体の1人1年あたりの購入量(資料4)にしめる，アジ，サンマ，イカ，エビの1人1年あたりの購入量(資料5)の割合は，1989年がおよそ$\dfrac{4000}{13500}$×10＝2.9…割→3割，2018年がおよそ$\dfrac{1600}{7900}$×10＝2.0…割→2割となるので，適切である。

イ．資料5で1989年と2018年を比べると，サケは増加しているが，マグロ，ブリは減少しているので，適切でない。

ウ．資料4の購入量の半分は，1989年が13576÷2＝6788(g)，2018年が7874÷2＝3937(g)で，資料5の購入量はそれらの値(あたい)をこえているので，適切でない。

エ．資料6の静岡市を見ると，2018年のサケの購入量(およそ2100g)はマグロの購入量(およそ5300g)より少ないので，適切でない。

オ．資料6を見ると，1989年にマグロの購入量が1世帯1年あたり2000g以下であった都市のうち，大阪市と熊本市は2018年のマグロの1世帯1年あたりの購入量が減少しているので，適切でない。

問3　ア．資料7で1980年と2020年の生鮮魚介類の購入金額を比べると，およそ71千円からおよそ42千円になっており，半分以下とはいえないから適切でない。

イ．資料7で1995年から2020年の生鮮肉類の購入金額の変化を見ると，1995年から2002年ぐらいまでは減少しているので，適切でない。

ウ．資料7で2000年と2020年の購入金額を比べると，生鮮魚介類はおよそ68千円からおよそ42千円となり，68－42＝26(千円)，つまり2万6千円ほど減っている。生鮮肉類はおよそ65千円からおよそ80千円となり，80－65＝15(千円)，つまり1万5千円ほど増えている。よって，適切である。

エ．資料8で生鮮魚介類の平均購入価格を見ると，2010年ごろから2020年まで増加し続けているので，適切でない。

オ．資料8で1980年と2020年の生鮮魚介類の平均購入価格を比べると，2020年の方が高くなっている。よって，適切でない。

問4　クロマグロの増肉係数は$\dfrac{700}{50}$＝14で，14÷5＝2.8だから，「ア．ブリ」のちょうど5倍である。

30.2万尾のクロマグロのえさとなった魚の量は，700×302000＝211400000（kg）である。これを44.6 kgで割ればよいから，Cに入る人数は，211400000÷44.6＝4739910.…より，4740000人である。

5 問1　ウ．資料3より，東京都の平均より高齢化率が低い地区の数は4，高い地区の数は18である。　ア．資料2より，2020年の八王子市区域人口は全体の3割程度である。　イ．資料3より，多摩市区域の人口は1990年以降，ほとんど変化していない。　エ．資料3より，入居開始年が1990年より後の地区でも，高齢化率が30%をこえている地区がある。

問2　やぶれた傘を職人が直したと書かれているので，④を選ぶ。

問3　会話中に「X2Vは～仕組みだけがあるのに対し，V2Xには～仕組みもある」とあるので，資料6より，X2Vにはなくて，V2Xにはあるしくみを読み取って書こう。

《解答例》

1　問1．ウ，オ　　問2．(1)太郎さんの家…90　花子さんの家…60　(2)太郎さんの家…50　花子さんの家…40

　　問3．(1)6510　(2)3000円で6回，1000円で2回

2　問1．29　　問2．A．6　B．5.6　C．1680　　問3．説明…長針が 360°×7＝2520° 動くのにかかる時間は，$\frac{2520}{5.6}$＝450(分)である。450÷60＝7余り30より，7時間30分かかる。　答え…7，30

3　問1．5.7　　問2．(1)33，30　(2)12.4　　問3．320　　問4．ア，ウ，エ

4　問1．90　　問2．(1)A．1.18　B．0.79　C．1.00　(2)右表

　　問3．19.3　　問4．エ，オ，カ

	水	こさが6%の食塩水	こさが12%の食塩水	こさが18%の食塩水	こさが24%の食塩水	エタノール
ポリスチレン	✕	✕	〇	〇	〇	✕

5　問1．(1)カ　(2)C．運搬されている　D．堆積している

　　問2．(1)イ→ウ→ア→エ　(2)51.36

《解説》

1　問1　ア．品目数の合計は，スーパーが 20＋25＋15＝60(種類)，コンビニが 5＋20＋10＝35(種類)でスーパーの方が多いから，適切である。

イ．適切である。グラフの一番上の値<ruby>値<rt>あたい</rt></ruby>はスーパーとコンビニで異なることに注意する。

ウ．最も品目数が多い価格帯は，スーパーが 100 円以上 200 円未満，コンビニが 100 円以上 200 円未満で同じだから，適切でない。

エ．最も品目数が少ない価格帯は，スーパーが 200 円以上 300 円未満，コンビニが 0 円以上 100 円未満でスーパーの方が高いから，適切である。

オ．最も品目数が多い価格帯の品目数の全体における割合は，スーパーでは $\frac{25}{60}$＝0.4…，コンビニでは $\frac{20}{35}$＝0.5…でスーパーの方が小さいから，適切でない。

カ．最も品目数が少ない価格帯の品目数の全体における割合は，スーパーでは $\frac{15}{60}$＝0.25，コンビニでは $\frac{5}{35}$＝0.1…でスーパーの方が大きいから，適切である。

問2(1)　10月と11月を合わせると，太郎さんの家では，スーパーでの買い物の金額が，17000＋28000＝45000(円)，買い物をした金額の合計が 45000＋3000＋2000＝50000(円)だから，スーパーの金額の割合は，$\frac{45000}{50000}$×100＝90(％)
花子さんの家では，スーパーでの買い物の金額が，15000＋21000＝36000(円)，買い物をした金額の合計が 36000＋10000＋14000＝60000(円)だから，スーパーの金額の割合は，$\frac{36000}{60000}$×100＝60(％)

(2)　太郎さんの家では，10月の買い物の金額が 17000＋3000＝20000(円)，11月の買い物の金額が 28000＋2000＝30000(円)だから，増加額は 30000－20000＝10000(円)である。よって，求める割合は，$\frac{10000}{20000}$×100＝50(％)
花子さんの家では，10月の買い物の金額が 15000＋10000＝25000(円)，11月の買い物の金額が 21000＋14000＝35000(円)だから，増加額は 35000－25000＝10000(円)である。よって，求める割合は，$\frac{10000}{25000}$×100＝40(％)

問3(1)　実際に支払った金額の合計は 1100×2＋2000＋3200＝7400(円)で，もらえるクーポンの額面の合計は，120×2＋200＋450＝890(円)となる。よって，合計みなし支払い額は，7400－890＝6510(円)

(2)　まず，購入額が 1000 円，1500 円，3000 円それぞれの場合について，支払った金額に対するもらえるクーポンの額面の割合(どれだけ得か)を計算する。1000 円の場合は $\frac{120}{1000}$＝0.12，1500 円の場合は $\frac{200}{1500}$＝0.13…，3000 円の場合は $\frac{450}{3000}$＝0.15 だから，なるべく額面が大きいクーポンを多くもらえるように買い物をした方がよい。ただ

し，購入額の3つの区分（○円以上○円未満の3つの区分）のうち最も小さい金額で買い物をした方がよいことに注意する。20000÷3000＝6余り2000だから，まず3000円で6回買い物をする。残り2000円を1回ですませると200円のクーポン1枚しかもらえないが，1000円で2回に分けると，120円のクーポンが2枚もらえるので，その方が得である。よって，3000円で6回，1000円で2回購入するとよい。

2 **問1** $(28×2＋29×3)÷5＝143÷5＝28.6$ より，平均は29回である。

問2 ふりこが正確にふれるならば，長針は60分間で360°，1分間で $360°÷60＝6°$ 動く。よって，A＝60

したがって，ふりこが振動する回数と長針が動く角度の比は，$30：6＝5：1$ になる。

よって，$B＝28×\frac{1}{5}＝5.6$，$C＝336×5＝1680$

問3 長針は7周するとき $360°×7＝2520°$ 動き，図1のふりこ時計は1分間で長針が5.6°動くので，長針が7周するのに，$\frac{2520}{5.6}＝450$（分）かかる。

3 **問1** 最もペダルが重くなるのはトップギアのときである。このとき，ペダルを1回転させると後方の歯車は3回転するから，後輪も3回転する。したがって，自転車は後輪の円周の3倍だけ進むから，求める長さは，

$30×2×3.14×3＝180×3.14＝565.2$（cm），つまり，$565.2÷100＝5.652$ より，およそ5.7mである。

問2(1) 太郎さんはAからBまで $\frac{5.6}{24}＝\frac{7}{30}$（時間），つまり14分かかり，BからCまで $\frac{4.5}{18}＝\frac{1}{4}$（時間），つまり15分かかる。花子さんはAからDまで $\frac{10.4}{24}＝\frac{13}{30}$（時間），つまり26分かかり，DからCまで15分かかる。

したがって，太郎さんがCに着いたとき，花子さんはDを通過してから，$14＋15－26＝3$（分）走っているので，Dから $18×\frac{3}{60}＝0.9$（km）進んでいる。このとき太郎さんと花子さんの間の道のりは $4.5－0.9＝3.6$（km）だから，さらに $\frac{3.6}{30＋18}＝\frac{3}{40}$（時間後），つまり $(\frac{3}{40}×60)$ 分後＝4.5分後＝4分30秒後にすれちがう。

よって，求める時間は，29分＋4分30秒後＝33分30秒後

(2) 太郎さんはCから $30×\frac{3}{40}＝\frac{9}{4}＝2.25$（km）進んでいる。

よって，求める道のりは，$5.6＋4.5＋2.25＝12.35$ より，12.4kmである。

問3 前と後ろで2つの輪じくを考える。右のように作図する。

（⑦の重さ）×ED＝（㋫の重さ）×EFだから，

（⑦の重さ）×9＝800×18　（⑦の重さ）＝$800×18×\frac{1}{9}＝1600$（g）

ローギアと前方の歯車はチェーンでつながっているので，ローギアには前方の歯車に伝わる力と同じ力が伝わるから，㋑の重さは⑦の重さと等しく，1600gとなる。

（⑦の重さ）×BA＝（㋑の重さ）×BCだから，

（⑦の重さ）×30＝1600×6

（⑦の重さ）＝$1600×6×\frac{1}{30}＝320$（g）

よって，X＝320

問4 ア，ウ，エは右図で同じ色をつけた角度がそれぞれ等しいので，正しい。

イは鏡に当たったあと右図の太線のように光が進むが，そうなっていないので正しくない。オ，カはそれぞれ色をつけた2つの角度が異なるので，正しくない。

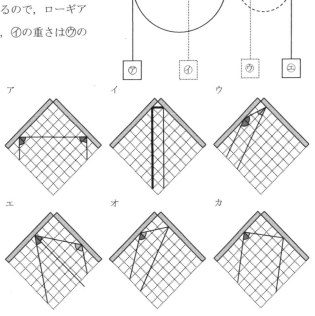

4 問1　実験①の結果のグラフより，5分後の水の上昇温度はAが60℃，Bが30℃，Cが20℃，Dが15℃になっているので，表より，水の重さが2倍，3倍，4倍になると，水の上昇温度は$\frac{1}{2}$倍，$\frac{1}{3}$倍，$\frac{1}{4}$倍になることがわかる。よって，水の上昇温度は水の重さに反比例することがわかるので，5分後の水の上昇温度を100－20＝80（℃）にするには，5分後のCの水の上昇温度の4倍であることを利用して，Cの水の重さの$\frac{1}{4}$倍の360÷4＝90（g）とする。

問2(1)　実験②の結果の表と表2より，ポリエチレンテレフタラートは1㎤あたりの重さが最も大きいこさが24％の食塩水に入れてもしずむことがわかるので，ポリエチレンテレフタラートの1㎤あたりの重さはこさが24％の食塩水の1.18gより大きいことがわかる。また，ポリプロピレンはエタノールに入れるとしずむが，それ以外のものにはうくので，ポリプロピレンの1㎤あたりの重さはエタノールの0.79gより大きく，水の1.00gより小さいことがわかる。　(2)　ポリスチレンの1㎤あたりの重さは63÷（3×4×5）＝1.05（g）だから，表2の値と比べると，水，こさが6％の食塩水，エタノールにはしずみ，こさが12～24％の食塩水にはうくことがわかる。

問3　ういている物体の重さは，その物体がおしのけた液体の重さに等しいので，表1の発泡ポリスチレンの重さが840g，水1㎤あたりの重さが1.00gであることから，おしのけた水の体積は840㎤である。よって，発泡ポリスチレンの最も大きい面（30㎝×40㎝＝1200㎤）を底面として水にうかべたとき，水面より下にある部分の高さは840÷1200＝0.7（㎝），水面から上に出ている部分の高さは20－0.7＝19.3（㎝）となる。

問4　空気6.0Lの重さは1.18×6.0＝7.08（g）である。気体6.0Lの重さに2.0gのビニル袋の重さをたしても7.08gより小さくなるものは空気中にうかぶ。よって，6.0Lの重さが7.08－2.0＝5.08（g）よりも小さい，つまり1Lあたりの重さが5.08÷6＝0.846…（g）よりも小さい気体が入ったビニル袋は空気中にうかぶので，エ，オ，カが正答となる。

5 問1(1)　花子さんと太郎さんと先生の会話①より，流れる水の速さをだんだんおそくしていくと，最初に堆積するのは，図4で領域Ⅰの範囲が流れる水の速さが最も速いところまでおよんでいるれきである。また，流れる水の速さをだんだん速くしていくと，最初に侵食され運搬されるのは，図5で領域Ⅱの範囲が流れる水の速さが最もおそいところまでおよんでいる砂である。　(2)　領域Ⅲは状態が変わらないことを表している。

問2(1)　60mはなれて立っている2人の間をうきが流れていく時間をはかるので，まず，上流に立っている人よりもさらに上流から川にうきを落とし（イ），上流に立っている人の目の前をうきが流れてきたら手をあげ（ウ），上流に立っている人が手を上げたら，下流に立っている人がストップウォッチをスタートし（ア），下流に立っている人の目の前をうきが流れてくるのを確認したら，ストップウォッチをストップする（エ）。　(2)　調査の結果の表より，時間の平均は（47.5＋53.0＋48.5＋51.5＋49.5）÷5＝50.0（秒）だから，1秒間にうき（水）は60÷50＝1.2（m）移動する。図6の川の断面の面積は台形が3つあると考える。3つの台形の面積の合計は（13.6＋14.0）×（4.0－3.0）÷2＋（10.0＋12.0）×（3.0－1.0）÷2＋（6.0＋8.0）×1.0÷2＝42.8（㎡）だから，1秒間に流れる水の体積は42.8×1.2＝51.36（㎡）となる。

《解答例》

1　資料1で，朝食を「ほとんど毎日食べる」と答えた人の，20歳以上の全世代の令和3年の割合を見ると，平成30年と比べて3．4ポイント減少しています。また，令和3年の20〜39歳の世代の割合は，20歳以上の全世代に比べて16．3ポイント低くなっています。資料2の，朝食を食べることに対する考えの調査では，74％の人が「自分の健康に良い」，73．5％の人が「1日の活力につながる」という項目を選んでいます。資料3の，朝食を食べるために必要なことを聞いた調査では，46％の人が「朝，食欲があること」を選びました。それを実現するためには，夕食の時間がおそくならないような生活習慣を身につけていけばよいと考えます。

2　資料3から，6年生全員の人数は60人とわかるので，用紙Aと用紙Bは合わせて60枚必要です。資料1，資料2，資料4から，掲示板に掲示することができる用紙Aと用紙Bの枚数の組み合わせで，用紙Aが最も多くなる場合の組み合わせは，用紙Aが30枚，用紙Bが30枚と求められます。ですから，読書量が7冊以上の人30人に用紙Aを配り，6冊以下の30人に用紙Bを配って，紹介文を書いてもらい，それらをろう下の掲示板に掲示することを提案します。

3　さいたま市の人口は2013年から2020年にかけて，約8万7千人増えています。さいたま市の特徴的な取り組みには，小・中学校の9年間，一貫した英語教育を行う「グローバル・スタディ」があります。さいたま市のイメージとして，「買い物など生活に便利なまち」「住むにも生活するにもよいまち」と感じている人の割合は50％を超えていますが，今後，今のイメージとして挙がっていない「高れい者がくらしやすいまち」にするために，公共施設だけでなく，すべての施設でバリアフリー化を進めるとよいと思います。そうすれば高れい者をふくめ，すべての人にとって住みやすいまちになると思います。

《解説》

1　会話文の最後の太郎さんの発言に着目する。資料1について，「20歳以上の全世代〜令和3年は平成30年と比べて何ポイント減少したのか，小数第1位まで」とあるので，3.4ポイント減少していることを書く。また，「令和3年の20〜39歳の世代の割合が20歳以上の全世代に比べ，何ポイント低いかを小数第1位まで」とあるので，16.3ポイント低いことを書く。資料2については，「70％以上の人に選ばれている項目をすべて示し〜それぞれ何％か」とあるので，「朝食を食べることは自分の健康に良い」が74.0％，「朝食を食べることは1日の活力につながる」が73.5％であることを書く。資料3については，「40％以上の人に選ばれている項目から1つ選び」とあるので，46.0％の「朝，食欲があること」，または，43.0％の「朝，早く起きられること」のどちらかを取り上げる。そのうえで，「朝，食欲がある」ようにするにはどうしたら良いか，または，「朝，早く起き」るためにはどうすれば良いかを具体的に書く。必要な内容が欠けないように十分注意しながら，また，字数が足りなくならないように簡潔な表現を心がけながら書こう。

2 用紙は合計で 30＋30＝60（枚）掲示する。

紹介文を掲示できるスペースは図1のように⑦の部分と
①の部分に分けられる。⑦に並べられる列と①に並べら
れる列をそれぞれ考え，それらをあとで組み合わせる。
まず⑦について考える。

Aの列なら縦に5枚入り（21.0×5＋4＝109（cm）），
Bの列なら縦に6枚入る（14.8×6＋5＝93.8（cm））。

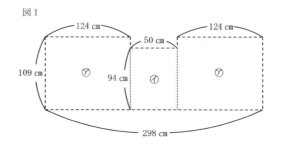

図1

横の並びは，図2の㋐〜㋙の5パターンが考えられる（図2の横の長さは，左右の端の1cmの余白を計算に入れて
いない）から，縦の枚数と合わせて考えると，図2内の枚数だけ掲示できる。

図2

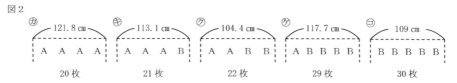

次に①について考える。Aの列なら縦に4枚入り（21.0×4＋3＝87（cm）），Bの列なら縦に6枚入る（93.8cm）。

横については，⑦の横の長さと㋐〜㋙の横の長さを比べると，①から多少横にはみだしても入りそうなので，①に
は横に3枚並べると考えると，図3の㋚〜㋝の4パターンが考えられる（図3の横の長さは，左右の端の1cmの余
白を計算に入れている）。縦の枚数と合わせて考えると，図3内の枚数だけ掲示できる。

図3

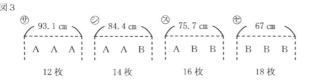

最後に，図2の並びから2つと図3の並びから1つ選ぶ。選ぶさいの条件は，①横の長さの和が298cm以下になる
こと，②枚数の合計が60枚以上になること，③Aの枚数をなるべく多くすること，である。

条件に合う組み合わせは，㋑2つと㋛であり，用紙の枚数はAが30枚，Bが30枚の計60枚となる。読書量が7
冊以上の人がちょうど30人いるので，7冊以上をA，6冊以下をBとすればよい。

3 会話文の最後の花子さんの発言に着目する。はじめに，資料1について，「2022年は2013年と比べ〜千の位まで
のがい数で述べ」とあるので，それぞれ 1332226－1244884＝87342 より，約8万7千人と書く。次に資料2につい
て，「さいたま市の特徴的な〜教育の取り組みを1つ述べ」とあるので，教育の分野にある，英語教育「グローバ
ル・スタディ」を挙げ，その内容を書く。次に資料3について，「さいたま市民〜すべて述べ」とあることから，
50％以上の項目である「買い物など生活に便利なまち」「住むにも生活するにもよいまち」を書く。最後に資料3
と資料4を比べて「資料4にある項目のうち〜1つ取り上げて述べ」とあるので，「医りょうがじゅう実している
まち」「高れい者がくらしやすいまち」「景色や，街なみが美しいまち」のうち1つを選んで書き，その項目にあて
はまる具体的な内容を自分で考えて書けばよい。「医りょうがじゅう実しているまち」であれば，病院の増設など，
「高れい者がくらしやすいまち」であれば，バリアフリー化やソーシャルワーカーとの連携の強化，「景色や，街
なみが美しいまち」はボランティアによる美化活動や景観を守る条例の制定などが考えられる。

《解答例》

1. 問1．エ　　問2．イ　　問3．自然に大きな声を出して信司をはげましていた　　問4．エ

2. 問1．学校にも行かないこどもたち　　問2．B．栄養不足におちいる人たちが増える　C．パーム油の生産現場で働いている人たちが失業してしまう　D．ア　　問3．イ　　問4．ウ

3. 問1．エ　　問2．ウ　　問3．ウ　　問4．エ

4. 問1．エ　　問2．ア　　問3．成育期間が短く，台風がくる前にしゅうかくをすることができる

5. 問1．エ　　問2．ウ　　問3．(1)74　(2)ア　(3)水平リサイクル

《解 説》

1. 問1　5行後で，「おれ」は信司に「ウイップキックに変えてみたら？」と提案した。そのあとに，「おれは説明のためにキックの見本を見せることにした」とあり，キックの実演をしたことがわかる。よって，エが適する。アは「言葉で説明した」が，イは「信司の体に合う泳ぎ方だと言った」がそれぞれ誤り。ウは，実演と提案の順番が逆になっている。

問2　3行前に「信司は真剣な目でおれを見た」とある。こうした態度から，信司は海人のアドバイスも真剣に聞いていると考えられるので，しっかりと聞く様子を表すイが適する。

問3　空らん　B　の前にある「信司，いいよ！　今の調子！」という言葉は，空らん　A　の8行後にある。その次の行に「おれは，自然に大きな声を出して信司をはげましていた」とある。

問4　エ．「おれ」に対する呼び方の変化が何を意味するかを読み取る。文章の中ほどに，「向井くんに悪いよ」とある。名字で呼ぶ様子から，信司と「おれ」の間に少し心のきょりがあることがわかる。一方，文章の最後から5行目では，信司は「航くん，ありがとう」と言っている。最初は「おれ」に対して遠りょがちに接していた信司だったが，「ロケット練習」をくり返す中で気持ちが変化し，二人の心のきょりは縮まっている。よって，適する。

2. 問1　空らん　A　をふくむ一文の内容は，下線部①の2～4行後の「国境を越えてやってきた貧しい移民の人たちが～戸籍がなく学校にも行かないこどもたちも含まれています」の部分に書かれている。

問2B・C　「パーム油をやめる」という方法の課題については，下線部②の1～4行後に書かれている。

D　「パーム油を使った商品を買わないようにする」という方法の課題については，最後の段落に書かれている。よって，この部分の内容と合うアが適する。

問3　前の行に「この難しい課題は，決してマレーシアの人たちだけのものではありません」とある。下線部②をふくむ一文では，「この難しい課題」は，パーム油を生産する「マレーシアの人たちだけの」問題でなく，それを購入し輸入する側の「私たち一人一人」の問題でもあるということを言っている。よって，イが適する。

問4　下線部②の2～3行前に，「マレーシアはいま，国として発展するために産業を育てることと，野生生物を保護するという，相反する課題に直面しているのです」とある。ここでの「産業」とは，パーム油の生産である。よって，この部分の内容と合うウが適する。

3. 問1　エが正しい。資料2より，日本の2015年の携帯電話のけい約数は，2000年の160560÷66784＝2.404…(倍)になった。　ア．資料1より，ロシアの2000年の携帯電話のふきゅう率は0～25％未満である。　イ．資料2より，世界計に占める中国の携帯電話のけい約数の割合は，2000年が85260÷738876×100＝11.53…(％)，2015年が

1291984÷7181890×100＝17.98…(％)なので，増加した。　ウ．資料２より，2015年の携帯電話のけい約数が2000年よりも20倍以上になったのは，ロシアである。

問2　ここより前で，発展途上国や国土が広い国では，<u>紙の本を手に入れること</u>が難しい地域があると書かれている。「<u>こういった土地に暮らす人にとってはデジタルのほうが利便性の高い『本』なのです</u>」とあり，「<u>もともと本を読む習慣がなかった彼らが，今になって『本』と日常的に接している</u>」とあるので，ウが適する。

問3　ウが誤り。2018年度において，「電子書籍をよく利用する」と「電子書籍をたまに利用する」と答えた30〜39歳の人の割合の合計は45％なので，<u>5割をこえていない</u>。

問4　文章中に，「未来の『本』は，『紙ｖｓ．デジタル』という発想」つまり，紙の本と電子書籍で競うという発想ではなく，『紙×デジタル』という発想で，それぞれの特性を生かした楽しみ方を模<ruby>索<rt>さく</rt></ruby>することが必要になってくるのだと思います」とある。よって，エが適する。

4　問1　エが正しい。　ア．1872年の稲作面積は，1600年の3234÷2065＝1.56…(倍)なので，2倍以上になっていない。　イ．1600年から1872年まで，石高と稲作面積はともに増加し続けている。　ウ．(増加率)＝(増加後の量－増加前の量)÷(増加前の量)×100より，1720年から1800年にかけて，稲作面積の増加率は(3032－2927)÷2927×100＝3.58…(％)，石高の増加率は(3765－3203)÷3203×100＝17.54…(％)になる。よって，稲作面積の増加率の方が石高の増加率より低い。

問2　アが正しい。　イ．石油・石炭製品工業の生産指数は，日中戦争がはじまった1937年以こうも増加している。ウ．せんい工業の生産指数は，1937年以こう減少している。　エ．1938年の食料品工業の生産指数は，1931年よりも増加している。

問3　資料3と資料4のしゅうかくする時期のちがいに注目すると，藍は7月に，米は10月にしゅうかくされており，藍の生育期間の方が1か月ほど短いことがわかる。以上のことを，資料5で徳島県に9月に台風が通過することと関連付けて考える。

5　問1　(1人あたりの1年間のごみの<ruby>排<rt>はい</rt></ruby>出量)＝(1年間のごみの総排出量)÷(人口)で求められるから，2020年度は418196÷1323＝316.0…より，約316ｔ，2018年度は414376÷1300＝318.7…より，約319ｔである。よって，2020年度は2018年度と比べて_A<u>減少</u>している。
(最終<ruby>処<rt>しょ</rt></ruby>分率[％])＝$\frac{(最終処分量)}{(ごみの総排出量)}$×100で求められるから，2020年度は$\frac{11912}{418196}$×100＝2.848…より，約2.85％，2015年度は$\frac{15474}{423694}$×100＝3.652…より，約3.65％である。よって，2020年度は2015年度と比べて_B<u>減少</u>している。

問2　ア．「マテリアルリサイクル」「ケミカルリサイクル」「サーマルリサイクル」の割合の合計は，2000年から2017年まで毎年増加しているから，適切である。

イ．熱エネルギーを回収するリサイクルは「サーマルリサイクル」であり，2017年の割合はおよそ86－27＝59(％)，2000年の割合はおよそ46－15＝31(％)である。2000年の1.5倍は31×1.5＝46.5(％)だから，適切である。

ウ．プラスチック製品または化学原料にリサイクルされるのは「マテリアルリサイクル」「ケミカルリサイクル」であり，2017年の割合の合計はおよそ27％＝2.7割なので，適切でない。

エ．未利用は「<ruby>単<rt>じゅん</rt></ruby>純<ruby>焼<rt>きゃく</rt></ruby>却」「うめ立て」であり，2017年の割合の合計はおよそ100－86＝14(％)，2000年の割合の合計はおよそ100－46＝54(％)である。2000年の$\frac{1}{3}$は54×$\frac{1}{3}$＝18(％)だから，適切だとわかる。

問3　資料5より，回収されたペットボトルは計305.0千トンで，そのうちの24.3％がペットボトルになるから，ペットボトルにリサイクルされたものの重さは，305.0×$\frac{24.3}{100}$＝74.115より，約_A<u>74</u>千トンである。
資料5・6より，「かん ＴＯ かん」率は66.9％だから，「ボトル ＴＯ ボトル」率の24.3％に比べ，_B<u>高い</u>といえる。使用済み製品を原料として同じ種類の製品を作るリサイクルを「水平リサイクル」というので，ペットボトルよりアルミかんのほうが「_C<u>水平リサイクル</u>」の割合が高いといえる。

《解答例》

1　問1．74　　問2．(1)11, 42　(2)1, 38　　問3．B．7200　C．60　D．120

2　問1．(1)188.3　(2)1063　　問2．個数…60　体積…3　　問3．8

3　問1．11　　問2．B．31　C．ア, イ, オ　　問3．5, 5　　問4．12.7

4　問1．エ　　問2．A．連続して9時間以上　B．イ　　問3．日光がよく当たる

5　問1．A．イ　B．エ　　問2．フラスコの中にあった空気が多くふくまれていた

《解　説》

1　問1　2つのクラスの合計人数は，36＋40＝76(人)　　2つのクラスの徒歩通学の合計人数は，26＋30＝56(人)

よって，Aにあてはまる割合は，$\frac{56}{76}$×100＝73.6…より，約74%である。

問2(1)　山田さんのクラスの通学にかかる時間の平均値は，(その他を除いて)すべての秒の単位の数が45秒なの

だから，分の単位の数の全体の平均を考え，そこに45秒を足せばよい。

45秒を除いて考えると，徒歩，自転車，電車の合計時間はそれぞれ9×30＝270(分)，6×4＝24(分)，24×6＝

144(分)だから，全体の合計は270＋24＋144＝438(分)，平均は438÷40＝10.95(分)，つまり，10分(0.95×60)秒＝

10分57秒となる。よって，求める平均値は，10分57秒＋45秒＝11分42秒

(2)　(1)と同様に考える。木村さんのクラスは，40秒を除いて考えると，徒歩，自転車，電車の合計時間はそれぞ

れ11×26＝286(分)，5×4＝20(分)，25×6＝150(分)だから，全体の合計は286＋20＋150＝456(分)，平均は

456÷36＝12$\frac{2}{3}$(分)，つまり，12分($\frac{2}{3}$×60)秒＝12分40秒となる。よって，木村さんのクラスの平均値は，

12分40秒＋40秒＝13分20秒となるので，求める差は，13分20秒－11分42秒＝1分38秒

問3　山田さんの身長は160㎝＝1.6mなので，歩幅は1.6×0.45＝0.72(m)となる。よって，1万歩を歩いたと

きの道のりは，0.72×10000＝B7200(m)になる。

10歩を歩いたときの道のりは0.72×10＝7.2(m)で，7.2秒かかるのだから，山田さんの速さは，

秒速(7.2÷7.2)m＝秒速1m＝分速(1×60)m＝分速C60mである。

1万歩を歩いたときの道のりは7200mだから，この道のりを進むのにかかる時間は，7200÷60＝D120(分)である。

2　問1(1)　エネルギーの量は，4×5.3＋9×7.5＋4×24.9＝21.2＋67.5＋99.6＝188.3(kcal)

(2)　(食塩相当量(g))＝(ナトリウム(㎎))×2.54÷1000だから，(ナトリウム(㎎))＝(食塩相当量(g))÷2.54×1000

よって，求めるナトリウムの量は，2.7÷2.54×1000＝1062.9…より，1063㎎である。

問2　手順1で2回包丁を入れて切ると，立体は2＋1＝3(個)に切り分けられる。また，手順2で3回包丁を

入れて切ると，3個に分けられた立体がそれぞれ3＋1＝4(個)に切り分けられるから，全部で3×4＝12(個)

に切り分けられる。さらに，手順3で4回包丁を入れて切ると，12個の立体がそれぞれ4＋1＝5(個)に切り

分けられるから，全部で12×5＝60(個)に切り分けられる。

豆腐の全体の体積は5×9×4＝180(㎤)だから，豆腐1個の体積は，180÷60＝3(㎤)

問3　最も多くに切り分けられる切り方を考える。問2より，手順1，2，3でそれぞれ，a回，b回，c回

包丁を入れて切ると，豆腐は(a＋1)×(b＋1)×(c＋1)個に切り分けられることがわかる。

aとbとcの和が8となる組み合わせのうち，（a＋1）×（b＋1）×（c＋1）の値が最大になるaとbとcの組み合わせを考えると，2と3と3が見つかり，このとき豆腐は（2＋1）×（3＋1）×（3＋1）＝48（個）に切り分けられる。豆腐の全体の体積は8×8×6＝384（㎤）だから，求める体積は，384÷48＝8（㎤）

3 問1 お母さんが「ある」と答えたカードは①と③と④なので，それぞれのカードの左上に書かれている数を足すと，8＋2＋1＝11となり，これが求める数である。

問2 16，8，4，2，1を1回ずつ足すと，16＋8＋4＋2＋1＝31となるので，数当てができる整数の範囲は，1から$_B$31までに広げられる。25＝16＋8＋1だから，25は左上に書かれた整数が16，8，1のカードに入っている。よって，25は$_C$❶，❷，❺のカードに入っている。

問3 12日にしずんだ月は，「月の出」が前日の23時17分，「月の入り」が当日の14時18分だから，月が出ていた時間は，（24時間−23時間17分）＋14時間18分＝43分＋14時間18分＝15時1分

26日に出てきた月は，「月の出」が当日の14時44分，「月の入り」が翌日の0時40分だから，月が出ていた時間は，（24時間−14時間44分）＋40分＝9時間16分＋40分＝9時間56分

よって，求める差は，15時1分−9時間56分＝5時間5分

問4 資料3より，9月17日の20時に朔になるので，9月29日の20時の月齢は，29−17＝12となる。ここから，9月30日の12時までは（24−20）＋12＝16（時間），つまり，$\frac{16}{24}$＝0.66…より，約0.7日あるから，9月30日正午の月齢は，12.7である。

4 問1 Bと結果を比べるためにCのつぼみを用意するのだから，Cのつぼみに行う方法は，Bのつぼみに行う方法と1つだけ条件を変える。ア～エのすべてで，花がさいている間に花粉をつけている。これはBでは行っていないので，それ以外がBと同じになっているエが正答となる。

問2 光を当てずに暗くした時間が10時間の⑷～⑺に着目すると，⑷と⑺では花がさき，⑸と⑹では花がさかなかった。⑷と⑺では連続した暗い時間が9時間以上だから花がさき，⑸と⑹では9時間より短いから花がさかなかったと考えられる。⑶で花がさいたことや，⑴と⑵で花がさかなかったことも同じ理由で説明できる。よって，⑻は，連続した暗い時間が9時間より短いので，花がさかなかったと考えられる。

問3 植物の葉に日光が当たると，水と二酸化炭素を材料にしてでんぷんと酸素をつくりだす光合成が行われる。より多くの葉に日光が当たることで，効率よく光合成が行われる。

5 問1 青色のリトマス紙は酸性の水溶液に反応して赤色に変化するが，アルカリ性や中性の水溶液には反応しない（色が変化しない）。このため，色が変化しなかったときに，その水溶液が中性とアルカリ性のどちらであるか判断できない。

問2 実験①の装置で気体を発生させるとき，はじめにストローから出てくる気体はおもにフラスコの中にあった空気である。このため，ろうそくが燃えるのに十分な酸素がふくまれていて，すぐには火が消えない。気体を発生させて，その性質を調べるような実験では，気体が出始めてもすぐには集気びんに集めず，少し時間がたってから集気びんに集めるようにする（または，出始めてからすぐに集めた気体は使わない）。

《解答例》

1　(例文)資料１と資料２から，熱中症予防運動指針が警戒以上である気温２８℃以上の平均日数は，５月が５．８日，９月が１６．２日で，９月は５月の約３倍であることがわかります。また，資料３から，５月は９月に比べて平均降水量が少なく，台風の発生数も少ないので，５月の方が雨天のために運動会が中止になる可能性が低いと考えられます。さらに，資料４から，運動会の練習が可能な日数は，５月が１５日，９月が１３日で，５月の方が２日多いことがわかります。以上のことから，来年度の運動会は，９月に比べて熱中症の危険度が低く，晴れる可能性が高く，たくさん練習することができる５月に行うのがよいと考えます。

2　資料１から，花だんをつくるために必要なレンガの数は，２０８個です。資料２から，ガーデンアーチを完成させるのに必要な材料は，ストレートポールが２２本，U字ポールが３本，ジョイントが１５個です。表１から，Aのホームセンターで買う材料は，レンガが４個，ストレートポールが１セット，U字ポールが３本，ジョイントが３個です。表２から，Bのホームセンターで買う材料は，レンガが１７セット，ストレートポールが１セット，ジョイントが１セットです。これらの買い方で全部の材料を買うための合計金額は，４１３２４円です。

3　(例文)月に１回以上，郷土料理や伝統料理を食べている人は，４４．６％になります。食文化を地域や次世代に伝えていない人の割合は，約２割です。私は，食文化を伝える機会として「地域で伝える機会があること」が最も必要だと考えます。例えば，郷土料理を使った小中学生の料理コンテストを開いたらどうでしょうか。地域に住むご高れいの方たちから調理方法を教えていただき，そのできばえを競ったら，多くの人たちに食文化を伝えることができると思います。食文化を受け継ぐことは，それを育んできた地域そのものを守ることにもなるので，みんなで受け継いでいきたいと思います。

《解　説》

1　資料１の熱中症予防運動指針について，「ほぼ安全」である気温24℃未満の日に運動会を行うことが理想的ではあるが，５月でも12.4日とそれほど日数が多くないため，解答例では，運動会を行わない方がよいと考えられる「警戒」以上の日数に着目した。また，資料３では，降水量が１mm以上あった日数が，５月と９月でほぼ同じであるため，それ以外の２つの項目に着目した。運動会当日は晴れていても，前日に降った雨で運動場が使えない可能性なども考えると，平均降水量が少ない月の方がよい。

2　右図は花だんのために組んだレンガを真上から見た図であり，１つの段に（４＋９）×２＝26(個)のレンガが使われている。１つの花だんで段は全部で24÷6＝4 (段)になるので，２つの花だんを作るのに必要なレンガの個数は，26×4×2＝208(個)である。

表１，２より，レンガを１セット買う場合，１個あたりの金額は，Aが1800÷10＝180(円)，Bが1848÷12＝154(円)となるので，Bでできるだけ多くセットを買う。208÷12＝17 余り４より，Bで17セット買うと，残り４個となるので，その４個は個別販売が安いAで買う。

このときのレンガの合計金額は，1848×17＋200×4＝32216(円)

しかし，Aで個別販売の４個を買うよりも，208個すべてをAとBのセットの組み合わせで買った方が安くなるかも

しれない。そのような組み合わせはBの14セットとAの4セットであり，レンガの合計金額は，

1848×14＋1800×4＝33072(円)となる。したがって，先ほどの組み合わせが最も安いとわかる。

ストレートポールを1セット買う場合，1本あたりの金額は，Aが3150÷10＝315(円)，Bが3234÷12＝269.5(円)

となるので，Bで1セット買い，残りの22－12＝10(本)はAで1セット買う。このときのストレートポールの

合計金額は，3234＋3150＝6384(円)

U字ポールは個別価格が安いAで買うので，U字ポールの合計金額は，500×3＝1500(円)

ジョイントを1セット買う場合，1個あたりの金額は，Aが900÷10＝90(円)，Bが924÷12＝77(円)となるので，

Bで1セット買い，残りの15－12＝3(個)は個別価格が安いAで買う。このときのジョイントの合計金額は，

924＋100×3＝1224(円)

以上より，全部の材料を買うための合計金額は，32216＋6384＋1500＋1224＝41324(円)

3 花子さんの最後の言葉から，話す順序を考える。資料1より，月に1回以上，郷土料理や伝統料理を食べている人
の割合は，1.3＋3.1＋7.8＋16.7＋15.7＝44.6(％)である。資料2より，食文化を地域や次世代に伝えていない人
の割合は20.1％なので，約2割である。資料3については，年上の人たちと郷土料理を食べることで，食に関する
伝統や文化を子どもたちが学べるという内容を書くとよい。「学校で伝える機会があること」を選んだ場合は，「例
えば，毎月1回，給食で郷土料理を食べる機会を作ったらどうでしょうか。その際に，食材を作っている農家の方
たちを学校に招待して栽培方法を教えていただければ，地域の気候や歴史について学ぶことができるので，食文化
を伝えることができると思います。」などが考えられる。

★ 浦和中学校

2021 令和3年度 適性検査Ⅰ

《解答例》

1 問1．イ　　問2．甘くて酸っぱいのが自然のみかん　　問3．C．甘いみかんが人気がある　D．生きていこう
問4．エ

2 問1．イ　　問2．常に働かないアリがいる　　問3．部屋が少しでも散らかってくると我慢できず、掃除を始め
てしまうという　　問4．イ　　問5．エ

3 問1．(1)A．神様による何らかの怒りの現れ　B．神様に怒りを収めてもらう　(2)ウ　　問2．ウ　　問3．ア
問4．ア

4 問1．A．鳴らし　B．きょり　　問2．ウ　　問3．①　　問4．(1)おそく　(2)川幅が広く

5 問1．A．エ　B．ア　　問2．ア　　問3．C．関東　D．九州

《解　説》

1 問1　初めて焼いたみかんを食べた長谷川は、「ほんとだ、甘い」とおどろいている。よって、おどろいて目を見
開くという意味の、イの「目を丸くする」が適する。

問2　後の方で柴は、「おれは酸っぱくないと、みかんじゃない気がする。甘くて酸っぱいのが自然のみかんじゃ」
と言っている。こうした思いがあるので、みかんを「焼いたり凍らしたりするのは邪道」だと考えている。

問3　3～5行後で、下線部②のように考える理由をくわしく話している。　　C　空らんの少し前にある「今は」
に着目する。「じいちゃん」は「今は甘いみかんが人気があるじゃろ」と言っている。　　D　空らんの少し後に
ある「難しい」に着目する。「じいちゃん」は「これで生きていこうと思うたら苦労の連続よ」と言っている。こ
れで生きていくとは、ふつうのみかんだけを作りながら、農家としてやっていくこと。ここでの"生きていく"に
は、生計を立てていくという意味がふくまれている。

問4　ここより前で長谷川は、「私はすごく甘いのが好きだけどな」と言っている。しかし、「おれは酸っぱくない
と、みかんじゃない気がする。甘くて酸っぱいのが自然のみかんじゃ」という柴の言葉を聞いて、「そんなふうに
考えたことはなかったな、確かにそうかも」と言っている。「考える顔になった」のはこの時なので、柴の言葉を
聞き、みかんの本当のおいしさについて考えたことがないことに気付いたと推測できる。よって、エが適する。

2 問1　A．前に書かれている内容を、後で言いかえているので、イの「つまり」か、ウの「すなわち」が入る。
B．ここでは、直前で話が一段落し、直後で少し話が進んでいるので、イの「さて」が入る。ウの「または」は、
前後に同じような内容がくるので、ここには当てはまらない。

問2　下線部①の内容は、直後の3行にある「ある瞬間を見てみると、全体の三割くらいしか働いておらず、後
の七割はボーッとたたずんでいたり、自分の体を掃除しています～『労働』をしていません」というもの。つまり、
巣の中には「常に働かないアリがいる」ということ。

問3　下線部②の「仕事が出す刺激」は、人にあてはめると部屋の散らかり具合にあたる。下線部②について、最
初に働きだすのは「小さい刺激で働きだす」アリである。これを、人にあてはめると、「少しでも散らかってくる
と掃除を始めてしま」う「きれい好きの人」にあたる。

問4　直前に「部屋がさらに散らかると」とある。あまりきれい好きではない人も、どんどん部屋が散らかってい
くと、どこかで耐えられなくなって掃除を始めると考えられる。これは、少し後に書かれている「働かないアリ」

(22)

も「ある程度以上に仕事の刺激が大きくなればちゃんと働ける」というのと同じである。よって，イが適する。

問5　4〜8行後に「もし，コロニーに絶対にこなさなければならない仕事があるとしたら〜『働かない働きアリ』は，誰も働けなくなる危険きわまりない瞬間のリスクを回避(かいひ)するために用意されているのかも知れません」とある。そしてその後で，「絶対にこなさなければならない仕事」が実際にあることが説明されている。よって，エが適する。

3 問3　Dの標高が1900〜2000mであることから，アとウのいずれかと判断する。山頂からEにかけて，等高線の間隔が密→疎(右図参照)となることから，斜面の傾きが急→ゆるやかになるアが正しい。

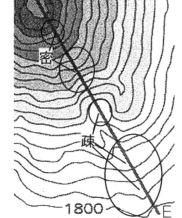

4 問1　鐘を鳴らす回数が増えるほど，火元がより近いことを知らせていたとわかる。

問2　ウが正しい。　ア．ごみすて場や共同便所は，店と町人の家の間に1つのみあった。　イ．町人の家を取り囲む広い道はなかった。　エ．店は道沿いに2つ建てられており，町人の家にはさまれていなかった。

問3　地図と【図書館に飾られていた防災マップ】を1つにまとめてみればよい。そうすれば，水害時の浸水の想定は，⑦が0〜0.5m，⑦が5〜10m，⑦が3〜5m，⑤が0.5〜3mだとわかる。よって，水害時の浸水の想定が最も高い⑦が正しい。

問4(1)　図4より，土砂の堆積で川の勾配がゆるやかになることがわかる。　　(2)　図5より，土砂が埋まって川底が上がるので，川の水面の幅も広くなることがわかる。

5 問1 A　ア．11月の発電量が200MWHを下回っているので，正しくない。　　イ．8月と1月の発電量はほぼ同じだから，正しくない。　　ウ．11月の発電量は150MWHより大きく200MWHより小さい。3月の発電量は250MWHより小さいから，差は250−150＝100(MWH)より小さいので，正しくない。　　エ．4月の発電量は250MWHより大きく，11月との差は250−200＝50(MWH)より大きい。また，4月の発電量は最も多いから，正しい。

B　資料2より，12月，8月，2月，9月で，15°，30°，45°のうち発電量が最も多くなるのはそれぞれ，45°，15°，45°，30°だから，正しいのはアである。

問2　ア．プラグインハイブリッド車と電気自動車の年間合計販売台数は，2016年が約25000台(30000と20000の真ん中あたりだから)，2017年が約55000台である。普通充電器と急速充電器の合計設置台数は，2015年が約12500台，2016年が約27500台である。よって，どちらも前年の2倍以上だとわかるから，正しい。
イ．2014年から2015年にかけて，プラグインハイブリッド車と電気自動車の年間合計販売台数は減少しているので，正しくない。　　ウ．2017年は，電気自動車よりもプラグインハイブリッド車の方が，明らかに販売台数が多いので，正しくない。　　エ．2016年は，プラグインハイブリッド車と電気自動車の年間合計販売台数が約25000台，普通充電器と急速充電器の合計設置台数は約27500台となるので，正しくない。

問3　チャンネル数(単位は省略)について，関東は茨城が5で他はすべて6である。チャンネル数が6の都道府県は他にないので，チャンネル数の平均が最も多いのは$_C$関東地方とわかる。
北海道と近畿地方はチャンネル数がすべて5なので，チャンネル数の平均は5である。他の地方の平均は，東北が(3＋3＋4＋4＋4＋4)÷6＝3.66…，中部が(4＋3＋4＋2＋4＋2＋5＋4＋5)÷9＝3.66…，中国・四国が(5＋3＋3＋3＋4＋5＋1＋4＋3)÷9＝3.44…，九州が(5＋1＋4＋3＋2＋4＋4＋3)÷8＝3.25となるから，最も少ないのは$_D$九州地方である。

《解答例》

1 問1．A．48　B．1　C．20　　問2．20.24　　問3．22　　問4．6　　問5．3

2 問1．55　　問2．式…AD＋BC＝1200×2÷25＝96　　1200÷3＝400　　EH＋FG＝400×2÷25＝32
　　96－32＝64　答え…64　　問3．4.8
　　問4．記号…ウ　最初に置かれた障害物のスタート地点からのきょり…6.3

3 問1．4　　問2．ウ　　問3．ウ　　問4．親の大きさに対するたまごの大きさの割合は，メダカが$\frac{1.2}{40}$＝0.03,
　サケが$\frac{7.0}{700}$＝0.01だから。

4 問1．わずかにことなっている　　問2．38.1　　問3．エ　　問4．ウ

5 問1．0.9　　問2．ア，エ　　問3．ウ

《解　説》

1 問1　図2の並べ方は，縦と横合わせて4か所にレンガを12個ずつ並べるので，全部でレンガが12×4＝
₄48(個)必要になり，48－47＝₈1(個)足りない。また，この並べ方だと，並べるのに必要な縦の長さの合計が，
20×2＋40×12＝520(cm)になるので，縦5m＝500cmを520－500＝₍20(cm)はみ出してしまう。

問2　1辺に対して使うレンガの個数どうしががなるべく近い値になればよい。

47は12と12と12と11に分けられるから，1辺に対して使うレンガの個数が12個，
12個，12個，11個になるように長方形をつくると，右図のような長方形ができる。
内側の長方形は，縦が40×11＝440(cm)，つまり4.4m，横が40×12－20＝460(cm)，
つまり4.6mだから，面積は，4.4×4.6＝20.24(㎡)

問3　一列目に植える球根について，球根1個を植えるのに必要な横の長さは4cm(円の直径)であり，そこから
植える球根を1個増やすごとに必要な横の長さは10＋4＝14(cm)増える。横は3m＝300cmなので，球根を1個
植えると，残りの横の長さは300－4＝296(cm)となる。296÷14＝21余り2より，あと21個植えることができる
ので，求める個数は，1＋21＝22(個)

問4　1人の1時間あたりの仕事の量を①とすると，この作業全体の仕事の量は，
①×10×3＋①×6×3＋①×12×4＝⑨⑥
16人の1時間辺りの仕事の量は①×16＝⑯だから，1日目に16人全員で作業したら，⑨⑥÷⑯＝6(時間)ですべ
ての作業を終えることができた。

問5　12月21日は11月9日の(30－9)＋21＝42(日後)だから42÷7＝6(週間後)なので，11月9日の週を
1週目とすると，12月21日の週は1＋6＝7(週目)だとわかる。
7週目までで世話をする日は2＋3＋2＋3＋2＋3＋2＝17(日)ある。11月10日の火曜日は世話をする日の
1日目であり，ペアは8組あるから，17日目までで太郎さんと花子さんのペアが世話をする回数は，
1日目，1＋8＝9(日目)，9＋8＝17(日目)の3回である。

2 問1　車で午前10時15分－午前8時25分＝1時間50分＝$1\frac{50}{60}$時間＝$\frac{11}{6}$時間走ったから，
求める道のりは，30×$\frac{11}{6}$＝55(km)

問2　AB＝HG，DC＝EFだから，(AD＋BC)と(EH＋FG)の差を求めればよい。
(台形の面積)＝{(上底)＋(下底)}×(高さ)÷2から，(AD＋BC)と(EH＋FG)は解答例のように求められる。

問3　太郎さんが飼っている犬は36mを36÷4.5＝8(秒)で走るので，花子さんが飼っている犬は8－0.5＝

7.5(秒)で走る。よって，求める速さは，秒速(36÷7.5)m＝秒速4.8m

問4 ★の位置で目の高さが半円をえがくように変化しているから，★の位置はウォールジャンプであり，ウォールジャンプの手前にランプがある。★の位置で犬がちょうどウォールジャンプの中心をとんでいるから，ウォールジャンプはスタート地点から15.6－0.2÷2＝15.5(m)離れた位置から15.5＋0.2＝15.7(m)離れた位置までのところにあるとわかる。ランプを下り終わったあとの地点はスタート地点から15.5－5＝10.5(m)離れており，ランプを上り始める地点はスタート地点から10.5－4.2＝6.3(m)離れている。したがって，スタート地点とランプの間に障害物を置くスペースはないので，求める距離は6.3mである。

また，スタート→ランプ→ウォールジャンプ→…と並んでいるので，障害物の並びはウが正しい。

3 問1 水槽(すいそう)に入っている水の量は，30×45×24＝32400(cm³)

1L＝10cm×10cm×10cm＝1000cm³だから，32400cm³＝32.4L

よって，水槽に入っている水の3分の1は，32.4÷3＝10.8(L)だから，10.8÷3＝3余り1.8より，少なくとも4回バケツで水を運ぶ必要がある。

問2 ウ○…実験①より，メダカがたまごをうむには，水温が関係していることがわかる。また，実験②より，メダカがたまごをうむには，明るくする時間が関係していることがわかる。

問3 (平均の水温)×(ふ化するまでにかかる日数)を考える。

平均の水温が15℃のときは，15×17＝255と255－15＝240の間になったときにふ化したと考えられる。

平均の水温が18℃のときは18×14＝252と252－18＝234の間になったときにふ化したと考えられる。

平均の水温が25℃のときは25×10＝250と250－25＝225の間になったときにふ化したと考えられる。

したがって，(平均の水温)×(ふ化するまでにかかる日数)が240と250の間のいずれかの値をこえたときにふ化すると考えられる。よって，平均の水温が20℃のときは，240÷20＝12，250÷20＝12.5より，およそ12～13日かかると考えられる。

問4 親の大きさに対するたまごの大きさの割合は，$\frac{(たまごの大きさ)}{(親の大きさ)}$で求められる。

4 問1 ペットボトルロケットを飛ばすたびに，落下したところまでのきょりはわずかにことなっているので，何回か飛ばしてその平均を求めることで，より正確に結果を比かくすることができる。

問2 平均して39.9m飛んだので，5回の飛んだきょりの合計は39.9×5＝199.5(m)となり，3回目と5回目の合計は199.5－(41.3＋40.7＋39.3)＝78.2(m)となる。3回目と5回目を比べると，3回目のほうが遠くへ飛んだことと，3回目と5回目は，ちょうど2mの差があったことから，3回目の数字は78.2÷2＋1＝40.1(m)となる。なお，5回目の数字は40.1－2＝38.1(m)である。

問3 ア○…13.5－7.8＝5.7(m)短いので正しい。 イ○…すべての空気を入れた回数について，450mLのほうが短い。 ウ○…すべての水の量について，空気を入れた回数が10回の平均のきょりが最も短く，20回の平均のきょりが最も長い。 エ×…すべての水の量について，空気を入れた回数が10回の2倍の20回の平均のきょりは，10回の平均のきょりの2倍よりも大きい。

問4 ウ○…平均のきょりが最も長くなった50°に近い角度で調べるとよい。

5 問1 太郎さんと先生の会話①で先生が言った密度の式を使うと，氷の密度は$\frac{25.0-15.0}{11.0}$＝0.90…→0.9g/cm³となる。

問2 ア○，イ×…氷は水よりも上にあるので，同じ体積では，氷よりも水のほうが重さは重い。

ウ×，エ○…実験の結果より，同じ重さでは，氷よりも水のほうが体積は小さい。

問3 ウ○…水の温度が4℃のときの密度が最も大きいので，池の表面の水の温度が4℃まで下がると，池の表面の水の密度のほうが大きくなるため，池の表面にあった水が池の底へ向かう流れができる。このようにして，池全体の水の温度が下がる。

《解答例》

1. (例文)まずは，資料1をごらんください。運動不足を感じるかという質問に対し，「大いに感じる」または「ある程度感じる」と答えた人の割合は，すべての年度で７０％をこえています。次に，資料2をごらんください。運動・スポーツを行わなかった理由として最も多いのは，「仕事や家事が忙しいから」というものです。最後に，資料3をごらんください。資料3にあげられている運動・スポーツは，すべて１人でもできるものです。たとえば階段昇降や筋力トレーニングであれば，仕事や家事の合間に短時間で行うことができます。少しだけ早起きして体操をすることもできます。保護者のみなさん，健康のためにも，毎日５分間の運動を始めてみませんか。

2. (例文)資料4から現在の年間の二酸化炭素排出量を計算すると，A社が１６２トン，B社が２００トンになります。共同輸送したときの１年間の輸送回数を計算すると，２９０回になるので，１年間の二酸化炭素排出量は，案①では２６１トン，案②では１６５．３トンになります。したがって，案①の場合は約２７．９％，案②の場合は約５４．３％だけ，現在よりも二酸化炭素排出量を減らすことができるので，案②の方が二酸化炭素排出量をより減らすことができます。

3. (例文)みなさんは，救急安心センターを知っていますか。資料1を見てください。救急車の年間出動件数は増加傾向にあります。資料2からは，救急車で運ばれた人の半分以上が，入院を要しない軽症者であると読み取れます。資料3を見てください。救急安心センターに電話すると，医師や看護師などが病気やけがの状態を把握し，緊急性が高ければ救急車を出動してくれます。緊急性が低ければ，受診できる医療機関を案内してくれます。このように，救急車が必要かどうかの判断を専門家がしてくれるので，安心することができます。また，救急車で運ばれる軽症者が減るので，かくれた重症者を発見しやすくなり，医療機関の負担を減らす効果があります。

《解 説》

2. 現在は，A社が3000÷10＝300(回)，B社が2800÷7＝400(回)輸送しているから，年間の二酸化炭素排出量は，A社が0.54×300＝162(トン)，B社が0.50×400＝200(トン)，合わせて162＋200＝362(トン)である。

共同輸送すると，1年間の輸送回数は5800÷20＝290(回)となる。

1年間の二酸化炭素排出量は，案①では0.90×290＝261(トン)，案②では(0.21＋0.36)×290＝165.3(トン)となる。現在と比べると，案①では362－261＝101(トン)減らせるので，$\frac{101}{362}×100＝27.90…$より，現在よりも約27.9%減らせる。案②では362－165.3＝196.7(トン)減らせるので，$\frac{196.7}{362}×100＝54.33…$より，現在よりも約54.3%減らせる。

《解答例》

1 問1．ウ　問2．イ　問3．一生かかって集められる　問4．ア

2 問1．油をしぼり，残りかすも畑の肥料にする　問2．イ　問3．ウ　問4．ウ

3 問1．毎日の事件や出来事，社会の動きの情報　問2．イ　問3．ア　問4．ア，オ

4 問1．A．東　理由…西側に山地・丘陵，東側に低地があるから。　B．群馬　C．千葉

　　問2．海に面していた　問3．交換　問4．F．カ　G．ケ　H．エ

5 問1．オ　問2．ウ　問3．A．小さい　B．大きい　問4．C．300　D．75　E．300　F．3　G．エ

《解　説》

1 問1　碧が「黒江の指示に従って，巣箱から巣板を取り出す」ため，群がっている蜂をどかすときに，黒江が蜜蜂に話しかけている。「蜜蜂が一生かかって集められる蜜の量が匙一杯分」であることと，「ごめんな」をくり返していることから，黒江は「蜜蜂が懸命に集めてきた蜜をうばってしまうことを，申し訳ないと感じている」と思われる。だから，「基本的にぶっきらぼうな物言いしかしない黒江」が，「やわらかい声音」で蜂に謝りながら作業をしているのだ。よってウが適する。

問2　ア．　　　　　部分から「味見をすることへの期待がどんどんふくらんでいる」様子は読み取れない。イ．「いきおいよくドラム缶の中の巣板は回転しはじめた」のは「遠心分離器の動く様子」で，「おおお，と思っているうちに〜蜜が流れ出す」。この「おおお」は，碧がその様子におどろいていることを表している。　ウ．「おおお，と思っているうちに」という表現から，碧がおどろき感動している様子が分かるため，「冷静に観察している」は適さない。　エ．碧は遠心分離器の動きや蜜が流れ出す様子をよく見ているし，作業場の「むせそうなほどの甘い香り」も感じている。さらに，「おおお」と感動していることから「ただただぼんやりと見とれている」は適さない。　よってイが適する。

問3　「自分が採蜜して口にした蜜の量」は，「黒江がどこからか出してきた匙で蜂蜜を掬い，碧の口もとに突き出した」とあることから，「匙一杯分」であることが分かる。この「匙一杯分」の蜜の量は「蜜蜂が一生かかって集められる蜜の量」である。「今わたしが口にしたのは，蜜蜂の一生だ」と感じることで，胸をうたれて「み，蜜蜂ってすごいですね」と懸命に涙を堪えながら言った。

問4　イ．「比喩や擬人法を多く用い」ていない。　ウ．「黒江の視点」でえがかれていない。　エ．「音」を表す表現を多く用いていない。　よってアが適する。

2 問1　「『綿繰り機』で綿と種を分け」たあと，落ちている種を「集めてぎゅっとしぼると油になり照明器具の行燈に使います。さらに油を絞った残りかすは畑の肥料になります」とある。このように種やそのかすも捨てないで，油や肥料として再利用していることを「完全に循環していました」と表現している。

問3　「アジアで唯一日本だけが，日本流に時計を作り変えてしまった」「『伸び縮みする毎日の生活に時計を合わせればいいんだ！』とひらめくのが日本人。季節ごとにおもりを調節し，時計を使いこなしていました」より，日本人は「毎日の生活を時計に合わせ」たのではなく，時計を日本人の生活に合わせて使いこなした。よってウが正解。

問4　「たったひとつの価値観しかない社会では，その価値観が崩れた瞬間にぜんぶが倒れてしまいますから〜　C　が必要です」より，　C　には「たったひとつの価値観」とは対照的な言葉が入る。よってウの「多様性」が適する。

3 問1　「刻一刻移り変わる社会の情報」の後に「共有する」と続くことに着目すれば，その前文の「毎日の事件や出来事，社会の動きの情報を共有していました」と対応していることがわかる。

問2　イが誤り。8段落に「新聞には日々のことが書かれている」とある。

問3　2500年くらい前は縄文時代にあたるから，アが正しい。イは古墳時代，ウは飛鳥時代，エは飛鳥時代・奈良時代・平安時代についての記述である。

問4　アとオが正しい。オについて，30代で答えた人の割合は，「新聞」「インターネット」の合計が48.1％，「テレビ」が46.6％だから，「新聞」「インターネット」の割合の合計の方が「テレビ」の割合よりも大きくなっている。イ．「新聞」と答えた人の割合が最も大きいのは50代である。　ウ．「インターネット」と答えた人の割合は，10代→20代と年代が上がったときに大きくなっている。　エ．50代で「テレビ」と答えた人の割合は「新聞」と答えた人の割合の55.8÷28.7＝1.9…(倍)だから，2倍以下である。

4 問1 A　川は標高の高い場所から低い場所へと流れることから，荒川が西側から東側に流れていると導く。

B・C　埼玉県に隣接する都県については右図参照。

問2　縄文時代には極地の氷が溶けて海水が急増し，内陸まで海が進入していた(縄文海進)。

問3　貨幣はあらゆる商品の価値をはかり，それらの交換のなかだちをする役割を持つ。

問4　織田信長は，公家や寺社などに税を納めて保護を受け，

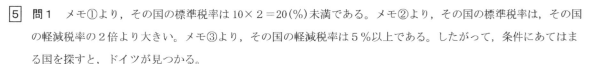

営業を独占していた座の存在が商工業の活性化のさまたげになっていると考え，1577年，安土城下に楽市・楽座令を出した。

5 問1　メモ①より，その国の標準税率は10×2＝20(％)未満である。メモ②より，その国の標準税率は，その国の軽減税率の2倍より大きい。メモ③より，その国の軽減税率は5％以上である。したがって，条件にあてはまる国を探すと，ドイツが見つかる。

問2　資料2の花子さんのレシートは，「小計」の下に消費税の金額がかかれていて，「合計」が小計と消費税の金額の合計となっているから，商品名の横にかかれた金額は消費税抜きの金額とわかる。また，資料3の太郎さんのレシートは，合計の下に「内消費税等」とかかれていることから，商品名の横にかかれた金額は消費税込みの金額とわかる。

アについて，商品A，Bは軽減税率の対象だから，消費税率は8％である。商品A，Bの消費税の合計は64円だから，消費税を含む合計金額は300＋500＋64＝864(円)となり，正しい。イについて，商品D，E，Fの消費税の合計は71円だから，消費税を含まない合計金額は846－71＝775(円)となり，正しい。ウについて，商品Cの消費税は42円である。商品Fの消費税込みの金額は495円だから，消費税は$495 \times \frac{0.1}{1.1} = 45$(円)である。したがって，2つの商品の消費税の合計金額は42＋45＝87(円)となり，正しくない。エについて，すべての商品の消費税の合計金額は42＋64＋71＝177(円)となり，正しい。よって，適切でないものはウである。

問3　消費税額の負担割合は，年収250万円の世帯が6.7％，年収1250万円の世帯が3.2％なので，年収1250万円の世帯のほうが _A小さい_ 。1年間の消費税の負担額は，年収250万円の世帯が$250 \times \frac{6.7}{100} = 16.75$(万円)，年収

1250万円の世帯が$1250 \times \dfrac{3.2}{100} = 40$(万円)なので，年収1250万円の世帯のほうが _B大きい。

問4 外国銀貨と日本銀貨の交換比率は，4：12＝1：3なので，外国銀貨100枚を日本銀貨に交換すると，$100 \times \dfrac{3}{1} = $ _C300 枚になる。日本銀貨と日本金貨の交換比率は12：3＝4：1なので，日本銀貨300枚を日本金貨に両替すると，$300 \times \dfrac{1}{4} = $ _D75(枚)になる。外国では，日本金貨と外国銀貨の交換比率は3：12＝1：4なので，日本金貨75枚を売却すると，外国銀貨$75 \times \dfrac{4}{1} = $ _E300(枚)になる。よって，もとの100枚から$300 \div 100 = $ _F3(倍)に増える。これを防ぐためには，日本金貨75枚の価値が外国銀貨100枚になればよいから，日本金貨の価値が$100 \div 300 = \dfrac{1}{3}$になるように，日本金貨に含まれる金の量を _G3分の1に減らせばよい。

★ 浦和中学校　2020 令和2年度　適性検査Ⅱ

《解答例》

1　問1．158　　問2．ウ　　問3．1351

2　問1．1560　　問2．12　　問3．H→駐1→A→B→I　　問4．28　　問5．273　　問6．75

3　問1．22.5　　問2．ア　　問3．240　　問4．池全体に散らばる

4　問1．電流の向き　　問2．イ　　問3．右図

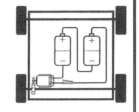

5　問1．エ　　問2．食塩　　問3．とかしたもの…ミョウバン　説明…水の温度が40℃
のときでも，尿素は100gの水に167gまでとけるから，200gの水には334gまでとけ，
食塩は100gの水に36gまでとけるから，200gの水には72gまでとける。したがって，
これらの2つのものは，45℃の水200gに60gより多くとけ，45℃のときに結しょうが出てくることはないから。
問4．モールに吸い上げられた水が蒸発することで，その水にとけていた尿素が結しょうとなって出てきたから。

《解　説》

1　問1　1段目に並べる積み木は9×9－3×4＝69(個)，2段目に並べる積み木は8×8－3×4＝52(個)，
3段目に並べる積み木は7×7－3×4＝37(個)だから，求める個数は69＋52＋37＝158(個)である。

問2　できあがる模型について，図Ⅰのようにちいさな円すいを合わせると，
大きな円すいができる(合わせた円すいの側面を色付き部分で表す)。円すいの
側面の展開図はおうぎ形になるので，図Ⅰの円すいの側面を広げると，図Ⅱの
ようになる。したがって，「側面になる部分を平面に広げた形」は，ウが正しいとわかる。

問3　右のように作図し，記号をおく。右図の色付きのおうぎ形の面積と，三角形ABCの
面積と，台形BDECの面積の和で求める。

色付きのおうぎ形は，面積が628㎠の円からこの円の$\frac{90}{360}=\frac{1}{4}$を除いたおうぎ形だから，
面積は628×$(1-\frac{1}{4})$＝471(㎠)である。三角形ABCは直角二等辺三角形だから，
三角形AFBと三角形AFCも直角二等辺三角形で，BF＝CF＝AF＝10㎝なので，
BC＝10×2＝20㎝である。したがって，三角形ABCの面積は20×10÷2＝100(㎠)である。
台形BDECの高さは40－10＝30(㎝)だから，面積は(20＋32)×30÷2＝780(㎠)である。
よって，求める面積は，471＋100＋780＝1351(㎠)である。

2　問1　中学生以下の入園料金は無料なので，大人4人とシルバー2人の入園料金が最も少なくなるときについて
考える。太郎さんのおばあさん(シルバー)は障がい者手帳を持っているから，おばあさんとつきそいの大人1人
を無料になるから，全部で大人3人とシルバー1人の入園料金を払えばよい。したがって，求める料金は，
450×3＋210＝1560(円)である。

問2　高校生の参加人数が増えて大人が20人になると，入園料金の合計は290×20＝5800(円)となるから，予定
人数で入園する場合の合計は5800＋500＝6300(円)である。よって，大人料金で入園する人数は，6300÷450＝
14(人)いる。したがって，高校生の参加予定人数は，14－2＝12(人)である。

問3　「入口」から「駐2」まで，午前10時8分－午前9時10分＝58分かかったから，「きらきら森」の滞在時間を除く58－30＝28(分)が移動にかかった時間である。「入口」から「駐1」を通って「駐2」まで行くルートについて考える。移動にかかる時間が明らかに28分をこえる「入口」からFへ向かうルートを除くと，『入口→A→駐1→H→I→駐2』，『入口→A→駐1→H→I→B→C→駐2』，『入口→H→駐1→A→B→C→駐2』，『入口→H→駐1→A→B→I→駐2』の4通りあり，移動にかかる時間はそれぞれ23分，32分，25分，28分である。よって，求める道順は，『入口→H→駐1→A→B→I→駐2』である。

問4　9時10分に自転車を借りたので，午前9時10分＋3時間＝午後0時10分までに「入口」に着けばよい。「駐3」から「入口」までの最短ルートは『駐3→E→F→駐4→入口』であり，このルートで進むと17分かかるので，「駐3」を午後0時10分－17分＝午前11時53分までに出ればよい。したがって，「ごつごつ山」の滞在時間は最大で，午前11時53分－午前11時25分＝28分間である。

問5　3haが自然公園全体の面積の1.1%なので，自然公園全体の面積は，$3 \div \frac{1.1}{100} = 272.7\cdots$より，小数第1位を四捨五入して，約273haである。

問6　お母さんたちは，午後0時19分－午後0時15分＝4分で200m進んだので，速さは，分速(200÷4)m＝分速50mである。お母さんたちが「入口」からHまでにかかった時間は，午後0時27分－午後0時15分＝12分だから，「入口」からHまでの道のりは50×12＝600(m)である。太郎さんたちが「入口」からHまでにかかった時間は，午後0時27分－午後0時19分＝8分だから，求める速さは，分速(600÷8)m＝分速75mである。

③　問1　27÷120×100＝22.5(%)

問2　一辺2mの正方形の面積は2×2＝4(㎡)である。広場の面積がx㎡のとき，x㎡は4㎡の$x \div 4$(倍)なので，広場全体に生えていた植物のおおよその株数は，$x \div 4 \times 120$で表せる。

問3　7月23日につかまえたフナについて，目印がついているフナとつかまえたフナの数の比は，3：36＝1：12なので，池全体にいるフナの数は，7月20日に目印をつけて放したフナの数の12倍と考えられる。よって，池にいたフナの数は，20×12＝240(匹)と推測できる。

問4　目印のついたフナが集まっている状態では，フナを捕まえる位置によって調査結果に差が出てしまうので，適切な推測をすることができない。

④　問2　電流はかん電池の＋極から出て，－極にもどってくる。実験①の方法3と4より，発光ダイオードは長いたんしに電流が流れこむと点灯することと，発光ダイオードが点灯しないときは直列につながれたモーターにも電流が流れないことがわかる。これをもとに，実験②の図5～8の並列つなぎになった発光ダイオードの向きに着目して，結果を考える。図5では，下の発光ダイオードが正しいつなぎ方になっているので，下の発光ダイオードと豆電球が点灯する。図6では，上の発光ダイオードが正しいつなぎ方になっているので，上の発光ダイオードと豆電球が点灯する。図7では，2つの発光ダイオードが正しいつなぎ方になっているので，すべての発光ダイオードと豆電球が点灯する。図8では，2つの発光ダイオードが正しいつなぎ方になっていないので，すべての発光ダイオードと豆電球が点灯しない。したがって，イが正答となる。

問3　電池の向きが逆になれば，モーターの回転する向きが逆になる。また，2個のかん電池を直列つなぎにすると，かん電池が1個のときよりもモーターに大きな電流が流れ，モーターの回転する速さが速くなる。

⑤　問1　ア×…液体部分には，20℃でとけるだけとかすことができる塩化アンモニウムがとけている。　イ，ウ×…

液体部分には，それ以上塩化アンモニウムがとけることができないから，とけきれない塩化アンモニウムが結しょうとして出てきた。したがって，同じ温度のまま液体をかき混ぜても，出てきた塩化アンモニウムがとけることはない。試験管を温めて，水の温度を高くしていくと，出てきた塩化アンモニウムが再びとけていく。

問2 資料で，80℃のときと 20℃のときのとける量の差が，出てくる結しょうの量である。尿素（にょうそ）は 400－108＝292（g），ミョウバンは 321－11＝310（g），食塩は 38－36＝2（g）出てくる。

問3 水の温度が同じであれば水にとけるものの量は水の重さに比例する。また，これらのものは水の温度が高いほど，多くとかすことができるとあるから，45℃より低い温度におけるとける量に着目すればよい。なお，尿素と食塩は水の温度が 20℃になっても結しょうが出てくることはない。

問4 水の温度が下がるだけでなく，水の量が減ることでも結しょうが出てくる。例えば，食塩のように，水の温度が変化してもとける量があまり変化しないものは，水よう液を加熱して水を蒸発させることで多くの結しょうが出てくる。

《解答例》

1　(例文)わたしはボランティア活動について発表します。資料1から、ボランティアに興味がある日本の若者の割合は33．3％で、諸外国の中で最も低いことが分かります。参加できない要因を表した資料2を見ると、時間がない、十分な情報がないと答えた人の割合が高いです。資料3を見て下さい。これは、区のボランティアセンターが提供している募集情報をまとめたものです。少し調べると、たくさんの情報を得ることができます。日時を見ると、短時間の活動や1日だけの活動があり、時間がなくても参加できることが分かります。このように、身近にできるボランティア活動がたくさんあります。みなさんも、自分にできることを探して参加してみませんか。

2　B地点の標高はA地点より1570m高いので、B地点での各月の平均気温はA地点より9．4℃低くなります。これと資料3をもとに現在のB地点での各月の平均気温を求め、「あたたかさの指数」を計算すると36．1になるので、資料2から、現在のB地点で育つ植物はコメツガ、エゾマツなどと推測されます。そして、各月の平均気温がすべて4℃ずつ高くなると、B地点での「あたたかさの指数」は61．8になるので、資料2から、育つ植物はブナ、ミズナラなどに変化すると推測できます。

3　(例文)みなさんは、魚を食べる人が減ってきていることを知っていますか。資料1を見て下さい。肉類の消費量が増えているのに対し、魚介類の消費量は減っています。資料2からは、どの年齢層でも摂取量が減っていること、年齢が低い人の摂取量が少ないことが読み取れます。資料3を見て下さい。魚介類には、わたしたちの体内でつくり出すことができないDHAやEPA、タウリンなどがふくまれています。たとえば、ブリやサバには、視力低下予防や高血圧予防の効果を期待される成分がふくまれています。このように、魚介類を食べるとからだによい効果がたくさんあります。わたしたちの健康を保つ上で重要な魚介類を、積極的に食べるよう心がけましょう。

《解　説》

1　花子さんは「資料1から日本と外国の若者のボランティア活動に対する興味について、比較しながら具体的な数値を用いて発表する予定です」と言っている。ボランティア活動に興味がある日本の若者の割合は33.3％であること、または興味がない日本の若者の割合は48.2％であることと、その数値が諸外国の若者と比べてどうなのかを書く。また、「資料2の要因から25％をこえているものを2つだけ選び、資料3と結びつけて発表します」と言っている。資料2で25％をこえているものは、「参加する時間がない」「ボランティア活動に関する十分な情報がない」「参加する際の経費(交通費等)のふたん」の3つである。この中から2つを選び、その要因を解決することができる募集情報を資料3から選んで、結びつけて書く。そして、最後に「ボランティア活動は身近なもの」であることを示し、「ボランティア活動に参加してもらえるよう」な呼びかけを書く。

② 下表参照

	1月	2月	3月	4月	5月	6月	7月	8月	9月	10月	11月	12月	「あたたかさの指数」
現在のA地点の平均気温(℃)	1.6	2.5	6.1	12.1	16.8	20.4	24.0	25.3	21.1	14.9	8.8	3.8	
現在のB地点の平均気温(℃)	−7.8	−6.9	−3.3	2.7	7.4	11.0	14.6	15.9	11.7	5.5	−0.6	−5.6	
「各月の数値」	0	0	0	0	2.4	6.0	9.6	10.9	6.7	0.5	0	0	36.1
100年後のB地点の平均気温(℃)	−3.8	−2.9	0.7	6.7	11.4	15.0	18.6	19.9	15.7	9.5	3.4	−1.6	
100年後の「各月の数値」	0	0	0	1.7	6.4	10.0	13.6	14.9	10.7	4.5	0	0	61.8

③ 資料1から，肉類の消費量とは異なり，魚介類の消費量は年々減ってきていることが読み取れる。資料2からは，どの年齢層でも魚介類の摂取量が減っていることや，特に年齢の低い人の摂取量が少ないことが読み取れる。それらをまとめた上で，資料3から，からだに役立つ機能性成分や魚介類の具体例，摂取することで期待される効果をまとめて示す。最後に，「魚介類を摂取する必要性」について，「ＤＨＡやＥＰＡ，タウリンなどはからだに必要な栄養素」だが，「体内でつくり出すことはできないので，食物から摂取する必要がある」こと，そのため，積極的に魚介類を食べることが「わたしたちの健康を保つ上で重要である」ことを示す。

《解答例》

1　問1．ア　　問2．イ　　問3．たいしたことではない〔別解〕思いっきりやればいい　　問4．ウ

2　問1．普段の会話　　問2．ウ　　問3．自分が描いた絵を鏡に映して見る　　問4．C．先週（先生に）紹介してもらった　　D．先週読んだ　C・Dは順不同

3　問1．A．エ　B．イ　　問2．馬一頭ほどしか通れないせまさだから。　　問3．人格知　　問4．端緒知…ア　実践知…ウ　人格知…イ

4　問1．ウ　　問2．米のとれ高が、開発前の3倍ほどに増えた　　問3．ウ，オ

5　問1．次郎さん　　問2．A．ア　B．ウ　　問3．C．増加　D．平成27年を境に増加　　問4．ウ

《解　説》

1　問1　とげとげしい言い方をしたということ。前書きに「自分としては、それほどうまく歌えませんでした」とあり、嘉穂は大好物のプリンも食べられないほど落ち込んでいる。おばちゃんは「上手だったのよ～しっかりと歌ってて……」と言ってくれたが、それさえ受け入れられないような思いつめた心境だったので、「やめてよ」とさえぎった。よって、アの「いらだち」が適する。

問2　下線部②の3～4行前に、おじいちゃんから「うまくいかんかったんか」と言われて「嘉穂の体がびくっとした」とある。これは、おばちゃんが言った「上手だったのよ～しっかりと歌ってて」のようななぐさめをまた言われるのではないかと身構えたということ。ところが、おじいちゃんは「思ったとおりに～どうせ、たいしたことできやせんのだから」と意外なことを言った。この発言におどろき、「え？」と聞き直したのだ。よって、イが適する。アの「がっかりしている」、ウの「ありがたく思っている」、エの「うれしくなっている」などは適さない。

問3　落ち込んでいる嘉穂に対しておじいちゃんが言いたかったことが何かを読みとる。おじいちゃんは「思いどおりに歌ってそれで駄目なら、そこまで～たとえうまく歌えなくても、それで何が変わるわけでもなし、たいしたことになりはせん」「どっちにしろ、嘉穂が嘉穂であることに変わりはなく～思いどおり、思いっきりやりゃぁいい」と言った。下線部の言葉を使ってまとめる。

問4　　　　部分にえがかれているのは、それぞれの人物のふだんの様子である。この家のいつもどおりの雰囲気になったということ。その日常的な様子を見て、嘉穂は「ここがわたしのいる場所……」とかみしめているので、ウが適する。アの「明るい家族がいることをほこらしく思っている」、イの「おにぎりを家族みんなで」、エの「毎日～実感しつつ、穂高も同じ思いでいることを知り」は適さない。

2　問1　「そのまま文字として書いた」ものは「声」である。この「声」にあたる内容が、　A　に入る。ここでの「声」とは、下線部①の前行で「人は、普段は口から出る声でコミュニケーションを取っている」と述べているものである。この内容を5字で表現しているのは、下線部①の6行後の「普段の会話」。

問2　「自分だけで終始していた段階」から、どのような段階に移らなければいけないのか。それは、直前の段落で「相手に理解してもらう～読む相手を想定すること」、直後の段落で「『相手はこれをどう読むだろう？』という視点」「相手の知識や理解力をある程度知っている～自分が書いた文章が誤解される可能性をできるだけ排除する必要もある」と述べていることである。よって、ウの「読んだ人にわかる文章になること」が適する。

問3　「『視点』のシフト能力」とは、文章でいうと「自分以外の誰かになったつもりでそれが読める、架空の人

物の視点で文章を読める」能力のこと。つまり「自分の書いた文章を客観的に読み直せる」ということである。この，客観的に見る方法を，「絵」の例が書かれている「文章に限ったことではない。漫画の絵も同じ～上手い絵は，鏡で反転しても，まったく崩れない」の２段落からさがす。「自分が描いた絵を鏡に映して見ることをおすすめする。裏返しになるだけで，客観的に見る自分になれる」とあることから，下線部をぬき出す。

問4　「先週」がどことつながるかで意味が変わる。「わたしは，先週先生に紹介してもらった～」と読点を入れると，先生が紹介したのが先週という意味になる。「わたしは先週，先生に～」と読点を入れると，「わたし」が先週読んだという意味になる。

③問1　Aは「幕府は御家人に対し，御家人の持つ土地を守ったり，新しい土地を与えたりしました(御恩)」からエ，Bは「御家人は幕府に対し…命がけで戦いました(奉公)」からイを選ぶ。このような土地を仲立ちとした，御恩と奉公による主従関係を封建制度と言う。

問2　資料から，切り通しの両側に切り立つ壁が迫っていて，幅がすれ違えないほどせまいことを読み取ろう。征夷大将軍に任命された源頼朝は，敵の攻撃から守るのにつごうがよいなどの理由から，三方を山に囲まれて海に面している鎌倉に幕府を開いた。敵に簡単に攻められない工夫として，鎌倉の山の一部を切り開いて，人ひとりが通れるほどの「切り通し」を作ったり，鎌倉を中心に放射状に伸びる「鎌倉街道」を作ったりした。

問3　「筆者の言う『学び』の段階」とは，「端緒知」「実践知」「人格知」の３つである。このうちのどれにあたるかを読みとる。下線部①のある段落の次の段落で「歴史に対する見方が変わったなど，その人の人格形成になんらかの影響を与えるような学びに発展していく。それを『人格知』と呼びます」と述べていることにあたる。

問4　「端緒知」は「いろいろな知識に触れて～何かを知る」ことなので，「～知った」とあるアが適する。「実践知」は「それがなぜ～などと自分なりの疑問や課題を持って，いろいろと調べたり～分析したりして，知識を深めていく」ことなので，「～調べた」とあるウが適する。「人格知」は「歴史に対する見方が変わったなど～人格形成になんらかの影響を与えるような学びに発展していく」ことなので，「～楽しくなった」とあるイが適する。

④問1　ウが正しい。海洋名・各県・四国地方の位置については右図参照。　ア．現在の愛知県では江戸時代後期，寺子屋数が300以上あった。　　イ．寺子屋数が未調査の国は，太平洋側に多い。　　エ．現在の四国地方には，江戸時代後期，藩校が設置されておらず，高知県には100以上，徳島県には300以上の寺子屋が設置されていた。

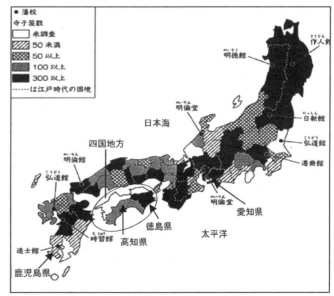

問2　資料3より，米のとれ高が見沼代用水の開発前は420トンであったが，開発後は1260トンになったから，1260÷420＝3(倍)増えたとわかる。

問3　ウとオが正しい。割合の増減は，(平成27年の面積−昭和45年の面積)÷昭和45年の面積×10で求める。よって，田は(1650−5616)÷5616×10＝−7.06…＝約7割減少，畑は(1870−3051)÷3051×10＝−3.87…＝約4割減少している。なお，昭和45年から平成27年まで，農家人口と耕地面積も減少し続けているから，アとイとエとカは誤り。

⑤　問1　次郎さんが正しい。花子さんは「日本の総人口は…将来は増えると予想されている」が誤り。日本の総人口は2020年以降も減ると予測されている。太郎さんは「日本の総人口は2020年まで増加している」が誤り。2010年から2020年にかけて日本の総人口は減少している。明子さんは「65歳以上の高齢者の比率は1920年から着実に増え続け」が誤り。65歳以上の高齢者の比率が増えたのは1940年からである。

問2 Ａ　アが正しい。平成25年以降の人口は，資料2で東京圏においては増加，資料3で地方圏においては減少している。　　Ｂ　資料4よりウが正しい。　ア．10歳～19歳の人たちで東京圏に入ってくる人の数はほとんど変化がない。　イ．20歳～29歳の人たちの次に東京圏に入ってきている人たちは10歳～19歳の人たちである。エ．30歳～39歳の人たちが多く東京圏に入ってくるようになったのは平成25年からである。

問3　Ｃについて，資料5より，日本の65歳以上の人口（千人）は，約32,000（平成25年）→約33,000（平成26年）→約34,000（平成27年）→約34,500（平成28年）と増加し続け，資料6より，さいたま市の65歳以上の人口（人）は，約250,000（平成25年）→約260,000（平成26年）→約270,000（平成27年）→約280,000（平成28年）と増加している。

Ｄについて，資料6より，さいたま市の人口（人）は，15歳未満が約171,900（平成25年）→約171,800（平成26年）→約171,250（平成27年）→約171,400（平成28年），15歳～64歳が約823,000（平成25年）→約820,500（平成26年）→約817,000（平成27年）→約818,000（平成28年）と推移しており，平成27年を境に増加している。

問4　さいたま市の65歳以上の人口の割合は297236÷1301230×100＝22.84…（％）なので，ウを選ぶ。

《解答例》

1　問1．70　　問2．12　　問3．6　　問4．1550　　問5．187

2　問1．はちみつ味…14　ココア味…13　　問2．432　　問3．イ　　問4．図形…ウ　特徴…4つの辺の長さがすべて等しい四角形。　　問5．45

3　問1．416　　問2．12, 49, 12, 52　　問3．13, 48　　問4．ウ　　問5．水蒸気が水滴に変化していないから。　　問6．ウ

4　問1．エ　　問2．温度　　問3．ウ　　問4．なくなったもの…でんぷん　理由…発芽や発芽後の成長に使われたから。

5　問1．空気はおもに，太陽によってあたためられた地面によってあたためられるから。　　問2．イ　　問3．カ

《解　説》

1　**問1**　3つの田んぼの面積の合計は $20000 \times \frac{4}{10} = 8000$（㎡）だから，田んぼ①と田んぼ②の面積の合計は，$8000 - 1700 = 6300$（㎡）である。田んぼ①と田んぼ②の面積比は 2：1 だから，（田んぼ②の面積）：（田んぼ①と田んぼ②の面積の合計）＝ 1：（2＋1）＝ 1：3 なので，田んぼ②の面積は，$6300 \times \frac{1}{3} = 2100$（㎡）である。

あとは，2100 を差が 40 の 2 数の積で表せばよい。$21 \times 100 = 2100$ がすぐに見つかり，21 と 100 の差は 40 より大きいので，21 より大きな 2100 の約数を探して，対になる約数との積で表すと，$25 \times 84 = 2100$，$28 \times 75 = 2100$，$30 \times 70 = 2100$，…となる。30 と 70 は差が 40 だから，田んぼ②は縦 30m，横 70m とわかる。

問2　資料2から，80 kg の稲を運んだ場合 3 km＝3000m で電池を 100％使うので，160m だと $100 \times \frac{160}{3000} = \frac{16}{3}$（％）使うとわかる。また，荷物を運ばない場合，電池を $100 \times \frac{160}{6000} = \frac{8}{3}$（％）使うとわかる。

よって，1 往復で $\frac{16}{3} + \frac{8}{3} = 8$（％）使うので，100％だと，$100 \div 8 = 12$ 余り 4 より，12 往復できる。

問3　1 a（アール）＝ 10m × 10m = 100 ㎡，1 ha（ヘクタール）＝ 100m × 100m = 10000 ㎡ だから，$17 a = 17 \times \frac{100}{10000} = \frac{17}{100}$（ha）である。1 t（トン）＝ 1000 kg だから，1020 kg $= \frac{1020}{1000}$ t $= \frac{102}{100}$ t である。よって，かくされている数字は，$\frac{102}{100} \div \frac{17}{100} = 6$（t）

問4　必要なクッキーの枚数は，$3 \times 4 + 6 = 18$（枚）である。次に，それぞれの箱の 1 枚あたりの金額を調べると，3 枚入りの箱は $300 \div 3 = 100$（円），6 枚入りの箱は $550 \div 6 = 91.6 \cdots$（円），9 枚入りの箱は $800 \div 9 = 88.8 \cdots$（円），12 枚入りの箱は $1000 \div 12 = 83.3 \cdots$（円）だから，1 箱の枚数が多いほど割安だとわかる。

なるべく大きい箱で 18 枚買う買い方は，6 枚入り 1 箱と 12 枚入り 1 箱，または，9 枚入り 2 箱である。それぞれの金額を計算すると，$550 + 1000 = 1550$（円）と $800 \times 2 = 1600$（円）になるから，一番安い金額は，6 枚入り 1 箱と 12 枚入り 1 箱の 1550 円である。

問5　右図の斜線（しゃせん）部分はすべて 1 辺が 50 ㎝の正方形とする。苗を植えられる部分は色をつけた部分であり，縦が $400 - 50 \times 2 = 300$（㎝），横が $600 - 50 \times 2 = 500$（㎝）の長方形である。縦には苗と苗の間隔を $300 \div 30 = 10$（か所）作れるから，苗は $10 + 1 = 11$（本）植えられる。横には，$500 \div 30 = 16$ 余り 20 より，苗と苗の間隔を 16 か所作れるから，苗は $16 + 1 = 17$（本）植えられる。

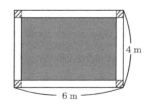

4 m
6 m

よって，植えられる苗の本数は，$11 \times 17 = 187$（本）

2 問1 資料1のケーキを，下から1段目，2段目，3段目と分けて考える。1段目と3段目は，はちみつ味のケーキが5個ずつ，ココア味のケーキが4個ずつあり，2段目はこれと反対に，はちみつ味のケーキが4個，ココア味のケーキが5個ある。

よって，はちみつ味のケーキは $5 \times 2 + 4 = 14$(個)，ココア味のケーキが $4 \times 2 + 5 = 13$(個)ある。

問2 触れ合う両方の面にジャムをぬるから，資料1のケーキの表面以外のすべての面にジャムがぬられている。したがって，1辺が2cmのすべての立方体のケーキの表面積の和から，できたケーキの表面積を引けばよい。

問1より立方体のケーキは全部で $14 + 13 = 27$(個)あり，1個につき面は6つある。1つの面の面積は $2 \times 2 = 4$(cm²)だから1辺が2cmのすべての立方体のケーキの表面積の和は $4 \times 6 \times 27 = 648$(cm²)である。できたケーキの表面積は $6 \times 6 \times 6 = 216$(cm²)だから，ジャムをぬった面の面積の合計は，$648 - 216 = 432$(cm²)である。

問3 断面図は四角形BEGDとなる。この四角形はすべての内角が90度であり，BEよりBDの方が長い。

よって，「イ 長方形」である。

問4 AとP，PとFはそれぞれ同じ面上にあるので，直線で結ぶ。立方体において，向かい合う面にある切り口の線は平行になるので，APと平行になるように右図の直線QFを，PFと平行になるように直線AQを引く。以上より，断面は四角形APFQになるとわかる(QはDGの真ん中の点である)。

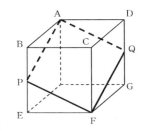

三角形ABP，三角形FEP，三角形FGQ，三角形ADQはすべて合同だから，AP＝FP＝FQ＝AQなので，四角形APFQは「ア 正方形」か「ウ ひし形」である。角PAQと角PFQは90度より小さく，角APFと角AQFは90度より大きいから，「ウ ひし形」とわかる。

ひし形の特徴は「4つの辺の長さがすべて等しい四角形」，長方形の特徴は「4つの角の大きさがすべて等しい四角形」であり，この2つの特徴を両方とも持っているのが正方形である。正方形は，ひし形でもあり長方形でもある。それぞれの四角形の特徴を整理して覚えよう。

問5 友だちのお母さんが使用した型と，花子さんの家にある型の容積の比がわかれば，使用する小麦粉の量の比を求められる。2つの型の高さは等しいから，容積の比は底面積の比と等しく，$(14 \times 14) : (7 \times 7 \times 3) = 4 : 3$ となる。

よって，花子さんは小麦粉の量を 60g の $\frac{3}{4}$ 倍にすればよいので，$60 \times \frac{3}{4} = 45$(g)にすればよい。

3 問1 平均速度は，$\dfrac{(移動した道のりの合計)}{(かかった時間の合計)}$ で求める。蒸気機関車は北町駅から中町駅までの 20.8km $= (20.8 \times 1000)$m $= 20800$m を50分で走るから，その平均速度は，分速 $\dfrac{20800}{50}$m ＝分速 416m

問2 以下の解説では，13時14分ちょうどを13:14:00，13時14分30秒を13:14:30とするなど，秒数をふくめて時刻を表す。普通電車は北町駅から中町駅まで $\dfrac{20.8}{60} \times 60 = 20.8$(分)で着く。$0.8$分 $= (0.8 \times 60)$秒 $= 48$秒だから，20.8分 $= 20$分48秒である。条件から，普通電車は13:09:00から13:13:00までに中町駅に到着しなければならない。13:09:00の20分48秒前は12:48:12，13:13:00の20分48秒前は12:52:12であり，普通電車は秒数が0秒のときに北町駅を出発するから，求める時刻は，12時49分から12時52分の間である。

問3 舟が3km下るのにかかる時間は，$\dfrac{3}{10}$時間 $= (\dfrac{3}{10} \times 60)$分 $= 18$分である。したがって，12時30分に大和橋を出発した舟は12時48分に弥生橋を通過するから，最後に飛鳥橋に到着する舟は12時50分に弥生橋を出発する

舟であり，その舟は 13 時 8 分に飛鳥橋に到着する。求める時刻はこの 40 分後だから，13 時 48 分である。

問4 ア～エの内容はどれも正しいが，ここでは，蒸気機関車を動かすときに，空気が水の代わりにならない理由として正しいものを選ばなくてはいけない。係員の 1 回目の発言に，「水は，水蒸気に変わるときに体積が非常に大きくなり，周りのものをおしのけようとします。このときに出る力を，車輪を回す力に変えて動いています。」とある。水が水蒸気になるときには，体積が約 1700 倍にもなる。体積が大きくなって，周りのものをおしのけようとする力を利用しているのだから，体積が増加する割合が小さければ周りのものをおしのけようとする力が弱く，機関車を動かすことができないということである。

問5 Aの部分が白くなっている（目に見えている）のは，やかんから出てきた水蒸気が冷やされて水滴に変化したためである。やかんから出てきたばかりの水蒸気は温度が高いので，すぐには水滴に変化せず，少しはなれたところで水滴に変化するので，Bのように白くなっていない部分ができる。

問6 沸騰とは，液体の内部から，気体に変化したものがあわとなって出ていく現象である。したがって，水が沸騰しているときに発生しているあわの正体は水が気体に変化したもの，つまり，水蒸気である。なお，水にとけていた気体のほとんどは，沸騰が始まる前に小さなあわとなって出ていく。

4 **問1** ア，イ．水が 25mL のときには 30℃のほうが発芽率が低いが，水が 3mL のときには発芽率がほとんど変わらないので，どちらも適切ではない。ウ，エ．20℃のときと 30℃のときの両方で，水が 25mL のときのほうが発芽率が低いので，エが適切である。

問2 30℃のときには，どちらの水の量の条件でも 24 時間後には発芽が始まっているが，20℃のときにはどちらの水の量の条件でも 24 時間後では発芽していない。

問3 光が影響しているかを調べるには，光が当たるか当たらないかの条件だけを変え，それ以外の条件は同じにしなければならないので，ウが正答となる。

問4 ヨウ素液はでんぷんに反応して（青）紫色に変化する。

5 **問1** 太陽が南中したときに，太陽光が最も直角に近い角度で地面に当たるので，地面が受けとる熱の量が最も多くなる。この地面からの熱がその上にある空気に伝わって気温が上がっていくので，南中する時刻と気温が最高になる時刻がずれる。

問2 1 か月を通して最高気温と最低気温が高いアが 7 月，1 か月を通して最高気温と最低気温が低いエが 1 月のグラフである。また，上旬から下旬にかけて最高気温と最低気温が低くなっていくイが冬に近づいていく 10 月，上旬から下旬にかけて最高気温と最低気温が高くなっていくウが夏に近づいていく 5 月のグラフである。

問3 1 年で南中高度が最も高くなるのが夏至の日（6 月 20 日ごろ）である。したがって，1 日の南中高度の最高点の月平均のグラフが最も高くなっているカが正答となる。なお，1 年で南中高度が最も低くなるのは冬至の日（12 月 20 日ごろ）だから，ウが冬至の日に最も近い月である。また，資料 1 で南中高度と気温の最高点の時刻がずれているのと同様に，南中高度と平均気温の最高点の時期がずれていることがわかる。

《解答例》

1 （例文）

わたしはカタカナ語について調べました。資料１から、カタカナ語の意味が分からずに困ることがあると回答した人の割合は、年齢が高いほど増加けい向にあり、５０代・６０代では「よくある」と回答した人の割合が、他の年代より高いことが特徴的であると分かりました。資料２から、公の機関や報道機関等は、カタカナ語を分類して、それぞれの取扱い方を工夫していることが分かりました。わたしは今後、カタカナ語を使う際に、自分が意味を正しく理解しているものを使うこと、日本語に言いかえた方が分かりやすいものは日本語を使うこと、年代が上の方には日本語で補って説明し、わかりにくい言葉がなかったか確認をすることに気をつけたいです。

2 ２０１７年の「音楽の総売上」は、２３２０＋５７３＝２８９３（億円）だから、「音楽配信の売上金額」の割合は、５７３÷２８９３×１００＝１９．８…より、およそ２０％です。一方、２０１３年の「音楽の総売上」は、２７０５＋４１７＝３１２２（億円）だから、「音楽配信の売上金額」の割合は、４１７÷３１２２×１００＝１３．３…より、およそ１３％です。したがって、２０１７年の割合は２０１３年の割合より、約２０－１３＝７（ポイント）上昇しています。

3 （例文）

インターネットショッピングは、お店をかまえる必要がないため、家賃がかからず、経費をおさえることができるので、お店より安く売買ができます。また、さまざまな商品の中からいつでも選ぶことができるといったメリットもあります。しかし、イメージと違う商品が届いたり、料金を支払ったのに商品が届かなかったりするトラブルがあるのも事実です。このようなトラブルをなくすために、店側は、商品説明をよりくわしくしたり、使っているところを動画にしたりする努力が必要です。私たち買う側も、多くの情報の中から正しい情報だけを読みとり、商品を注文したときの記録を保存しておくといった努力が必要です。

《解　説》

1 「先生の助言に従って」とあるので、会話文にある「資料１から年齢に関する特徴的なことを述べて、資料２をもとに、カタカナ語を使う際に気をつけたいことをいくつか述べる」ということが条件になる。資料１で特徴的な数字は、５０代と６０歳以上の「よくある」の割合が、他の年齢の２～３倍程度も多いことである。資料２からは、カタカナ語が「広く一般的に使われ、国民の間に定着している」かどうか、「言いかえた方が分かりやすくなる」かどうかといった基準によって、公の機関や報道機関等が取扱い方を変えていることがわかる。この内容を受けて、自分自身がカタカナ語を使うとき、どんなことに気をつけるべきかを考えよう。ポイントは、相手に正しく伝わるかどうかを考えることである。「いくつか」とあるので、具体的な方法を２～３個は書くようにしよう。

3 太郎さんが「お客、お店の両方の立場から、インターネットショッピングの利点と課題を挙げて、双方にとって、望ましい買い物の在り方について発表したい」と言っていることに着目しよう。お客の利点については、資料１より「お店に出向かなくても買い物できる」「２４時間いつでも買い物ができる」と回答した人の割合が高いことを読み取り、課題については、資料２の「インターネットショッピングを利用した際のトラブル」より、その解決方法も考えよう。お客の望ましい買い物の在り方については、保存しておく記録として「お店の所在地や連絡先、返品条件」などを具体的に挙げて、文章の分量が３００字以内に収まるように書いてもよい。

《解答例》

1. 問１．ウ　　問２．エ　　問３．イ　　問４．自分についての回答

2. 問１．地球から人が移り住むのにもっとも現実的な場所が　　問２．Ｂ．第二の地球　Ｃ．テラフォーミング

   問３．Ｄ．火星の１日がほぼ２４時間である　Ｅ．火星には大気がある　Ｆ．重力が地球に近い　　問４．ウ，エ

3. 問１．感情が交流する　　問２．人間は、誰かとコミュニケーションしたいという強い欲求　　問３．ウ

   問４．エ

4. 問１．ア　　問２．歩いた道のり　　問３．ウ　　問４．大名が自分の領地と江戸とを往復する

   問５．イ

5. 問１．ウ　　問２．体験　　問３．良好な景観を形成する　　問４．複数の外国語で表記

《解　説》

1. 問１　「そう」は、お母さんの言った「（お父さんは）年頃の娘に話しかけるのが、恥ずかしいのよ」を指している。朝子は、父がバナナを、おどおどと朝子にゆずって、逃げるように仕事に出かけたのは、母の言ったことが理由ではないと思ったのだ。

   問２　直前に「しかたないので」とあることに着目する。「しぶしぶ」とは、したくないと思いながら、いやいやながらする様。

   問３　朝子は、父と自分の性格について「苦手なことから逃げるって……まるで私だ」「朝子には、すべてにおいて自分はいつも『逃げ腰』だという自覚があった」「見ていてムカつくのは、自分とそっくりだからかもしれない……」「お父さんのそういう行動を否定するということは、自分自身を否定するということ」と考えている。また、朝子の回答には「お父さんは、嫌いじゃないけど性格がイヤ」とある。朝子が、父の性格がイヤな理由は、自分とそっくりだからであり、父の逃げ腰なところを否定するということは、自分自身を否定することだと思ったのだ。だから、父に自分自身を重ねて回答している。本文の最後の２〜３行目の「だけど〜そういう自分をまるごと受けいれて、好きだと思えるようにしたい」という気持ちが表れているイが適する。

   問４　問３の解説を参照。父について回答したはずだが、性格がそっくりな自分自身を父に重ねて回答しているため、自分自身についての回答のようになってしまったと朝子は思っているのだ。

2. 問１　下線部①より前の段落の要点をおさえよう。第１段落には、「人はやがて地球に住めなくなるのではないか」「人の数に対して、地球の大きさが対応しきれなくなる」「新しく住むことのできる場所を探さなければならない」と述べられている。第２段落には、「人が住むのにもっとも現実的だといわれているのが、地球のとなりにある火星だ」「火星への本格移住を支援する計画を立てている」と述べられている。第３段落には、「今後大量に人が移動できる交通手段として〜安価な宇宙船の研究や、宇宙エレベーターなどの研究も進んでいる」と述べられている。これらのことから将来、人が地球から移り住む場所として、火星を考えていて、準備を進めているということがわかる。よって、「なぜ、火星なのか？」は、地球から人が移住するのにもっとも現実的とされている場所が火星である理由を問いかけていると考えられる。

問２B　第４段落の「火星を第二の地球とすることができるのではないか」より。　　C　第５段落に「現段階ではまだ地球の生命が生息できない環境であるため、地球の生命が住みやすいように火星の環境をつくり変える、テラフォーミングをおこなわなくてはならない」とあることから。

問３　下線部②を含む段落の次の段落から４つあとの段落までに述べられている。「火星の１日は～ほぼ24時間だ」「火星の１年は～地球でいうと、おおよそ２年(情報カードに書かれている内容)」「火星には大気がある」「宇宙ステーションや月にくらべて地球の重力に近い」より、指定された字数以内でまとめる。

問４　ア．第１段落に述べられている。　イ．第２段落に述べられている。　ウ．第３段落に「今後大量に人が(住むために)移動できる交通手段として～安価な宇宙船の研究や、宇宙エレベーターなどの研究も進んでいる」とあり、「一番の目的は火星の観光」は適切でない。　エ．最後から２段落目に「火星は～地球とくらべて半分ほどの大きさ」とあり、「火星の大きさは地球のおよそ２倍ある」は適切でない。

3 問１　第２段落に「家族においては、生産性よりも、感情が交流することの方が重要」とあることより。

問２　 B の直後に「を持っているから」と続くことが手がかりとなる。下線部①と同じ段落に「人間は、コミュニケーションしたいという欲求を強く持っている」とある。だから、「一人で部屋に入れられ誰ともコミュニケーションできない状態」にさせられる独房は刑罰となりえるのだ。

問３　ア．第１段落に述べられている。　イ．第２段落に述べられている。　ウ．第４段落に「(感情を分かち合う)相手は、時に人間でなくとも構わない」と述べられているため適さない。　エ．最後の段落に述べられている。

問４　ア．小１は、小２・３より学校での出来事について家の人と話を「している」または「どちらかといえばしている」と答えた人の割合が大きいため、「学年が低くなるほど～話をしない」は正しくない。　イ．「話をする存在は家にいない」の部分は資料から読み取れる内容ではないため正しくない。　ウ．どの学年も「している」「どちらかといえばしている」が半分以上であるため正しくない。　エ．中１より中２、中２より中３の方が、家にいる大人と学校での出来事について話を「していない」または「どちらかといえばしていない」と答えた人の割合が大きいため、正しい。

4 問1　イ．蕨宿の人口 (2223 人) は，上尾宿の人口の 3 倍 (793 × 3 = 2379 人) 以下なので誤り。また，家数も 3 倍以下である。　ウ．わき本陣の数が最も多い大宮宿は，上尾宿よりはたご屋の数が少ないので誤り。　エ．はたご屋の数が最も少ない浦和宿は，上尾宿より人口が多いので誤り。

問2　資料 2 から，「日本橋を起点として」「一里 (約 4 キロメートルごと)」に一里塚がつくられたことを手がかりに考えよう。一里塚は，街道を利用する旅人が正しく進めているか判断するための目印であった。

問3　五街道については右図参照。アは「勝沼 (山梨県)」「甲州ぶどう」などから甲州街道だとわかる。　イは「53 の宿駅」「箱根 (神奈川県)」などから東海道だとわかる。ウは「碓氷峠 (群馬県・長野県)」「木曽福島 (長野県)」などから中山道だとわかる。エは「日光東照宮 (栃木県)」「一部は奥州街道と重なっている」などから日光街道だとわかる。

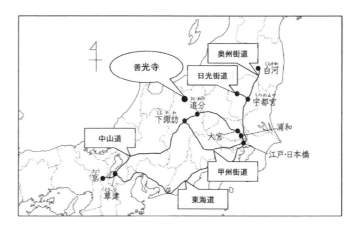

問4　資料 5 は，加賀藩の参勤交代の様子である。参勤交代は，徳川家光が武家諸法度に追加した法令で，「参勤 (江戸に来ること)」には，将軍と大名の主従関係を確認する意味合いがあった。

問5　先生から教えてもらった内容にある「江戸」「追分」などの地名や「北側の方角」を手がかりに考えよう。地名の位置については資料 3 (右上図) を参考にできる。地図上に方位記号があるので，上が北の方角だとわかる。

5 問1　ア．誤り。海洋に接している上位 10 位の国や地域の数は，太平洋が 5 か国 (アメリカ，オーストラリア，台湾，カナダ，メキシコ)，大西洋が 8 か国 (アメリカ，ドイツ，イギリス，南アフリカ，カナダ，メキシコ，フランス，スペイン)，インド洋が 3 か国 (インド，オーストラリア，南アフリカ) なので，大西洋が最も多い。　イ．誤り。南アメリカ大陸にも，上位 10 位の国や地域はない。　ウ．正しい。赤道を境にして，北側を北半球，南側を南半球と呼ぶ。日本より面積と人口が多いのはアメリカ，インド，メキシコで，いずれも北半球に分布している。　エ．誤り。人口密度は，人口÷面積で求める。人口密度はそれぞれ，日本が 12748.4 ÷ 37.8 = 337.2 (人／km²)，台湾が 2362.6 ÷ 3.6 = 656.2 (人／km²) なので，台湾の方が高い。

問2　問の「2 字で書きぬき」という条件と，Ａの前後の「参加者が」「できる」を手がかりに考えよう。

問3　資料 5 を見ると，無電柱化後には，景観が良くなり，狭かった歩道のスペースが広がって安全で快適な通行が可能になったことがわかる。

問4　資料 6 を見ると，地図はそれぞれ，左側がハングル (韓国などで使用される文字)，右側が英語で表記されていることがわかる。また，Ｃの後の「外国人観光客にもわかりやすく」も手がかりになる。

★ 浦和中学校

2018 平成30年度 適性検査Ⅱ

《解答例》

1. 問1. 10　　問2. 72　　問3. A…×　B…－ 〔別解〕A…＋　B…×　　問4. 39　　問5. 26000
   問6. 日曜日／水曜日／土曜日

2. 問1. 1570　　問2. 392.5　　問3. 452.16

3. 問1. 5　　問2. ア，キ　　問3. 27／理由…表から，とけた食塩の量は水の量に比例することがわかる。50mL の水に食塩は計量スプーンですり切り6杯とけるので，水を225mL にすると，$6 \times \frac{225}{50} = 27$ 杯までとけると考えられる。　　問4. イ

4. 問1. (ア)22.5　(イ)120　　問2. ウ　　問3. 0.5

5. 問1. エ　　問2. B　　問3. 酸素　　問4. Bの試験管の中の様子の変化が光によることを確かめるため。

《解　説》

1. 問1　それぞれの交差点への行き方の数をかくと右図のようになる。よって，AからBまでの行き方は4＋6＝10(通り)あるとわかる。

問2　9×8＋7＋6－5×4＋3×2＋1＝72＋13－20＋6＋1＝72

問3　9×8×7÷6＋5 [A] 4 [B] 3－2＋1＝100 より，84－2＋1＋5 [A] 4 [B] 3＝100
83＋5 [A] 4 [B] 3＝100　　5 [A] 4 [B] 3＝17 とわかる。5×4－3＝17 または 5＋4×3＝17 の組み合わせとわかる。

問4　3回以上訪れている人の人数は，405＋286＋172＋69＝932(人)，調査の対象になった住人の人数は
936＋532＋932＝2400(人)なので，932÷2400×100＝38.833…より，39%とわかる。

問5　外国人観光客の2割が1300人なので外国人観光客の人数は，1300÷0.2＝6500(人)である。観光客の25%が外国人観光客なので観光客の人数は，6500÷0.25＝26000(人)である。

問6　条件をもとに表にかくと，右表のようにわかる。
よって，Aさんが活動する日は，日曜日，水曜日，土曜日となる。

	日	月	火	水	木	金	土
Aさん	○	×	×	○	×	×	○
Bさん	○	×	○	×	○	×	×
Cさん	○	○	×	×	×	×	○
Dさん	○				×	×	×
Eさん	○				×	×	×

2. 問1　円柱の底面の半径が10÷2＝5(cm)なので，体積は5×5×3.14×20＝1570(cm³)である。

問2　同じ形の筒をもう1つ作り，1つをひっくり返して右図のように組み合わせる。
この筒の側面の面積は(底面の周の長さ)×(10＋15)であるので，10×3.14×25＝785(cm²)である。
よって求める面積は，785÷2＝392.5(cm²)である。

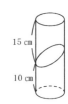

15 cm

10 cm

問3 棒から2番目までの紙2枚を棒を中心に1回転させると，右図のような立体ができる。中心の円柱の上に出ている部分が，下のあいている部分にぴったりあうので，体積は半径が2＋2＝4（cm），高さが4cmの円柱の体積と同じになる。

棒から3番目までの紙3枚についても，同じように考えると，この立体の体積は半径が2＋2＋2＝6（cm），高さが4cmの円柱の体積と同じになる。

よって，求める体積は6×6×3.14×4＝452.16（cm³）となる。

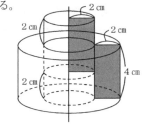

3 **問1** 結果の②で，容器にたまった雨水の量が297.5mL→297.5cm³だとわかった。また，図1で，容器の底面の面積は7（cm）×8.5（cm）＝59.5（cm²）なので，雨水がたまった高さは297.5（cm³）÷59.5（cm²）＝5（cm）である。

問2 ア，イ．リトマス紙の色の変化がなく，ＢＴＢ溶液を加えたときも色の変化がなかったので，水と食塩水は中性だと判断できる。ウ，エ．内容は正しいが，これらのことを実験1から判断することはできない。オ．塩酸は，鉄やアルミニウムなどをとかすが，銅をとかすことはできない。また，このことを実験1から判断することはできない。カ．炭酸水の濃さによってはアルミニウムをとかすこともあるが，このことを実験1から判断することはできない。キ．リトマス紙の色は変化しなかったが，ＢＴＢ溶液を加えたときには黄色に変化したので，雨水は酸性だと判断できる。

問4 ①実験2の結果から，塩酸には，アルミニウムはくやスチールウールをとかすはたらきがあるとわかる。②実験4の結果の表に着目すると，アルミニウムはくとスチールウールの両方で，もとの金属と液から出てきた固体で方法①と②の結果が異なるので，ちがう物であると考えられる。なお，食塩については同じ物だと考えられるので，まとめの③のように，金属が塩酸にとけることと，食塩が水にとけることは，ちがうことだと考えられる。

4 **問1** （ア）乾電池（かんでんち）の数と電気の量には比例の関係がある。乾電池1個のときの電気の量が7.5なので，乾電池3個のときの電気の量は7.5×3＝22.5である。（イ）アルミ板の1辺の長さが2倍，3倍となると，電気の量は2×2＝4（倍），3×3＝9（倍）になっている。アルミ板の1辺の長さが10cmのときの電気の量が7.5なので，アルミ板の1辺の長さが10cmの4倍の40cmのとき，電気の量は7.5の4×4＝16（倍）の120である。なお，このことから，電気の量はアルミ板の面積に比例することがわかる。

問2 アルミ板の間隔（かんかく）と電気の量の数値をかけたときの値が常に15になるので，反比例の関係である。したがって，グラフはウのような形になる。

問3 問1より，アルミ板の1辺の長さが10cm（面積が100cm²）で，アルミ板の間隔が2mm，乾電池が3個のときの電気の量が22.5である。ここから，アルミ板の面積だけを$\frac{1}{10}$倍の10cm²にすると，電気の量も$\frac{1}{10}$倍の2.25になる。このときのアルミ板の間隔と電気の量の積は2×2.25＝4.5なので，電気の量が9.0になるときのアルミ板の間隔は4.5÷9.0＝0.5（mm）である。

5 **問1** 生き物どうしの食べる・食べられるという関係を食物連鎖（れんさ）という。外来生物が侵入（しんにゅう）すると，えさのとりあいなどが起こることによって，競争力の弱い在来種（もともとその場所にいた生き物）は姿を消すことになる。

問2，3 植物は，光が当たると水と二酸化炭素を材料にして，でんぷんと酸素をつくりだす。このはたらきを光合成という。光合成に必要な条件である光，水，二酸化炭素の条件がすべてそろっているのはＢだけである。Ａの試験管の中の水道水は一度ふっとうさせたもので，二酸化炭素が追い出されているため，光合成が行われない。また，Ｃの試験管の中のオオカナダモには光が当たらないので，光合成が行われない。

問4 条件を1つだけ変えて結果を比べる実験を対照実験という。ＢとＡ，ＢとＣはそれぞれ対照実験であるが，ＡとＣは条件が2つ異なるので対照実験ではないことに注意しよう。

《解答例》

1　(例文)

　　資料1から、「いち早く世の中のできごとや動きを知る」ためにはインターネットを利用するが、「信頼できる情報を得る」ためにはテレビや新聞を利用するという人がいることがわかる。つまり、インターネットの信頼度が低いのだ。資料2からは、インターネット系メディアの中で「ニュースサイト」の信頼度が高いことがわかる。理由は、「ニュースサイト」の情報源が、テレビ番組や新聞を制作する会社だからだと思う。反対に、さまざまな個人が情報を発信するメディアは信頼度が低いのだと思う。

2　(例文)

　　8月15日は8月17日とくらべて、黒球温度は同じで乾球温度は2℃低いが、暑さ指数を求めるときに割合が大きい湿球温度は2℃高いため、暑さ指数は8月15日の方が高く、0.1×29＋0.2×33＋0.7×27＝28.4℃であり、暑さ指数ランクは厳重警戒である。資料4からは、日最高暑さ指数が28℃以上になると熱中症患者発生率が急激に増えることがわかる。暑さ指数の差はわずか1.2℃だが、8月15日の暑さ指数は28℃をこえているため、熱中症により警戒する必要がある。

3　(例文)

　　外科医と映画監督は、人工知能やロボットが人の代わりに仕事をすることがむずかしい職業です。なぜなら、人工知能やロボットには、外科医の手術のような細かい動きや、映画制作のような芸術を生みだすことができないからです。一方で、高齢化がすすみ働き手が不足する今後の社会で、人工知能やロボットは休みなく稼働することができるなどの優れた点もあります。しかし、それらの活用によって、人の職業が奪われて失業者が増えてしまうなどの問題が発生することも考えられます。ですから、人工知能やロボットを管理するための人の雇用を確保するなど、その利用方法についてよく話し合い、将来的に人工知能やロボットと人が共存できる社会を目指していくべきだと思います。

《解 説》

2 計算の過程や空欄（くうらん）に入る数値と語句，資料4からわかることがすべて述べられていること。暑さ指数にしめる割合は乾球（かんきゅう）温度が10%，黒球温度が20%，湿球（しっきゅう）温度が70%なので，湿球温度が高いほど暑さ指数は高くなる。資料4から，日最高暑さ指数が28℃以上になると熱中症患者（ねっちゅうしょうかんじゃ）発生率が急激に増えることがわかるので，暑さ指数が28℃をこえている8月15日は，熱中症により警戒（けいかい）する必要がある。

3 解答欄にまとめるべきことがらと，その順序は，すべて先生と花子さんの会話文の中で説明されている。

① まず，資料1から2つの職業を選び，次に，どうしてそれらの職業は人工知能やロボットが人の代わりに仕事をすることがむずかしいのかをそれぞれ具体的に説明する。このとき，選んだ職業のどのような点が人工知能やロボットに向かないのかをまとめる。解答例のほか，「小学校教員」や「保育士」などを選び，「子どもの気持ちをくみ取り，コミュニケーションをとることができないから」とまとめてもよい。

② 人工知能やロボットの優れている点と問題点をそれぞれ説明する。資料2から，花子さんが「将来の働き手が不足する対策として，職業によっては，人工知能やロボット等の活用が必要」と言っているので，人工知能やロボットの優れている点を，不足する仕事量を補うことに結び付けてまとめる。具体的な職業名についての記述までは求められていないので，解答に含める必要はない（働き手が不足する職業には，介護や看護師など，24時間管理することが求められる職業が考えられる）。人工知能やロボットの問題点は，解答例のほか，「誤作動する可能性がある」などもよい。

③ 人工知能やロボットが人と共存するために必要な対策を具体的にまとめる。②で挙げた問題点を解決するためにどんなことをすべきかを，人工知能やロボットを上手に利用することが今後の社会で求められていることにつながるように書こう。

■ ご使用にあたってのお願い・ご注意

（１）問題文等の非掲載

著作権上の都合により，問題文や図表などの一部を掲載できない場合があります。

誠に申し訳ございませんが，ご了承くださいますようお願いいたします。

（２）過去問における時事性

過去問題集は，学習指導要領の改訂や社会状況の変化，新たな発見などにより，現在とは異なる表記や解説になっている場合があります。過去問の特性上，出題当時のままで出版していますので，あらかじめご了承ください。

（３）配点

学校等から配点が公表されている場合は，記載しています。公表されていない場合は，記載していません。

独自の予想配点は，出題者の意図と異なる場合があり，お客様が学習するうえで誤った判断をしてしまう恐れがあるため記載していません。

（４）無断複製等の禁止

購入された個人のお客様が，ご家庭でご自身またはご家族の学習のためにコピーをすることは可能ですが，それ以外の目的でコピー，スキャン，転載（ブログ，ＳＮＳなどでの公開を含みます）などをすることは法律により禁止されています。学校や学習塾などで，児童生徒のためにコピーをして使用することも法律により禁止されています。

ご不明な点や，違法な疑いのある行為を確認された場合は，弊社までご連絡ください。

（５）けがに注意

この問題集は針を外して使用します。針を外すときは，けがをしないように注意してください。また，表紙カバーや問題用紙の端で手指を傷つけないように十分注意してください。

（６）正誤

制作には万全を期しておりますが，万が一誤りなどがございましたら，弊社までご連絡ください。

なお，誤りが判明した場合は，弊社ウェブサイトの「ご購入者様のページ」に掲載しておりますので，そちらもご確認ください。

■ お問い合わせ

解答例，解説，印刷，製本など，問題集発行におけるすべての責任は弊社にあります。

ご不明な点がございましたら，弊社ウェブサイトの「お問い合わせ」フォームよりご連絡ください。迅速に対応いたしますが，営業日の都合で回答に数日を要する場合があります。

ご入力いただいたメールアドレス宛に自動返信メールをお送りしています。自動返信メールが届かない場合は，「よくある質問」の「メールの問い合わせに対し返信がありません。」の項目をご確認ください。

また弊社営業日（平日）は，午前９時から午後５時まで，電話でのお問い合わせも受け付けています。

2025 春

株式会社教英出版

〒422-8054　静岡県静岡市駿河区南安倍３丁目 12-28

TEL　054-288-2131　　FAX　054-288-2133

URL　https://kyoei-syuppan.net/

MAIL　siteform@kyoei-syuppan.net

教英出版 2025　26 の 1　浦和中

教英出版の親子で取りくむシリーズ

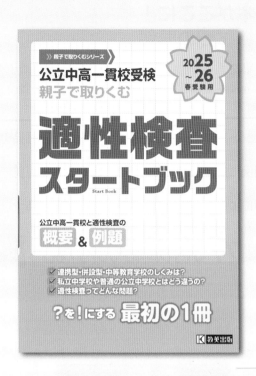

公立中高一貫校とは？適性検査とは？
受検を考えはじめた親子のための最初の1冊！

「概要編」では公立中高一貫校の仕組みや適性検査の特徴をわかりやすく説明し，「例題編」では実際の適性検査の中から，よく出題されるパターンの問題を厳選して紹介しています。実際の問題紙面も掲載しているので受検を身近に感じることができます。

- 公立中高一貫校を知ろう！
- 適性検査を知ろう！
- 教科的な問題〈適性検査ってこんな感じ〉
- 実技的な問題〈さらにはこんな問題も！〉
- おさえておきたいキーワード

定価：**1,078**円（本体980＋税）

適性検査の作文問題にも対応！
「書けない」を「書けた！」に導く合格レッスン

「実力養成レッスン」では，作文の技術や素材の見つけ方，書き方や教え方を対話形式でわかりやすく解説。実際の入試作文をもとに，とり外して使える解答用紙に書き込んでレッスンをします。赤ペンの添削例や，「添削チェックシート」を参考にすれば，お子さんが書いた作文をていねいに添削することができます。

- レッスン1 作文の基本と，書くための準備
- レッスン2 さまざまなテーマの入試作文
- レッスン3 長文の内容をふまえて書く入試作文
- 実力だめし！入試作文
- 別冊「添削チェックシート・解答用紙」付き

定価：**1,155**円（本体1,050＋税）

絶賛販売中！

詳しくは教英出版で検索

| 教英出版 | 検索 |

URL https://kyoei-syuppan.net/

教英出版 2025年春受験用 中学入試問題集

学校別問題集
★はカラー問題対応

北 海 道
① [市立] 札幌開成中等教育学校
② 藤 女 子 中 学 校
③ 北 嶺 中 学 校
④ 北 星 学 園 女 子 中 学 校
⑤ 札 幌 大 谷 中 学 校
⑥ 札 幌 光 星 中 学 校
⑦ 立 命 館 慶 祥 中 学 校
⑧ 函 館 ラ・サール 中 学 校

青 森 県
① [県立] 三本木高等学校附属中学校

岩 手 県
① [県立] 一関第一高等学校附属中学校

宮 城 県
① [県立] 宮城県古川黎明中学校
② [県立] 宮城県仙台二華中学校
③ [市立] 仙台青陵中等教育学校
④ 東 北 学 院 中 学 校
⑤ 仙 台 白 百 合 学 園 中 学 校
⑥ 聖ウルスラ学院英智中学校
⑦ 宮 城 学 院 中 学 校
⑧ 秀 光 中 学 校
⑨ 古 川 学 園 中 学 校

秋 田 県
① [県立] ／ 大館国際情報学院中学校
秋田南高等学校中等部
横手清陵学院中学校

山 形 県
① [県立] ／ 東桜学館中学校
致道館中学校

福 島 県
① [県立] ／ 会津学鳳中学校
ふたば未来学園中学校

茨 城 県
① [県立] 日立第一高等学校附属中学校
太田第一高等学校附属中学校
水戸第一高等学校附属中学校
鉾田第一高等学校附属中学校
鹿島高等学校附属中学校
土浦第一高等学校附属中学校
竜ヶ崎第一高等学校附属中学校
下館第一高等学校附属中学校
下妻第一高等学校附属中学校
水海道第一高等学校附属中学校
勝 田 中 等 教 育 学 校
並 木 中 等 教 育 学 校
古 河 中 等 教 育 学 校

栃 木 県
① [県立] ／ 宇都宮東高等学校附属中学校
佐野高等学校附属中学校
矢板東高等学校附属中学校

群 馬 県
① ／ [県立] 中央中等教育学校
[市立] 四ツ葉学園中等教育学校
[市立] 太 田 中 学 校

埼 玉 県
① [県立] 伊 奈 学 園 中 学 校
② [市立] 浦 和 中 学 校
③ [市立] 大宮国際中等教育学校
④ [市立] 川口市立高等学校附属中学校

千 葉 県
① [県立] ／ 千 葉 中 学 校
東 葛 飾 中 学 校
② [市立] 稲毛国際中等教育学校

東 京 都
① [国立] 筑波大学附属駒場中学校
② [都立] 白鷗高等学校附属中学校
③ [都立] 桜修館中等教育学校
④ [都立] 小石川中等教育学校
⑤ [都立] 両国高等学校附属中学校
⑥ [都立] 立川国際中等教育学校
⑦ [都立] 武蔵高等学校附属中学校
⑧ [都立] 大泉高等学校附属中学校
⑨ [都立] 富士高等学校附属中学校
⑩ [都立] 三 鷹 中 等 教 育 学 校
⑪ [都立] 南多摩中等教育学校
⑫ [区立] 九 段 中 等 教 育 学 校
⑬ 開 成 中 学 校
⑭ 麻 布 中 学 校
⑮ 桜 蔭 中 学 校
⑯ 女 子 学 院 中 学 校
★⑰ 豊島岡女子学園中学校
⑱ 東京都市大学等々力中学校
⑲ 世 田 谷 学 園 中 学 校
★⑳ 広尾学園中学校 (第2回)
★㉑ 広尾学園中学校 (医進・サイエンス回)
㉒ 渋谷教育学園渋谷中学校 (第1回)
㉓ 渋谷教育学園渋谷中学校 (第2回)
㉔ 東京農業大学第一高等学校中等部
(2月1日 午後)
㉕ 東京農業大学第一高等学校中等部
(2月2日 午後)

④[府立]富田林中学校
⑤[府立]咲くやこの花中学校
⑥[府立]水都国際中学校
⑦清風中学校
⑧高槻中学校（Ａ日程）
⑨高槻中学校（Ｂ日程）
⑩明星中学校
⑪大阪女学院中学校
⑫大谷中学校
⑬四天王寺中学校
⑭帝塚山学院中学校
⑮大阪国際中学校
⑯大阪桐蔭中学校
⑰開明中学校
⑱関西大学第一中学校
⑲近畿大学附属中学校
⑳金蘭千里中学校
㉑金光八尾中学校
㉒清風南海中学校
㉓帝塚山学院泉ヶ丘中学校
㉔同志社香里中学校
㉕初芝立命館中学校
㉖関西大学中等部
㉗大阪星光学院中学校

兵　庫　県
①[国立]神戸大学附属中等教育学校
②[県立]兵庫県立大学附属中学校
③雲雀丘学園中学校
④関西学院中学部
⑤神戸女学院中学部
⑥甲陽学院中学校
⑦甲南中学校
⑧甲南女子中学校
⑨灘中学校
⑩親和中学校
⑪神戸海星女子学院中学校
⑫滝川中学校
⑬啓明学院中学校
⑭三田学園中学校
⑮淳心学院中学校
⑯仁川学院中学校
⑰六甲学院中学校
⑱須磨学園中学校（第1回入試）
⑲須磨学園中学校（第2回入試）
⑳須磨学園中学校（第3回入試）
㉑白陵中学校

㉒夙川中学校

奈　良　県
①[国立]奈良女子大学附属中等教育学校
②[国立]奈良教育大学附属中学校
③[県立]｛国際中学校
　　　　 ｛青翔中学校
④[市立]一条高等学校附属中学校
⑤帝塚山中学校
⑥東大寺学園中学校
⑦奈良学園中学校
⑧西大和学園中学校

和　歌　山　県
①[県立]｛古佐田丘中学校
　　　　 ｛向陽中学校
　　　　 ｛桐蔭中学校
　　　　 ｛日高高等学校附属中学校
　　　　 ｛田辺中学校
②智辯学園和歌山中学校
③近畿大学附属和歌山中学校
④開智中学校

岡　山　県
①[県立]岡山操山中学校
②[県立]倉敷天城中学校
③[県立]岡山大安寺中等教育学校
④[県立]津山中学校
⑤岡山中学校
⑥清心中学校
⑦岡山白陵中学校
⑧金光学園中学校
⑨就実中学校
⑩岡山理科大学附属中学校
⑪山陽学園中学校

広　島　県
①[国立]広島大学附属中学校
②[国立]広島大学附属福山中学校
③[県立]広島中学校
④[県立]三次中学校
⑤[県立]広島叡智学園中学校
⑥[市立]広島中等教育学校
⑦[市立]福山中学校
⑧広島学院中学校
⑨広島女学院中学校
⑩修道中学校

⑪崇徳中学校
⑫比治山女子中学校
⑬福山暁の星女子中学校
⑭安田女子中学校
⑮広島なぎさ中学校
⑯広島城北中学校
⑰近畿大学附属広島中学校福山校
⑱盈進中学校
⑲如水館中学校
⑳ノートルダム清心中学校
㉑銀河学院中学校
㉒近畿大学附属広島中学校東広島校
㉓ＡＩＣＪ中学校
㉔広島国際学院中学校
㉕広島修道大学ひろしま協創中学校

山　口　県
①[県立]｛下関中等教育学校
　　　　 ｛高森みどり中学校
②野田学園中学校

徳　島　県
①[県立]｛富岡東中学校
　　　　 ｛川島中学校
　　　　 ｛城ノ内中等教育学校
②徳島文理中学校

香　川　県
①大手前丸亀中学校
②香川誠陵中学校

愛　媛　県
①[県立]｛今治東中等教育学校
　　　　 ｛松山西中等教育学校
②愛光中学校
③済美平成中等教育学校
④新田青雲中等教育学校

高　知　県
①[県立]｛安芸中学校
　　　　 ｛高知国際中学校
　　　　 ｛中村中学校

福　岡　県

- ① [国立] 福岡教育大学附属中学校（福岡・小倉・久留米）
- ② [県立]
  - 育徳館中学校
  - 門司学園中学校
  - 宗像中学校
  - 嘉穂高等学校附属中学校
  - 輝翔館中等教育学校
- ③ 西南学院中学校
- ④ 上智福岡中学校
- ⑤ 福岡女学院中学校
- ⑥ 福岡雙葉中学校
- ⑦ 照曜館中学校
- ⑧ 筑紫女学園中学校
- ⑨ 敬愛中学校
- ⑩ 久留米大学附設中学校
- ⑪ 飯塚日新館中学校
- ⑫ 明治学園中学校
- ⑬ 小倉日新館中学校
- ⑭ 久留米信愛中学校
- ⑮ 中村学園女子中学校
- ⑯ 福岡大学附属大濠中学校
- ⑰ 筑陽学園中学校
- ⑱ 九州国際大学付属中学校
- ⑲ 博多女子中学校
- ⑳ 東福岡自彊館中学校
- ㉑ 八女学院中学校

佐　賀　県

- ① [県立]
  - 香楠中学校
  - 致遠館中学校
  - 唐津東中学校
  - 武雄青陵中学校
- ② 弘学館中学校
- ③ 東明館中学校
- ④ 佐賀清和中学校
- ⑤ 成穎中学校
- ⑥ 早稲田佐賀中学校

長　崎　県

- ① [県立]
  - 長崎東中学校
  - 佐世保北中学校
  - 諫早高等学校附属中学校
- ② 青雲中学校
- ③ 長崎南山中学校
- ④ 長崎日本大学中学校
- ⑤ 海星中学校

熊　本　県

- ① [県立]
  - 玉名高等学校附属中学校
  - 宇土中学校
  - 八代中学校
- ② 真和中学校
- ③ 九州学院中学校
- ④ ルーテル学院中学校
- ⑤ 熊本信愛女学院中学校
- ⑥ 熊本マリスト学園中学校
- ⑦ 熊本学園大学付属中学校

大　分　県

- ① [県立] 大分豊府中学校
- ② 岩田中学校

宮　崎　県

- ① [県立] 五ヶ瀬中等教育学校
- ② [県立]
  - 宮崎西高等学校附属中学校
  - 都城泉ヶ丘高等学校附属中学校
- ③ 宮崎日本大学中学校
- ④ 日向学院中学校
- ⑤ 宮崎第一中学校

鹿　児　島　県

- ① [県立] 楠隼中学校
- ② [市立] 鹿児島玉龍中学校
- ③ 鹿児島修学館中学校
- ④ ラ・サール中学校
- ⑤ 志學館中等部

沖　縄　県

- ① [県立]
  - 与勝緑が丘中学校
  - 開邦中学校
  - 球陽中学校
  - 名護高等学校附属桜中学校

もっと過去問シリーズ

北　海　道

北嶺中学校
7年分（算数・理科・社会）

静　岡　県

静岡大学教育学部附属中学校（静岡・島田・浜松）
10年分（算数）

愛　知　県

愛知淑徳中学校
7年分（算数・理科・社会）
東海中学校
7年分（算数・理科・社会）
南山中学校男子部
7年分（算数・理科・社会）

南山中学校女子部
7年分（算数・理科・社会）
滝中学校
7年分（算数・理科・社会）
名古屋中学校
7年分（算数・理科・社会）

岡　山　県

岡山白陵中学校
7年分（算数・理科）

広　島　県

広島大学附属中学校
7年分（算数・理科・社会）
広島大学附属福山中学校
7年分（算数・理科・社会）
広島学院中学校
7年分（算数・理科・社会）
広島女学院中学校
7年分（算数・理科・社会）
修道中学校
7年分（算数・理科・社会）
ノートルダム清心中学校
7年分（算数・理科・社会）

愛　媛　県

愛光中学校
7年分（算数・理科・社会）

福　岡　県

福岡教育大学附属中学校（福岡・小倉・久留米）
7年分（算数・理科・社会）
西南学院中学校
7年分（算数・理科・社会）
久留米大学附設中学校
7年分（算数・理科・社会）
福岡大学附属大濠中学校
7年分（算数・理科・社会）

佐　賀　県

早稲田佐賀中学校
7年分（算数・理科・社会）

長　崎　県

青雲中学校
7年分（算数・理科・社会）

鹿　児　島　県

ラ・サール中学校
7年分（算数・理科・社会）

※もっと過去問シリーズは国語の収録はありません。

K 教英出版

〒422-8054
静岡県静岡市駿河区南安倍3丁目12-28
TEL 054-288-2131
FAX 054-288-2133

詳しくは教英出版で検索

教英出版　検索
URL https://kyoei-syuppan.net/

令和6年度

適 性 検 査 Ⅰ

さ い た ま 市 立 浦 和 中 学 校

花子さんは、図書館でおもしろそうなタイトルの小説を見つけたので、読んでみることにしました。

次の文章は、朝比奈あすか著「君たちは今が世界」(KADOKAWA)の一部です。これを読んで、問1～問4に答えなさい。

ほのか（宝田さん）と武市は、大学の折り紙の集まりに行く途中で会い、一緒に向かっていた。ほのかは、武市が歩きながら見せてくれた武市のすばらしい作品（折り紙で作ったボール）に心から感動したが、うまくいかないことの多い自分にはとても作れないと笑ってごまかそうとした。しかし、武市は笑うことなく、ほのかにもできると言ってくれた。

「宝田さんは、なんでもできる」
ほのかに言い聞かせるように、彼はゆっくりと繰り返した。
それを言われた時、①なぜだかほのかは、泣きたくなった。
どうして泣きたくなるのか分からなくて混乱した。
本当は、自分にできることなど、何もないような気がしていた。周りの人たちからもそう思われていることを、彼女は知っていた。そしてそのことを、心のどこかで受け入れてきた。
代表委員に立候補した時も、皆に笑われているのを知っていた。前田さんは、ほのかが代表委員になることを「やだ」と言った。それを聞いて笑った人たちも、みんな「やだ」と思っていたのかもしれない。
だけどほのかは、ずっと、なりたかったのだ。なりたかった。なりたかった。六年生の最後の委員決めだった。最後まで手を挙げ続けた。
それなのに、いざ代表委員になって、教壇に立ったら、⬚⬚⬚②⬚⬚⬚。
何か喋ってしまったら、その言葉はぽとんと落ちて、教室の真ん中で、皆に踏みつけにされると思った。そうなるのはいつものことで、これまではそんなことはちっとも怖くなかったのに、代表委員になってしまったから、怖くなったのだ。クラスの代表である自分が、そんな恥ずかしいことはできないと思ったから。うまくやろうと思ったとたん、ほのかの舌は※1こわばった。代表委員として初めて芽生えたプライドが、かえって心を縮こまらせた。あの時の自分は、みっともなかった。
だけど、
──宝田さんは、なんでもできる。
武市は言ってくれた。
こみ上げてきた涙を目の奥に押しこむように、ほのかは細かくまばたきをする。言われたばかりの言葉を、心の奥で※2反芻する。こんなに信じてもらえたこと、自分をまるごと認めてもらえたこと。目の前の少年のまなざしは澄んでいる。彼の言葉に嘘はない。それが分かるから、ほのかは泣きたくなるのだ。

折り紙探検隊は最高に楽しい時間だった。
ゾウを作るコースと、ネズミを作るコースがあって、ほのかはネズミのコースを選んだが、かわいらしい小さなネズミは、簡単に作れそうに見えて、折り始めたら意外に複雑だった。
ほのかは何度も分からなくなって※3パニックを起こしかけたが、途中でつまずくたび、武市が手伝い

に来てくれた。

　どの部分のつまずきからでも、武市はすぐに状況を※4把握し、的確に解決してくれた。そして、※5工程表と同じ形、同じ向きにして、「ここから」とほのかに差し出した。それはもう、魔法のようにらくらくと、武市はほのかの混乱を次々に※6修復してくれた。

　ほのかは武市に言われたとおりにそこからもう一度やり直すのだが、すぐにおかしくしてしまう。武市は、何度ほのかがつまずいても、飽きることなく淡々と正しい形に戻してくれるのだった。

　ようやくネズミができあがった時、ほのかはもちろんとても嬉しかったのだが、それよりも、何よりも、武市があの綿菓子頭の大学生をはじめとする数人のメンバーから口々に褒められて、

「君、折り紙探検隊の正式メンバーな」

　と言われた時が、一番嬉しかった。

　折り紙探検隊の大学生たちは武市を、遊びに来た小学生ではなく、折り紙の仲間として認めたのだ。

　そのことが、ほのかは嬉しかった。

　だから、帰り際、ほのかは持ってきた折り紙の残りを全部武市にあげることにした。

　すると武市は、

「なんで」

　と訊いた。

　なんで？

　笑顔を滅多に見せない、人によって態度を変えることのない武市の、大学生と話している時の頬が薔薇色に染まっているのを見た時、ほのかは、自分が持ってきた折り紙を、全部武市にあげたいと思った。でも、その気持ちを説明することは難しくて、ほのかはただひと言、

「いらないから」

　とだけ、言った。

「いらない？」

　確認するように、武市は言った。

「うん。いらない」

　ほのかは答えた。

　遠慮なく受け取ってもらいたいからそう言ったのに、③目の前の顔は暗く沈んだ。ほのかは、武市が喜んでくれないことを不思議に思った。

　しかし次の言葉で、その理由が分かった。

「宝田さんは、折り紙、もうやらないのか」

　と、武市は言った。

　自分が好きなことを、ほのかにも好きになってもらいたいと、武市は思ってくれている。そう気づいた時、ほのかの心の中に温かいものが流れこんだ。

「じゃあ、半分こしよ。そいで武市、うちに時々、教えてくれる？」

　ほのかが言うと、武市は、

「わかった」

　と、答えた。

　ほのかは折り紙を、半分ずつに分けた。武市は、ほのかからもらった折り紙を、礼も言わずに受け取ると、宝物のボールや、今日綿菓子頭の大学生からもらっていた折り紙の説明書のようなプリントの入っている手提げ袋に、そっと仕舞った。そして、真面目そうな顔つきで、

「ゾウは少しむずかしい。最初は、カモノハシがいいかもしれない」

と、言った。

押し入れの中でただ眠っていただけの折り紙が、武市の手で、きっとこれから、ネズミやゾウやカモノハシや他の色々なものに生まれ変わっていくのだ。

「武市。絶対だよ。折り紙、するよ。一緒に」

友達との約束が、世界を明るくしてくれる。

④武市と別れて、ほのかは走った。

急に、走りたい気分になったのだ。暮れてゆく道を、ほのかは走り続けた。そして、あの※7石畳の道で立ち止まり、いつもの決まりが頭を過ったにもかかわらず、まるで何らかの確信があるかのように、ほのかは一歩を踏み出していた。

自分でも驚くことに、一歩、また一歩と、ほのかの足は軽やかに前を目指した。

何かが自分を見ているのかもしれない。でも、その何かは、見守ってくれているのかもしれない。

気づいた時、ほのかはもう足元を見ていなかった。石の色など関係なく、ただまっすぐ道の先の遠くに目をやっていた。

——宝田さんは、なんでもできる。

歩くごとに、むくむくと、勇ましい気持ちが生まれてゆく。※8仄かな光のように、自信の芽が上を向く。悪いことが起こる決まりなんか、どこにもない。好きなところを好きなように歩いていいのだ。そのことを、早く※9みちるに教えたいと思いながら、ほのかは前進し続けた。

（一部に表記、ふりがなをつけるなどの変更があります。）

※1　こわばる……かたくなる。　　　　　　※2　反芻する……くりかえし考える。

※3　パニック……混乱した状態。　　　　　※4　把握する……理解する。

※5　工程表……作業を進めていく順序を書いたもの。ここでは、折り紙の折り方が書かれたもの。

※6　修復する……直して元にもどすこと。　※7　石畳……平らな石をしきつめてある場所。

※8　仄か……かすか。ほんの少し。

※9　みちる……ほのかの妹。みちるは、石畳を通るときは白い石だけを踏むというほのかが決めたルールを一緒に実行していた。

問1　下線部①「なぜだかほのかは、泣きたくなった」とありますが、ほのかが泣きたくなったのは、どんな気持ちになったからですか。次の空らん　A　にあてはまる言葉を、本文中から4字で書きぬき、空らん　B　にあてはまる内容を、20字以上30字以内で書きなさい。

> 自分にできることは　A　ような気がしていたが、武市の嘘のない言葉にふれて、　B　から。

問2　本文中の空らん　②　にあてはまる言葉として最も適切なものを、次のア〜エの中から1つ選び、記号で答えなさい。

ア　目を疑った　　　イ　手をこまねいた
ウ　足がすくんだ　　エ　かたの荷が下りた

問3　下線部③「目の前の顔は暗く沈んだ」とありますが、武市の顔が暗く沈んだ理由を、ほのかはどのように考えましたか。次の空らん　　C　　にあてはまる内容を、本文中から26字で書きぬきなさい。（句読点や記号は1字と数えます。）

> 武市は　　　　　C　　　　　という気持ちから、ほのかに折り紙を続けてほしかったのに、ほのかがもうこの先折り紙をやらないと受け取ってしまったと考えたから。

問4　花子さんは、学級の朝読書の時間にこの作品を友達と読み合い、下線部④「武市と別れて、ほのかは走った。」について、なぜほのかが走ったのかを話し合っています。次の【先生と花子さんたちの会話文】の空らん　　D　　、　　E　　にあてはまる内容として最も適切なものを、それぞれ、あとのア〜エの中から1つ選び、記号で答えなさい。

> 【先生と花子さんたちの会話文】
> 先　　生：最後の場面の下線部④に「武市と別れて、ほのかは走った。」とありますね。ほのかはなぜ走ったのでしょうか。
> 太郎さん：下線部④の前にえがかれているほのかの様子や発言、「友達との約束が、世界を明るくしてくれる。」などの記述から、　　D　　のだと考えられます。
> 先　　生：太郎さん、記述をもとに、ほのかの心情をきちんと読み取ることができましたね。そのような気持ちが表れた結果として、ほのかは走っていますね。
> 花子さん：わたしは「何かが自分を見ているのかもしれない。でも、その何かは、見守ってくれているのかもしれない。」の部分にほのかの心情の変化が表れていると思います。一つ目の「何か」は、ほのかが代表委員になって教壇に立ったときに周りから感じた視線のことを表しているのだと思います。二つ目の「何か」は、「自分を見ている」視線とは対照的に、「見守って」くれています。ほのかは、武市との交流を通して　　E　　ので、明るい気持ちになって、走り出したのだと思います。
> 先　　生：花子さんもすばらしいです。この物語の大事な部分を読み取れていますね。

　　D　　の選択肢
　ア　武市と約束したことで自分が折り紙の世界に入っていくことを実感し、いつか折り紙で武市を追いぬいてみせるという決意を体で表した
　イ　武市のおかげでみんなと仲良くなれたことに気がつき、武市への感謝がどこからともなくあふれてきて走らずにはいられなかった
　ウ　武市との交流が次も約束されていると思うと明るい気持ちになり、わくわくしてじっとしていられなくなって思わず走った
　エ　武市のやさしさにふれたことで異性としてひかれ始め、照れくささやはずかしさでむずむずして勝手に体が動いてしまった

　　E　　の選択肢
　ア　自分が実は能力が高く、みんなの自分に対する評価はまちがっていると知った
　イ　自分は武市だけでなく、みんなから好かれているということに気づいた
　ウ　自分が決めていたやり方以外にも、石畳の歩き方にはいろいろあると感じた
　エ　自分を見る視線には、厳しいものだけでなく温かいものもあるとわかった

2

太郎さんは、「言葉」に興味があり、先生にたずねたところ、次の本を紹介してもらいました。

次の文章は、矢萩邦彦著「自分で考える力を鍛える　正解のない教室」(朝日新聞出版) の一部です。これを読んで、問1〜問4に答えなさい。

お詫び：著作権上の都合により，掲載しておりません。
ご不便をおかけし，誠に申し訳ございません。
教英出版

（一部に省略、表記、ふりがなをつけるなどの変更があります。）

※1　システム……しくみ。　　　　　　　※2　ショーケース……商品などを見せるためのたな。

※3　認む……「認める」の古い言い方。　※4　忘る……「忘れる」の古い言い方。

※5　本旨……もともと伝えようとしていた内容。

※6　ソシュール……言語学者。「近代言語学」は、ソシュールの研究から始まったと言われている。

※7　water……「水」を表す英語。　　　　※8　獲得……手に入れること。

※9　ひもづく……あることが別のことと結び付けられている。

※10　リスク……危険。

※11　メタファー……「〜のような」など、直接たとえる表現を使わないたとえのこと。

※12　羅列……ずらりと並んでいること。

問1　本文中の空らん　A　、　B　、　C　にあてはまる、本文の内容をふまえた適切な言葉を、本文中から、　A　は2字で、　B　、　C　はそれぞれ1字で書きぬきなさい。

問2　下線部①「月を指せば指を認む」、下線部②「月を見て指を忘る」とありますが、これらのことわざの意味に合う最も適切な例を、次のア〜エの中からそれぞれ1つずつ選び、記号で答えなさい。

ア　たわむれる犬たちを見ながら、「あの黒い犬の名前は」と聞かれたが、聞きまちがえてしまい、白い犬の名前を答えた。

イ　遠足で移動するバスの中で、バスガイドさんから「窓をごらんください」と言われて横を見ると、富士山が見えた。

ウ　数か月前に買ったチケットをなくしてしまい、問い合わせ窓口の人に「再発行はできますか」と電話で問い合わせた。

エ　「お会計はこれではらっておいて」と母から財布を手わたされて、「財布じゃ支はらえないよ」と言った。

問3　下線部③「身体的な感覚に言葉を結びつける」、下線部④「暗号（コード）」について、太郎さん
　　は理解した内容を次のように図にまとめました。【太郎さんのまとめ】について、あとの問いに答
　　えなさい。

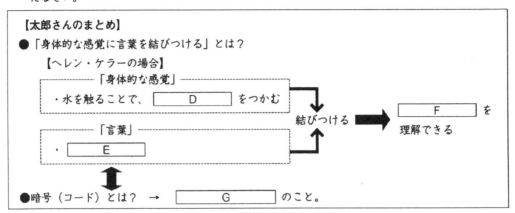

【太郎さんのまとめ】
●「身体的な感覚に言葉を結びつける」とは？
　　【ヘレン・ケラーの場合】
　　「身体的な感覚」
　　・水を触ることで、　　D　　をつかむ
　　「言葉」
　　・　　E
　　　　　　　　　　　　結びつける　　→　　F　　を理解できる
●暗号（コード）とは？　→　　G　　のこと。

（1）【太郎さんのまとめ】の空らん　D　、　E　、　F　
　　にあてはまる言葉を、それぞれ１０字程度で本文中から書きぬきなさい。英単語を書きぬく場
　　合は、アルファベット１字を１字と考えなさい。たとえば、「pen」は３字とみなします。

（2）【太郎さんのまとめ】の空らん　G　には、「暗号（コード）」とはどのよ
　　うなもののことなのか、その説明があてはまります。あてはまる内容を、「意味」「機能」と
　　いう言葉を使って、３５字以上４５字以内で書きなさい。

問4　下線部⑤「知識や記憶のなかにイメージがなく、辞書やインターネットもない場合はどうしたら
　　よいでしょうか」について、太郎さんと留学生のジムさんは、うまく説明ができるかどうかを、会
　　話をしながら確かめています。【太郎さんとジムさんの会話】を読んだうえで、下線部⑤のような
　　場合に、どのようなことが必要だと筆者が述べているか、より適切なものをあとのア～オの中から
　　２つ選び、記号で答えなさい。

【太郎さんとジムさんの会話】
ジムさん：Do you ※1know tangerines?　　　　　　　※1　know ……～を知っている
太郎さん：No, I don't.
ジムさん：It's a fruit. The color is orange.
太郎さん：I see.
ジムさん：It's ※2round. It is ※3sour.　　　　　　　※2　round ……丸い
太郎さん：Is it ※4like an orange?　　　　　　　　　※3　sour ……すっぱい
ジムさん：Yes, it is.　　　　　　　　　　　　　　※4　like ……～に似ている

　　ア　自分の言葉での説明を、相手の経験をふまえながら実体に近づけられるように重ねる。
　　イ　相手の経験を推測し、言いかえた表現を使いながら実体を的確に言い当てる言葉を探す。
　　ウ　相手の知識を自分の知識より尊重しながら、自分にとってできるだけわかりやすい言葉を使う。
　　エ　自分のもっている経験を活用し、相手にとって実体のある言葉だけを使うようにして話す。
　　オ　相手の知識を想像し、相手がイメージできそうな言葉を自分の知識と経験の中からさがして使う。

K教英出版

3

環境問題に興味をもった花子さんは、燃料として活用される木材について書かれた本を見つけたので、読んでみることにしました。

次の文章は、吉川賢著「森林に何が起きているのか」（中央公論新社）の一部です。これを読んで、問１～問４に答えなさい。

燃材は、調理、暖房、発電のために燃やされる木材である。薪や木炭、※1ペレットなどがそうであり、原木丸太がすべて炭や薪、チップにされる場合と、樹木を伐採して※2用材にする際に伐り落とす枝や幹の一部が薪などとして使われるものとがある。両者はあくまでも森林から収穫されて、直接エネルギーとして使われるものである。一方、※3林地残材や※4廃材がエネルギーとして使われても、統計上は燃材には含まない。しかし近年、①日本の燃材の中に占める廃材の割合が増えてきているため、２０１４年から日本の木材※5需給の資料には、廃材からの燃材も計上されるようになっている。

世界全体での燃材の生産量は19.4億立方メートルで、木材生産量の半分を占め、この用材と燃材の割合は１０年以上変わりがない。しかし、２０１９年に世界中で使われた燃料の８９パーセントは※6化石燃料と原子力であり、燃材を含む※7再生可能エネルギーは世界のエネルギー消費量の５パーセントを占めるに過ぎない。

しかし、※8途上国では事情はまったく違う。燃材の７０パーセント以上がアジアとアフリカで生産されており、途上国では燃材というよりも※9薪炭材というほうが実態をよく表している。

途上国では、燃材は伝統的な生活を支えるために唯一利用できる大切なエネルギー源である。ケニアでもマダガスカルでも、民家に入れてもらうと、いくつかの石を丸く並べた三石かまどで小枝がいつも燃えていて、温かい。セネガルの村では直径５センチメートルほどの薪を３本くべれば昼食の準備が整った。

最近５年間で、燃材の生産量は４３００万立方メートル増加した。地域別に見ると、アジアは減少したが、その他の地域はみんな増加した。アフリカの場合は、ほとんどすべての国で数パーセント増加し、中南米も全体の４６パーセントを占めるブラジルで１０パーセントの増加を示した。つまり、途上国はおおむねどこも徐々に生産量を増やしている。※10先進国でもアメリカが６１パーセント増加し、英国も２９パーセント増加した。しかし、その他の先進国には目立った変化はなく、それぞれの国の事情に応じて増減している。先進国で近い将来、木質資源が経済的発展を保証する安定したエネルギー源になるとは考えられない。しかし、※11燃材は二酸化炭素を増加させないクリーンなエネルギーとして、気候変動対策に有効であると認識されてきてもいる。再生可能な※12バイオマスエネルギーとして、需要は拡大傾向にある。その典型例が２０１４年以降の日本の生産量の増加で、５年間で実に2.5倍増という突出した値を示している。

②開発途上国では、燃材は気候変動対策のための流行りの燃料などではない。世界統計は途上国のこうした炭や薪の現状と先進国の次世代エネルギーを同じテーブルの上で扱うので、途上国にとっての燃材の重要性が分かりにくく、エネルギー事情の現在の窮状も見えてこない。

途上国の薪炭材と先進国のバイオマスエネルギーは、どちらも地域環境の保全と密接に関係しているが、人々の生活との関係や地域社会への影響の仕方がまったく違っている。しかし、両者は同じ資源を取り合うので、今後は先進国による次世代エネルギーの需要増加が、途上国が伝統的に利用してきた燃材を搾取し、地域の生活を圧迫することになりかねない。

— 8 —

途上国でも、③太陽光や風力、地熱、バイオマスなどの再生可能エネルギーの利用拡大が進められている。住環境や生産基盤が劣化するのを防ぐために、身近な森林を薪炭材として過度に利用しないようにして、これまで使われてこなかったエネルギー源の利用を考えるという方針は間違っていない。そのためのさまざまな試みが続けられている。しかし、近代的な再生可能エネルギーを利用するための※13インフラ投資が、途上国で先進国と同じように進むとは考えにくい。新しい技術や資材を導入するにあたって、現地での利用が続くかどうかの十分な検討が欠かせない。たとえば、※14ソーラークッカーで調理ができたとしても、集光パネルは壊れるとすぐに代わりは手に入らないので、援助で手に入れた道具は壊れてしまうまでの１回限りのものになってしまう。また調理のための火は暖をとるためのものでもあり、太陽光で調理はできても相変わらず薪は使われ続けるだろう。地域住民が積極的に受け入れ、独自に技術を発展させて生活を変えるには、地域社会の※15ニーズとその置かれている状況を考慮して住民の活動を支援する視点が欠かせない。彼らがそれを作るか、購入し、利用し、修理できるものでなければならず、そのためには住民の能力を信頼することが最も重要になる。しかし、この点が疎かになっているケースも多い。支援事業が思うような成果をあげられない原因として、この視点を忘れてはならない。過保護も甘やかしも自立につながらない。先進国からの援助を前提とした実施計画ではなく、※16受益者に※17応分の負担をしてもらい、住民が自力で前進していくことに期待したい。それでこその支援である。

　　　　　　　　（一部に省略、表記、ふりがなをつけるなどの変更があります。）

※１　ペレット……木くずなどの廃材を、小さい筒型に圧縮した固形の燃料。

※２　用材……建築や工事、家具などに使用する木材。

※３　林地残材……樹木を伐採した後に伐り落とされる枝など、森林に放置される木材。

※４　廃材……いらなくなった木材。

※５　需給……市場において、求めることとあたえること。

※６　化石燃料……石油や石炭、天然ガスなど、地中にうまっている燃料。

※７　再生可能エネルギー……太陽光、風力、地熱など、永続的に供給され、継続的に利用できるエネルギー。

※８　途上国……経済や産業が十分に発展していない国。開発途上国。

※９　薪炭材……薪や炭として使用する木材。

※10　先進国……産業などが発達しており、経済的に豊かな国。

※11　燃材は二酸化炭素を増加させないクリーンなエネルギー
　　　　……燃材は燃やすと二酸化炭素を発生させるが、燃材のもととなる樹木は成長する過程で二酸化炭素を吸収するため、化石燃料より環境によいとされている。

※12　バイオマスエネルギー……動植物に由来する資源であるバイオマスを原料として得られるエネルギー。

※13　インフラ投資……電気、ガス、道路、通信など、経済や産業、国民生活を営むために必要な設備やサービスを整備するため、資金を出すこと。

※14　ソーラークッカー……太陽光のみをエネルギー源とする調理器具。

※15　ニーズ……要求。求めているもの。

※16　受益者……何かから利益を受ける人。

※17　応分……身分・能力にふさわしい程度。

令和６年度

適 性 検 査 Ⅱ

さ い た ま 市 立 浦 和 中 学 校

太郎さん（中学生）の家族は、父（５６才）・母（４８才）・祖父（８８才）・祖母（８４才）・姉（大学生）・兄（高校生）・弟（小学生）の８人家族です。今日は日曜日で、父も母も仕事が休みのため、家族全員で映画館に出かける予定です。

次の問１～問４に答えなさい。

【太郎さんとお父さんの会話】

太郎さん：どこの映画館に行きましょうか。

お父さん：Ｂ駅のショッピングモール内にある映画館に行こうと思います。上映開始時刻を調べてください。

太郎さん：わかりました。その映画館では、上映開始時刻が午前１１時３０分の映画があります。この映画をみんなで見ませんか。

お父さん：そうしましょう。その映画の上映に間に合うように家を出たいですね。

太郎さん：そうですね。映画館に到着したら、食べ物やドリンクを買いたいので、売店でそれらを買う時間を考えると、上映開始時刻の３５分前までには到着したいですね。映画館までは、どのように行きますか。

お父さん：そうですね。Ａ駅まで歩き、そこからＢ駅まで電車に乗り、Ｂ駅から映画館まで歩いていくことにしましょう。

太郎さん：わかりました。では、その行き方で何時何分に家を出発すればよいか、調べておきます。

お父さん：ありがとう。それから、交通系ＩＣカードを持っている人は、忘れずに持っていきましょう。Ａ駅からＢ駅までの切符は、中学生以上は１人２１０円です。交通系ＩＣカードを使えば、切符を買うときの１割引きになりますよ。

問１　Ａ駅からＢ駅までの移動で、中学生以上の家族にかかった交通費のうち、交通系ＩＣカードで支払った交通費は、合計で７５６円でした。【太郎さんとお父さんの会話】をもとに、交通系ＩＣカードを使った中学生以上の人数を答えなさい。

次の**表１**は、太郎さんの家から映画館までの道のりやかかる時間の情報をまとめたもの、**表２**はＡ駅の日曜日の電車の出発時刻を表したものです。

表１　太郎さんの家から映画館までの道のりやかかる時間の情報

	家からＡ駅（徒歩）	Ａ駅からＢ駅（電車）	Ｂ駅から映画館（徒歩）
道のり	３００m	―	４００m
時間	―	４０分	―

表２　Ａ駅の日曜日の出発時刻

	Ｂ駅方面
９時	09、14、19、24、33、40、49、57
10時	04、11、18、25、30、39、46、53
11時	03、12、20、29、37、48、58

問2　【太郎さんとお父さんの会話】をもとに、売店で買い物をする時間をふまえて、上映開始時刻に
　　　間に合うように映画館に到着するには、おそくとも家を午前何時何分に出発すればよいですか。家
　　　を出発する最もおそい時刻を答えなさい。ただし、家族全員の歩く速さは、分速50mとします。
　　　また、A駅に到着してから電車に乗るまでの時間、B駅に到着してから駅を出るまでの時間などは
　　　ふくまないものとします。

【太郎さんとお姉さんの会話】

太郎さん：年齢によって、映画館の入場料金がちがっていますね。

お姉さん：そうですね。さらに、サービスプライスを利用すると、安く入場できそうですね。ただ
　　　　　し、割引が使えるのは1人につき1つのようです。

太郎さん：どういうことでしょうか。

お姉さん：たとえば、59才の夫、61才の妻が入場するとき、61才の妻がシニア割引を使うと、
　　　　　この夫婦でペア割引を使うことはできません。ただし、水曜日であれば、59才の夫は
　　　　　ウェンズデイ割引を使うことはできますね。

太郎さん：よくわかりました。入場料金の合計がいくらになるか、考えてみましょう。

表3　映画館の入場料金

基本料金	
一般　Adult	1900円
大学生　Student（College）	1500円
高校生　Student（High School）	1300円
中学生・小学生・幼児（3才以上） Student（Junior High School and Elementary School），Child（3 & over）	1000円
サービスプライス	
シニア割引（60才以上）　※1 Senior（60 & over）	1200円
ペア割引（2人組でどちらかが50才以上）　※2 Pair	お二人で2800円
ウェンズデイ割引　※3 every Wednesday	1500円
＊同一上映回に限ります。また、使える割引は1人につき1つです。 ＊料金はすべて税込です。	

※1　Senior：高齢者　　※2　Pair：2人組　　※3　every Wednesday：毎週水曜日

問3　表3をもとに、太郎さんの家族の入場料金の合計が最も安くなるときの税込の合計金額を答えな
　　　さい。

太郎さんの家族は、誰がどの座席に座るかについて希望を出し合い、全員の希望どおりに座ることにしました。

問4　座席は、B5〜B7とC5〜C9の2列に分かれることになりました。家族の希望をまとめた次の条件を全て満たすには、誰がどの座席に座ればよいですか、アルファベットと数字を用いて答えなさい。

座り方の条件
・条件1：太郎さんは父または母のとなりに座ることを希望している。
・条件2：姉は兄と、となり合わないで座ることを希望している。
・条件3：父は座席の左はし（B5またはC5）、母は右はし（B7またはC9）に
　　　　　座ることを希望している。
・条件4：兄は太郎さんのとなりに座ることを希望している。
・条件5：弟は太郎さんと同じ列（BまたはC）に座ることを希望している。
・条件6：祖父は祖母の右どなりに座ることを希望している。
・条件7：父は祖父と同じ列（BまたはC）に座ることを希望している。

SCREEN 1

　□□ A □□□□□□□□□□□□ A □□
　□□□ B ⑤⑥⑦□□□□□□□□ B □□□
　□□□□ C ⑤⑥⑦⑧⑨□□□□□ C □□□□
　□□□□ D □□□□□□□□□□□ D □□□□
　□□□□ E □□□□□□□□□□□ E □□□□
　□□□□ F □□□□□□□□□□□ F □□□□
　□□□□ G □□□□□□□□□□□ G □□□□

　□□ H □□□□□□□□□ 車いす席 H □□
　□□ I □□□□□□□□□□□□□ I □□
　□□ J □□□□□□□□□□□□□ J □□
　□□ K □□□□□□□□□□□□□ K □□
　□□ L □□□□□□□□□□□□□ L □□
　□□ M □□□□□□□□□□□□□ M □□
　□□ N □□□□□□□□□□□□□ N □□

太郎さんと花子さんは、図形を使って数を表せないか話し合っています。図1は、太郎さんが正方形を使い0〜15までの数をある規則にそって、表したものです。

次の問1〜問4に答えなさい。

図1

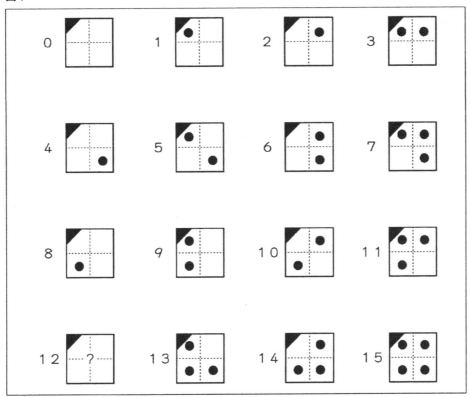

問1　図1の？について、12を表す場合はどのように表せますか。解答用紙の正方形の中に●をかいて表しなさい。

【太郎さんと花子さんの会話①】
太郎さん：16以上の数は、図1の規則に正方形を右側に増やして図2のように表しましょう。
花子さん：そうですね。この規則で100を表す場合、どのように表せるか考えてみましょう。
太郎さん：正方形2つで、左の正方形に●が4つ、右の正方形に●がない図は16を表します。正方形3つで、左と真ん中の正方形に●が4つずつ、右はしの正方形に●がない図は、32を表します。この規則にしたがうと100がどのように表せるかわかりそうですね。

図2

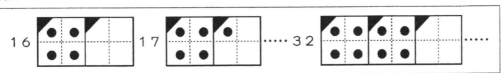

問2 【太郎さんと花子さんの会話①】と図1、図2の数を表すときの考え方をもとに、100を表しなさい。答えは、次の例のように、使う正方形の点線をなぞり、●をかきなさい。

（例）17を表す場合

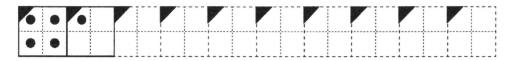

【太郎さんと花子さんの会話②】
花子さん：正方形を正三角形に変えて**図3**のように表してみました。
太郎さん：0から7までの数が表せていますね。8以上の数はどのように表しますか。
花子さん：8以上の数は、**図4**のように表してみました。

図3

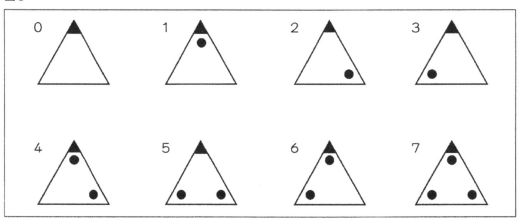

図4

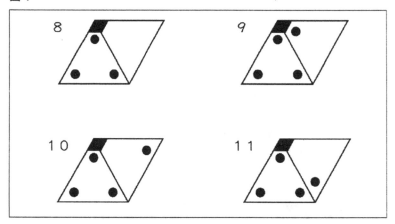

問3　【太郎さんと花子さんの会話②】と図3、図4の数を表す
　　　ときの考え方をもとに（1）、（2）の問いに答えなさい。
　　（1）　図5で表された数はいくつですか、答えなさい。
　　（2）　正三角形を6つ並べて正六角形を作ると、いくつまで
　　　　　数を表せるか、答えなさい。

図5

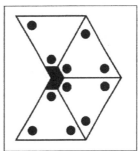

【太郎さんと花子さんの会話③】
太郎さん：今度は、記号の種類を増やしてみませんか。
花子さん：面白そうですね。正三角形と〇と●を使って数を表してみましょう。

図6

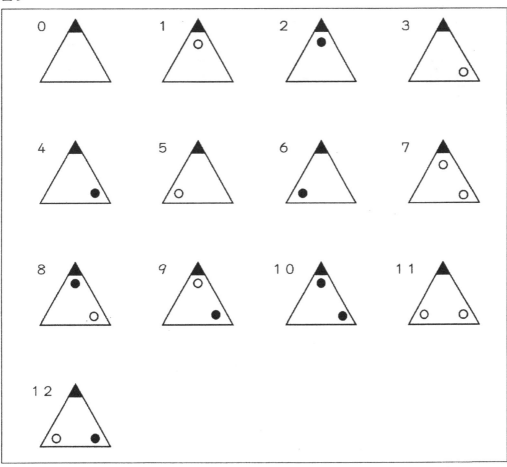

問4　正三角形と〇と●を使って、図6のように数を表していくと、正三角形1つでいくつまで数を表
　　　せるか、答えなさい。

3

　夏休みの自由研究で、太郎さんは信号機とロボットを製作し、花子さんは電気について調べています。

次の問1～問3に答えなさい。

【太郎さんとお母さんの会話①】
お母さん：自由研究は順調に進んでいますか。
太郎さん：はい。先ほど、2台の信号機ができました。これらは資料1のように、赤色の*灯火、
　　　　　青色の灯火、青色の灯火の点滅を一定の時間でくり返します。それぞれの時間は、プログ
　　　　　ラムで設定されていて、自由に変えることができます。

※　灯火……明かりがつくこと。

資料1　太郎さんが製作した信号機

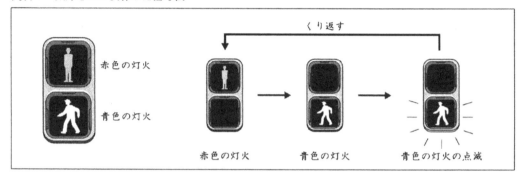

　太郎さんは、2台の信号機をそれぞれA、Bとして、赤色が灯火する時間、青色が灯火する時間、
青色の灯火が点滅する時間を、それぞれ次の表のように設定しました。

表　設定した信号機の灯火時間

	赤色の灯火	青色の灯火	青色の灯火の点滅
信号機A	30秒	20秒	10秒
信号機B	35秒	25秒	5秒

問1　太郎さんは、ある日の午前10時00分00秒に、信号機A、Bの赤色の灯火を同時に開始しま
　　した。この後、信号機A、Bの青色の灯火が初めて同時に点滅し始めるのは、午前10時何分何秒
　　か、答えなさい。

【太郎さんとお母さんの会話②】
太郎さん：ロボットも完成したので、見てもらえますか。
お母さん：このロボットには、どのような特ちょうがあるのですか。
太郎さん：移動するときは、一定の速さでまっすぐ進みます。移動する速さはプログラムで設定さ
　　　　　れていて、自由に変えることができます。また、ロボットにはセンサーがついていて、
　　　　　すでに製作した信号機をロボットの進路上に設置すると、資料2の決まりにしたがいます。

資料2　信号機の位置でのロボットの動きに関する決まり

①ロボットが信号機に到達したとき、赤色が灯火している、または青色の灯火が点滅している場合、ロボットは信号機の位置で停止する。信号機の位置で停止しているロボットは、赤色の灯火から青色の灯火に変わった瞬間に、停止する前の速さで再び移動する。

②ロボットが信号機に到達したとき、青色が灯火している場合、ロボットは信号機を通過する。

③ロボットが信号機に到達した瞬間に赤色の灯火から青色の灯火に変わった場合、ロボットは信号機の位置で停止せず、移動を続けて通過する。

④ロボットが信号機に到達した瞬間に青色の灯火が点滅を始めた場合、ロボットは信号機の位置で停止する。

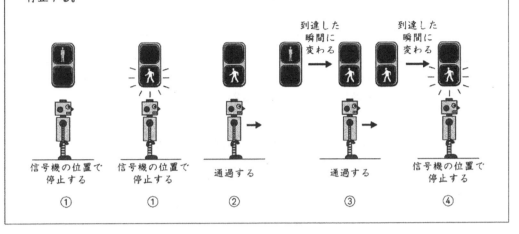

太郎さんは、ロボットが移動する直線のコースをつくり、途中に信号機A、Bを設置しました。図1は、そのコースを表したもので、スタート地点からゴール地点までの全長は9mです。なお、信号機A、Bの灯火時間の設定は、前のページの表で示したものと同じです。

図1　ロボットが移動するコース

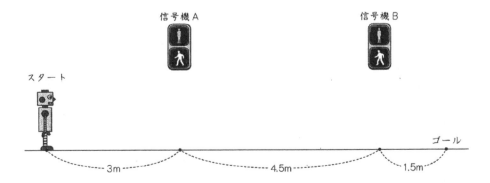

【太郎さんとお母さんの会話③】

太郎さん：図1のコース上で、ロボットが移動する速さを秒速5．0cmにして、ロボットがスタート地点から移動を始めると同時に、信号機A、Bの両方が赤色の灯火を開始するようにしたら、スタート地点を出発してからゴール地点に到着するまでに、210秒かかりました。

お母さん：ロボットが信号機Aに到達した瞬間に青色の灯火の点滅から赤色の灯火に変わり、ロボットは信号機Aで30秒間停止しました。それから、信号機Bに到達したときは青色の灯火だったのでそのまま通過できましたね。ロボットがスタート地点を出発してからの時間と、移動した道のりの関係はどうなるでしょうか。

太郎さん：グラフに表してみますね。

　　太郎さんは、ロボットの移動の速さを秒速5．0cmにしたときに、ロボットがスタート地点を出発してからの時間と、移動した道のりの関係を図2のグラフに表しました。

図2　スタート地点を出発してからの時間と、移動した道のりの関係のグラフ

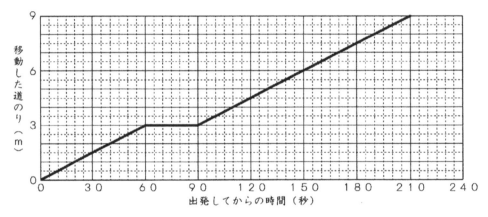

問2　太郎さんは、ロボットの移動の速さを秒速5．0cmより速くして、図1のコースをスタート地点からゴール地点まで移動させます。信号機A、Bの位置で一度も停止することなくゴール地点に到着できるのは、ロボットの移動の速さを秒速何cmにしたときですか。あてはまるものを次のア～コから<u>すべて</u>選び、記号で答えなさい。ただし、ロボットがスタート地点から移動を始めると同時に、信号機A、Bの両方が赤色の灯火を開始するようにします。

　　ア　秒速5．5cm　　　　イ　秒速6．0cm　　　ウ　秒速6．5cm

　　エ　秒速7．0cm　　　　オ　秒速7．5cm　　　カ　秒速8．0cm

　　キ　秒速8．5cm　　　　ク　秒速9．0cm　　　ケ　秒速9．5cm

　　コ　秒速10．0cm

問1　下線部①「日本の燃材」について、日本の燃材に興味をもった花子さんが調べたところ、資料1と資料2を見つけ、これらの資料からわかることを次のようにまとめました。【花子さんのまとめ】の空らん　A　、　B　、　C　にあてはまる内容を、　A　と　B　は小数第1位を四捨五入した整数の値を書き、　C　は資料2から書きぬきなさい。

【花子さんのまとめ】
　日本の燃材の自給率は、2014年から2020年までの間に約　A　％から約　B　％に増加しました。また、今後利用できる燃材の量を増加させるためには、　C　をより効率よく使うことが求められています。

資料1　燃材の国内消費量の変化

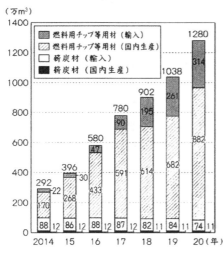

（万m³）

燃料用チップ等用材（輸入）
燃料用チップ等用材（国内生産）
薪炭材（輸入）
薪炭材（国内生産）

資料2　＊木質バイオマスの発生量と利用量

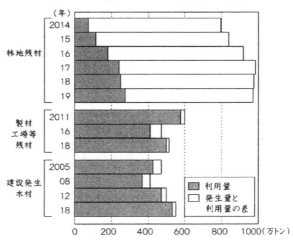

利用量
発生量と
利用量の差

※　木質バイオマス……木材に由来する生物資源。

（資料1、資料2は林野庁「令和3年度森林・林業白書」をもとに作成）

問2　下線部②「開発途上国では、燃材は気候変動対策のための流行りの燃料などではない」とありますが、筆者はこの部分でどのようなことを述べようとしていますか。最も適切なものを、次のア～エの中から1つ選び、記号で答えなさい。

ア　先進国では経済的発展のための安定したエネルギー源として燃材の使用量を増加させようとしているが、途上国ではすでに燃材は安定したエネルギー源として利用されているということ。

イ　先進国には高い技術力があり燃材を多く生産できるが、途上国は燃材を大量に生産することが困難なため、先進国における燃材の価値は、途上国での価値よりも高いということ。

ウ　先進国にとっての燃材は化石燃料の代わりに用いるものという位置づけだが、途上国にとっての燃材は、経済的発展を成し遂げるための大切な輸出品であるということ。

エ　先進国にとっての燃材は、地球環境保全の面で代替使用の需要が高いエネルギーだが、途上国にとっての燃材は、生活を営むうえで欠かせないものであるということ。

問3　下線部③「太陽光や風力、地熱、バイオマスなどの再生可能エネルギーの利用拡大が進められている」とありますが、花子さんは再生可能エネルギーについて調べて発表することになり、太陽光発電、風力発電、地熱発電のそれぞれの発電の仕組みや違い（長所、短所）を次の【花子さんのメモ】と【表】にまとめました。【表】の空らん　 a 　、　 b 　、　 c 　にあてはまる発電の組み合わせとして最も適切なものを、あとのア～カの中から１つ選び、記号で答えなさい。

【花子さんのメモ】
・太陽光発電………太陽の光エネルギーを太陽電池で直接電気に変換する発電方法。
・風力発電…………風の力を利用して風車を回し、回転運動を発電機で電気に変換する発電方法。
・地熱発電…………地中深くから取り出した蒸気で直接※タービンを回し、回転運動を発電機で電気に変換する発電方法。

※　タービン……蒸気などを羽根車に当て、エネルギーを回転する力に変える装置。

【表】

	a	b	c
長所	山の上や海洋上に設置すれば、より多くの電気を作ることが可能である。	季節、天候、昼夜を問わず安定して発電できる。	基本的に設置する地域に制限がなく、さまざまな未利用スペースを活用できる。
短所	季節や天候により発電量が変化する。	エネルギー源を利用するための開発が必要となる。	時間帯や天候により発電量が変化する。

ア　a　太陽光発電　　b　風力発電　　c　地熱発電

イ　a　太陽光発電　　b　地熱発電　　c　風力発電

ウ　a　風力発電　　b　太陽光発電　　c　地熱発電

エ　a　風力発電　　b　地熱発電　　c　太陽光発電

オ　a　地熱発電　　b　太陽光発電　　c　風力発電

カ　a　地熱発電　　b　風力発電　　c　太陽光発電

問4　先進国と途上国のあり方について、筆者の考えとして最も適切なものを、次のア～エの中から１つ選び、記号で答えなさい。

ア　先進国から途上国へのエネルギー利用支援は、途上国における地域社会の状況などに合っているかということと、途上国の人々の能力を使って自力で活用できるかということの２点を考慮して行われたときに、はじめて実現できる。

イ　先進国が途上国へエネルギー利用に必要な資材や道具を援助したとしても、途上国の人々がそれらを活用し続けられるとは限らないため、先進国は途上国へ援助を行う前にインフラ投資を行い、環境を整えるところから準備する慎重さと計画性が大切である。

ウ　先進国が途上国への援助を成功させるには、今まで見落としがちであった、途上国の人々が作ったり修理したりできるかという視点で新たな道具を作ることが必要だが、途上国の人々がその道具を完全に使いこなせるまでは、先進国の継続的な支援が求められる。

エ　途上国での新たなエネルギー源の利用は、途上国の人々が先進国からの援助や支援を受け入れつつ、今までの伝統的な生活を見直し、先進国の人々のような生活に変えていくなど、途上国の住民自らが行動することで実現が可能となる。

太郎さんは、お母さんと、日本の城について話をしています。

次の問1〜問3に答えなさい。

【太郎さんとお母さんの会話】

太郎さん：この前、香川県の丸亀市に行ったとき、丸亀城の石垣が高いことと、天守からのながめがよいことにおどろきました。天守から丸亀市をながめていて、昔はどんな光景が広がっていたのか気になりました。丸亀城周辺の現在のようすは、**資料1**からわかるのですが……。

お母さん：この**資料2**は、江戸時代にかかれた丸亀城の城下町の絵図だよ。**資料2**からわかることがあるのではないかな。

太郎さん：ありがとうございます。さっそく見てみます。**資料1**と**資料2**を比べてみれば、この地域がどのように変化したかがわかりますね。

資料1　丸亀市中心部の現在の地図

（国土地理院2万5千分の1地形図「丸亀」平成30年発行を一部改変）

資料２　丸亀城の城下町の絵図（１６４４年ごろ）

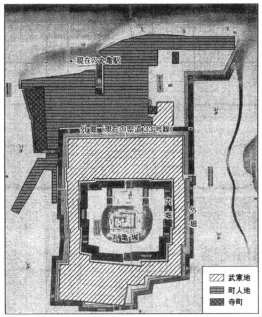

（国立公文書館デジタルアーカイブ、山本博文「古地図から読み解く城下町の不思議と謎」をもとに作成）

問１　**資料１**と**資料２**から読み取れることとして最も適切なものを、次のア～エの中から１つ選び、記号で答えなさい。

ア　丸亀駅を通る鉄道の予讃線と県道３３号線にはさまれた場所に江戸時代の町人地があったが、現在では主に水田などの農地として利用されている。

イ　市役所や消防署などがある丸亀市大手町は、江戸時代は武家地であり、武家屋敷が立ち並んで城の守りを固めていた。

ウ　丸亀駅の南側は、江戸時代には寺町であったが、そのほとんどが移転してしまい、現在は寺院が残っていない。

エ　江戸時代の丸亀城の内堀は、現在ではほとんどがうめ立てられているが、外堀は水路として利用され続けている。

> 太郎さんは、江戸幕府が大名の城を制限するきまりを定めていたことに興味をもって調べ、**資料３**を見つけました。

問２　太郎さんは、**資料３**をもとに、**【太郎さんのまとめ】**を作成しました。**まちがっている内容がふくまれているもの**を、**【太郎さんのまとめ】**中の下線部ア～エの中から１つ選び、記号で答えなさい。

資料3　幕府が定めたきまり

> ⓐ　諸国の大名は、領地内の住んでいる城以外のすべての城を取りこわすこと。
>
> （徳川家康の命令で作成された「一国一城令」の一部）
>
> ⓑ　諸国の城は、たとえ修理であっても必ず幕府へ報告せよ。まして、新しく築城することは、厳重に禁止する。　　　（徳川家康の命令で作成された「武家諸法度」の一部）
>
> ⓒ　天皇が身に付ける芸能は、第一に学問である。天皇が僧侶に※紫衣を着る許可を出すことは、以前は少なかったが、近ごろはやたらに行われている。これはよくないことである。
>
> （徳川家康の命令で出された「禁中並公家諸法度」の一部）
>
> ⓓ　大名が領地と江戸とを参勤交代するように定める。毎年4月に江戸へ参勤せよ。
>
> （徳川家光のころに出された「武家諸法度」の一部）
>
> ⓔ　日本人が海外に行くことと、海外に行って住宅を持った日本人が帰国することを禁止する。
>
> （徳川家光のころに出された「鎖国令」の一部）

※　紫衣を着る許可を出すこと……高い地位をあたえること。

【太郎さんのまとめ】

　資料3のア<u>ⓐ～ⓔ</u>は、江戸幕府が幕府に力が集中するように定めたきまりです。ⓐで大名の城を減らすことは、大名の軍事力を弱めることになります。また、イ<u>ⓑで、幕府は大名に城を修理したり、新しい城をつくったりすることをいっさい禁止し、城の守りを固めて幕府と戦う準備をできないようにしました。</u>ウ<u>ⓒによって、幕府は天皇の活動に意見し、朝廷を管理しました。</u>エ<u>ⓓの制度によって、大名は領地と江戸を往復しなければならず、結果として大きな負担になりました。</u>また、ⓔによって、ほとんどの大名が外国と交流できなくなり、幕府は外国の情報や貿易の利益を独占することができました。このようなきまりによって大名などの力を制限したことは、長く続いた江戸幕府の特ちょうの1つです。

　藩校に興味をもった太郎さんは、次の資料4と資料5を見つけました。

資料4　年表

年	できごと
1670年	岡山藩主池田光政が閑谷学校（庶民も学ぶことができる学校）をつくる。
1690年	湯島聖堂がつくられる。
1720年	キリスト教以外の※1漢訳洋書の輸入が許可される。 8代将軍徳川吉宗の時代は※2実学が奨励され、蘭学がさかんになる。
1754年	熊本藩で藩校の時習館がつくられる。
1790年	老中の松平定信が幕府の学校の1つで※3朱子学以外の儒学を禁止する。
1797年	後に藩校の模範ともいうべき地位をしめる教育施設の昌平坂学問所が開かれる。
1841年	水戸藩で、藩政改革のうちの1つとして、藩校の弘道館が開館する。

※1　漢訳洋書……ヨーロッパの書物が、中国で漢文に翻訳されたもの。

※2　実学……実用的な学問のこと。

※3　朱子学……儒学の中でも、主従関係や父子の上下関係を重視する学問。

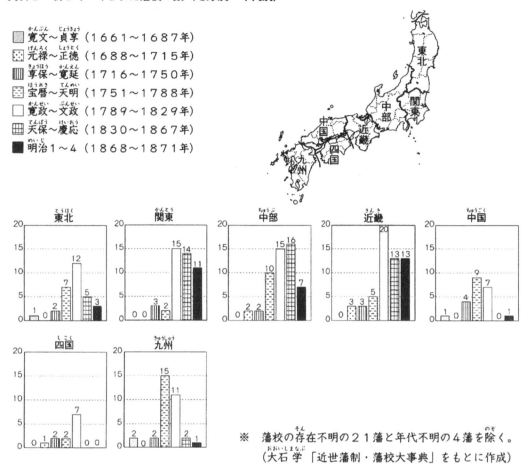

資料5　新しくつくられた藩校の数（地方別・年代別）

- 寛文〜貞享（1661〜1687年）
- 元禄〜正徳（1688〜1715年）
- 享保〜寛延（1716〜1750年）
- 宝暦〜天明（1751〜1788年）
- 寛政〜文政（1789〜1829年）
- 天保〜慶応（1830〜1867年）
- 明治1〜4（1868〜1871年）

※　藩校の存在不明の21藩と年代不明の4藩を除く。
（大石 学「近世藩制・藩校大事典」をもとに作成）

問3　**資料4**と**資料5**から読み取れることとして最も適切なものを、次のア〜エの中から1つ選び、記号で答えなさい。

ア　寛文〜貞享年間には、全国でも4校しか藩校がつくられていないが、湯島聖堂がつくられた元禄〜正徳年間には、寛文〜貞享年間に比べ、藩校が2倍以上つくられた。

イ　享保〜寛延年間には、全国でも18校しか藩校がつくられていないが、実学が奨励され始めた宝暦〜天明年間には、東日本を中心に藩校数が増えている。

ウ　寛政〜文政年間には、幕府が昌平坂学問所をつくり、この時期に全国で最も多く藩校がつくられている。

エ　天保〜慶応年間から明治4年にかけては、中国、四国、九州地方を除く各地で多くの藩校がつくられており、特に弘道館がある関東地方で他の地方と比べて多くの藩校がつくられている。

5

太郎さんと花子さんは、食料問題に関心をもち、総合的な学習の時間に、米や小麦などの農産物の生産について調べることになりました。

次の問1〜問3に答えなさい。

【太郎さんと花子さんの会話①】
太郎さん：まずは、世界の米と小麦の生産と貿易について調べてみるのはどうでしょう。
花子さん：よいと思います。資料を見つけたら持ちよって、その資料からどのようなことがわかるか、それぞれ考えてみましょう。そのあと、それぞれ考えたことを共有しましょう。
太郎さん：そうしましょうか。それではさっそく調べてみましょう。

太郎さんと花子さんは、次の資料1と資料2を見つけました。

資料1　米と小麦の生産量が多い国（2019年）

米
世界合計：755,474千トン
1haあたりの収穫量：4,662kg

順位	国名	生産量（千トン）	1haあたりの収穫量(kg)
1	中国	209,614	7,060
2	インド	177,645	4,058
3	インドネシア	54,604	5,114
4	バングラデシュ	54,586	4,740
5	ベトナム	43,449	5,817
6	タイ	28,357	2,919
7	ミャンマー	26,270	3,796
8	フィリピン	18,815	4,045
9	パキスタン	11,115	3,664
10	カンボジア	10,886	3,627

小麦
世界合計：765,770千トン
1haあたりの収穫量：3,547kg

順位	国名	生産量（千トン）	1haあたりの収穫量(kg)
1	中国	133,596	5,630
2	インド	103,596	3,533
3	ロシア	74,453	2,702
4	アメリカ合衆国	52,258	3,475
5	フランス	40,605	7,743
6	カナダ	32,348	3,350
7	ウクライナ	28,370	4,157
8	パキスタン	24,349	2,806
9	ドイツ	23,063	7,396
10	アルゼンチン	19,460	3,216

資料2　米と小麦の輸出量・輸入量が多い国（2019年）

米
世界合計：42,356千トン　世界合計：45,130千トン

順位	国名	輸出量（千トン）	順位	国名	輸入量（千トン）
1	インド	9,732	1	フィリピン	3,030
2	タイ	6,848	2	中国	2,496
3	ベトナム	5,454	3	ベナン	1,529
4	パキスタン	4,556	4	イラン	1,422
5	アメリカ合衆国	3,054	5	サウジアラビア	1,393

小麦
世界合計：179,523千トン　世界合計：179,120千トン

順位	国名	輸出量（千トン）	順位	国名	輸入量（千トン）
1	ロシア	31,873	1	インドネシア	10,962
2	アメリカ合衆国	27,069	2	エジプト	10,424
3	カナダ	22,805	3	トルコ	10,005
4	フランス	19,957	4	イタリア	7,474
5	ウクライナ	13,290	5	フィリピン	7,154

（資料1、資料2は「世界国勢図会　2021／22年版」をもとに作成）

問1　世界の米と小麦の生産と輸出・輸入について、**資料1**、**資料2**から読み取れることとして最も適切なものを、次のア～エの中から1つ選び、記号で答えなさい。

　　ア　米と小麦の世界全体の生産量はほぼ同じだが、1haあたりの収穫量は、世界全体では米より小麦のほうが約1,000kg多い。
　　イ　米の生産量上位2か国の生産量の合計は、世界全体の生産量の半分以上であり、2か国とも米の輸出量で世界の上位5か国に位置している。
　　ウ　小麦の生産量上位5か国の生産量の合計は、世界全体の生産量の半分以上であり、このうちの3か国は小麦の輸出量でも世界の上位5か国に位置している。
　　エ　米の生産量上位8か国の中には、米の輸入量で上位5か国に入っている国が2か国あり、小麦の輸入量で上位5か国に入っている国が1か国ある。

問2　花子さんは、**資料1**と**資料2**をもとに、次の【花子さんのまとめ】を作成しました。【花子さんのまとめ】の空らん　A　にあてはまる言葉をあとのア～エの中から、空らん　B　にあてはまる資料をオ～クの中からそれぞれ1つずつ選び、記号で答えなさい。

【花子さんのまとめ】
●世界における米と小麦の生産・貿易の特ちょう
　資料2から、米と小麦を比べると、　A　作物であるといえる。このことは、右の資料からも読み取ることができる。

B

A　の選択肢
　　ア　小麦は米よりも輸出量・輸入量が多く、国外に輸出されやすい傾向がある
　　イ　小麦は米よりも輸出量・輸入量が少なく、国内での地産地消の傾向がある
　　ウ　米は小麦よりも輸出量・輸入量が多く、国内での地産地消の傾向がある
　　エ　米は小麦よりも輸出量・輸入量が少なく、国外に輸出されやすい傾向がある

B　の選択肢
　　オ

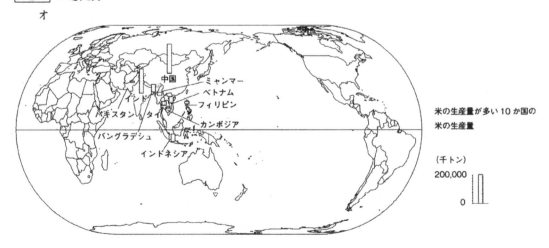

米の生産量が多い10か国の米の生産量

（千トン）
200,000
0

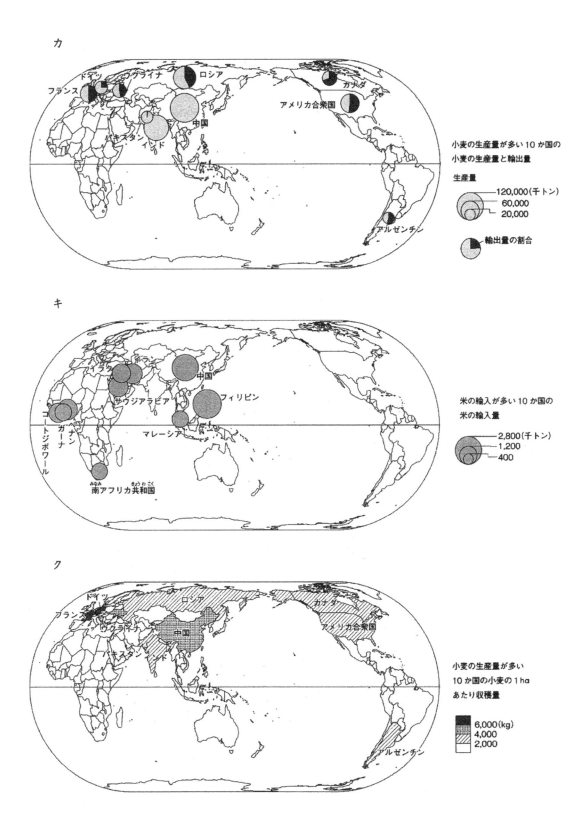

カ

小麦の生産量が多い10か国の
小麦の生産量と輸出量

生産量

120,000（千トン）
60,000
20,000

輸出量の割合

キ

米の輸入が多い10か国の
米の輸入量

2,800（千トン）
1,200
400

ク

小麦の生産量が多い
10か国の小麦の1ha
あたり収穫量

6,000（kg）
4,000
2,000

【太郎さんと花子さんの会話②】

太郎さん：さいたま市の食料生産についても調べてみました。２０２０年のさいたま市の※農業産出額が、埼玉県内の市町村の中で４位だと知っておどろきました。さいたま市と県内１位から３位の市、埼玉県全体の農業について、**資料３**を用意しました。また、さいたま市の農家などの農業経営体がどれくらいあって、何を生産しているかがわかる**資料４**も見つけました。農業経営体とは、耕地面積が３０ａ以上など、一定の基準以上の規模で農産物を生産している農家や会社のことだそうです。

花子さん：では、**資料３**と**資料４**をもとに、さいたま市の農業の特ちょうを考えてみましょう。

※　農業産出額……農業により生産された農産物を金額として表したもの。

資料３　深谷市・羽生市・本庄市・さいたま市・埼玉県の農業産出額と米の収穫量（２０２０年）

	農業産出額（千万円）	農業産出額にしめる割合（％）					米の収穫量（トン）
		米	野菜	果実	ちく産	その他	
深谷市	3,090	2.9	64.3	0.3	25.7	6.8	4,300
羽生市	1,110	15.3	1.5	0.1	6.8	76.3	8,250
本庄市	1,097	4.7	53.6	0.2	39.8	1.7	2,530
さいたま市	1,048	13.5	72.3	1.3	1.7	11.2	6,830
埼玉県	16,780	19.5	49.5	3.2	14.6	13.2	158,200

（農林水産省「令和２年生産農業所得統計」、「令和２年市町村別農業産出額（推計）」、「令和２年作物統計」をもとに作成）

資料４　さいたま市の農業部門別の農業経営体数（２０２０年）

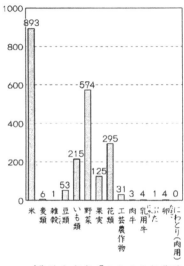

（農林水産省「２０２０年農林業センサス」をもとに作成）

問３　さいたま市の農業の特ちょうについて、**資料３**、**資料４**から読み取れることとして最も適切なものを、次のア～エの中から１つ選び、記号で答えなさい。

ア　さいたま市は野菜の生産が特にさかんである一方、ちく産にかかわる農業経営体はごくわずかで、埼玉県全体にしめる農業産出額の割合は約１０％にすぎない。

イ　さいたま市は野菜の生産がさかんであるとともに、花類やいも類、果実を生産している農業経営体が多く、それら３部門の数を合計すると野菜を生産する農業経営体よりも多い。

ウ　さいたま市は米の生産がさかんで、その収穫量は深谷市と本庄市の生産量の合計を上まわっており、さいたま市の米を生産する農業経営体数は野菜を生産する農業経営体数の２倍以上である。

エ　さいたま市の米の生産は埼玉県全体と比べると、さかんであるとはいえないが、市内では、さまざまな農業がバランスよく行われており、農業部門別に見た農業経営体数にかたよりがない。

これで、問題は終わりです。

令和6年度

適 性 検 査 Ⅲ

さいたま市立浦和中学校

1

太郎さんのクラスでは、総合的な学習の時間に、火災について調べ、発表に向けた準備をしています。準備中に、太郎さんは友人のリサさんと、話をしています。

以下の会話文を読んで、あとの問いに答えなさい。

【太郎さんとリサさんの会話】

リサさん：Taro, what do you do *¹to prevent fire accident?

太郎さん：I *²clean my room every day.

リサさん：And?

太郎さん：I went to a *³fire drill.

リサさん：That's nice.

※1　to prevent fire accident
　　　……火災事故予防のために

※2　clean my room
　　　……部屋をきれいにする

※3　fire drill……防火訓練

リサさんと話した次の日、太郎さんは、発表原稿の内容について先生と話しています。

【太郎さんと先生の会話】

先　　生：太郎さん、発表原稿の準備はできていますか。

太郎さん：はい。わたしは火災の被害を減らすための取り組みについて、発表しようと考えています。わたしは日ごろから、火災の被害を減らせるように生活していますが、今回は日曜日に防火訓練に参加しました。そこで消防士の方に住宅用火災警報器の重要性についてうかがいました。**資料1**を見てください。これは、住宅用火災警報器の都道府県別設置率をまとめたものです。この資料から埼玉県の住宅における防火についての問題点を考えることができると思います。

先　　生：なるほど。それでは、住宅用火災警報器とはどのようなもので、どのような効果があるのでしょうか。

太郎さん：住宅用火災警報器とは、火災の発生を警報や音声でいち早く知らせるもので、住宅の寝室に設置する必要があります。住宅用火災警報器には、けむりを自動的に感知して知らせるものと、熱を感知して知らせるものがあるそうです。**資料2**を見てください。これは住宅用火災警報器の設置効果をまとめた資料です。この2つのグラフから、住宅用火災警報器の設置効果について説明できると考えています。

先　　生：たしかに、この資料で、住宅用火災警報器の設置目的を伝えることができそうですね。

太郎さん：調べてみると、ほかにも、防火のためにいろいろな対策があることがわかりました。**資料3**を見てください。これは、消防庁のウェブサイトにある「住宅防火　いのちを守る6つの対策」の内容です。この資料の中には、わたしがすでに取り組んでいることもあります。

先　　生：よく調べていますね。それで、太郎さんはどのような発表をするつもりですか。

太郎さん：わたしは、まず、**資料1**から、埼玉県が住宅用火災警報器の設置率についてかかえている問題点として、全国平均との差を述べます。次に、**資料2**の①、②から、住宅用火災警報器の設置効果を具体的に伝えます。最後に、**資料3**から、火災の被害を減らすためにわたしが取り組んでいることを2点、理由を明らかにして述べようと考えています。

先　　生：すばらしい発表になりそうですね。

資料１　住宅用火災警報器の都道府県別設置率（上位５都県と埼玉県）（２０２２年）

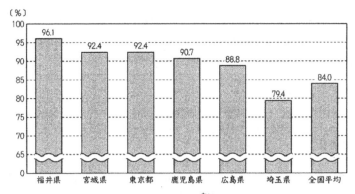

（総務省消防庁「住宅用火災警報器設置推進会議　会議資料」をもとに作成）

資料２　住宅用火災警報器の設置効果

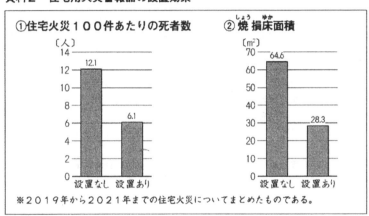

①住宅火災１００件あたりの死者数
②焼損床面積
※２０１９年から２０２１年までの住宅火災についてまとめたものである。

（総務省消防庁ウェブサイトの資料をもとに作成）

資料３　住宅防火　いのちを守る６つの対策

1 ストーブやこんろは、安全装置の付いた機器を使用する。	2 住宅用火災警報器を定期的に点検し、１０年を目安にこうかんする。
3 部屋を整理整とんして、寝具やカーテンは燃えにくいものを使用する。	4 火災を小さいうちに消すために、消火器を設置し、使い方を確認しておく。
5 ひなん経路とひなん方法をつねに確認し、備えておく。	6 防火防災訓練への参加、戸別訪問などにより、地域ぐるみの防火対策を行う。

（総務省消防庁ウェブサイトの資料をもとに作成）

問　あなたが太郎さんなら、どのような発表原稿を作成しますか。次の条件に従って書きなさい。

条件１：解答は横書きで１マス目から書くこと。

条件２：文章の分量は、３００字以内とすること。

条件３：数字や小数点、記号についても１字と数えること。　（例）| 4 | 1 | . | 5 | % |

条件４：「取り組んでいること」については、【太郎さんとリサさんの会話】をもとにして書くこと。

2

　花子さんの学校では、校舎の南側にある、今は活用されていない花だんの活用の仕方について、全クラスから「花だんプロジェクト」の企画を募集することになりました。花子さんが企画を発表する担当になり、発表原稿の内容について、太郎さんと相談しています。

以下の会話文を読んで、あとの問いに答えなさい。

太郎さん：わたしたちのクラスでは、話し合いの結果、学校目標の「輪」にちなんで、花だんに３種類の植物の種をまくことを企画として提案することに決まりましたね。花子さん、企画の発表原稿の準備は進んでいますか。

花子さん：はい。**資料１**を見てください。これは、花だんの大きさと、提案する種のまき方を図にまとめたものです。校舎の南側に、直径１８０cmの円形の花だんがあります。花だんは日当たりがよく、水はけのよい土で、植物を育てる条件として問題はありません。花だんの中心から、直径が異なる３つの円の円周上に種をまきます。同じ円周上には同じ種類の種をまきます。また、背が高くなる植物の種が内側になるように、種をまきます。円周上の長さを種と種との間かくとし、花だんの外わくから種をまく場所の間かくは、種と種との間に必要な間かくと同じ長さをあけます。また、２つの異なる種の間かくは、必要な間かくが大きい方の種の間かくに合わせてあけます。例えばキンセンカとコスモスをまくときは、必要な間かくが大きいキンセンカの間かくに合わせて２５cmあけます。日照については、他の植物の影響を考えなくてもよいそうです。次に、**資料２**を見てください。これは、ホームセンターで売っていた植物の種のふくろに書かれている内容をまとめたものです。種をまく時期や開花の時期について、説明されています。この植物の種の中から、花だんにまく植物の種を選ぼうと考えています。

太郎さん：それなら、４月に花が開くように、９月に種をまく植物を選ぶのはどうでしょうか。

花子さん：それはいい考えですね。

太郎さん：ふくろには、種のまき方も書かれているので、花だんにまく種の数を計算して求めることができますね。「１つの場所から複数の芽が出た場合には、育つ植物が１つになるように、間引く」ということは、１つの場所からは１つの植物しか育たないということですね。

花子さん：はい、そのとおりです。それでは、**資料３**を見てください。これは２つのホームセンターで売られていた植物の種の価格を調べたものです。この資料をもとに、１０００円の予算内におさまるように、育った植物が最も多くなる組み合わせを計算して、種を買うためにいくら必要かを述べようと思います。

太郎さん：なるほど。では、どのような発表をするか、整理してみましょう。

花子さん：まず、**資料２**から、３種類の植物の種を選び、それらの種を選んだ理由を述べます。次に、**資料１**、**資料２**の種のまき方を参考にして、最も多くの植物を育てるために、内側からどんな順で種をまき、それぞれ何つぶの種が必要かを述べます。最後に、**資料３**をもとに、予算内でおさめるためには、どの植物の種をどちらのホームセンターでそれぞれ何ふくろ買い、費用がいくら必要になるかを述べようと思います。

太郎さん：とてもいい発表原稿になりそうですね。がんばってください。

資料１　花だんの大きさと種のまき方

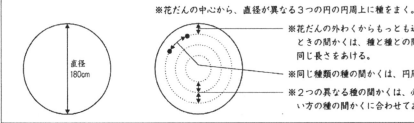

※花だんの中心から、直径が異なる３つの円の円周上に種をまく。

直径180cm

※花だんの外わくからもっとも近い場所に種をまくときの間かくは、種と種との間に必要な間かくと同じ長さをあける。

※同じ種類の種の間かくは、円周上の長さであける。

※２つの異なる種の間かくは、必要な間かくが大きい方の種の間かくに合わせてあける。

令和6年度　適性検査Ⅰ　解答用紙（2）

3

問1

A	(%)	B	(%)
C			

問2		問3		問4	

4

問1		問2		問3	

5

問1	

問2	A		B	

問3	

□や□の欄には、何も記入しないこと。

性　別	受　検　番　号

令和6年度　適性検査Ⅱ　解答用紙（2）

3

問3
（解答欄：15マス）
15

4

問1
（解答欄：15マス、10で区切り）
10
15

問2

問3 | （1） | （℃） | （2） |

5

問1 | ① | ② | ③ |

問2 | ① | ② |

問3

性　別	受　検　番　号

□や□の欄には、何も記入しないこと。

令和６年度　適性検査Ⅲ　解答用紙（２）

2

100

200

250

性　別	受　検　番　号

□の欄には、何も記入しないこと。

2024(R6) 浦和中

K 教英出版

③

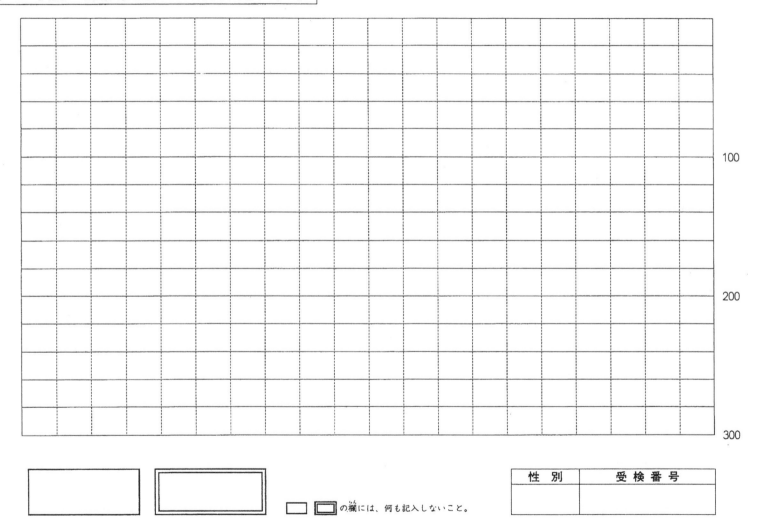

100

200

300

性　別	受　検　番　号

☐　▭の欄には、何も記入しないこと。

1

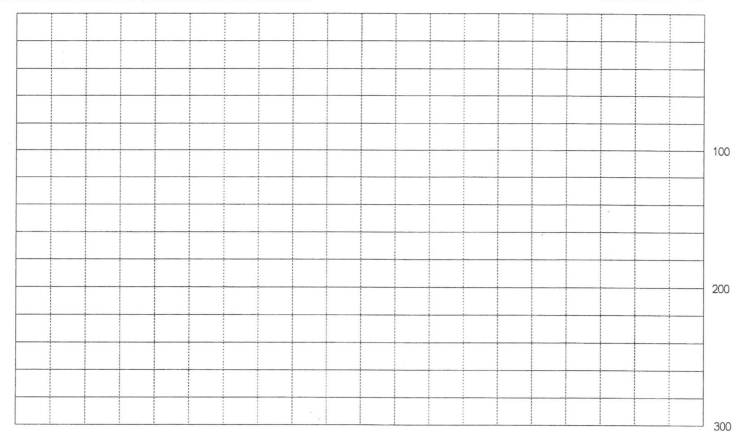

100

200

300

性　別	受　検　番　号

の欄には、何も記入しないこと。

1

問1 　　　　　　　　人

問2 午前　　　時　　　分　　　　問3 　　　　　　　　円

	太郎	父	母	祖父	祖母	姉	兄	弟
問4								

2

問1

問2

問3 （1）　　　　　　　　　　　　　（2）

問4

3

問1 午前10時　　　分　　　　秒

問2

性　別	受 検 番 号

□や□の欄には、何も記入しないこと。

1

問1
A
B

問2

問3

問4　D　　　　E

2

問1
A
B
C

問3
(1)
D
E
F

(2)

問2
下線部①　　　下線部②

問4

性　別	受　検　番　号

□や□の欄には、何も記入しないこと。

2024(R6) 浦和中
K 教英出版

【解答

資料2　種をまく時期や開花の時期

キンセンカ
日照　日あたりのよい場所　　発芽温度　20℃前後
高さ　50cm以下
種のまき方　25cmずつあけて、2つぶずつまく。

月	1	2	3	4	5	6	7	8	9	10	11	12
開花時期			■	■	■	■						
種まき									■	■		

※1つの場所から複数の芽が出た場合には、育つ植物が1つになるように、間引くことにする。

ジニア
日照　日あたりのよい場所　　発芽温度　20～25℃
高さ　1m以下
種のまき方　10cmずつあけて、2つぶずつまく。

月	1	2	3	4	5	6	7	8	9	10	11	12
開花時期						■	■	■	■			
種まき				■	■							

コスモス
日照　日なた～半日かげ　　発芽温度　15～20℃
高さ　50cm以下
種のまき方　20cmずつあけて、3つぶずつまく。

月	1	2	3	4	5	6	7	8	9	10	11	12
開花時期								■	■	■		
種まき					■	■						

ハボタン
日照　日なた～半日かげ　　発芽温度　20℃前後
高さ　50cm以下
種のまき方　5cmずつあけて、2つぶずつまく。

月	1	2	3	4	5	6	7	8	9	10	11	12
開花時期	■	■									■	■
種まき							■	■				

デージー
日照　日あたりのよい場所　　発芽温度　20℃前後
高さ　30cm以下
種のまき方　20cmずつあけて、3つぶずつまく。

月	1	2	3	4	5	6	7	8	9	10	11	12
開花時期			■	■	■							
種まき									■	■		

マリーゴールド
日照　日あたりのよい場所　　発芽温度　15～20℃
高さ　50cm以下
種のまき方　20cmずつあけて、2つぶずつまく。

月	1	2	3	4	5	6	7	8	9	10	11	12
開花時期						■	■	■	■	■		
種まき				■								

パンジー
日照　日あたりのよい場所　　発芽温度　15～20℃
高さ　30cm以下
種のまき方　15cmずつあけて、2つぶずつまく。

月	1	2	3	4	5	6	7	8	9	10	11	12
開花時期			■	■	■						■	■
種まき								■	■			

（ブティック社編集部「園芸大百科」などをもとに作成）

資料3　ホームセンターA店とB店で調べた、植物の種1ふくろあたりの種の数と価格

	A店	B店
キンセンカ	約50つぶ　220円	約60つぶ　330円
ジニア	約20つぶ　220円	約30つぶ　330円
コスモス	約85つぶ　165円	約100つぶ　165円
ハボタン	約40つぶ　330円	約30つぶ　330円
デージー	約45つぶ　330円	約60つぶ　330円
マリーゴールド	約20つぶ　220円	約30つぶ　330円
パンジー	約35つぶ　220円	約45つぶ　330円

※消費税は価格にふくまれている。

問　あなたが花子さんなら、どのような発表原稿を作成しますか。次の条件に従って書きなさい。

条件1：解答は横書きで1マス目から書くこと。
条件2：文章の分量は、250字以内とすること。
条件3：数字や小数点、記号についても1字と数えること。　　（例）　| 4 | 1 | . | 5 | cm |
条件4：円周率は、3.14として計算すること。
条件5：1つの場所からは、1つの植物しか育たないものとする。

— 4 —

3

　　太郎さんと花子さんは、総合的な学習の時間に、食料に関するさまざまな問題について調べ、発表に向けた準備をしています。

以下の会話文を読んで、あとの問いに答えなさい。

先　　生：太郎さん、発表原稿の準備はできていますか。

太郎さん：はい。わたしは以前、フード・マイレージに関する特集番組を見て、食料問題に興味をもつようになりました。そこで、わたしたちが毎日利用している給食に着目して、どのような問題があり、わたしたちにできることは何かを発表しようと考えました。**資料１**を見てください。これはある日の給食の献立の例と、品目ごとの食料自給率をまとめたものです。この資料から、例えば肉類は、約４７％を輸入にたよっていることがわかります。

先　　生：なるほど。よいところに気がつきましたね。でも、食料品を輸入にたよっていると、どのような問題点があるのでしょうか。

太郎さん：調べていたところ、**資料２**が見つかりました。これは、日本・アメリカ・イギリス・ドイツ・フランスの５か国のフード・マイレージという数値をまとめた資料です。この資料は、先日見たテレビ番組の中でも、紹介されていたものです。フード・マイレージとは、「食料品の輸送量 × 輸送距離」を計算して求めた数値で、単位は「トン・キロメートル」で表します。この数値を使って食料品の輸入が地球環境にあたえる負担を考えることができます。

先　　生：なるほど。日本と他国のフード・マイレージを比べてみると、日本の問題点がわかりやすいと思いますよ。花子さんはどう思いますか。

花子さん：わたしも食料と地球環境の関係について調べていたところ、**資料３**を見つけました。これは埼玉県小川町で豆腐を作るとき、地元の小川町産大豆１トンを使って作った場合と輸入大豆１トンを使って作った場合の、大豆の輸送距離とCO_2（二酸化炭素）排出量を比較したものです。

太郎さん：この**資料３**からは、大豆を輸送するときのフード・マイレージがわかりますね。花子さん、ありがとうございます。この資料も発表に使いますね。

先　　生：それで、太郎さんはどのような発表をするつもりですか。

太郎さん：まず、**資料１**から、半分以上を輸入にたよっている食料品の品目として、輸入が多いものから２つの品目を挙げて、それらの何％を輸入にたよっているかを述べます。次に、**資料２**から、日本のフード・マイレージが、イギリスの何倍になっているか、小数第２位を四捨五入して述べます。そして、**資料３**から、埼玉県小川町で豆腐を作るとき、地元の小川町産大豆１トンを使った場合と輸入大豆１トンを使った場合の、それぞれのフード・マイレージと、CO_2排出量を述べた上で、地元産大豆を使うことの効果を述べます。最後に、地球環境を守るという視点に立ったとき、フード・マイレージのような考え方が必要な理由を述べて発表原稿のまとめにするつもりです。

先　　生：すばらしい発表になりそうですね。

資料1　給食の献立の例と品目ごとの食料自給率（2021年）

パン（小麦）………約17%
牛乳・乳製品……約63%
肉類………………約53%
野菜………………約79%
果物………………約39%

（農林水産省「令和3年度総合食料自給率（カロリー・生産額）、品目別自給率等（重量ベース）」をもとに作成）

資料2　日本・アメリカ・イギリス・ドイツ・フランスのフード・マイレージ（2001年）

	日本	アメリカ	イギリス	ドイツ	フランス
食料品の輸送量(千トン)	58,469	45,979	42,734	45,289	29,004
平均輸送距離(キロメートル)	15,396	6,434	4,399	3,792	3,600
フード・マイレージ（億トン・キロメートル）	9,002	2,958	1,880	1,718	1,044

（農林水産政策研究所の資料をもとに作成）

資料3　埼玉県小川町で豆腐を作るとき、小川町産大豆を使って作った場合と、アメリカ産の輸入大豆を使って作った場合の輸送距離とCO₂（二酸化炭素）排出量の比較

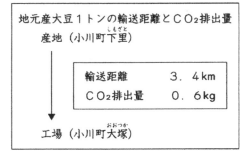

地元産大豆1トンの輸送距離とCO₂排出量
産地（小川町下里）

輸送距離　　　3.4km
CO₂排出量　　0.6kg

工場（小川町大塚）

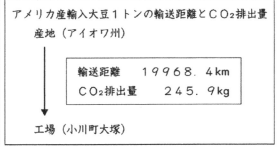

アメリカ産輸入大豆1トンの輸送距離とCO₂排出量
産地（アイオワ州）

輸送距離　　19968.4km
CO₂排出量　　245.9kg

工場（小川町大塚）

（農林水産省「「フード・マイレージ」について（平成20年9月）」をもとに作成）

問　あなたが太郎さんなら、どのような発表原稿を作成しますか。次の条件に従って書きなさい。

　条件1：解答は横書きで1マス目から書くこと。
　条件2：文章の分量は、300字以内とすること。
　条件3：数字や小数点、記号についても1字と数えること。

（例）| 4 | 1 | . | 5 | kg |
　　　| C | O₂ | | | |

これで、問題は終わりです。

花子さんは、手回し発電機のしくみや電気のはたらきについて調べています。

【花子さんが手回し発電機について調べたこと】
・手回し発電機の中には、歯車や小型のモーターが入っている。
・豆電球がつながれた回路に手回し発電機をつないでハンドルを回すと、歯車やモーターのじくが回転して、豆電球の明かりがつく。このとき、ハンドルや歯車などの回転による音が出て、回転を続けていくうちに歯車やモーターがあたたかくなる。
・手回し発電機を豆電球などがつながれた回路につなぎ、ハンドルを回すことで、わたしたちの運動のはたらき（ハンドルを回すこと）が電気のはたらきに変えられる。手回し発電機を、豆電球以外のいろいろな器具につなぐことで、電気のはたらきは次のような、いろいろなはたらきに変えられる。

熱のはたらき……電熱線など
音のはたらき……電子オルゴールなど
光のはたらき……発光ダイオード（ＬＥＤ）など
運動のはたらき……モーターなど

【花子さんと先生の会話①】
花子さん：手回し発電機の中にモーターが入っていました。電流が流れるとモーターが回転することは学習しましたが、モーターを手で回転させると電流が流れるということなのでしょうか。
先　　生：そのとおりです。よいところに気がつきましたね。実は、モーターと発電機のしくみは同じなのです。
花子さん：それでは、２台の手回し発電機をつないで、一方の手回し発電機のハンドルを何回か回転させると、もう一方の手回し発電機のハンドルは、手がふれていなくてもハンドルが同じ回数だけ回転するのではないでしょうか。
先　　生：実験を行って確かめてみるとよいですね。

花子さんは、２台の手回し発電機をつないで、次の【実験】を行いました。

【実験】
〈用意したもの〉
 手回し発電機（同じ種類のものを２台用意し、それぞれＣ、Ｄとする）

〈方法〉
1　手回し発電機Ｃ、Ｄをつないで、花子さんが手回し発電機Ｃを持ち、先生が手回し発電機Ｄを
　持つ。

2　次の図３のように、花子さんが手回し発電機Ｃのハンドルを一定の速さで１５回、回転させる。
　先生は、手回し発電機Ｄのハンドルには手をふれずに、ハンドルが回転した回数を数える。

図３

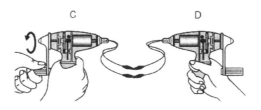

〈結果〉
・手回し発電機Ｃのハンドルを手で回転させると、ハンドルは手ごたえがあり、手回し発電機Ｄの
　ハンドルは手をふれていなくても回転した。
・手回し発電機Ｃのハンドルを１５回、回転させたとき、その回転の速さにかかわらず、手回し発
　電機Ｄのハンドルの回数は１５回未満だった。

【花子さんと先生の会話②】
花子さん：【実験】の結果は、わたしの予想と少し異（こと）なっていました。
先　　生：なぜ、予想と異なっていたのか、【花子さんが手回し発電機について調べたこと】をも
　　　　　とに考察してみましょう。
花子さん：手回し発電機Ｃのハンドルを１５回、回転させたときの運動のはたらきの一部が、　　ａ　　
　　　　　からだと考えられます。
先　　生：そのとおりです。

問3　空らん　　ａ　　にあてはまる内容を、「はたらき」という言葉を使って１５字以内で答え
　　なさい。

4

　太郎さんの家族は、秋に赤城山へ観光旅行に行きました。旅館にとまった次の日の早朝、屋外は霧におおわれていました。

次の問1～問3に答えなさい。

【太郎さんとお母さんの会話①】
太郎さん：霧は小さな水てきが空気中にういたものだそうですが、その水はどこにあったものなのでしょうか。
お母さん：空気中です。霧は空気中にふくまれている水じょう気が小さな水てきとなったものです。一定の体積にふくむことができる水じょう気の量には限度があり、その量は気温によって変化します。

　お母さんは、スマートフォンで**資料1**を表示しました。

資料1　気温と1m³の空気中にふくむことができる水じょう気の限度量の関係

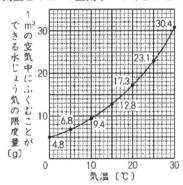

【太郎さんとお母さんの会話②】
太郎さん：こんなに霧が濃いと、外出したときに歩きにくそうですね。
お母さん：天気予報では晴れるそうだから、この後しばらくすると霧はなくなるでしょう。
太郎さん：風がふいて、霧が飛ばされるからでしょうか。
お母さん：今日、この地域は風がほとんどふかないそうですよ。
太郎さん：風がふかないのに、しばらくすると霧が消えるのは不思議です。
お母さん：そうですね。晴れの日の気温はどのように変化していましたか。
太郎さん：晴れの日は昼過ぎまで気温がだんだん高くなっていきますね。そうか、気温が高くなるにつれて空気中にふくむことができる水じょう気の限度量が増えることで、　　A　　から、霧が消えてしまうのですね。
お母さん：そのとおりです。

問1　【太郎さんとお母さんの会話②】について、空らん　　A　　にあてはまる内容を、**資料1**を参考にして、「水じょう気」という言葉を使って10字以上15字以内で答えなさい。

【太郎さんとお父さんの会話①】

太郎さん：雲も霧と同じように小さな水てきからできているそうですが、雲はどのようにしてできるのですか。

お父さん：上空の温度は一定の割合で低くなっていくため、水じょう気をふくんだ空気が上空に上がっていくと、ある高さに達したときに空気中に水じょう気をふくみきれなくなり、ふくみきれなくなった分の水じょう気が水てきとなってあらわれて、雲になります。さらに高いところまで上がっていった場合、気温が０℃より低くなって、雲の中の水てきが氷のつぶになることもあります。

太郎さん：上空で温度が低くなっていく割合というのは、具体的にはどのくらいなのですか。

お父さん：雲ができていないときは、地表から１００ｍ高くなるごとに１．０℃の割合、雲ができているときは、地表から１００ｍ高くなるごとに０．５℃の割合で低くなります。上空にのぼっていくと気温が下がるのは、上空ほど空気によっておされる力が弱くなり、空気のかたまりの体積が増えることが関係しているそうです。

太郎さん：水じょう気をふくんだ空気が上空に上がっていくのは、どのようなときなのでしょうか。

お父さん：水じょう気をふくんだ空気が山のしゃ面に沿って上がっていくときや、地表が太陽の強い光に熱せられて、あたためられた空気がのぼっていくときなどがあります。家に帰ったら、水じょう気をふくんだ空気が山のしゃ面に沿って上がっていくときについて、具体的に考えてみましょう。

観光旅行からもどった太郎さんは、水じょう気をふくんだ空気が山のしゃ面に沿って上がっていく場合について、お父さんといっしょに具体的に考えることにしました。

【太郎さんとお父さんが考えた内容】

・図１のＸ地点（群馬県沼田市、標高６００ｍ）から赤城山の山頂付近（標高１８００ｍ）をこえて、Ｙ地点（埼玉県熊谷市、標高３０ｍ）まで風がふき、水じょう気をふくんだ空気がＸ、Ｙの２地点を結ぶ直線上を移動する場合を考える。図２は、Ｘ地点とＹ地点の間の断面をかんたんに表したものである。

・Ｘ地点の気温は１９℃、１ｍ³の空気中にふくまれている水じょう気量は１２．８ｇで、水じょう気は空気中に均一にふくまれているものとする。

図１

図２

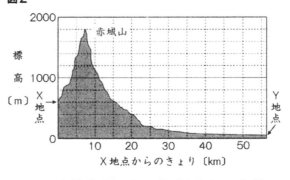

（国土地理院のウェブサイトをもとに作成）

太郎さんは、水じょう気をふくんだ空気が赤城山のしゃ面に沿って、標高６００ｍのＸ地点から
　標高１８００ｍの山頂付近まで上がっていったときの気温の変化をグラフに表すことにしました。

問２　【太郎さんとお父さんが考えた内容】について、資料１と【太郎さんとお父さんの会話①】を参
　　考にして、Ｘ地点から山頂付近まで水じょう気をふくんだ空気が上がっていくときの気温の変化を
　　表した正しいグラフを、次のア～エの中から１つ選び、記号で答えなさい。

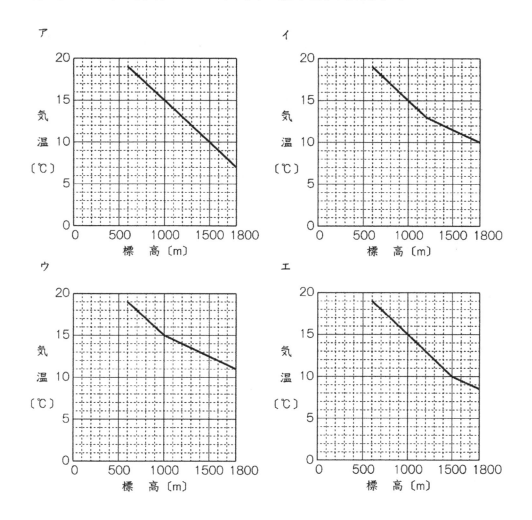

【太郎さんとお父さんの会話②】

お父さん：水じょう気をふくんだ空気が山のしゃ面に沿って上がっていくと雲ができ、雨や雪を降らせることがあります。さらに、雨や雪を降らせた空気のかたまりが、今度は山のしゃ面に沿って下りていくと、かんそうした温度の高い空気になります。

太郎さん：そのため、風下となる山のふもとの地域では、気温が高くなるのですね。

お父さん：そのとおりです。それでは、水じょう気をふくんだ空気が赤城山のしゃ面に沿って上がり、雲ができた後に雨が降ったと考えます。そして、雲となった水てきはすべて雨になって降ったものとして、山頂付近に達した時点で雲はすべて消えるものとしましょう。

太郎さん：山に沿って空気が下がっていくときの温度変化はどうなるのですか。

お父さん：雲ができていないときは、１００ｍ下がるごとに気温が１．０℃の割合で上がります。

太郎さん：それでは、空気のかたまりが、標高１８００ｍの赤城山の山頂付近から、標高３０ｍのＹ地点まで下りていくと、Ｙ地点に達したときの空気のかたまりは、山頂より　Ｂ　℃も高くなっているのですね。

お父さん：そうですね。したがって、標高６００ｍのＸ地点の気温が一定であっても、空気中にふくまれている水じょう気の量が多いほど、雲ができるときの標高がより　Ｃ　なるので、標高１８００ｍの山頂付近で雲が消えて、標高３０ｍのＹ地点に達したときの空気のかたまりの温度はより　Ｄ　なります。

問３　【太郎さんとお父さんの会話②】を参考にして、次の（１）、（２）の問いに答えなさい。

（１）　空らん　Ｂ　にあてはまる数を答えなさい。

（２）　空らん　Ｃ　、　Ｄ　にあてはまる語の組み合わせとして正しいものを、次のア～エから１つ選び、記号で答えなさい。

ア　Ｃ…高く　Ｄ…高く　　　　　イ　Ｃ…高く　Ｄ…低く

ウ　Ｃ…低く　Ｄ…低く　　　　　エ　Ｃ…低く　Ｄ…高く

5

先日、花子さんは友人のエマさんといっしょに、色や光について英語で話をしました。

次の問1～問3に答えなさい。

【花子さんとエマさんの会話】

エマさん：Hanako, let's talk about the color of ※1paints.

花子さん：OK.

エマさん：※2I'll ※3mix blue and yellow. What color can you see?

花子さん：I can see green.

エマさん：Great, that's right. Next, let's talk about the color of ※4light.

花子さん：The color of light? OK.

エマさん：※5If you ※6overlap red light and green light, what color can you see?

花子さん：I don't know. What's the answer?

エマさん：You can see yellow.

花子さん：Really?

※1　paint……絵の具	※2　I'll ～……これから～します	※3　mix……混ぜる
※4　light……光	※5　if……もし	※6　overlap……重ねる

花子さんは、太郎さんと先生に、先日のエマさんとの会話の内容について話をしました。

【花子さんと太郎さんと先生の会話①】

花子さん：先日、友人のエマさんは、赤色の光と緑色の光を重ねると黄色の光になると言っていました が、本当でしょうか。

先　　生：本当ですよ。赤色の絵の具と緑色の絵の具を混ぜたときとは異なり、光は黄色になります。

太郎さん：おもしろいですね。ほかの色の光を重ねたときはどうなるのでしょうか。

先　　生：資料1を見てみましょう。ヒトの目は赤色、緑色、青色の光を重ね合わせてできる、い ろいろな色の光を感じとることができます。これら3色を「光の三原色」といいます。 例えば、赤色と緑色を重ねると黄色、赤色と青色を重ねると赤紫色、緑色と青色を重ね ると空色に見え、赤色と緑色と青色をすべて重ねると白色に見えます。

資料1　光の三原色

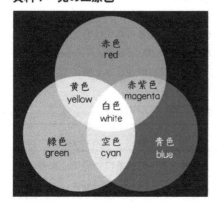

花子さんと太郎さんと先生は、光とかげの色について調べるため、理科室で次の実験を行いました。

【実験】
〈用意するもの〉
□赤色の照明　　　□緑色の照明　　　□青色の照明
□暗幕　　　　　　□白色のマット　　□黒色の画用紙を巻いた空き缶

〈方法〉
1　机に白色のマットをしき、マットの上に黒色の画用紙を巻いた空き缶（以下、空き缶）を立てて置いた後、暗幕で理科室を暗くする。
2　赤色、緑色、青色の照明をつけたり消したりして、白色のマットと空き缶に光を当て、マットに当たった光の色や、空き缶のかげの色を調べる。

〈結果〉
・赤色の照明だけをつけたとき、マットは赤色になり、空き缶のかげはどの部分も黒色であった。
・緑色の照明だけをつけたとき、マットは緑色になり、空き缶のかげはどの部分も黒色であった。
・青色の照明だけをつけたとき、マットは青色になり、空き缶のかげはどの部分も黒色であった。
・赤色、緑色、青色の照明のうち、2つを選んでつけたとき、マットの色と空き缶のかげの色は、次の図1～図3のようになった。

図1　　　　　　　　図2　　　　　　　　図3

 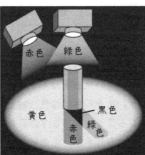 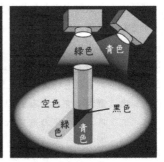

【花子さんと太郎さんと先生の会話②】
太郎さん：光を当てたマットの部分だけでなく、空き缶のかげの色も変わるのにはおどろきました。
花子さん：赤色、緑色、青色の照明をすべてつけた場合はどうなるのでしょうか。
太郎さん：すべての色の照明をつけるときは、赤色、緑色、青色の照明の並び方を変えてみたいです。
先　　生：わかりました。どのような色の光やかげが見えるか、調べてみましょう。

花子さんと太郎さんは、赤色、緑色、青色の照明をすべてつけたときの結果について、次のようにまとめました。

【花子さんと太郎さんのまとめ】
・照明の色の配置を【実験】のときとは変えて、青色、赤色、緑色の照明をすべてつけて白色のマットと空き缶に当てたところ、図4のように、マットにはA～Gの7種類の色が見えました。
・図4のA～Gについて、
　Aは空き缶のかげができていない部分
　EはかげBとかげCが重なっている部分
　FはかげCとかげDが重なっている部分
　GはかげB、かげC、かげDが重なっている部分です。

図4

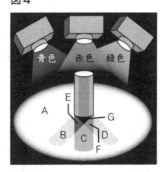

問1　【花子さんと太郎さんのまとめ】の図4で、次の①～③にあてはまるものはどれですか。A～Gのうちから1つ選び、それぞれ記号で答えなさい。なお、A～Gのどれにもあてはまらない場合は、×と答えなさい。
　①　白色に見える部分
　②　空色に見える部分
　③　赤色に見える部分

【花子さんと太郎さんと先生の会話③】
先　　生：太郎さん、プリズムというガラスでできた三角柱を知っていますか。
太郎さん：はい。太陽の光をプリズムに通すと、にじのような赤、黄、緑、青、紫などの色の帯が見えますね。
先　　生：そうです。太陽の光をプリズムに通すと、さまざまな色の光に分かれます。花子さん、プリズムによって分けられる前の太陽の光の色は何色でしょうか。
花子さん：さまざまな色の光があるので、白色でしょうか。
先　　生：そうです。それでは、白色の光が当たったトマトが白色ではなく、赤く見えるのはなぜでしょうか。
太郎さん：赤色の光をはね返しているからです。
先　　生：そうです。では、緑色や青色などの光はどこへ行ってしまったのでしょうか。
花子さん：はね返していないのであれば、吸収したのだと思います。
先　　生：そのとおりです。トマト、リンゴ、郵便ポストなど、赤色に見えるものは赤色以外の光を吸収し、赤色の光だけをはね返しているので赤く見えます。
太郎さん：それでは、バナナは黄色の光だけをはね返しているのでしょうか。
先　　生：資料1で、赤色と緑色の光を重ねると黄色の光ができましたね。したがって、バナナやトウモロコシなどの黄色い物は、黄色の光だけでなく、赤色や緑色の光もはね返していますよ。
花子さん：すると、すべての色の光をはね返す物は白く見え、すべての色の光を吸収するものは黒く見える、ということでしょうか。
先　　生：そうです。この性質を利用することで、例えば、白色の服を着ると、太陽の光をはね返すことから暑さをやわらげることができます。また、黒色の服はより多く光を吸収するので、寒さ対策に効果的です。

問2　太陽の光の下では、アサガオの葉は緑色に見えます。アサガオの鉢植えを真っ暗な部屋の中に置いて次の①、②のようにしたとき、アサガオの葉は何色に見えますか。次のア〜クの中から1つずつ選び、それぞれ記号で答えなさい。ただし、同じ記号を2回使ってもかまいません。
　①　アサガオの鉢植えに赤色の光だけを当てたとき
　②　アサガオの鉢植えに青色の光だけを当てたとき

　ア　赤色　　　　イ　緑色　　　　ウ　青色　　　　エ　空色　　　　オ　黄色
　カ　赤紫色　　　キ　白色　　　　ク　黒色

　別の日に、花子さんと太郎さんは、理科の授業で池の中にすむミジンコを観察しました。

【花子さんと太郎さんの会話】
太郎さん：図5のプレパラートにミジンコが見えますよ。
花子さん：ミジンコは目で直接見てどこにいるかがわかりますね。
太郎さん：けんび鏡で観察すると、ミジンコが右上の方にきてしまいました。
花子さん：その場合、ミジンコを中央にうつすためには、プレパラートを右上に動かせばよいのですよね。
太郎さん：そうですね。プレパラートをわずかに右上に動かしたら、ミジンコが中央にうつりました。

図5

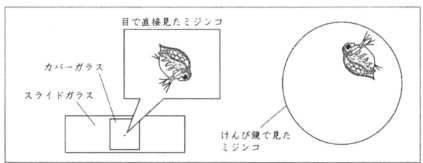

問3　花子さんと太郎さんが使ったけんび鏡を用いて、図6のように小さな文字で「浦和中」と書かれた紙をスライドガラスにのせて観察したとき、接眼レンズを通して見える形として正しいものはどれですか。次のア〜エの中から1つ選び、記号で答えなさい。

図6

目で直接見た「浦和中」の文字

ア　　　　　　イ　　　　　　ウ　　　　　　エ

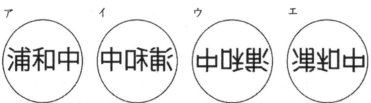

これで、問題は終わりです。

令和5年度

適 性 検 査 Ⅰ

さ い た ま 市 立 浦 和 中 学 校

〜〜

　花子さんは、図書館で印象的なタイトルの小説を見つけたので、読んでみることにしました。

〜〜

　次の文章は、乾ルカ著「コイコワレ」（中央公論新社）の一部です。これを読んで問1〜問4に答えなさい。

　第二次世界大戦中、6年生の浜野清子は集団疎開をしていた。日本人の父とアメリカ人の母の間に生まれ、蒼い目をもつ清子は、当時、日本とアメリカが敵対していたことから、嫌がらせを受けることがあり、疎開先でのトラブルをさけようと挨拶もしないで過ごしていた。疎開先に住むリツとは、母からのお守りをリツがこわしたことから、仲が悪い状態が続いていた。あるときから清子が急に態度を変え、周囲はおどろいている。

　──あの子、本当にどうしちゃったの？
　──いっときの気まぐれかと思ったのに。
　遠巻きにささやく声には、とうに慣れた。
　母に諭されて始めた①自分からの挨拶は、きちんと続けている。朝はおはようと言い、夜はおやすみなさいと声をかける。返事は今もってないが、決めたことはやりとげるつもりだ。
　挨拶だけではない。今までの清子は、ハナエや節子に限らず、疎開っ子らの誰と目が合っても、反応しないでいた。大抵相手が嫌な顔をするからだ。嫌悪の表情をされる前に、自分から顔を背けることも珍しくなかった。けれども、それはやめた。誰かと目が合えば、微笑みを返すように努力した。最初は上手くいかなかった。口の周りがひきつるだけで終わった。しかし、何度となく繰り返すうちに、ちょっとだけ口角を上げられるようになった。今ではおおむね、微笑に近い唇の形を作れているはずだ。
　無理はしている。心と表情が一致していないのもわかっている。しかし、諦めずに繰り返せば、反射的に自然な笑みを浮かべられるようになるかもしれない。母に向けるそれのように。
　好きな相手には自然とできると母は言ったが、実践してみてその正しさを痛感した。不愉快な相手に礼を尽くして接し、笑いかけることとは、なんと難しいのか。
　続いて今までのおのれを顧みる。難しいと感じるということは、それをやってきていなかったということに他ならない。顔を合わせても「おはよう」「おやすみなさい」と言わない相手に、好意を持つわけがない。ましてや不気味で印象の悪い相手なら、ますます悪感情を抱くだろう。
　蒼い目を理由に意地悪の炎をつけたのは周りの子だが、②炎に油を注いだのは自分自身だったと、清子は気づいたのだった。
　だから、もう止めるつもりはなかった。
　なにを言われても。相手がリツであっても。
　──ありがとう。お風呂を焚いてくれて。いいお湯だった。
　お礼を言うのは、挨拶よりももっと勇気と努力を必要とした。でも、昨夜の清子はそれをやってのけたのだった。
　もっとやろう、もっとできる。③清子は決意を新たにした。

　※1金井の作問による夜の受験勉強は続いていた。
　この晩も清子は算数の問題を他の子らより早く解き終え、金井に採点をしてもらった。満点だった。
「東京女子※2高等師範学校を目指しているのでしたね。教育者という立場から※3皇国の役に立ちたいと志すのは、立派なことです、浜野さん」

礼を言い、他の子の様子を見た。ハナエと節子は、やはり手こずっている。清子は思い切って近づいた。
「……良かったら、解き方を」教えてあげる、は違う気がして、言葉を瞬時に変える。「一緒に考えてみない?」
「……あなた、終わったんじゃないの?」
「いいの。まだ時間があるから。底面が一辺十糎の正三角形で、高さも十糎の※4角錐の体積だから」清子は二人にわかりやすいようにゆっくりと、鉛筆の先が震えないように気をつけつつ、ハナエの紙の片隅に式を書いていった。「底面積掛ける高さを三で割ればいいけれど……」わざと途中で止めると、節子が「そうか、一辺十糎だから、十掛ける十ね」と続きを解きはじめた。
　二人は正答に辿り着けそうだ。「ありがとう」と言われなかったが、お礼の言葉よりも、自分自身が望む行動がとれたことに、清子は満足した。そっとその場から離れて※5脇間に行き、寝支度を済ませる。受験に備え、体調管理にも気をつけなくてはならない。寒さと栄養不足で、風邪をひく児童は既に数人出ており、夜はきちんと寝るようにと金井からもお達しがあった。
　あとは休むばかりとなったとき、ハナエと節子が連れ立って脇間に入ってきた。着替えて布団を敷く二人がこちらを意識しているのを感じ取りながら、心に決めたとおり自分から彼女らに言った。
「おやすみなさい」
「おやすみなさい」
　返ってきたのは節子の声だった。すぐに、しまったとでも言いたげに息を呑む音が聞こえた。ハナエの潜めた声も。
「なにやってるのよ」
「だって、つい」
　なぜだか清子は可笑しくなってしまった。二人に意地悪を仕掛けられるたびに悲しかったのに、今暗がりでこそこそやっている様子は可愛らしかった。それから気づいた。二人が僅かなりとも可愛らしく思えるのは、自分の感情のせいだと。節子が挨拶を返してきたのが、嬉しかったのだ。
　——そうすれば、相手の態度も少しずつ変わっていく。
　母の助言のありがたみを噛みしめ、清子は布団にもぐって目をつぶった。
　翌朝、普段どおり誰よりも早くに目覚めた清子は、まだ眠っている二人を起こさぬよう身なりを整え、顔を洗いに外へ出た。山の空気は久しぶりに温み、春の※6予兆があたりに満ちていた。
　ポンプのハンドルが動く音を聞き取る前に、井戸のところに先客がいることに気づいた。見なくても、聞かなくてもわかるのは、相手がリツだからだ。
　ハンドル音が止まった。向こうも気づいたのだ。
　清子は心臓の上に手を当てて、心を落ち着かせてから、リツの前に姿を見せた。
「おはよう」
　言うと、リツは全身に緊張をみなぎらせた。水を汲んだ木桶を抱え上げた両腕は、突っ張っていた。瞬きを忘れた真っ黒な瞳がこちらを見据え、続いて死にかけの金魚のように、唇がぱくぱくと動いた。
「……お、おはよう」
　小さな声だった。リツは木桶から水をこぼしながら、勝手口のほうへと逃げた。
　今度は清子の口が開く番だった。
　松の枝先で、鵯が鳴いた。　　　　　　　　　（一部に表記、ふりがなをつけるなどの変更があります。）

※1　金井……東京から疎開先に同行した教員。
※2　高等師範学校……中学校などの教員養成を目的とした学校。
※3　皇国……当時使われていた、日本を表す言葉。
※4　角錐……底面が多角形で、側面が三角形の立体。
※5　脇間……疎開先の寺院で、清子たちが寝室として使用している部屋。
※6　予兆……物事が起こる前ぶれ。

問1　下線部①「自分からの挨拶」とありますが、この説明として最も適切なものを、次のア～エの中から1つ選び、記号で答えなさい。

ア　母に言われたことがきっかけで、自分に良い印象をもっていない人たちに対し、たとえ相手からの返事がなくても、挨拶をし続けると決めて実行している。

イ　どんなに嫌な相手であっても、礼儀として、一緒に過ごす人にはきちんと挨拶をしなくてはならないと母に命じられたので、しぶしぶ挨拶をするようにしている。

ウ　自分が心を閉ざしているから、相手と仲良くなることができないのだと友だちから指摘されたため、自分の行動を深く反省したうえで、自ら挨拶するようにしている。

エ　一人で過ごすのはつらいことも多いので、自分が仲良くなりたい人に対しては、相手が挨拶を返してくれるようになるまで続けようと決めて、挨拶をし続けている。

問2　下線部②「炎に油を注いだ」とありますが、誰の、どのような態度が「炎に油を注いだ」のですか。本文中の具体的な行動をふくめ、２０字以上３０字以内で書きなさい。

問3　下線部③「清子は決意を新たにした。」とありますが、このように決意した後の清子の行動や心情について、花子さんは次のようにノートにまとめました。【花子さんのまとめ】の空らん　A　、　B　、　C　にあてはまる内容を、本文中からさがして、　A　は１４字以内で、　B　は５字で、　C　は８字でそれぞれ書きぬきなさい。

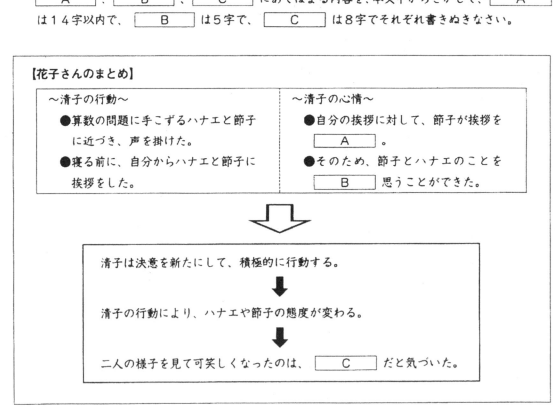

【花子さんのまとめ】

～清子の行動～	～清子の心情～
●算数の問題に手こずるハナエと節子に近づき、声を掛けた。	●自分の挨拶に対して、節子が挨拶を　A　。
●寝る前に、自分からハナエと節子に挨拶をした。	●そのため、節子とハナエのことを　B　思うことができた。

清子は決意を新たにして、積極的に行動する。

清子の行動により、ハナエや節子の態度が変わる。

二人の様子を見て可笑しくなったのは、　C　だと気づいた。

問4　この文章の内容や表現の特徴として最も適切なものを、次のア〜エの中から1つ選び、記号で
　　　答えなさい。

　　ア　仲間たちになかなかなじめない清子が行った努力を、具体的な行動を挙げて示しつつ、自分か
　　　　らどんなに努力し時間をかけても、周りとのわだかまりがなくならない清子のあせりを、慣用的
　　　　な表現を使ってうったえている。

　　イ　清子の心の中のかっとうを、母親との回想場面を織り交ぜながらえがきつつ、周りのちょっと
　　　　したやさしさが、少しずつ清子のがんこな心をやわらげていく様子を、多くの比ゆ表現を通して
　　　　表している。

　　ウ　疎開先で仲間たちをさけている清子のぎこちない様子を、仲間たちとの会話を織り交ぜること
　　　　で表現しつつ、問題解決をするためにひそかに努力し続けている清子の姿を、清子の心情も交え
　　　　ながらえがいている。

　　エ　疎開先で周りになじめずに暮らしていた清子の視点から、自分の気持ちや周りの態度について
　　　　えがきつつ、これから良い方向に変化していきそうなきざしを、情景びょう写を交えながら表し
　　　　ている。

2

太郎さんは、日本語に興味をもち、図書館で日本語に関する次の本を見つけました。

次の文章は、国立国語研究所編「日本語の大疑問 —眠れなくなるほど面白い ことばの世界—」（幻冬舎）の一部です。これを読んで問1～問5に答えなさい。

「店員さんから『確認させていただいてもよろしいですか?』なんて言われると、*1目が点になります。日本語の乱れでしょうか。」と滝浦真人先生に質問したところ、次のような回答をいただきました。

「させていただいてもよろしいですか?」という言い方はずいぶんと長たらしくて丁寧ですね。「ポライトネス」という用語があります。"言葉で表される対人配慮"といった意味なので、ご質問は「接客場面におけるポライトネス」に関わるものと言えます。

人間関係に遠い関係と近い関係があるように、言葉にも遠い言葉と近い言葉があります。たとえば、敬語は遠い言葉、いわゆる*2タメ語・ため口は近い言葉の典型です。人はそれらを人間関係に応じて使い分けたり、それらで人間関係を変えたり（調節したり）しますし、時に、使い方が相手の*3気持ちに沿わず不愉快にさせてしまうこともあります。

ポライトネスの*4観点からすると、コミュニケーション場面では、ちょうどよく感じられるポライトネスもあり、人間関係を動かすポライトネスもあり、はたまた、しくじるとインポライトネス（失礼）になってしまうこともある、という話です。 ⓘ 、接客場面というのは、お客さんからお金を頂戴することもあって、ポライトネスについて最も*5繊細に気をつかうケースの一つと言えるでしょう。

（中略）

敬語を発達させてきた日本語には、遠い言葉が豊富です。ご質問にあった「させていただく」もそうで、本来、目上の相手の許可を得て何かをすることで相手から*6恩恵を受けることを表す、とても丁寧度の高い言い方です。最近頻繁に聞くようになりましたし、

「このたび私たちは入籍させていただきました」

のように、①相手は何も関与していないのに使われるものも少なくありません。この言い方をめぐって、この100年ぐらいの日本語で調べてみると、面白いことがわかります。

②"やりもらい"の授受動詞には、受ける側から言う言葉として「クレル」と「モラウ」があって、それぞれに非敬語形と敬語形がありますから、全部で4つの形があります。

それらに「サセテ…」を付けた形を、数十年離れた2つのコーパス（大きな言語資料体）で比較検討した調査によると、非敬語形では「サセテクレル」が増えたのに対し、敬語形では「サセテクダサル」が減った一方、「サセテイタダク」が増えたことがわかりました。勢いを増した形が、非敬語ではクレル系なのに敬語ではモラウ系だったという*7現象は不思議とも見えます。

ポイントは、クレルとモラウの違いです。文例を見ながら説明してみましょう。

a「財布を落として困っているときにお金を貸してクレて、とても助かりました」
b「財布を落として困っているときにお金を貸してモラって、とても助かりました」

どちらも同じように使えますが、クレルのとモラウのはそれぞれ誰か? と考えてみると違いがわか

2023(R5) 浦和中
—5—
K教英出版

ります。各々の主語ということになりますが、クレルの主語はこの人にお金を与えた人です。それに対して、モラウの主語はこの文を言っているこの人自身です。

　日本語では主語を言わないことも多いですが、仮に言っていなくても、たとえばaの文を言えば、「（あなたが）クレて」のようにお金の与え手に言及していることになります。これがbだと、「モラウ」のはあくまで「私」などですから、自分のことを言っているだけです。

　じつはこの違いが効いてきます。言及するとは言葉でその人に触れることとも言えるので、aのクレル系では必ず主語である他者に触れざるを得ないのに対して、bのモラウ系では他者に触れずにすむという違いがあることになります。

　ここで、先ほど「遠い言葉」と「近い言葉」についてお話ししたことを思い出してください。敬語は遠い言葉、タメ語は近い言葉でした。遠い言葉でありたい敬語形では、なるべく相手に触れずにいる方が安全です。一方、非敬語形ではその必要がなく、むしろ相手に触れるくらいで丁度の距離感となります。

　③非敬語形でクレル系、敬語形でモラウ系が増えていたという結果は、このことと見事に合致していますね。というわけで、非敬語ではより近い言葉へ、敬語ではより遠い言葉へ、というのが現在の日本語におけるポライトネス意識だと言えそうです。

　　ⅱ　、遠い言葉であれば丁寧でよいとして受け入れられるのでしょうか？　そうではないということが、別の調査からも明らかになっています。先ほどの「このたび私たちは入籍させていただきました」という例のような、相手の関与がない用法になるほど人々の※8違和感が強い、という結果が出ています。また、「よろしいですか？」のような許可求めを含んだ言い方の方が好印象だとの調査結果もあります。

　　ⅲ　、ただ遠ざかっておけばいいわけではなく、相手との関わり合いも表したい（聞き手からすれば、表してほしい）という意識です。「させていただいてもよろしいですか？」という形は※9面妖ですが、「よろしいですか？」という許可求めを加えることで、相手とのつながりを表している形であることがわかります。つまり、"※10遠近両用"の言葉なのでした。

　なんとめんどくさい世の中よ！　とも言いたくなります。しかし、日本語は、この種の面倒くささがどうも好きなようなのです。ちょうどいい距離感＝敬意の度合いを求める日本人の旅は、どうやら終着駅がなさそうです。

　　　　　　　　　（一部に省略、表記、ふりがなをつけるなどの変更があります。）

※1　目が点になる……思いがけないことでとてもおどろく。
※2　タメ語・ためロ……親しい人どうしの、対等な話し方。
※3　気持ちに沿う……気持ちに合う。
※4　観点……見方。
※5　繊細……とても細やかな様子。
※6　恩恵……めぐみ。
※7　現象……物事が、とらえられる形になってあらわれたもの。
※8　違和感……なんとなく合わなくて、ちぐはぐな感じ。
※9　面妖……不思議。おかしい。きみょう。
※10　遠近両用……この文章では、遠い言葉としての丁寧さと、近い言葉としての親しみやすさの両方
　　　　　　　　　をもっている表現をさす。

問1　文章中の空らん ［ i ］ ～ ［ iii ］ にあてはまる言葉の組み合わせとして最も適切なものを、次のア～エの中から1つ選び、記号で答えなさい。

ア　i　そのうえ　　ii　しかし　　　iii　あるいは
イ　i　しかも　　　ii　ところで　　iii　ところが
ウ　i　そして　　　ii　では　　　　iii　つまり
エ　i　しかし　　　ii　それなら　　iii　なぜなら

問2　下線部①「相手は何も関与していないのに使われるもの」の例として最も適切なものを、次のア～エの中から1つ選び、記号で答えなさい。

ア　私が街のご案内をさせていただきます。
イ　私は2月にたんじょう日をむかえさせていただきます。
ウ　私は先生のお話を聞かせていただきます。
エ　私があなたの買い物にごいっしょさせていただきます。

問3　下線部②「"やりもらい"の授受動詞」とありますが、太郎さんは、この授受動詞について、文章の内容をまとめました。【太郎さんのまとめ】の空らん ［ A ］ ～ ［ D ］ にあてはまる言葉を、［ A ］と［ B ］はカタカナ7字で、［ C ］と［ D ］は漢字2字でそれぞれ文章中から書きぬきなさい。

【太郎さんのまとめ】

	非敬語形	敬語形	主語
クレル	サセテクレル	A	C
モラウ	サセテモラウ	B	D

問4　下線部③「非敬語形でクレル系、敬語形でモラウ系が増えていたという結果」とありますが、筆者は、なぜこのような結果が出たと考えていますか。次の空らん ［ E ］ にあてはまる内容を、本文中の言葉を用いて25字以上30字以内で書きなさい。

現在の日本語におけるポライトネス意識では、 ［ E ］ から。

問5　この文章に書かれている内容として**適切でないもの**を、次のア～エの中から1つ選び、記号で答えなさい。

ア　「よろしいですか?」のような許可を求める表現を使うと、相手とのつながりを表すことになるので印象がよくなることもある。
イ　日本語は、敬語を発達させてきた言葉であり、目上の相手から許しをもらうという形の表現は、敬語の中でも丁寧なものである。
ウ　ポライトネスとは、言葉で表される相手への心づかいのことであり、接客場面ではとても細かく気をつかうことの一つである。
エ　日本人は、距離感を保つために敬意の度合いを使い分けることはしないので、日本人の人間関係は面倒くさいものになっている。

花子さんは、環境問題について書かれた本を見つけたので、読んでみることにしました。

　次の文章は、伊勢武史著「２０５０年の地球を予測する——科学でわかる環境の未来」(筑摩書房)の一部です。これを読んで問1〜問4に答えなさい。

　よく、人間も生物の一種であるから、人間が起こす環境問題も自然現象である。だから止める必要はないし、止められない。人間は本能という名の欲望に沿ってあるがままに振舞えばよいし、いつか人間が絶滅するならそれも自然現象だから仕方ない、なんていう人がいる。この考え方を受け入れてしまうと、環境保全などを考えるのは無意味になってしまう。

　人間はもともと※1利己的に振舞うものだ。これは否定のしようがない。人類の祖先は数百万年前に生まれて、それからずっと、つい一万年前くらいまでは、狩猟採集で食べものを得る原始時代（旧石器時代）のくらしを送っていた。農耕や牧畜がはじまる前の原始時代のくらしはたいへんきびしく、人類の人口はとても少なかった。彼らは小さなグループをつくり広大な土地で食べものを探していたから、①人口密度はとても低かったのである。

　太古のむかしに思いを馳せてみよう。人口密度が極端に低い時代の彼らにとって、地球のサイズは無限と考えても問題がなかった。どんなにがんばっても地球の資源を使いつくすことはできなかったのである。だから、ひたすらできる限りの資源の収奪を行うことが、彼らにとってベストな戦略だったのだ。原始時代のこのような環境では、現代のような環境問題は生じない。原始人がごみを捨てたところで、それは広大な土地や水や大気ですぐに薄められてしまう。だから現代のような公害は発生しなかったのだ。だから原始人には、環境意識はなかなか生まれなかったことだろう。

　やがて農耕や牧畜が始まった。すると食料が安定して供給されるようになり、人口密度が増加する。それと同時に人びとは定住生活をするようになる。人間の※2ライフスタイルがこのように変わっていくと、原始時代のように後先考えずに資源を使い切ってしまうと困ることが増えてきた。人口が増えて※3テクノロジーが進歩するにしたがって、資源を使いつくすというのが現実問題になってきたのである。こうして人びとは次第に、持続可能な利用という※4コンセプトを身に着け、社会のルールや道徳に組み込んで、現代にいたる。しかし、人間はつい一万年くらい前までは旧石器時代を生きていた。人間はそんなに急に変わることはできないので、現代人の※5遺伝子も原始時代の記憶を引きずっている。だから容易に※6共有地の悲劇を引き起こす。これは人がもって生まれた性なのである。人間がみんな※7利他的になったらいいよね、みたいなのは夢物語である。②人間の善意や自己犠牲に頼りきりの環境保全は成立しない。

　生物学者である僕は、生物としての人間が持つ性をいやというほどわかっている。人間も動物も等しく、生存と繁殖のためのきびしいたたかいを今日まで続けている。そのために、冷徹で合理的な行動を取ることが求められているのだ。それでもなお、人間は環境問題を解決できると信じている。考えてみれば、人間は後先を考えて、未来の幸せのためにいまがまんすることができる生物である。これが、人間とその他の生物の大きなちがいだ。③人類が農耕や牧畜を「発明」したのはこのような性質を持っていたから。ひと握りの小麦や一匹の子ヒツジを手に入れたとき、それらを食べてしまえばすぐに満腹

になるし、手間もかからない。しかし人類は、がまんしてそれらを食べずに育てることの意味を知った。苦労して世話をして育てることで、将来、より多くの食べものが得られるのである。これは、未来の幸福のためにいまがまんできる理性という人間の特徴が生み出したものである。

　だから、僕ら人類は環境問題を解決できる可能性を持っていると思う。いま、ある程度がまんすることで将来僕らや僕らの子孫たちが幸せになれるのなら、そういう選択ができる動物なのだ。環境問題はたいへん深刻だし、共有地の悲劇を生み出す人間の性から逃れることもできない。それでもなお、希望を捨てずに解決を目指すべきだ。これが④楽観的悲観主義者の※8マインドである。

　　　　　　　　　（一部に省略、表記、ふりがなをつけるなどの変更があります。）

※1　利己的……自分の利益だけを追求しようとするさま。

※2　ライフスタイル……生活のしかた。

※3　テクノロジー……科学技術。

※4　コンセプト……考え方。

※5　遺伝子……親から子へ遺伝する性質を伝えるもの。

※6　共有地の悲劇……多くの人が利己的な行動に走った結果、共有する資源がつきてなくなる現象を意味する用語。

※7　利他的……自分のことより他人の幸福を願うさま。

※8　マインド……精神。

問1　下線部①「人口密度」について、花子さんは、資料1をもとにイギリスとインドの人口密度を求め、図で表すことにしました。資料2は、花子さんがイギリスの国土面積1km²あたりの人口密度を、国土面積を示した正方形と人口を示した●で図に表したものです。資料2と同様に、インドの国土面積1km²あたりの人口密度を正方形と●で表すと、どのような図になりますか。最も適切なものを、次のア〜エの中から1つ選び、記号で答えなさい。

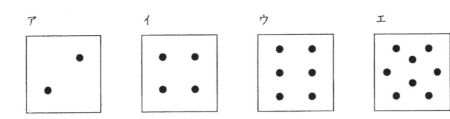

ア　　　　　　　イ　　　　　　　ウ　　　　　　　エ

資料1　イギリスとインドの国土面積と人口

	国土面積 （万km²） （2019年）	人口 （万人） （2020年）
イギリス	24	6,789
インド	329	138,000

（「世界国勢図会　2021／22年版」をもとに作成）

資料2　花子さんが作ったイギリスの人口密度を表した図

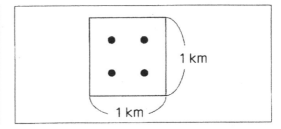

令和5年度

適 性 検 査 Ⅱ

注　意

1　問題は　1　から　5　までで、19ページにわたって印刷してあります。

2　検査時間は**45分間**です。

3　声を出して読んではいけません。

4　解答はすべて解答用紙にはっきりと記入し、**解答用紙だけ提出**しなさい。

5　解答を直すときは、きれいに消してから、新しい解答を書きなさい。

6　**性別・受検番号**は解答用紙の決められた欄2か所に必ず記入しなさい。

さ い た ま 市 立 浦 和 中 学 校

1

　太郎さんと花子さんは、飲み物を買いに行くことになりましたが、スーパーマーケット（以下、スーパー）に行こうか、コンビニエンスストア（以下、コンビニ）に行こうかを話し合っています。

次の問1～問3に答えなさい。

【太郎さんと花子さんの会話①】
太郎さん：スーパーに行きましょう。安くてたくさんの種類がありますよ。
花子さん：わたしは近くのコンビニのほうがいいと思います。スーパーよりもコンビニのほうが、限定品や新商品など、様々な種類の商品が売られている印象があるからです。
太郎さん：そうですね。たしかに、コンビニの飲み物は、次々と新しいものが発売されている印象があります。せっかくなので、両方に行って飲み物の価格帯と品目数を調べてみましょう。
花子さん：そうしましょう。

図1　スーパーとコンビニで売られている５００ｍＬの飲み物の価格帯と品目数

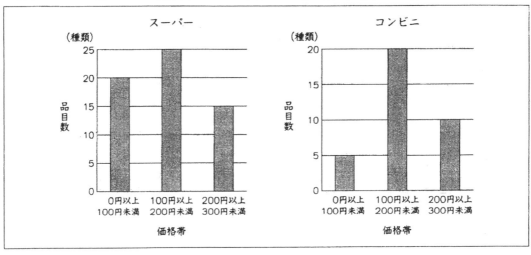

問1　図1から読み取れることとして**適切でないもの**を、次のア～カの中から**すべて**選び、記号で答えなさい。

ア　品目数の合計は、スーパーのほうがコンビニより多い。

イ　いずれの価格帯でも、スーパーのほうがコンビニより品目数が多い。

ウ　スーパーのもっとも品目数が多い価格帯とコンビニのもっとも品目数が多い価格帯を比べると、スーパーのほうがコンビニより高い。

エ　スーパーのもっとも品目数が少ない価格帯とコンビニのもっとも品目数が少ない価格帯を比べると、スーパーのほうがコンビニより高い。

オ　スーパーとコンビニのそれぞれの中で、もっとも品目数が多い価格帯を比べると、その価格帯の品目数のそれぞれの全体における割合は、スーパーのほうがコンビニより大きい。

カ　スーパーとコンビニのそれぞれの中で、もっとも品目数が少ない価格帯を比べると、その価格帯の品目数のそれぞれの全体における割合は、スーパーのほうがコンビニより大きい。

【太郎さんと花子さんの会話②】

太郎さん：わたしの家では、ほとんどスーパーで買い物をしています。

花子さん：そうなのですね。わたしの家では、よくコンビニで買い物をしますよ。

太郎さん：それぞれの家がスーパーとコンビニで買い物をした金額を比べると、おもしろそうですね。

花子さん：それでは、おたがいの家の家計簿を見て、1か月の間に買い物をした金額を調べてみましょう。

太郎さん：そうですね。では、10月と11月で調べてみましょう。

表1　太郎さんの家と花子さんの家が10月と11月にスーパーとコンビニで買い物をした金額

	スーパー		コンビニ	
	10月	11月	10月	11月
太郎さんの家	17000円	28000円	3000円	2000円
花子さんの家	15000円	21000円	10000円	14000円

問2　表1をもとに、次の（1）、（2）に答えなさい。

（1）　10月と11月の買い物の金額をあわせて考えます。太郎さんと花子さんのそれぞれの家が買い物をした金額の合計をもとにすると、スーパーでの買い物の金額の割合はそれぞれ何％になるか、答えなさい。

（2）　10月と11月の買い物の金額を比べて考えます。太郎さんと花子さんのそれぞれの家が10月に買い物をした金額の合計をもとにすると、10月から11月に増加した分の買い物の金額の割合はそれぞれ何％になるか、答えなさい。

【太郎さんと花子さんの会話③】

太郎さん：表1を見ると、10月と比べて11月にスーパーで買い物をした金額は、大きく増加していることがわかりますね。どうしてなのでしょうか。

花子さん：11月は、スーパーで買い物をすると、表2のような12月に使うことができるクーポン券をもらうことができたからだと思います。そのために、11月は買い物をたくさんしたとお母さんが話していました。

太郎さん：そうでしたね。例えば、1回の買い物で1100円購入すると、12月に使える120円引きのクーポン券がもらえましたね。この場合、11月の購入額1100円から12月のクーポン券の値引き額120円を引いて、合計で980円の支払いをしたとみなせますね。これを「合計みなし支払い額」とよぶことにしましょう。

花子さん：わかりました。では、合計みなし支払い額とは、11月の購入額からクーポン券の値引き額を引いたものということですね。

太郎さん：そのとおりです。例えば、11月に1回の買い物で1500円購入した場合、200円引きのクーポン券がもらえるので、合計みなし支払い額は、1300円となります。合計みなし支払い額のいろいろな例を表3にまとめてみました。

— 2 —

花子さん：表3を見ると、900円で1回購入するよりも、1000円で1回購入するほうが、合計みなし支払い額が安くなることがわかりますね。100円高く購入したとしても、120円引きのクーポン券を1枚もらえるので、合計みなし支払い額は880円となり、20円安く支払っているとみなせるからです。

太郎さん：そうですね。買い物の回数にも注意が必要ですよ。表3を見てもらえばわかるとおり、6000円で1回購入した場合は、450円引きのクーポン券を1枚しかもらえませんが、3000円で2回購入することで、450円引きのクーポン券が2枚もらえます。

花子さん：そうですね。1回で買い物するときの購入額を考えて、2回に分けて購入をすることで、合計みなし支払い額が安くなることがあるわけですね。

表2　もらうことができるクーポン券の種類

購入額	1000円以上 1500円未満	1500円以上 3000円未満	3000円以上
もらえるクーポン券 の種類	120円引きの クーポン券	200円引きの クーポン券	450円引きの クーポン券

※買い物の購入額に応じて、いずれかが1枚もらえる。

表3　合計みなし支払い額の計算例

11月の購入額と購入回数	もらえるクーポン券	合計みなし支払い額
600円で1回購入	もらえない	600円
900円で1回購入	もらえない	900円
900円で2回購入	もらえない	1800円
1000円で1回購入	120円引きのクーポン券1枚	880円
1500円で1回購入	200円引きのクーポン券1枚	1300円
1000円で6回購入	120円引きのクーポン券6枚	5280円
1500円で4回購入	200円引きのクーポン券4枚	5200円
3000円で2回購入	450円引きのクーポン券2枚	5100円
6000円で1回購入	450円引きのクーポン券1枚	5550円

問3　【太郎さんと花子さんの会話③】、表2、表3をもとに、次の(1)、(2)に答えなさい。

(1)　11月に1100円で2回、2000円で1回、3200円で1回、スーパーで購入した場合、合計みなし支払い額はいくらになるか、答えなさい。

(2)　11月にスーパーで20000円分購入する場合に、合計みなし支払い額が最も安くなるのは、どのように購入するときか答えなさい。ただし、「1100円で1回、1600円で2回購入する」のように答えなさい。

2

太郎さんとおじさんは、おじさんの家にあるふりこ時計について話し合っています。ふりこ時計とは、図1のようにふりこがある時計です。ふりこ時計は、ふりこが左右にふれると、その動きに応じて針が動く仕組みになっています。

図1　おじさんの家にあるふりこ時計

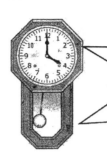

時計の針
ふりこが動くと、その動きに応じて、少しずつ長針と短針が動く。
ふりこの動きに連動するため、その動きが正確ならば、正確に時刻を表示する。

ふりこ
一定の速さでふりこがふれ、時計の針を動かしている。
この時計は、本来1秒に1回真ん中にくるように左右にふれ続けるものであるが、ふりこがサビているため、正確にふれなくなってしまっている。

次の問1～問3に答えなさい。

【太郎さんとおじさんの会話①】

太郎さん：ふりこ時計の実物を見るのは初めてです。とても古いですね。

おじさん：そうだね。動くのだけれど、とても古く、ふりこが正確にふれなくなっているよ。

太郎さん：このふりこ時計は、ふりこが正確にふれないので、針も正確には動かないということですね。どのくらいずれてしまっているのか、ふりこ時計の針の動きを予測できませんか。

おじさん：このふりこ時計は、針も正確には動かないけれど、ふりこ時計の仕組みがわかると、どのくらいずれているのか、わかるかもしれないよ。もし、このふりこ時計のふりこが、正確にふれるのならば、ふりこは1秒に1回真ん中にくるはずだよ。ふりこが左右にそれぞれふれて1往復することを、1回振動するというよ。1回振動すると、このふりこは2回真ん中にくるよ。このふりこ時計のふりこが正確にふれるならば、2秒に1回振動していることになるね。

太郎さん：わかりました。このふりこ時計は、正確にふれないということですが、1回振動するのに何秒かかるのでしょうか。

おじさん：1回振動するのにかかる時間を調べるのは難しいから、ふりこが1分間に何回振動するかを調べるといいね。このふりこ時計のふりこが正確にふれるならば、ふりこは2秒に1回振動するから、1分間では30回振動するはずだよ。

太郎さん：わかりました。それでは測ってみますね。5回くり返して、表1としてまとめます。

表1　太郎さんが調べたふりこ時計のふりこが振動する回数

	1回目	2回目	3回目	4回目	5回目
図1のふりこが1分間に振動する回数	28回	29回	29回	29回	28回

問1　図1のふりこが1分間に振動する回数について、表1の5回の結果の平均を答えなさい。答えは、小数第1位を四捨五入して、整数で答えなさい。

— 4 —

【太郎さんとおじさんの会話②】

おじさん：わたしも同じようにして、１０回繰り返して測って、平均を求めたところ、図１のふり
こが１分間に振動する回数の平均は、２８回になったよ。

太郎さん：それでは、図１のふりこ時計が１分間に振動する回数は２８回として、針の動きを考え
ます。針は、長針と短針とがありますが、長針の動きに注目して考えてみたいと思いま
す。

おじさん：図１のふりこ時計のふりこが正確にふれるのならば、ふりこ時計の長針は、６０分間で
は３６０°動くから、１分間だと [A] °動くね。また、ふりこは６０分間に１８００
回、１分間に３０回振動することになるね。では、ふりこのふれ方が正確ではない図１
のふりこ時計の場合は、長針はどのように動くかな。

太郎さん：長針が動く角度とふりこが振動する回数の関係を考えるのですね。

おじさん：そのとおりです。それを考えるには、ふりこのふれ方が正確であっても正確でなくても、
ふりこが振動する回数と長針が動く角度の比は、すべて同じになることに注目するとい
いよ。

太郎さん：そうですね。それをふまえると表２のように整理できました。

おじさん：よくできたね。

表２　ふりこ時計の長針の動きとふりこの振動の関係

	ふりこが正確にふれる場合		図１のふりこの場合	
	ふりこ時計の 長針が動く角度	ふりこ時計のふりこが 振動する回数	ふりこ時計の 長針が動く角度	ふりこ時計のふりこが 振動する回数
正確な ６０分間	３６０°	１８００回	３３６°	[C]回
正確な １分間	[A]°	３０回	[B]°	２８回

問２　【太郎さんとおじさんの会話②】と表２の空らん [A] 、 [B] 、 [C] にあてはまる
数を、それぞれ整数または小数で答えなさい。

問３　図１のふりこ時計の長針が７周するには、正確な時間で何時間何分かかるか、その求め方を式を
使って説明し、答えなさい。

さいたま新都心周辺のコースを回る自転車レースである、「ツール・ド・フランスさいたまクリテリウム」が開さいされました。これを観戦した太郎さんと花子さんは、自分たちも自転車に乗って走ってみたいと思い、あるサイクリングコースへ出かけることにしました。

次の問1～問4に答えなさい。

まず、太郎さんと花子さんは、**資料1**を見て、自転車がどのようなしくみで動くのかについて調べました。

資料1　自転車のしくみ

ペダルに力を加えて回すと、前方の歯車が回転します。これにより、ペダルに加えた力がチェーンを伝わり、後方の歯車が回転します。後方の歯車の回転にともない、後輪もいっしょに回転し、自転車は前に進みます。

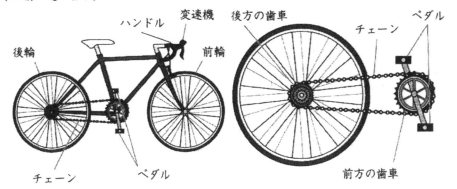

太郎さんと花子さんは、サイクリングコースで自転車を借りることにしました。2人は、受付の人から、2人が乗る自転車について、次の【太郎さんたちの会話①】のように説明を受けました。

【太郎さんたちの会話①】
太郎さん：ハンドルの右側についているレバーのようなものは何ですか。
受付の人：これは変速機です。この自転車の後方には歯数の異なる3種類の歯車がついています。変速機のレバーを動かすことで、チェーンとかみ合う後方の歯車を変えることができます。
花子さん：わたしたちが乗る自転車の歯車の歯数はいくつですか。
受付の人：お二人が乗る自転車の前方の歯車、後方の歯車の歯数は、**表1**の通りです。後方の歯車は、歯数が少ないものから順に、トップギア、ミドルギア、ローギアといいます。なお、「ギア」とは歯車のことです。

表1　太郎さんと花子さんが乗る自転車の歯車の歯数

前方の歯車の歯数	後方の歯車の歯数		
	トップギア	ミドルギア	ローギア
42	14	21	28

太郎さん：変速機で後方の歯車を変えると、何が変わるのですか。

受付の人：ペダルをふみこむときの重さが変わります。ペダルが1回転する間に後方の歯車が回転する数は、前方の歯車の歯数と後方の歯車の歯数の比の値と等しくなります。例えば、トップギアにしたとき、前方の歯車の歯数と後方の歯車の歯数の比の値は3です。この値が大きいほど、ペダルを1回転させるために大きな力が必要になり、ペダルが重くなります。坂を上るときや向かい風を受けているときなど、前に進みづらいときはペダルを軽くして、平らな道を速く走りたいときなどはペダルを重くするといいですよ。このように、状況に応じて変速機のレバーを変えると、快適に走ることができます。

問1　太郎さんと花子さんが借りた自転車は、前輪と後輪の半径がそれぞれ30cmです。最もペダルが重くなるように後方の歯車を選んだ状態で、ペダルをゆっくりちょうど1回転させると、後輪の回転によって、自転車は何m進みますか。小数第2位を四捨五入して、小数第1位まで答えなさい。ただし、円周率は3.14とします。

太郎さんと花子さんは、自転車を借りた後、**資料2**のサイクリングコースの案内板の前で、海外から来たトムさんに会いました。太郎さん、花子さん、トムさんは、現在地であるA地点でこの案内板を見ています。

資料2　サイクリングコースの案内板

一周したときの道のりは25.0kmです。

A地点から、このサイクリングコースを時計回りに進んだ場合、

・A地点からB地点までの　5.6kmは、平らな道
・B地点からC地点までの　4.5kmは、B地点からC地点に向かって、上り坂
・C地点からD地点までの　4.5kmは、C地点からD地点に向かって、下り坂
・D地点からA地点までの10.4kmは、平らな道

になっています。

サイクリングコースは反時計回りに進むこともできます。

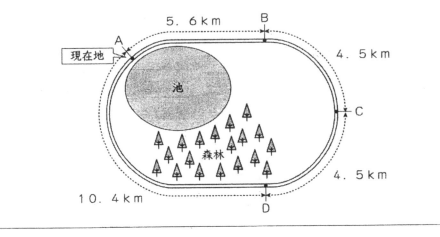

【太郎さんたちの会話②】

トムさん：Hello, my name is Tom. I'm from Canada. Nice to meet you.

太郎さん：Nice to meet you too, Tom. My name is Taro. This is Hanako. We are from Saitama City.

トムさん：Really? I know Saitama City because I like cycling. Do you know ※the Saitama Criterium?

太郎さん：Yes, I do. I like the Saitama Criterium.

トムさん：Great!

花子さん：トムさんは何と言っているの。

太郎さん：彼はカナダ出身で、さいたまクリテリウムを知っているようです。サイクリングが好きだと言っているので、みんなでサイクリングしましょう。

※ the Saitama Criterium……（ツール・ド・フランス）さいたまクリテリウム

資料2のサイクリングコースを、太郎さんとトムさんはいっしょに時計回りに、花子さんは反時計回りに自転車で進むことにしました。表2は、太郎さん、花子さん、トムさんの3人が、このサイクリングコースを自転車で進むときの速さを示したものです。

表2　3人が自転車で進むときの速さ

	平らな道	上り坂	下り坂
速さ	時速24km	時速18km	時速30km

問2　次の(1)、(2)に答えなさい。ただし、3人は、資料2のA地点を同時に出発してサイクリングコースを3人ともとちゅうで止まることなく、つねに表2に示した速さで進むものとします。

(1)　太郎さん、トムさんと花子さんが最初にすれちがうのは、3人が同時に出発してから何分何秒後ですか。

(2)　太郎さん、トムさんと花子さんが最初にすれちがったとき、太郎さんとトムさんはA地点から何km進んでいますか。小数第2位を四捨五入して、小数第1位まで答えなさい。

太郎さんは、サイクリングに行ってから数日後、自転車のペダルの部分と後輪の部分に「輪じく」というしくみが使われていることを知り、図書館で調べ、資料3を見つけました。

資料3　輪じくのしくみとつり合い

【輪じくのしくみ】

・図1のように、輪じくは「輪」とよばれる半径の大きい円板と、「じく」とよばれる半径の小さい円板からできている。

・輪とじくは、それぞれの中心どうしが固定されていて、輪とじくが、いっしょに回転するようになっている。

・輪とじくには、別々のひもがとりつけられている。

・右の図で、輪にかけたひもを下に引いて回転させると、じくも同じ向きに回転して、じくにかけたおもりが上がるようになっている。

図1　輪じくのしくみ

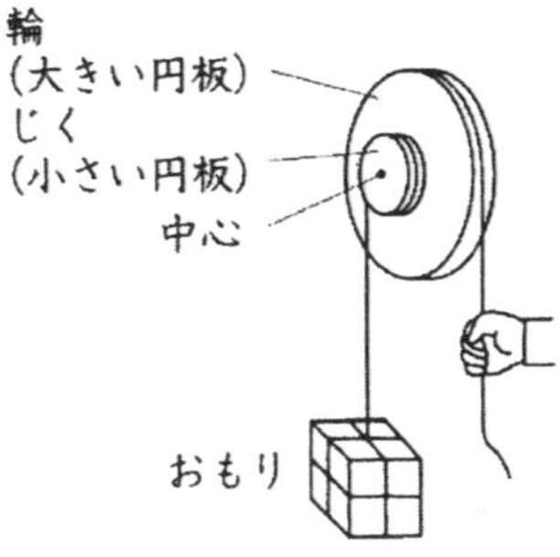

輪
（大きい円板）
じく
（小さい円板）
中心

おもり

【輪じくのつり合い】

・**図2**のように、輪とじくにおもりをつるして、輪じくが動かないとき、輪じくはつり合っているという。

・輪じくのつり合いは、**図2**の点線で示された部分をてこのように考えると、てこがつり合うときのきまりと同じように次の式が成り立つ。

図2　輪じくのつり合い

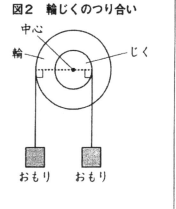

> 輪じくのつり合いに関する計算式
> （輪にかけたおもりの重さ）×（輪の半径）＝
> 　　　（じくにかけたおもりの重さ）×（じくの半径）

太郎さんは、ペダルをふみこむと後輪にどのくらいの大きさの力が加わるのかを調べるため、サイクリングコースを走ったときに借りたものと同じ自転車を用意して、次の【実験】を行いました。

【実験】

後輪が地面につかないように、自転車をうかせた状態で固定した。次に、後方の歯車をローギアにした状態で、ペダルに重さ８００ｇのおもりをつり下げ、後輪に　X　ｇのおもりをつり下げると、ペダルにつり下げたおもり、後輪につり下げたおもりが両方とも動かなくなり、つり合うことがわかった。**図3**は、このときの後輪や歯車のようすを表したもので、**表3**は、この自転車の歯車の半径をまとめたものである。なお、後輪の半径は３０ｃｍ、前方の歯車の中心からペダルの中心までの長さは１８ｃｍであった。

図3　後輪や歯車のようす

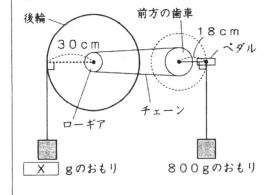

表3　調べた自転車の歯車の半径

		半径
前方の歯車		９ｃｍ
後方の歯車	トップギア	３ｃｍ
	ミドルギア	４．５ｃｍ
	ローギア	６ｃｍ

問3　資料３、図３、表３をもとに【実験】の空らん　X　にあてはまる数を答えなさい。

問2　下線部②「人間の善意や自己犠牲に頼りきりの環境保全は成立しない。」とありますが、筆者は
　　その理由をどのように考えていますか。最も適切なものを、次のア〜エの中から1つ選び、記号で
　　答えなさい。

　　ア　環境の持続可能な利用を心がけても、人間の後先考えない性質は残っているから。
　　イ　人口密度が極端に低い時代の人間は、地球の資源を使いつくすことができないから。
　　ウ　テクノロジーが進歩するにしたがって、人間は後先考えずに行動するようになったから。
　　エ　資源を使い切らないように社会のルールなどを整備しても、守らない人間が一定数存在するから。

問3　下線部③「人類が農耕や牧畜を『発明』した」について、花子さんは、米づくりの特徴と米づく
　　りの広まりによる人々の暮らしや関係の変化をまとめました。【花子さんのまとめ】の中にある空
　　らん　A　〜　C　に入る内容として適切でないものを、次のア〜エの中から1つ選び、記
　　号で答えなさい。

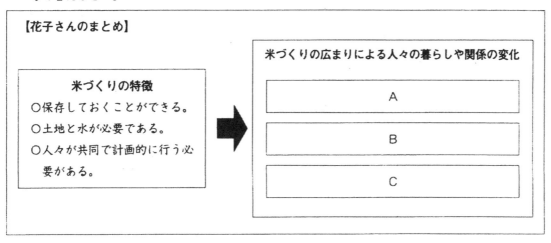

【花子さんのまとめ】

米づくりの特徴
○保存しておくことができる。
○土地と水が必要である。
○人々が共同で計画的に行う必
　要がある。

米づくりの広まりによる人々の暮らしや関係の変化

A

B

C

　　ア　食料を安定して手に入れられるようになり、むらの人口がふえた。
　　イ　食料を求めて移動しながら生活していたが、農地の近くに定住するようになった。
　　ウ　人々をまとめる指導者が現れ、米づくりを命じたり豊作をいのる祭りを行ったりした。
　　エ　食料を得るための道具として弓矢が発達し、効率的な狩りができるようになった。

問4　下線部④「楽観的悲観主義」とは、筆者のどのような考えを表した言葉ですか。最も適切なもの
　　を、次のア〜エの中から1つ選び、記号で答えなさい。

　　ア　人間には環境問題を解決できる可能性があるかもしれないが、人間の利己的な行動が資源を使
　　　いつくし、環境を悪化させてしまうという考え。
　　イ　人間は利己的に振舞うものであると認めながらも、人間は理性によって環境問題を解決できる
　　　可能性を持っているという前向きな考え。
　　ウ　人間はいつか枯れ果てるまで資源を使ってしまうという未来を予測しながらも、人間に、将来
　　　の自分の子孫のことを考えることができる理性を身につけてほしいと望む考え。
　　エ　人間はテクノロジーを進歩させて環境問題を生じさせたが、未来の幸せのために、今後は環境
　　　問題を解決するための新しい科学技術を開発してくれるだろうと予測する考え。

4

太郎さんは、ＡＬＴの先生と話をしています。

次の問１～問４に答えなさい。

【太郎さんとＡＬＴの会話】

ＡＬＴ：Taro, what do you want for dinner?

太郎さん：I want *eel. It's delicious. Eel is famous in Saitama City. You can eat eel near Urawa Station. We eat eel on "*Doyo no Ushi no Hi*" in Japan.

ＡＬＴ：What is "*Doyo no Ushi no Hi*"?

太郎さん：Sorry, I don't know.

※eel……うなぎ

太郎さんは、ＡＬＴの先生と話したことがらに興味をもち、総合的な学習の時間に "*Doyo no Ushi no Hi*" と水産物について調べて発表することにしました。

【太郎さんと先生の会話①】

太郎さん：水産物といえば、「浦和のうなぎ」はさいたま市の伝統産業ですよね。日本では、「土用の丑の日」にうなぎを食べる習慣がありますが、「土用の丑の日」とは何でしょう。

先　生：「土用」には、「二十四節気」と「雑節」という暦が関係しています。二十四節気は、農作業などの目安にするために中国で作られた暦で、雑節は、二十四節気をもとに細かい季節の変化をつかむために日本で作られた暦です。また、「丑の日」とは、日付を表すために干支が使われたことに由来しています。ここに資料１と資料２があります。資料１は、２０２３年の雑節を示したもの、資料２は、「土用の丑の日」についてまとめたものです。

太郎さん：ありがとうございます。そういえば、「土用の丑の日」は、元日のように毎年同じ日なのでしょうか。

先　生：二十四節気や雑節は、太陽の動きによって決められているため、「土用の丑の日」は年によって変わります。

太郎さん：「土用の丑の日」は毎年同じ日ではないのですね。では、資料をもとに、２０２３年の「土用の丑の日」がいつになるかを考えてみます。

先　生：がんばってください。

資料1　2023年の雑節

	日付・期間
冬の土用	1月17日〜2月3日
節分	2月3日
彼岸（ひがん）	3月18日〜3月24日
春の土用	4月17日〜5月5日
八十八夜（はちじゅうはちや）	5月2日
入梅（にゅうばい）	6月11日
半夏生（はんげしょう）	7月2日
夏の土用	7月20日〜8月7日
二百十日（にひゃくとおか）	9月1日
彼岸	9月20日〜9月26日
秋の土用	10月21日〜11月7日

(国立天文台「令和5年(2023年)暦要項（こう）」をもとに作成)

資料2　土用の丑の日

- 「土用」とは雑節の1つであり、二十四節気の立春・立夏・立秋・立冬の日の前のそれぞれ約18日間の4つの期間を指します。時期に応じて、「冬の土用」や「春の土用」とよばれます。
- 日付を表すために干支（子（ね）、丑（うし）、寅（とら）、卯（う）、辰（たつ）、巳（み）、午（うま）、未（ひつじ）、申（さる）、酉（とり）、戌（いぬ）、亥（い））を使うことがあります。「子」から「亥」の順に1日に1つずつ干支をくり返し、日にちにあてはめます。したがって、「丑」の日は12日に1回おとずれることになります。
- 土用の期間は約18日間であるため、「土用の丑の日」は年によって1日だけの場合と、2日ある場合があります。

問1　太郎さんは、2023年夏の「土用の丑の日」がいつになるかを考えるために、十二支が示されたカレンダーを探（さが）したところ、2023年6月の日めくりカレンダーを見つけ、資料3のとおりに並（なら）べました。資料1、資料2、資料3を参考にして、2023年夏の「土用の丑の日」は何月何日になるか答えなさい。ただし、2日ある場合は2日とも答えなさい。なお、6月の最終日は30日、7月の最終日は31日です。

資料3　太郎さんが並べた2023年6月の日めくりカレンダー

2023年6月	2023年6月	2023年6月	2023年6月	2023年6月	2023年6月	2023年6月	2023年6月	2023年6月	2023年6月	2023年6月	2023年6月	2023年6月	2023年6月	2023年6月		2023年6月
1 寅 木	2 卯 金	3 辰 土	4 巳 日	5 午 月	6 未 火	7 申 水	8 酉 木	9 戌 金	10 亥 土	11 子 日	12 丑 月	13 寅 火	14 卯 水	15 辰 木		30 未 金

【太郎さんと先生の会話②】

太郎さん：水産物について、日本ではどのような種類の魚介（ぎょかい）類が、どのくらい購入（こう）されているか調べようと思います。

先　　生：よい資料はありましたか。

太郎さん：資料4と資料5を見つけました。資料4と資料5の生鮮（せん）魚介類は、魚類、貝類、海そう類などの水産物のうち、加工食品以外のもののことで、資料4は生鮮魚介類全体の1人1年あたりの購入量、資料5は主な生鮮魚介類の1人1年あたりの購入量を示しています。生鮮魚介類全体の購入量は1989年から2018年の間でかなり変化している一方、魚介類の種類によって変化の仕方にちがいがあることがわかりました。また、主な都道府県庁（ちょう）所在地ごとにサケとマグロの購入量の変化を示した資料6も見つけました。

先　　生：資料4、資料5、資料6から何がわかるか考えてみましょう。

資料4　生鮮魚介類全体の1人1年あたりの
　　　　　購入量

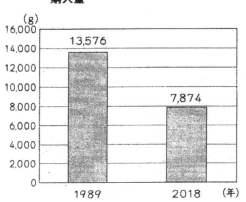

資料5　主な生鮮魚介類の1人1年あたりの
　　　　　購入量

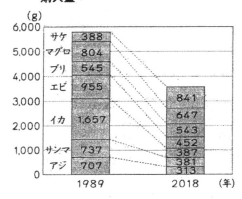

資料6　主な都道府県庁所在地の1世帯1年あたりの魚介類別購入量

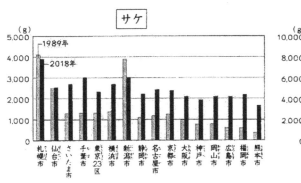

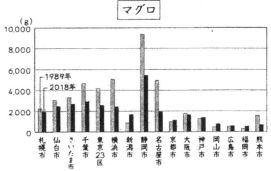

※対象は二人以上の世帯
※さいたま市…1989年のデータは、浦和市、大宮市、与野市、岩槻市と合ぺいする前の浦和市のデータである。他にも、1989年から2018年の間に周りの市町村と合ぺいした市があり、その市は1989年と2018年では市の大きさが異なっている。

　　　　　　　（資料4、資料5、資料6は水産庁「令和元年度水産白書」をもとに作成）

問2　資料4、資料5、資料6から読み取れることとして最も適切なものを、次のア～オの中から1つ選び、記号で答えなさい。

　ア　1989年には、アジ、サンマ、イカ、エビの1人1年あたりの購入量は、生鮮魚介類全体の1人1年あたりの購入量の約3割をしめていたが、2018年には全体の約2割になっている。
　イ　2018年は、1989年と比べると1人1年あたりの購入量が増加しているのは、サケ、マグロ、ブリである。
　ウ　生鮮魚介類全体の1人1年あたりの購入量も、主な生鮮魚介類の1人1年あたりの購入量も、2018年は1989年の半分以下になっている。
　エ　横浜市、静岡市、名古屋市では、1989年には1世帯1年あたりのマグロの購入量はサケの購入量より多かったが、2018年にはサケの購入量のほうがマグロの購入量より多くなっている。
　オ　マグロの購入量が1世帯1年あたり3,000g以上であった都市の数は、1989年より2018年のほうが少なくなっているが、1989年にマグロの購入量が1世帯1年あたり2,000g以下であったすべての都市では、2018年のマグロの1世帯1年あたりの購入量が増加している。

【太郎さんと先生の会話③】

太郎さん：わたしの家では、魚料理よりも肉料理のほうを多く食べる気がします。魚介類と肉類では、どちらが多く購入されているのでしょうか。また、価格にちがいはあるのでしょうか。

先　　生：ここに、１世帯で購入した生鮮魚介類と生鮮肉類の購入金額の変化をまとめた資料７と、１世帯で購入した生鮮魚介類と生鮮肉類の１００ｇあたりの価格の変化をまとめた資料８がありますよ。これらの資料は、日本で魚介類と肉類がどのように食べられてきたかを知る参考になると思います。

太郎さん：ありがとうございます。資料７と資料８から、　　　Ａ　　　ということがわかります。

先　　生：そのとおりです。

資料７　１世帯１年あたりの生鮮魚介類と
　　　　生鮮肉類の購入金額の変化

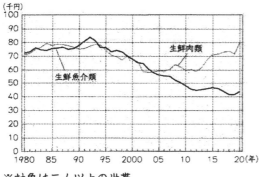

資料８　１世帯１年あたりの生鮮魚介類と
　　　　生鮮肉類の平均購入価格（100ｇあたり）の変化

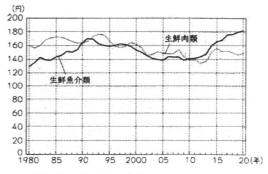

※対象は二人以上の世帯　　　　　　　　　　　　※対象は二人以上の世帯

（資料７、資料８は総務省「家計調査（平成１２年、令和２年）」をもとに作成）

問３　【太郎さんと先生の会話③】の空らん　　Ａ　　にあてはまる内容として最も適切なものを、資料７、資料８を参考にして、次のア〜オの中から１つ選び、記号で答えなさい。

　ア　２０２０年は１９８０年と比べると、１世帯１年あたりの生鮮魚介類の購入金額は半分以下に減り、減った分と同じくらい生鮮肉類の購入金額が増えている

　イ　１９９５年から２０２０年にかけて、１世帯１年あたりの生鮮魚介類の購入金額は減り続けており、生鮮肉類の購入金額は増え続けている

　ウ　２０２０年は２０００年と比べると、１世帯１年あたりの生鮮魚介類の購入金額は２万円以上減り、１世帯１年あたりの生鮮肉類の購入金額は１万円以上増えている

　エ　１世帯１年あたりで購入した生鮮魚介類と生鮮肉類の１００ｇあたりの平均購入価格は、１９９０年代後半にほぼ同じになり、それ以降どちらも低下し続けている

　オ　１世帯１年あたりの生鮮魚介類と生鮮肉類の１００ｇあたりの平均購入価格は、１９８０年より２０２０年の方がどちらも低くなっている

【太郎さんと先生の会話④】

太郎さん：世界全体で、養殖業による魚の生産量が増えているそうですね。

先　　生：そうですね。１９８０年代後半以降、漁による魚の生産量はあまり変化していませんが、養殖の生産量は増加しています。

太郎さん：養殖について調べていたところ、クロマグロの養殖について興味深い資料を見つけました。そこにはクロマグロを育てるのに必要なえさの量が書かれていました。出荷できる５０kgまでクロマグロを成長させるとき、あたえるえさは全部で７００kgになるそうです。

先　　生：この**資料９**を見てください。「増肉係数」とは、養殖において、魚の体重を1kg増加させるのに必要なえさの量を表しています。クロマグロの増肉係数と**資料９**の魚の増肉係数を比べると、どのようなことがいえますか。

太郎さん：どちらの魚も、０kgから成長したものとして計算すると、クロマグロの増肉係数は、**資料９**にある　　Ｂ　　のちょうど5倍であることがわかります。

先　　生：そのとおりです。

太郎さん：そういえば、クロマグロは、えさとして何を食べているのでしょうか。

先　　生：クロマグロのえさは、主に魚です。さて、２０１９年の養殖のクロマグロの出荷数は、３０．２万尾でした。これらのクロマグロの体重が０kgから５０kgになるまで魚をえさとしてあたえたとき、えさとなった魚は、どれくらいの量になるのでしょうか。

太郎さん：２０１９年の日本の1人1年あたりの魚介類消費量が４４．６kgであることをもとに考えると、日本で約　　Ｃ　　人が1年間に消費する魚介類の量と同じくらいといえますね。

先　　生：そのとおりです。養殖のクロマグロにあたえるえさを作るのは難しく、これまではえさとして生の魚をあたえていたそうです。しかし、えさの開発が進められ、魚以外を含んだえさで養殖されたクロマグロが、出荷されるようになったそうです。

太郎さん：魚以外のえさの開発は、水産資源全体を守ることにつながりますね。

資料９　主な魚の増肉係数とその求め方

	魚	増肉係数
ア	ブリ	2.8
イ	マダイ	2.7
ウ	ギンザケ	1.5
エ	ノルウェータイセイヨウサケ	1.2

増肉係数の求め方

$$増肉係数 = \frac{あたえたえさの量（kg）}{増えた体重（kg）}$$

(水産庁「平成２５年度水産白書」をもとに作成)

問４　**【太郎さんと先生の会話④】**の空らん　　Ｂ　　にあてはまる魚として最も適切なものを、**資料９**のア～エの中から1つ選び、記号で答えなさい。また、空らん　　Ｃ　　にあてはまる数を、千の位を四捨五入し、万の位までのがい数で答えなさい。

5

花子さんは、総合的な学習の時間に「まちづくり」について調べ、発表しようとしています。

次の問1〜問3に答えなさい。

【花子さんと先生の会話①】

先　　生：なぜまちづくりに興味をもったのですか。

花子さん：この前、東京都の西南部にある「多摩ニュータウン」に行きました。歩行者専用道路が整備されていたり、集合住宅が並んでいたりするようすを見て、まちづくりについて調べてみたいと思ったのです。

先　　生：多摩ニュータウンは、都心の住宅不足を解消するために、資料1のように、多摩市、八王子市、稲城市、町田市にまたがる多摩丘陵を切りひらいてつくられたまちですね。1965年に開発が始まりました。

花子さん：開発が始まってから現在まで時間が経過しているため、入居当初からのある変化が見られるそうなのです。資料2、資料3を見てください。

先　　生：資料2から、多摩ニュータウンの人口の変化がわかりますね。資料3では、多摩ニュータウンにあるそれぞれの地区について、入居が始まった年と、地区の人口にしめる高齢者の人口の割合、つまり高齢化率がわかりますね。高齢者とは、65歳以上の人のことで、高齢化率は、地域の人口にしめる65歳以上の人口の割合のことをいいます。例えば、1995年に入居が始まったある地区では、2021年10月1日時点の高齢化率は24.5%になっています。

花子さん：多摩ニュータウンは、開発されて住民が入居するようになった年が、地区によってちがうので、人口や高齢化率は資料2、資料3のようになるのですね。

資料1　多摩ニュータウンの位置

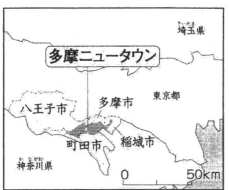

資料2　多摩ニュータウンの人口の変化

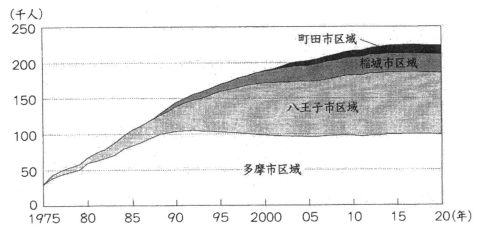

— 16 —

資料3　多摩ニュータウンの各地区の入居開始年と２０２１年１０月１日時点の高齢化率

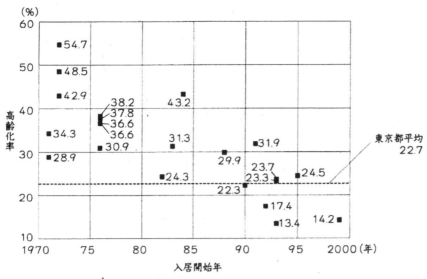

※資料中の■の数値は、各地区の高齢化率を示している。

　　（資料１、資料２、資料３は東京都都市整備局ウェブサイトをもとに作成）

問１　資料２、資料３から読み取れることとして最も適切なものを、次のア～エの中から１つ選び、記号で答えなさい。

　　ア　八王子市区域の人口が多摩ニュータウンの人口にしめる割合は、１９７５年からゆるやかに増えており、２０２０年には全体の７割以上をしめている。

　　イ　多摩市区域の人口は、１９９０年まで増えていたが、それ以降は急激に低下している。

　　ウ　東京都の平均より高齢化率が低い地区の数は、東京都の平均より高齢化率が高い地区の数の４分の１以下であり、入居開始年はすべて１９９０年以降である。

　　エ　高齢化率が３０％をこえている地区は、どの地区も入居開始年が１９８５年より前である。

【花子さんと先生の会話②】

花子さん：江戸時代、江戸はごみが少なく、きれいなまちだったんですよね。

先　　生：そうですね。江戸時代には、「５Ｒ」にあたる行動が行われていて、持続可能な社会が実現されていました。「５Ｒ」が何を示しているかはわかりますか。

花子さん：家庭科で学習しました。「Reduce」、「Reuse」、「Recycle」を合わせて「３Ｒ」といいます。「５Ｒ」は、「３Ｒ」に「Refuse」、「Repair」を加えたものです。例えば、「Refuse」はレジ袋などゴミになるものを受け取らないこと、「Repair」はこわれたものを修理することですね。

先　　生：「Reuse」は、そのままの形で再利用したり、作りかえたりして、もう一度生かすことです。

花子さん：江戸時代には、どんな生活の工夫をしていたのかが気になります。

先　　生：江戸時代の生活の工夫は、資料４にまとめられていますよ。

花子さん：資料４の①～⑤のうち、「Repair」をふくむものが、１つありますね。

先　　生：そのとおりですね。

資料4　江戸時代の生活の工夫

①使い古した紙や紙くずは回収され、紙の再生を行う職人に売られ、すき返し紙という紙に作り直された。

②かまどの灰などを業者が買い取っていた。農民がそれを買い取り、肥料にしていた。

③育てた稲のわらを使い、わらじ、みのなどを作り、使えなくなったら田畑の肥料にした。

④やぶれた傘を職人が買い取り、新しい油紙をはって直した。はがした油紙も包装用などとして売った。直せなくなったら、燃料にした。

⑤ろうそくに火をつけて使ったあとにとけて流れたろうを使い、新しいろうそくを作った。

問2　【花子さんと先生の会話②】の下線部について、「Repair」をふくむものとして最も適切なものを、資料4の①～⑤の中から1つ選び、記号で答えなさい。

【花子さんと先生の会話③】

花子さん：今、住んでいるさいたま市のまちづくりについても調べています。さいたま市は、「低炭素で電気が止まらない街」を目指しているそうです。「低炭素化」とは、二酸化炭素の排出量をおさえることです。低炭素化を実現するために、さいたま市は、低炭素な発電機能のある施設や機器を整備したり、電気自動車等を利用したりしているようです。ただ、「電気が止まらない街」とは、どういうことを表しているのかがわかりません。

先　　生：停電しても困らない街を目指すということのようです。資料5は、さいたま市が目指している「低炭素で電気が止まらない街」を図にまとめたものです。災害時の図の中央がぬりつぶされていますが、ここに何が入るかがわかると、「電気が止まらない街」とはどのようなことかがわかりますので、いっしょに考えてみましょう。資料6が参考になりますよ。さいたま市では、避難所などでV2Xというシステムの整備を進めています。

花子さん：V2Xとは何ですか。

先　　生：X2Vと比べてみるとわかると思います。X2Vは、「X to Vehicle」という英語に由来しており、「施設から電気で動く車両へ」という意味です。また、V2Xは、「Vehicle to X」という英語に由来しており、「電気で動く車両から施設へ」という意味です。

花子さん：なるほど。つまり、X2Vは施設から車両への電気の供給の仕組みだけがあるのに対して、V2Xには　　　　A　　　　が可能な仕組みもあるのですね。

先　　生：そのとおりです。資料6の内容がよく理解できましたね。

花子さん：はい。資料5のぬりつぶされている部分に入る内容と「電気が止まらない街」の意味がわかりました。ふだんは送電線を使って行われている電気の供給が、災害等によって止まったときに、この仕組みを使うので、「電気が止まらない街」になるのですね。

先　　生：そのとおりです。

資料5　低炭素で電気が止まらない街

〈平常時（低炭素化を実現した街）〉　　　〈災害時（電気が止まらない街）〉

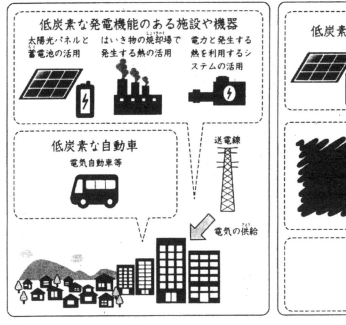
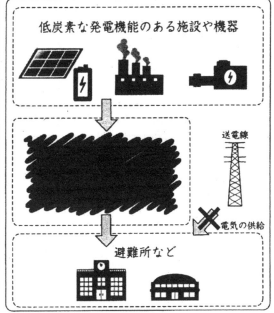

資料6　Ｘ２ＶとＶ２Ｘのしくみ

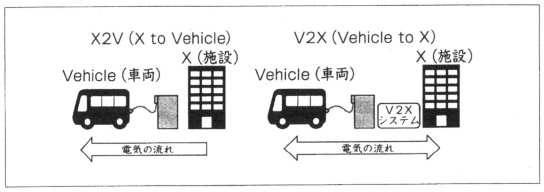

（資料5、資料6は東京電力エナジーパートナーウェブサイトをもとに作成）

問3　【花子さんと先生の会話③】の空らん　　Ａ　　にあてはまる内容を、【花子さんと先生の会話③】、資料5、資料6をもとにして、１０字以上２０字以内で書きなさい。

これで、問題は終わりです。

令和5年度

適 性 検 査 Ⅲ

さ い た ま 市 立 浦 和 中 学 校

> 　太郎さんはクラスで、「食生活」について発表することになりました。太郎さんは、発表原稿の作成に向け、先生に相談しています。

以下の会話文を読んで、問いに答えなさい。

先　　生：発表の準備は進んでいますか。

太郎さん：はい。自分の教室の掲示物で、「早寝早起き朝ごはん」のポスターを見つけ、朝食に興味をもちました。そこで、わたしは、食生活の中でも、朝食を食べることについてまとめ、発表しようと思います。

先　　生：なるほど。何か気づいたことは、ありますか。

太郎さん：はい。では、**資料1**を見てください。これは、ふだん朝食を食べているかという質問に対して、「ほとんど毎日食べる」と答えた人について、２０歳以上の全世代とそのうちの２０〜３９歳の世代を比べ、それぞれどのくらいの割合であったかを表したものです。とりわけ２０〜３９歳の世代で、朝食をほとんど毎日食べる人の割合は、２０歳以上の全世代の割合より低い状況が続いていることがわかります。

先　　生：よく見つけましたね。

太郎さん：ありがとうございます。次に、**資料2**を見てください。これは、朝食を食べることについて、どのように考えているかを示したものです。

先　　生：これは興味深い資料ですね。この資料をよく見ると、朝食を食べることに対しての考え方の傾向がわかりそうですね。

太郎さん：はい。最後に、**資料3**を見てください。これは、**資料1**の調査で朝食を「ほとんど毎日食べる」と答えなかった人、つまり、具体的には、ふだん朝食を「週に４〜５日食べる」、「週２〜３日食べる」、「ほとんど食べない」と答えた人に、朝食を食べるために必要なことを聞いたものです。

先　　生：もし、**資料3**に書いてあることが実現できたら、朝食を食べることができそうですね。では、これらの資料をもとに、どのように発表する予定ですか。

太郎さん：まず、**資料1**から、２０歳以上の全世代で朝食を「ほとんど毎日食べる」と答えた割合について、令和３年は平成３０年と比べて何ポイント減少したのか、小数第１位までの数値で述べます。また、令和３年の２０〜３９歳の世代の割合が２０歳以上の全世代に比べ、何ポイント低いかを小数第１位までの数値で述べます。次に、**資料2**から、朝食を食べることについて、考えていることとして、７０％以上の人に選ばれている項目をすべて示し、項目の数値がそれぞれ何％かもあわせて述べます。最後に、**資料3**から、朝食を食べるために必要なこととして４０％以上の人に選ばれている項目から１つ選び、それを実現するために、どのような生活習慣を身につけていけばよいか、具体的な考えを述べます。

先　　生：すばらしい発表になることを期待しています。

資料1　朝食を「ほとんど毎日食べる」と答えた人の割合

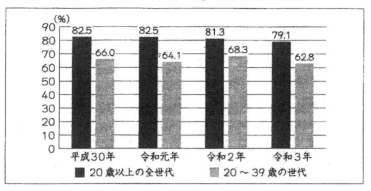

（農林水産省「食育に関する意識調査報告書（平成31年〜令和4年）」をもとに作成）

資料2　朝食を食べることについて考えていること（複数回答）

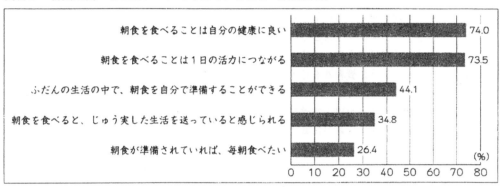

（さいたま市「さいたま市健康づくり及び食育についての調査（令和4年）」をもとに作成）

資料3　朝食を食べるために必要なこと（複数回答）

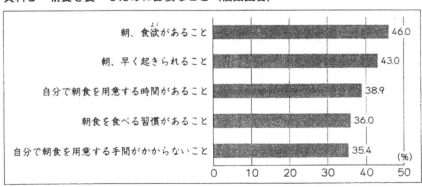

（農林水産省「食育に関する意識調査報告書（令和4年）」をもとに作成）

問　あなたが太郎さんなら、どのような発表原稿を作成しますか。次の条件に従って書きなさい。

　条件1：解答は横書きで1マス目から書くこと。

　条件2：文章の分量は、300字以内とすること。

　条件3：数字や小数点、記号についても1字と数えること。

（例）　| 4 | 2 | . | 5 | % |

2

> 図書委員の太郎さんは、花子さんと図書委員会の会議で発表する企画について話をしています。

以下の会話文を読んで、問いに答えなさい。

花子さん：太郎さんは、どのような企画を提案しようと考えているのですか。

太郎さん：はい。さいたま市では、毎月23日を「さいたま市子ども読書の日」と定めています。そこで、わたしは、読書活動を進めるために、6年生全員に本の紹介文を1人1枚書いてもらい、ろう下の掲示板に掲示する企画を提案することにしました。

花子さん：それはよい考えだと思います。ところで、どのように紹介文を掲示するのですか。

太郎さん：資料1を見てください。これは、6年生の教室の前のろう下にある掲示板の大きさを示したものです。わたしはここに、資料2のような掲示の仕方で、本の紹介文を掲示することを考えています。

花子さん：紹介文を掲示することができる掲示板のスペースには限りがあります。資料3を見ると、6年生全クラスのクラスごとの読書量がわかりますね。読書量にあわせて、紹介文を書いてもらう用紙の大きさを使い分けたらどうでしょうか。

太郎さん：そうしましょう。資料4を見てください。2種類の大きさの用紙を用意しました。読書量が多い人には、大きいサイズである用紙Aに書いてもらおうと考えています。用紙と用紙の間は、1cm以上空けた上で、できるだけ多くの用紙Aの紹介文を掲示できるようにしたいです。きれいに見えるように、用紙Aと用紙Bが同じ縦の列に並ばないようにします。

花子さん：それなら、掲示する用紙Aと用紙Bの枚数の組み合わせを求め、できるだけ多くの用紙Aを掲示することができる組み合わせを選ぶのは、どうでしょうか。用紙Aの枚数にあわせて、1か月の読書量が何冊以上の人に、用紙Aに紹介文を書いてもらうかを決めるとよいと思いますよ。では、わたしたちが話したことをもとに、どのような発表原稿にしますか。

太郎さん：はい。まず、資料3から、用紙Aと用紙Bがあわせて何枚必要になるかを述べます。次に、資料1、資料2、資料4をもとに、掲示板に掲示することができる用紙Aと用紙Bの枚数の組み合わせで、用紙Aが最も多くなる場合の組み合わせの結果を述べます。最後に、もう一度資料3を見て、1か月の読書量が何冊以上の人に用紙Aを配り、何冊以下の人に用紙Bを配って、紹介文を書いてもらえばよいかを述べ、それらをろう下の掲示板に掲示することを提案します。

花子さん：この提案が通るとよいですね。

資料1　ろう下の掲示板

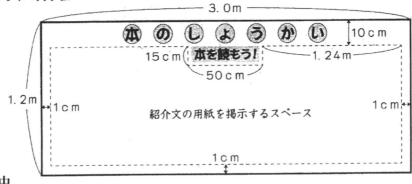

令和5年度　適性検査Ⅰ　解答用紙（2）

3

問1　　　　　　　　　　　問2

問3　　　　　　　　　　　問4

4

問1

問2

問3

問4　B　　　　　　　　C

5

問1

問2

問3
　　　　　　　　　　　　　　　　　　　　　　　　　　15
　　　　　　　　　　　　　　　　　　　　　　10
　　　　　　　　　　20

や　　の欄には、何も記入しないこと。

性　別	受　検　番　号

４

問1 [　　　　　　　　　 g 　　　　　]

問2

(1) | A | | B | | C | |

(2)

	水	こさが6%の食塩水	こさが12%の食塩水	こさが18%の食塩水	こさが24%の食塩水	エタノール
ポリスチレン						

問3 [　　　　　　　　　 c m 　　　　]

問4 [　　　　　　　　　　　　　　　　]

５

問1

(1) [　　　　　　　　　　]

(2)

| C | | | | | | | | | | 10 |
| D | | | | | | | | | | 10 |

問2

(1) [　　　　　 →　　　　　 →　　　　　 →　　　　]

(2) [　　　　　 m³ 　　　　]

性　別	受　検　番　号

2

100

200

250

の欄には、何も記入しないこと。

性　別	受　検　番　号

Ⓚ 教英出版

令和5年度　適性検査Ⅲ　解答用紙（3）

3

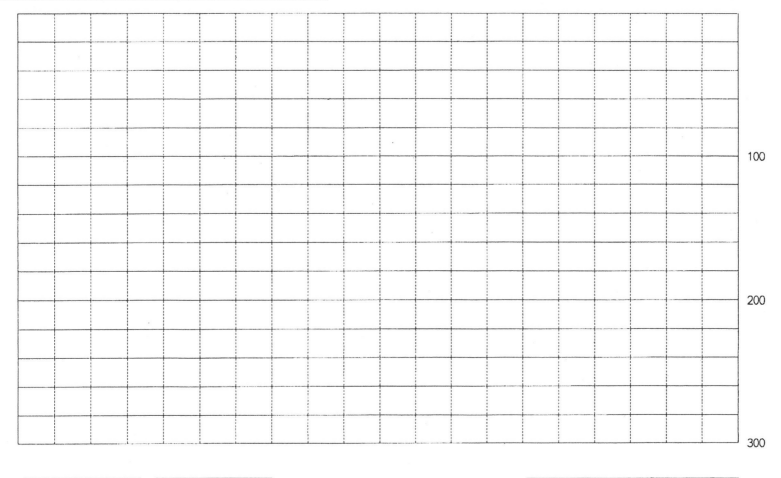

100

200

300

性　別	受　検　番　号

　□　▣　の欄には、何も記入しないこと。

令和5年度　適性検査Ⅲ　解答用紙（1）

1

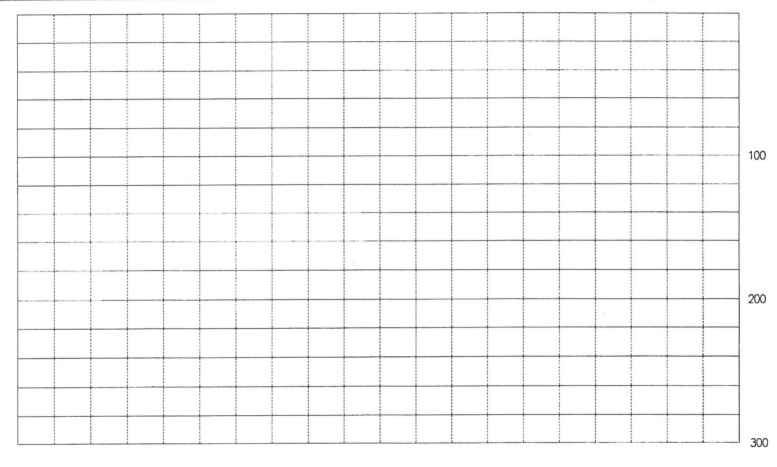

100

200

300

性　別	受　検　番　号

の欄には，何も記入しないこと。

【解答

令和5年度　適性検査Ⅱ　解答用紙（1）

（配点非公表）

1

問1

問2
(1) 太郎さんの家 …　　　　%　、花子さんの家 …　　　　%
(2) 太郎さんの家 …　　　　%　、花子さんの家 …　　　　%

問3
(1)　　　　円
(2)　　　　購入する

2

問1　　　　回

問2　A　　　　B　　　　C

問3　説明

答え　　時間　　分

3

問1　　　　m

問2　(1)　　　　分　　　秒後　(2)　　　　km

問3　　　　問4

性　別	受　検　番　号

◻︎や▭の欄には、何も記入しないこと。

2023(R5)浦和中

教英出版

【解答

1

問1 [　　　　　　　　]

問2 （15字／20字／30字の解答欄）

問3
A （14字の解答欄）
B （5字の解答欄）
C （8字の解答欄）

問4 [　　　　　　　　]

2

問1 [　　　　　　　　]　　問2 [　　　　　　　　]

問3
A （7字の解答欄）
B （7字の解答欄）
C （2字の解答欄）
D （2字の解答欄）

問4 （15字／25字／30字の解答欄）

問5 [　　　　　　　　]

性　別	受　検　番　号

□や▣の欄には、何も記入しないこと。

【解答

資料2　紹介文の掲示板への掲示の仕方

- ・紹介文は、**資料1**の掲示板の内側にある点線の中に掲示する。
- ・用紙は、**資料1**の掲示板の内側にある点線からはみ出さないように掲示する。
- ・用紙と用紙は離して掲示し、その間は1cm以上空ける。
- ・用紙Aと用紙Bが同じ縦の列に並ばないようにする。

資料3　6年生のクラスごとの1か月の読書量

1か月の読書量	6年1組(人)	6年2組(人)
0冊	0	0
1〜2冊	5	3
3〜4冊	5	7
5〜6冊	6	4
7〜8冊	4	1
9〜10冊	6	4
11〜12冊	3	6
13冊以上	1	5
合計	30	30

資料4　紹介文の用紙

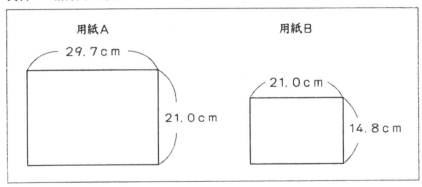

※どちらの用紙も、短い辺を縦にして使うこととする。

問　あなたが太郎さんなら、どのような発表原稿を作成しますか。次の条件に従って書きなさい。

条件1：解答は横書きで1マス目から書くこと。

条件2：文章の分量は、250字以内とすること。

条件3：数字や小数点、記号についても1字と数えること。

(例)　| 4 | 2 | . | 5 | % |

— 4 —

花子さんは、ニュージーランドから引っ越してきたビルさんと話しています。

以下の会話文を読んで、問いに答えなさい。

花子さん：Hi, Bill. What did you do last weekend?

ビルさん：Hi, Hanako. I went to Urawa Art Museum.

花子さん：That's nice. I went to Saitama Super Arena.

ビルさん：Great! I am a good basketball player. I want to go there.

花子さん：We have many famous places in Saitama City.

先　　生：花子さん、ビルさんと週末をどのように過ごしていたのかを話していたようですね。どこに出かけたのですか。

花子さん：はい。ビルさんはうらわ美術館に、わたしはさいたまスーパーアリーナに出かけました。両方ともさいたま市にある施設です。ビルさんはバスケットボールが上手なので、さいたまスーパーアリーナに行きたいそうです。また、さいたま市には有名な場所がたくさんあると、ビルさんと話しているところでした。

先　　生：そうなのですね。さいたま市は魅力あるまちですからね。では、総合的な学習の時間で「さいたま市の魅力」をテーマに発表してみてはどうでしょうか。花子さんが社会科の授業で調べた内容をもとに、発表できるのではないでしょうか。

花子さん：わかりました。発表では、**資料1**として、さいたま市の人口の変化を使いたいと思います。さいたま市では、毎年人口が増加し続けていることがわかる資料です。また、**資料2**として、さいたま市の特徴的な取り組みがわかる資料を使いたいと思います。

先　　生：よいですね。そういえば、アンケートをもとにした資料なども調べていませんでしたか。

花子さん：はい。**資料3**として、さいたま市民に聞いた、さいたま市のイメージについてのアンケート結果を使いたいと思います。この資料からは、さいたま市民がさいたま市にもっているイメージがわかります。また、**資料4**は、さいたま市民に聞いた、さいたま市が今後どのような方向へ発展してほしいかのアンケート結果です。

先　　生：そうですね。発表をするときは、**資料3**、**資料4**の2つの資料を比べてみてはどうですか。

花子さん：わかりました。さいたま市をより魅力的にするための発表ができそうです。

先　　生：それでは、具体的にどのような発表を行いますか。

花子さん：まず、**資料1**から、2022年は2013年と比べ、どのくらい人口が増加したかについて、百の位を四捨五入して、千の位までのがい数で述べます。次に、**資料2**から、さいたま市の特徴的な取り組みのうち、わたしたち小学生が対象となっている教育の取り組みを1つ述べます。そして、**資料3**から、さいたま市民に聞いたさいたま市のイメージのうち、50%以上の項目をすべて述べます。最後に、**資料3**と**資料4**を比べ、**資料4**にある項目うち、**資料3**のさいたま市のイメージにない項目を1つ取り上げて述べます。その上で、その取り上げた項目をじゅう実させるための具体的な取り組みを提案し、さいたま市がより魅力あるまちになってほしいことを伝えます。

先　　生：すばらしい発表になりそうですね。

資料1 さいたま市の人口の変化

年	人口
２０１３年	１，２４４，８８４人
２０１４年	１，２５３，５８２人
２０１５年	１，２６０．８７９人
２０１６年	１，２７０．４７６人
２０１７年	１，２８１．４１４人
２０１８年	１，２９２，０１６人
２０１９年	１，３０２，２５６人
２０２０年	１，３１４，１４６人
２０２１年	１，３２４，５８９人
２０２２年	１，３３２，２２６人

※数値は、各年１月１日。

（さいたま市ウェブサイトをもとに作成）

資料2 さいたま市の特徴的な取り組み（一部）

分野	取組	内容の一部
子育て	子育て支えん医りょう費助成制度	さいたま市在住の子どもへ、０歳から中学校卒業前まで、医りょう費に係る一部負担金を助成
教育	英語教育「グローバル・スタディ」	すべてのさいたま市立小・中学校で小学校１年生から中学校３年生までの９年間、一貫した英語教育を実施
シティセールス	さいたま市のイメージの向上への取り組み	さいたま市の魅力を創造・発くつし、市内外にわがまちじまんとして魅力を発信
スポーツ	スポーツの力を生かしたまちの活性化	ツール・ド・フランスさいたまクリテリウムなど、スポーツイベントの開さい

（さいたま市ウェブサイトをもとに作成）

資料3 さいたま市のイメージ（複数回答）

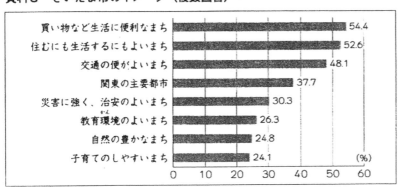

（さいたま市「令和３年度さいたま市民意識調査報告書」をもとに作成）

資料4 さいたま市が今後どのような方向へ発展してほしいか（複数回答）

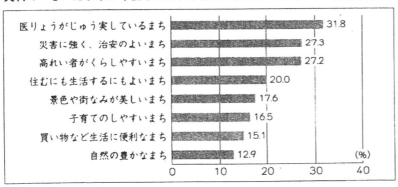

（さいたま市「令和３年度さいたま市民意識調査報告書」をもとに作成）

問 あなたが花子さんなら、どのような発表原稿を作成しますか。次の条件に従って書きなさい。

条件１：解答は横書きで１マス目から書くこと。

条件２：文章の分量は、３００字以内とすること。

条件３：数字や小数点、記号についても１字と数えること。 （例） | ４ | ２ | ． | ５ | ％ |

これで、問題は終わりです。

— 6 —

K 教英出版

花子さんは、自転車の後部に必ずリフレクター（反しゃ板）とよばれるものがついていることに気づき、インターネットを使って調べたところ、資料4を見つけました。

資料4　リフレクター（反しゃ板）について

図4のリフレクター（反しゃ板）は、夜間、自転車の後方から自動車のライトが当たると光をはね返し、自動車を運転する人に対して、前方に自転車がいることを知らせる大切な役割を果たしています。

リフレクターは、自転車の真後ろからだけではなく、ななめ後ろの方向からライトを当てても、ライトを当てた方に向かって光をはね返します。

図4　リフレクター

花子さんは、リフレクターが自転車の真後ろからだけではなく、ななめ後ろの方向からライトを当てても、ライトを当てた方に向かって光をはね返すことを不思議に思い、リフレクターのしくみについて先生に質問しました。

【花子さんと先生の会話】

花子さん：自転車の後部についているリフレクターは、どのようなしくみなのでしょうか。

先　　生：リフレクターは鏡のような、光をはね返しやすい素材を利用したものです。ここでは鏡を使って説明しましょう。図5のように、鏡の面に対して垂直に光を当てると光が来た方向に光がはね返りますが、図6のように、鏡の面に対してななめに光を当てると、「鏡に入る光と鏡の面に対して垂直な線とがつくる角」と「鏡によってはね返る光と鏡の面に対して垂直な線とがつくる角」が等しくなるように光は進みます。

花子さん：鏡の面に対してななめに光が当たっても、リフレクターのように光を当てた方に向かってはね返りませんね。

先　　生：そこで、図7のように、2枚の鏡を直角に合わせた鏡を使います。この鏡の面に対してななめに光を当てると、図8のようになります。

花子さん：光を当てた方にはね返ってきましたね。

先　　生：このように、直角に合わせた鏡には、光が光を当てた方向にはね返ってくる性質があります。リフレクターも光をはね返しやすい素材を使って、同じようなつくりをしています。

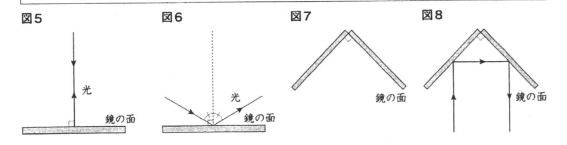

図5　　　　　図6　　　　　図7　　　　　図8

問4　直角に合わせた2枚の鏡にいろいろな方向から光を当てたとき、光の進み方として正しいものは
　　　どれですか。光の進み方として正しいものを、次のア～カの中から**すべて**選び、記号で答えなさい。
　　　ただし、矢印は光とその進む向きを表し、方眼はすべて等間かくであるものとします。

ア

イ

ウ

エ

オ

カ

花子さんと太郎さんは電気ケトルで湯をわかし、お茶を飲もうとしています。

次の問1～問4に答えなさい。

【花子さんと太郎さんの会話①】
太郎さん：お茶の種類によって、適している湯の温度がちがっていると家庭科の授業で習いましたね。
花子さん：そうですね。ある本によると、太郎さんが飲むお茶に適した湯の温度は80℃、わたし
　　　　　が飲むお茶に適した湯の温度は100℃だそうです。
太郎さん：湯をわかす温度を調節できる電気ケトルが2個あるので、別々に湯をわかしましょう。
　　（太郎さんは80℃、花子さんは100℃に設定し、同時に湯をわかし始める）
太郎さん：あれ、花子さんの電気ケトルの方が、先に湯がわきましたね。
花子さん：太郎さんの方がわかす温度が低いのに、なぜでしょうね。太郎さんは電気ケトルにどの
　　　　　くらい水を入れましたか。
太郎さん：わたしはお茶を何ばいも飲みたかったので、電気ケトルにたくさんの水を入れました。
花子さん：わたしはカップ1ぱい分の水しか入れていません。もしかすると、電気ケトルに入れた
　　　　　水の重さによって、水の温度変化にちがいがあるのかもしれませんね。
太郎さん：くわしく調べるために実験してみましょう。

花子さんと太郎さんは、水の温度変化のちがいについて調べるため、次の【実験①】を行いました。

【実験①】
〈用意するもの〉
□電気こんろ（4台）　　　□500mLのビーカー（4個）
□温度計（4本）　　　　　□スタンド（4台）　　　　　□水（20℃）

〈方法〉
① 500mLのビーカーをそれぞれA～Dとし、
　次の表に示した重さの20℃の水を入れる。

ビーカー	A	B	C	D
水の重さ	120g	240g	360g	480g

② あらかじめ同じ温度にあたためられている4台
の電気こんろに、ビーカーA～Dをそれぞれ同時
にのせて、水をよくかきまぜながら5分間加熱す
る。また、加熱を始めてから1分ごとに、温度計
でそれぞれのビーカーの水の温度をはかる。

〈結果〉
・右のグラフのようになった。

〈結果のグラフ〉

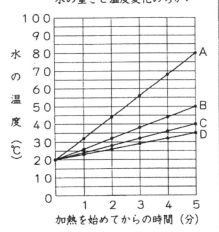

水の重さと温度変化のちがい

問1　500mLのビーカーに20℃の水を入れ、【実験①】で用いた電気こんろを使い、【実験①】
　　と同じ強さで加熱したところ、5分後に水の温度が初めて100℃になりました。このとき、ビー
　　カーに入れた水の重さは何gか答えなさい。

【花子さんと太郎さんの会話②】
花子さん：実験をしていたので、お茶がすっかり冷めてしまいました。保温できるものがあればよかったですね。
太郎さん：保温できるものといえば、発泡ポリスチレンがよく使われていますね。
花子さん：以前、わたしは発泡ポリスチレンを作る工場を見学したことがありますよ。
太郎さん：発泡ポリスチレンは、どのように作られるのですか。
花子さん：発泡ポリスチレンをよく見ると、小さなつぶが集まっているように見えます。工場では、最初に、ポリスチレンというプラスチックでできた小さなビーズを高温の水蒸気であたためます。すると、ポリスチレンがやわらかくなり、混ぜていた発泡剤のはたらきで体積が数十倍にふくらみます。これによって、加熱前はとう明でかたかったポリスチレンのビーズが、白くてやわらかいスポンジ状のつぶになります。
太郎さん：とう明なビーズが白くやわらかくなったのは、発泡してふくらんだからですか。
花子さん：そうです。ふくらんで、スポンジ状になったポリスチレンの小さなあなの中には、空気が入っています。これらのビーズを集めて型に入れ、もう一度加熱してビーズどうしをくっつけると、発泡ポリスチレンのかたまりができ上がります。
太郎さん：空気をたくさんふくんでいると、水によくうきそうですね。
花子さん：そうですね。これは、工場を見学したときにもらったポリスチレンのかたまりと、工場でつくられた発泡ポリスチレンです。
太郎さん：どちらも直方体ですね。それぞれの大きさと重さはどのくらいですか。
花子さん：表1の通りです。この発泡ポリスチレンは、原料となるポリスチレンの体積を30倍にしたものだそうです。元のポリスチレンと重さは同じですが、水によくうきますよ。
太郎さん：身の回りにはいろいろなプラスチックがありますが、発泡ポリスチレンのように、どれも水にうくのでしょうか。
花子さん：プラスチックにもいろいろな種類があるので、水にしずむものもあるかもしれませんね。また、同じ物でも、水以外の液体に入れると、うきしずみの結果が異なると聞いたことがあります。
太郎さん：物のうきしずみについて調べてから、実験してみましょう。

表1　花子さんがもらったポリスチレンのかたまりと発泡ポリスチレンの大きさと重さ（25℃のとき）

	ポリスチレンのかたまり	発泡ポリスチレン
3辺の長さ	3cm、4cm、5cm	20cm、30cm、40cm
重さ	63g	840g

資料1　物のうきしずみ

●金属やプラスチックなどの固体、水やエタノール（消毒に使われるアルコール）などの液体、酸素や二酸化炭素などの気体は、それぞれの種類によって1cm³あたりの重さは決まっている。
●液体の中に固体を入れたときの固体のうきしずみは、次のようになる。
　「（固体1cm³あたりの重さ）＞（液体1cm³あたりの重さ）」のとき、固体はしずむ。
　「（固体1cm³あたりの重さ）＜（液体1cm³あたりの重さ）」のとき、固体はうく。
　「（固体1cm³あたりの重さ）＝（液体1cm³あたりの重さ）」のとき、固体は液体の中で止まったまま動かない。
●食塩水は、こさ（ある重さの食塩水の中にふくまれている食塩の重さの割合を百分率で表したもの）によって、1cm³あたりの重さは決まっている。

●温度によって体積が変わるものは、温度の変化にともなって１ｃｍ³あたりの重さも変わる。

●２５℃のときの水、食塩水、エタノールの１ｃｍ³あたりの重さは表２のようになる。

表２ 水、食塩水、エタノールの１ｃｍ³あたりの重さ（２５℃のとき）

	水	こさが６％の食塩水	こさが１２％の食塩水
１ｃｍ³あたりの重さ（ｇ）	１．００	１．０４	１．０８

	こさが１８％の食塩水	こさが２４％の食塩水	エタノール
１ｃｍ³あたりの重さ（ｇ）	１．１３	１．１８	０．７９

（蓑輪善蔵著「改訂 密度および濃度」（コロナ社）、

国立天文台編「理科年表（２０２２年版)」（丸善出版）をもとに作成）

【実験②】

〈用意するもの〉

□ポリエチレンテレフタラート（ペットボトルの原料）

□ポリプロピレン（ペットボトルのふたの原料）

□ポリスチレン（発泡ポリスチレンの原料）

□水（２５℃）　　　　□エタノール（２５℃）

□食塩水（こさが６％、１２％、１８％、２４％のもの、いずれも２５℃）

□ビーカー（６個）　　□カッター　　　□ピンセット

〈方法〉

① ２５℃の室内で、ポリエチレンテレフタラート、ポリプロピレン、ポリスチレンの３種類の
プラスチックをカッターで切り、１辺の長さが１ｃｍの立方体にする。

② 水、４種類のこさがちがう食塩水、エタノールをそれぞれ別々のビーカーに入れる。

③ ①で切ったプラスチックをピンセットでつまみ、ビーカーの液体の中に静かにしずめてから
ゆっくりとピンセットをはなし、プラスチックのうきしずみを調べる。

〈結果〉

	水	６％の食塩水	１２％の食塩水	１８％の食塩水	２４％の食塩水	エタノール
ポリエチレンテレフタラート	×	×	×	×	×	×
ポリプロピレン	○	○	○	○	○	×
ポリスチレン						

※ういたときは○、しずんだときは×で表している。

【太郎さんのまとめ】

○ポリエチレンテレフタラートの１ｃｍ³あたりの重さは、　Ａ　ｇより大きい。

○ポリプロピレンの１ｃｍ³あたりの重さは、　Ｂ　ｇより大きく、　Ｃ　ｇより小さい。

問2 【実験②】について、次の（１）、（２）に答えなさい。

（１） 太郎さんは、【実験②】の結果を【太郎さんのまとめ】のようにまとめました。【太郎さんのまとめ】の空らん　Ａ　～　Ｃ　にあてはまる数を、資料１をもとにして答えなさい。

（2）　ポリスチレンを水、4種類のこさがちがう食塩水、エタノールに入れたときのうきしずみの
　　　結果はどうなりますか。**表1**、**資料1**をもとにして、うくときは○、しずむときは×で答えな
　　　さい。

【花子さんと太郎さんの会話③】

太郎さん：ところで、発泡ポリスチレンを水に入れると、発泡ポリスチレンは一部を水面から出した
　　　　　状態でうきますね。このとき、どのくらいの体積が水面より上に出ているのでしょうか。

花子さん：それに関連する内容が、わたしが昨日読んだ本に書かれていました。アルキメデスとい
　　　　　うギリシャの科学者についての本です。

資料2　花子さんが昨日読んだ本の内容

　液体の中に入れた物体は、その物体がおしのけている液体（液面より
下にある物体と同じ体積の液体）の重さの分だけ上にうく力がはたらく。
つまり、液体の中に入れた物体が液面でういているとき、ういている物
体の重さは、その物体がおしのけた液体（液面より下にある物体と同じ
体積の液体）の重さに等しい。これを、アルキメデスの原理という。

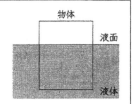

問3　花子さんが工場でもらった**表1**の発泡ポリスチレンの直方体を、面積が最も大きい面を底面とし
　　て25℃の水にうかべたとき、水面より上に出ている部分の高さは何cmですか。**表1**、**資料1**、
　　資料2をもとに答えなさい。なお、発泡ポリスチレンは水平にういているものとします。

【花子さんと太郎さんの会話④】

花子さん：アルキメデスの原理は、物体が液体の中にあるときだけでなく、気体の中にあるときも
　　　　　成り立つそうですよ。

太郎さん：気体の中でも成り立つのなら、空気の中にいるわたしたちの体にも上にうく力がはたら
　　　　　いているということでしょうか。

花子さん：そうですね。しかし、空気によって上にうく力よりも、わたしたちの体の重さの方がは
　　　　　るかに大きいので、わたしたちは空気中にうくことはできないということになりますね。

問4　2.0gのビニル袋に、25℃、6.0Lの次のア～カの気体をそれぞれつめて口を閉じます。
　　空気中にうかぶビニル袋はどれですか。**資料3**をもとにして、あてはまるものを次のア～カの中か
　　ら**すべて**選び、記号で答えなさい。

　　ア　ちっ素が入ったビニル袋　　　　イ　酸素が入ったビニル袋
　　ウ　二酸化炭素が入ったビニル袋　　エ　水素が入ったビニル袋
　　オ　ヘリウムが入ったビニル袋　　　カ　アンモニアが入ったビニル袋

資料3　1Lあたりの気体の重さ（25℃のとき）

気体	空気	ちっ素	酸素	二酸化炭素	水素	ヘリウム	アンモニア
気体の重さ（g）	1.18	1.15	1.31	1.81	0.08	0.16	0.71

※アンモニアとは、水にとけるとアンモニア水になる気体のことである。

（国立天文台編「理科年表（2002年版、2022年版）」（丸善出版）をもとに作成）

5

　花子さんと太郎さんは、流れる水のはたらきについて調べ学習を行っています。

次の問1～問2に答えなさい。

　花子さんと太郎さんは、地層のでき方について調べるため、【実験】を行いました。

【実験】
〈用意するもの〉
□スタンド　　　　□とい　　　　　□板　　　　　□水そう　　　　□バット
□水　　　　　　　□ビーカー　　　□土（れき、砂、どろを混ぜたもの）

〈方法〉
①　図1のような実験装置を組み立て、あらかじめ
　水そうに水を入れておき、といの上に土をのせる。
②　といに水を流して土を水そうに流しこみ、しば
　らくそのままにしておく。
③　水そうに流れた土がしずんだら、もう一度とい
　の上に土をのせてといに水を流し、土を水そうに
　流しこむ。

図1　地層のでき方を調べる実験装置

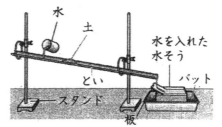

〈結果〉
・図2のように、水そうにれき、砂、どろの層ができた。
・1回目に土を流すと、れき、砂、どろの層が1組でき、
　2回目に土を流すと、1組目の層の上に、れき、砂、
　どろの層がもう1組できた。

図2　【実験】の結果

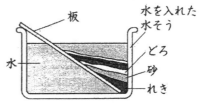

　花子さんと太郎さんは、れき、砂、どろがそれぞれ層になって堆積することがわかりました。そ
の後、図書館でさらにくわしく調べていたところ、次の資料を見つけました。

資料　つぶの大きさと流れる水の速さの関係

●地層や岩石をつくっているつぶは、その大きさに
　よって、れき、砂、どろに分けられている。
●堆積していたつぶが動き出すかどうか、運搬され
　ていたつぶが堆積するかどうかは、つぶの大きさ
　と流れる水の速さによって決まる。
●つぶの大きさと流れる水の速さの関係は、人工的
　な水路を使って調べた実験結果から図3で表され
　る。

図3　つぶの大きさと流れる水の速さの関係

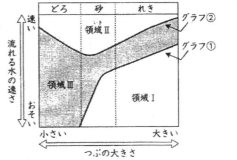

（日本地学教育学会「地学教育第71巻第3号（2019年）」をもとに作成）

【花子さんと太郎さんの会話】

花子さん：つぶが堆積するかどうかは、つぶの大きさと流れる水の速さによって決まることから、大きさが同じつぶであれば、流れる水の速さによって堆積するかどうかがわかりますね。ところで、図3はどうやって読めばよいのでしょうか。読み取り方が難しいですね。

太郎さん：そうですね。グラフ①、グラフ②はそれぞれ何を表しているのでしょうか。

花子さん：領域Ⅰ、領域Ⅱ、領域Ⅲもそれぞれ何を表しているかわからないですね。先生に質問してみましょう。

花子さんと太郎さんは、図3の読み取り方について、先生に質問しました。

【花子さんと太郎さんと先生の会話①】

花子さん：図3の読み取り方について、くわしく教えてください。

先　　生：わかりました。最初に、図3の2つのグラフのうち、グラフ①だけを残したものと、グラフ②だけを残したものに分けて表してみてください。

太郎さん：グラフ①だけを表した図4と、グラフ②だけを表した図5とに分けました。

先　　生：グラフ①は、流れる水の速さによって、運搬されているつぶがどうなるかという境界線を表しています。グラフ①より下にある領域Ⅰでは、運搬されているつぶがどのようになると読み取ることができますか。

花子さん：図4では、下の方ほど流れる水の速さがおそくなっているので、領域Ⅰは、運搬されているつぶが堆積することを読み取れるのではないでしょうか。

先　　生：そのとおりです。次に、グラフ②は、流れる水の速さによって、堆積しているつぶがどうなるかという境界線を表しています。グラフ①と同じように考えると、グラフ②より上にある領域Ⅱでは、底に堆積しているつぶはどうなりますか。

太郎さん：図5では、図4と同じように上の方ほど流れる水の速さが速くなっているので、領域Ⅱは、底に堆積しているつぶが侵食されて、運搬されていくことを表しているのではないでしょうか。

先　　生：そうですね。図4、図5が表している意味を理解できていれば、2つの図を組み合わせた図3を正しく読み取ることができますね。

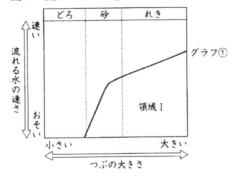

図4　図3のグラフ①だけを表したもの

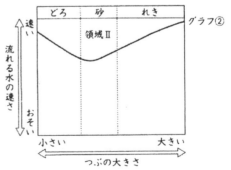

図5　図3のグラフ②だけを表したもの

(図4、図5は、日本地学教育学会「地学教育第71巻第3号（2019年）」をもとに作成)

花子さんと太郎さんは、図3についてわかったことを、次のようにまとめました。

【花子さんと太郎さんのまとめ】
・ れき、砂、どろが運搬されている川で、流れる水の速さをだんだんおそくしていくと、最初に
　堆積するのは ┃　A　┃ である。
・ れき、砂、どろが堆積している川で、流れる水の速さをだんだん速くしていくと、最初に侵食
　され、運搬されるのは ┃　B　┃ である。
・ 図3の領域Ⅲは、運搬されているつぶは ┃　C　┃ 状態であることを表していて、堆積し
　ているつぶは ┃　D　┃ 状態であることを表している。

問1　【花子さんと太郎さんのまとめ】について、次の（1）、（2）に答えなさい。
（1）　空らん ┃　A　┃ 、┃　B　┃ にあてはまる語の組み合わせとして正しいものを、図4、図5
　　　をもとに、次のア～カの中から1つ選び、記号で答えなさい。

	ア	イ	ウ	エ	オ	カ
A	どろ	どろ	砂	砂	れき	れき
B	砂	れき	どろ	れき	どろ	砂

（2）　空らん ┃　C　┃ 、┃　D　┃ にあてはまる言葉をそれぞれ10字以内で答えなさい。

【花子さんと太郎さんと先生の会話②】
花子さん：川は一定の時間にどのくらいの水が流れているのでしょうか。
先　　生：川を流れている水のおおよその体積を計算することはできます。図6は、学校の近くを
　　　　　流れている川のある地点の断面を表したものです。この地点で、1秒間に流れる水の体
　　　　　積を計算してみましょう。
太郎さん：川の水はつねに移動しているのに、流れる水の体積を求めることができるのですか。
先　　生：川を流れる水の体積を求めるときは、川のどの部分でも水の流れる速さが同じであるも
　　　　　のと仮定して、1秒間に何m³の水が移動するかを考えます。図7を見てください。色
　　　　　をつけた部分が1秒間に流れる水の体積とすると、川の断面を底面としたときに、水が
　　　　　1秒間に移動したきょりを高さとした立体になっています。
太郎さん：川を流れる水の速さはどのように測るのですか。
先　　生：流速計という計器を用いるのが一般的だそうですが、魚つりで用いるうきを使って測る
　　　　　方法もあるそうです。この方法で調査してみましょう。

図6　川の断面図

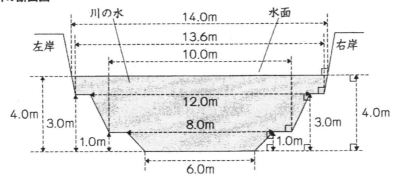

図7　1秒間に川を流れる水の体積

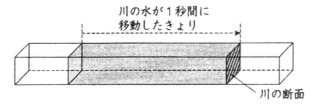

花子さんと太郎さんは、先生といっしょに学校の近くを流れる川に行き、次の【調査】を行いました。

【調査】
〈用意するもの〉
□魚つりで用いるうき　　□虫とりで用いるあみ　　□ストップウオッチ　　□巻き尺

〈手順〉
① 図6の断面図で表された川の近くで、川が60m以上まっすぐに流れているところをさがす。
② 川に沿って、2人が60mはなれて立つ。このとき下流の人はストップウォッチを持つ。

③～⑥の手順

⑦ 虫とりで用いるあみで、流れていくうきを回収する。
⑧ ③～⑦の手順を全部で5回くり返す。

　※うきを川に落とす手順と、流れていくうきを回収する手順は、先生が行うこととする。

〈結果〉
表　川に落としたうきが60m移動するのにかかった時間

	1回目	2回目	3回目	4回目	5回目
時間（秒）	47.5	53.0	48.5	51.5	49.5

問2　【調査】について、次の（1）、（2）に答えなさい。

（1）　花子さんと太郎さんと先生は、③～⑥の手順でどのようなことを行ったと考えられますか。次のア～エを行った順番に並びかえなさい。ただし、川に落としたうきは流れに沿ってまっすぐ流れるものとします。

　ア　上流に立っている人が手をあげたら、ストップウォッチをスタートする。
　イ　川にかかっている橋の上から、下を流れている川にうきをまっすぐ落とす。
　ウ　うきが目の前に流れてきたのを確認したら、手をあげる。
　エ　うきが目の前に流れてきたのを確認したら、ストップウォッチをストップする。

（2）　〈結果〉をもとにして、図6の断面図で表される川で、1秒間に流れる水の体積を求めなさい。ただし、川を流れる水の速さは、表の5回計測した時間の平均を使って求めるものとし、また、魚つりで用いるうきは60mはなれた2つの地点の間をまっすぐに移動したものとします。

これで、問題は終わりです。

令和4年度

適 性 検 査 Ⅰ

さ い た ま 市 立 浦 和 中 学 校

1

次の文章は、高田由紀子著「スイマー」（ポプラ社）の一部です。これを読んで問１～問４に答えなさい。

　有名スイミングクラブにいた小学６年生の「おれ」（向井航）は、引っこし先で、同級生の海人、信司、龍之介のいるスイミングクラブに入り、水泳を再び始めた。大会のリレーで好成績を残したい「おれ」は、３人のあっさりした練習にあせって厳しい練習を提案し、信司と龍之介はそれに反発した。その後「おれ」は、なりゆきで海人とともに信司と龍之介の練習に協力することになった。

「次は信司の番だぞ」
龍之介に言われ、信司はこくっとうなずいた。
おれは信司のとなりのコースの水中にもぐると、信司の泳ぎを追いかけた。
一回目は横から、二回目は後ろから、目をこらす。
あれっ、もしかして……。
信司が足をおなかの方にひき寄せる時の角度を、注意深く見る。
やっぱり、ひざが左右に大きく開いている！
泳ぎ終わった信司に声をかけた。
「信司の足は、ひき寄せたときにガニ股みたいになってるんだ。①いわゆるカエル足なんだよな」
「カエル……コーチにも言われたことある……」
「まあ、カエル足はひざに負担がかからないし、難しくないし、今まではそれでも良かったけど、これからは信司にもっとスピードをつけてほしいからな」
「じゃ、じゃあ、どうすればいいの？」
「ウイップキックに変えてみたら？」
「ウイップキック？」
　信司が聞くと、海人が大きくうなずいて、プールサイドから説明した。
「今はひざを肩よりガバッと開いてるけど、肩幅くらいしか開かなくていいキックの方法だよ。信司は体もひざもやわらかいから、向いているかもね」
　おれは説明のためにキックの見本を見せることにした。
「最初は、今までの信司のキック。そして次にウイップキックをするから、見てて」
　泳ぎ終わると、信司は大きくうなずいた。
「へえ。ひざとひざの間は拳を二つ分くらいしか開けなくていいんだね」
　信司は意外と飲み込みが早い。
　……そう思ったけど、実際に泳ぐとなかなかうまくいかなかった。
　ひざをくっつけすぎてまるで進まなかったり、カエル足に逆戻りしたり。
　※¹龍之介のうねりみたいに、スムーズにはいかない。
　うーっ、これでもう三十分たったぞ。
　腹の底で小さい虫が動くみたいに、またあせりが出てきそうになる。
　でも、きのう、公園で会った時に「おれも、手伝うから」って、約束したんだ。
「信司、おれ、足持っててやるから、おれの手をけってスタートしろよ」
「えっえっ。向井くんに悪いよ。そんなことできないよ」

「いいって。その方が早く感覚つかめるし」

「信司、やってもらいなよ！　名づけて、『ロケット練習！』」

　海人が信司に声をかける。

「ロケット練習……。うん、わかった。よろしくお願いします」

　信司は真剣な目でおれを見た。

「足を曲げるときは、おなかにひき寄せすぎないように。抵抗が大きくなるから。そして、けったらとにかく伸びる！」

　海人の言葉を一つ一つ　　　Ａ　　　、信司はうなずいた。

　おれは水中で、ちょうどいい内股になるように、浮かんでいる信司の両足の足首をつかんだ。

「せーのっ、ハイッ」

　かけ声にあわせてパッと信司の足首からおれの手をはなすと、手のひらで信司の足裏をぐーっと押し出した。

　けのびをした信司を追いかけ、また足首を持っては手のひらで押し出す。

　けれっ！　思いきりけれ、信司。ロケットみたいに、水を切っていけ。

　念じながら、おれはくり返した。

「信司、いいよ！　今の調子！」

　おれは、自然に大きな声を出して信司をはげましていた。

　向かい側の壁まで行くと、信司が「ハアーッ」と顔を上げた。

「感覚がつかめた気がする！　どれくらい足を開いて、どのくらい強くけるのか！　航くん、ありがとう」

　顔をあげた信司の頬が、ぴかっと輝いた。

　——航くん、ありがとう。

　言葉が胸いっぱいにしみるように広がった。

　今……おれのこと、名前で呼んだよな。

　こんなことくらいで喜んでもらえるなら、最初から協力すれば良かった。

　はい上がっていたあせりが消えて、体がふっと軽くなった気がした。

（一部、ふりがなをつけるなどの変更があります。）

※1　龍之介のうねり……龍之介が、バタフライのタイムを縮めるために、「おれ」の助言で水の中をぬうように泳ぎ、水を味方にするような泳ぎをしたこと。

問1　下線部①「いわゆるカエル足なんだよな」とありますが、このあとの「おれ」の行動の説明として最も適切なものを、次のア～エの中から1つ選び、記号で答えなさい。

　　ア　ウイップキックという泳ぎ方を紹介して、信司に泳ぎ方の特徴を言葉で説明した。
　　イ　ウイップキックという泳ぎ方があることを伝えて、信司の体に合う泳ぎ方だと言った。
　　ウ　信司の泳ぎ方をまねしてから、ウイップキックという泳ぎ方に変える案を伝えた。
　　エ　泳ぎ方をウイップキックに変えることを提案して、信司に見せるために実演した。

問2　本文中の空らん　　　Ａ　　　にあてはまる言葉として最も適切なものを、次のア～エの中から1つ選び、記号で答えなさい。

　　ア　聞き流すように　　　　イ　飲み込むように
　　ウ　はき出すように　　　　エ　首をかしげるように

問3　花子さんは、けん命に練習に取り組んでいる信司と「おれ」の様子を、次のようにまとめました。
　　　【花子さんのまとめ】にある空らん　　　　B　　　　　にあてはまる内容を、本文中からさがして
　　　２１字で書きぬきなさい。

【花子さんのまとめ】

　信司は「おれ」に真剣な目で「ロケット練習」の手伝いをたのみ、「おれ」は信司がロケットみたい
に進むようにとキックの練習をくり返すうちに熱が入り、「信司、いいよ！　今の調子！」と、
　　　　　　　　　B　　　　　　　　　　　。

問4　この文章で表現していることについて説明したものとして最も適切なものを、次のア～エの中か
　　ら１つ選び、記号で答えなさい。

　　ア　海人の視点を通して「おれ」と信司のプールでのやりとりをえがいている。そのようにえがく
　　　ことで、「おれ」と信司が水泳を教える教えられるという上下関係ではなく、たがいに相手を支
　　　え合う対等な友人関係を築き上げるまでの過程を客観的に表現している。
　　イ　登場人物どうしの会話が同じような内容で何度もくり返されている。そのことによって、「お
　　　れ」と海人、信司が会話をしているにもかかわらず、たがいの気持ちを確認できずにいらだち、
　　　３人とも挑戦する気持ちがなくなっていく様子を表現している。
　　ウ　「腹の底で小さい虫が動くみたいに、またあせりが出てきそうになる。」と「はい上がってい
　　　たあせりが消えて、体がふっと軽くなった気がした。」という対照的な内容が並べられている。
　　　そうすることで、信司が再び練習できるようになったことを喜ぶ「おれ」の姿を表現している。
　　エ　信司が「おれ」を「向井くん」と呼ぶところと、場面の最後で「航くん」と呼ぶところとで変
　　　化がつけられている。その変化を示すことで、へだたりのあった信司と「おれ」の関係に変化が
　　　生まれたことを表現している。

2

次の文章は、元村有希子著「カガク力を強くする！」（岩波ジュニア新書）の一部です。これを読んで問１～問４に答えなさい。

世界の人口が増えるにつれて、油の消費が増えました。※1先進国では肥満に悩む人たちを中心に、バターやラードなど動物性の油ではなく、「健康にいい」植物油が注目されるようになりました。

中でも、大豆油や菜種油に比べて値段が安いパーム油が人気を集めました。世界の生産量は、１９８０年は４８０万トンだったのが、２０１７年には５８９０万トンと、約４０年間で１０倍以上に増えました。現在、その８割以上が※2インドネシアとマレーシアで生産されています。

※3ボルネオ島内を車で走りました。繁華街を過ぎて３０分もすれば、道路沿いはアブラヤシ農園になります。かつては、さまざまな木が生い茂る熱帯雨林だったのです。すれ違うトラックには、収穫したアブラヤシの実が山積みされていました。絞った後のパーム油を港へ運ぶタンクローリーも、ひっきりなしに往来していました。

地元の人々にとってアブラヤシは、手っ取り早くお金になる「金の卵」です。でもその一方で、環境破壊の問題と社会的な問題が同時に起きています。

①熱帯雨林が失われたことにより、貴重な野生生物やジャングルが守っていた生物多様性は損なわれました。一度開発されると、大量の肥料の影響で土地がやせてしまうため、熱帯雨林の再生はきわめて難しいのです。また、豊かな自然とともにあったそれまでの暮らしも変わりました。国境を越えてやってきた貧しい移民の人たちが農園で働き始めました。※4戸籍がなく学校にも行かないこどもたちも含まれています。世界的に問題視されている※5児童労働が見過ごされている現実もあります。

「パーム油？　聞いたことないよ」という人も多いでしょう。お菓子やカップラーメンの袋の裏側に印刷されている「原材料」の欄を読んでみましょう。「植物油」「植物油脂」と書いてあるものの多くは、実はパーム油です。赤ちゃんが飲む粉ミルク、みんなが好きなチョコレートやドーナツ、フライドポテトやハンバーガーなどのファストフード、お弁当にはいっている冷凍食品、食べ物以外ではシャンプーやリンスや石けんなどにもパーム油は使われています。

日々の料理に使うサラダ油やオリーブ油などとは違い、加工製品に使われることが多いため、消費者である私たちからは見えにくいのです。「見えない油」と呼ばれる※6ゆえんです。

最大の消費国は人口が急増しているインド。日本も年間７１万トン（２０１７年）輸入しています。

パーム油の生産は、野生動物を二重の意味で※7脅かしています。１つは、農園開発によって熱帯雨林が減っていること。さらに近年、農園にボルネオゾウが入り込み、好物のアブラヤシを食い荒らすため、人々は彼らを「害獣」として嫌うようになりました。２０１３年１月には、１４頭ものゾウが集団で死んでいるのが見つかりました。毒殺とみられています。マレーシアはいま、国として発展するために産業を育てることと、野生生物を保護するという、相反する課題に直面しているのです。

この難しい課題は、決してマレーシアの人たちだけのものではありません。パーム油を購入している②私たち一人一人に突きつけられた問題です。

どうすれば解決するか。もっとも単純な答えは「パーム油をやめる」ことです。しかし、油脂は生きるのに必要な栄養です。大豆や菜種に比べて安いパーム油は、貧しい人たちにとっては「命綱」とも

言えます。パーム油がなくなれば、栄養不足におちいる人たちが増えるかもしれません。パーム油の生産現場で働いている人たちが失業してしまう事態も考えられます。

　先進国の人々が、パーム油を使った商品を買わないようにするのはどうでしょう。現実的ではありません。あまりにも多くの加工食品にパーム油が使われているからです。だいいち、パーム油が使われていたとしても明示されていないことが多く、私たち消費者は、買うか買わないかの判断ができないのです。

（一部、ふりがなをつけるなどの変更があります。）

※１　先進国……政治や経済、文化などが進んでいる国。
※２　インドネシアとマレーシア……いずれもアジア州の南東部にある国。
※３　ボルネオ島……インドネシアやマレーシアの一部がふくまれる島。
※４　戸籍……人の出生から死亡にいたるまでの親族関係を証明するもの。
※５　児童労働……子どもの発達を阻害するようなあまりに早い年齢から、子どもに仕事をさせること
　　　　　　　　及び子どもから教育を受ける機会を奪うこと。国際労働基準では満１５歳未満の子
　　　　　　　　どもが仕事につくことは原則として禁止されている。
※６　ゆえん……理由。
※７　脅かす……危険な状態にすること。

問１　下線部①「熱帯雨林が失われた」とありますが、太郎さんはパーム油の増産のために熱帯雨林がアブラヤシ農園になった結果起きた問題を、次のようにノートにまとめました。次の【太郎さんのまとめ①】にある空らん　　Ａ　　にあてはまる内容を、本文中からさがして１３字で書きぬきなさい。

```
【太郎さんのまとめ①】
パーム油の増産のために熱帯雨林がアブラヤシ農園になった結果、

　・貴重な野生生物やジャングルによって守られていた生物多様性は損なわれた。
　・貧しい移民の人たちが農園で働いており、その中には戸籍がなく　　Ａ　　も
　　いる。世界的な問題となっている児童労働が見過ごされている状態である。

➡環境破壊の問題と社会的な問題という、２つの問題が同時に起こっている。
```

問2　太郎さんは、本文中にあるパーム油にかかわるさまざまな問題の解決方法についてまとめました。下の【太郎さんのまとめ②】の空らん　B　、　C　にあてはまる内容を、それぞれ　B　は「栄養」という言葉を使って１４字以上１８字以内、　C　は「失業」という言葉を使って２４字以上２８字以内で書きなさい。また、空らん　D　にあてはまる内容として最も適切なものを、次のア～エの中から１つ選び、記号で答えなさい。

ア　パーム油は多くの加工食品に使われているが、明示されていないことが多い

イ　パーム油の問題から、今度は大豆や菜種の問題に変わってしまう

ウ　パーム油の日本での消費量を少し減らしても、根本的な解決にならない

エ　パーム油が健康によい植物油だというのは事実で、日本では特に人気がある

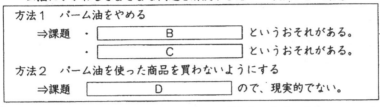

【太郎さんのまとめ②】
　パーム油にかかわるさまざまな問題を解決するための方法とその課題
　　方法１　パーム油をやめる
　　　⇒課題　・　　　　　B　　　　　というおそれがある。
　　　　　　　・　　　　　C　　　　　というおそれがある。
　　方法２　パーム油を使った商品を買わないようにする
　　　⇒課題　　　　　D　　　　　ので、現実的でない。

➡パーム油をやめる、パーム油を使った商品を買わないようにする、といった方法でパーム油がかかえているさまざまな問題を解決するのは難しい。

問3　下線部②「私たち一人一人に突きつけられた問題」とありますが、筆者がこのように述べる理由として最も適切なものを、次のア～エの中から１つ選び、記号で答えなさい。

ア　野生動物を保護し、豊かな自然とともにあったそれまでのマレーシアの暮らしを取り戻すことは、わたしたちにとっても、手っ取り早くお金になる「金の卵」であるから。

イ　パーム油の生産を進める国や生産者たちだけの問題ではなく、それを輸入している立場の私たちも当事者であるということを自覚するべきだから。

ウ　マレーシアで１４頭ものゾウが集団で毒殺されたとみられているように、わたしたちも今後ゾウを「害獣」として嫌うようになってしまうかもしれないから。

エ　サラダ油やオリーブ油より高級で健康によいので、パーム油が先進国で肥満に悩む人たちを中心に人気となったことが原因だから。

問4　本文中に述べられていることとして、最も適切なものを、次のア～エの中から１つ選び、記号で答えなさい。

ア　パーム油の世界の生産量は約４０年間で１０倍以上となったが、環境負荷を減らしたいと考える先進国はパーム油の輸入量を減らしていく傾向にある。

イ　世界のパーム油の８割以上を生産しているインドネシアやマレーシアの人々は、きわめて難しいとされている熱帯雨林の再生にも積極的に取り組んでいる。

ウ　マレーシアは国として発展するため、パーム油の生産を増やそうとしているが、野生生物の保護もしていかなければならないという相反する課題を突きつけられた状態である。

エ　パーム油は「原材料」の欄に表示する必要がないうえ、ふだん食べるものの中には使われていないため、「見えない油」と呼ばれ、消費者は使っているという意識をもちにくい。

3

> 　花子さんは、情報社会について調べているとき、現代の「本」について書かれた本を見つけたので、読んでみることにしました。

　次の文章は、ナカムラクニオ著「本の世界をめぐる冒険」（ＮＨＫ出版）の一部です。これを読んで問1～問4に答えなさい。

　日本では、まだまだ紙の本が主流ですが、発展途上国や国土が広い国では、配達や流通に限界があるため電子書籍やインターネットが好まれる傾向があります。※1ボリビア、ウユニ塩湖のさらに奥地、標高5000メートル級の場所になると紙の本は配達すらされていませんでした。しかし、どこに行っても携帯電話に表示されるアンテナはしっかり立っていました。今や、①携帯の電波から逃れることのほうが難しいくらいなのです。

　本を「人と情報をつなぐもの」と定義すると、こういった土地に暮らす人にとっては※2デジタルのほうが利便性の高い「本」なのです。もともと本を読む習慣がなかった彼らが、今になって「本」と日常的に接していることを考えると、「本」は②どんどん世界に広がっているとも言えます。

　例えば、ロシアのように国土が広い国では、本の配達が非常に困難です。

　さらに地方都市や離島では、紙の本の書店を経営すること自体が成立しないことも多いのです。ロシア版のＡｍａｚｏｎと呼ばれているインターネット販売サイト最大手「Ｏｚｏｎ（オゾン）」などの電子書籍市場規模が、かなり拡大しています。２０１６年には国立電子図書館が開設され、タブレット端末で本を読む人も多いのが現状です。③「なぜロシアでは、電子書籍を読むのか？」と聞いたら、「なぜ日本人は、紙で本を読むのか？」と逆に質問されて、驚いたこともあります。

　実際に、モスクワの読書家の3割以上が、電子書籍を読んでいるそうです。※3サハリンでは、もっと電子化が進んでいる様子で、ほとんどの人がタブレット端末を使っていました。かつては、紙の本の値段が高く、電子書籍の違法コピーが問題になっていましたが、現在ではかなり解消されたそうです。

　加えて、紙の本がインターネットから人気が出るという不思議な逆転現象も起きています。ネット上に小説が掲載されたことで、紙の本がヒットするようなことがあるのです。

　例えば、村上春樹の小説『羊をめぐる冒険』は、新潟で通訳をしていたドミートリー・コヴァレーニンが個人的に翻訳し、インターネットにアップしたところ、ロシア国内で大ブームになりました。その後、正式に翻訳が決まって、あとから紙の本で出版されたのです。

　これからは、インターネットの情報を紙※4媒体が追いかけるようになるのでしょう。テレビもラジオも、新聞ですら、そのような流れに変化しているのが現状です。

　しかし、紙媒体はまだまだ信頼性が高く、五感を伴った体験が味わえると言われます。※5保管性が高い、記憶への定着力が良い、電源が必要ない、など※6メリットも多くあります。それでも※7即時性に弱く、情報に※8タイムラグが生まれてしまう、情報量が制限される、情報拡散力が低い、修正が難しい、重くて不便など、紙ならではの※9デメリットも多く存在します。

　未来の「本」は、「紙※10ｖｓ.デジタル」という発想ではなく、「紙※11×デジタル」という発想で、それぞれの特性を生かした楽しみ方を模索することが必要になってくるのだと思います。

　「紙×デジタル」の発想といえば、最近、おもしろい本屋さんに行きました。中国の深圳にオープンした完全無人の書店、「阿布ｅ無人書店」です。

　このお店は、※12モバイル決済、顔認証など最新のテクノロジーを駆使して「紙の本」を売っています。

【適

壁面には最新の電子看板があり、新しい本の情報が天上から降り注ぐように次々と液晶モニターに流れてきます。画面にふれると、まるでSF映画のように新刊情報が表示されるのです。

　店の仕組みは、すべてデジタル化され、とてもシンプル。会員登録したあと、入り口にあるQRコードを読み取ると、扉のロックが解除されます。商品を選び終わったら※13セルフレジに行き、自分で商品をスキャンしてスマホでモバイル決済をするのです。

　しかし、買うのは重たい「紙の本」なのです。

　最新のデジタル技術で情報を得たり発信したりしつつ、紙の※14アナログ感を徹底的に楽しむ。これが、未来の本の楽しみ方のひとつなのかもしれません。

（一部、ふりがなをつけるなどの変更があります。）

※１　ボリビア……南アメリカ大陸中部に位置する国。

※２　デジタル……情報などをコンピュータで使えるデータの形にしたもの。

※３　サハリン……北海道の北に位置する島。

※４　媒体……伝達などの手段。

※５　保管性……物の保存・管理に適した性質。

※６　メリット……利点。

※７　即時性……時間のへだたりがない性質。

※８　タイムラグ……時間のずれ。

※９　デメリット……欠点。

※１０　ｖｓ.……対。対立関係を示す。

※１１　×……この場合、前と後を組み合わせることで、どちらの長所も活かされる関係になることを意味する。

※１２　モバイル決済……スマートフォンなどを利用して代金を支払うサービス。

※１３　セルフレジ……バーコードの読み取りや精算を客自身が行うサービス。

※１４　アナログ……情報などをデータ化せず、昔ながらの形（本やレコードなど）で保管したもの。

問１　下線部①「携帯の電波から逃れることのほうが難しい」について、世界の携帯電話の利用について調べた花子さんは、資料１、資料２を見つけました。資料１、資料２から読み取れることとして正しいものを、次のア～エの中から１つ選び、記号で答えなさい。

ア　資料１と資料２をみると、２０１５年のロシアの携帯電話のけい約数は、２０００年と比べ、約７０倍になり、携帯電話のふきゅう率は２５～５０％未満から７５％以上になっている。

イ　資料２をみると、２０００年の中国の携帯電話のけい約数は世界計のうち約１８％をしめていたが、２０１５年は世界計のうち約１２％まで減少した。

ウ　資料２にある４つの国のなかで、２０１５年の携帯電話のけい約数が２０００年と比べて、２０倍以上になったのは、ボリビアである。

エ　資料１と資料２をみると、２０００年から２０１５年にかけて、日本の携帯電話のけい約数は約２.４倍になり、携帯電話のふきゅう率は５０～７５％未満から７５％以上になっている。

資料1　100人あたりのけい約数をもとにした携帯電話のふきゅう率の変化

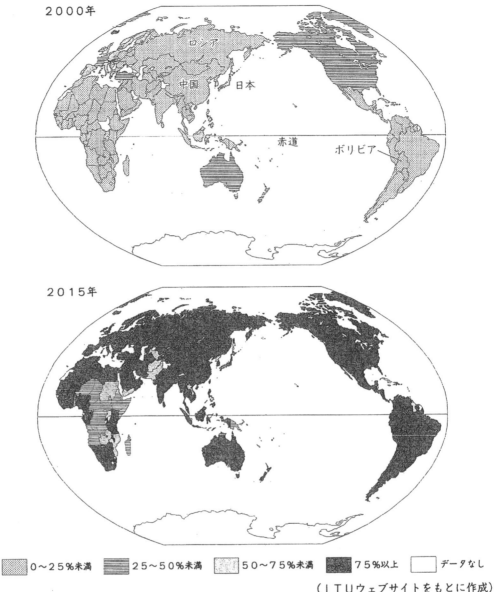

2000年

2015年

0〜25%未満　25〜50%未満　50〜75%未満　75%以上　データなし

（ITUウェブサイトをもとに作成）

資料2　携帯電話のけい約数の変化

（単位：千件）

	2000年	2015年
日本	66，784	160，560
ボリビア	583	10，163
ロシア	3，263	227，288
中国	85，260	1，291，984
世界計	738，876	7，181，890

（ITUウェブサイトをもとに作成）

令和４年度

適 性 検 査 Ⅱ

注　　意

1　問題は ① から ⑤ までで、１９ページにわたって印刷してあります。

2　検査時間は４５分間です。

3　声を出して読んではいけません。

4　解答はすべて解答用紙にはっきりと記入し、**解答用紙だけ提出**しなさい。

5　解答を直すときは、きれいに消してから、新しい解答を書きなさい。

6　**性別・受検番号**は解答用紙の決められた欄2か所に必ず記入しなさい。

さ い た ま 市 立 浦 和 中 学 校

1

山田さんと木村さんが通う中学校で、通学についてのアンケートがクラス全員に実施されました。そのアンケートについて、山田さんと木村さんが話をしています。

次の問1～問3に答えなさい。

【山田さんと木村さんの会話①】

山田さん：先日、通学についてのアンケートがありましたね。わたしのクラスと木村さんのクラスでは、どのようなちがいがあったのか、アンケートの結果をくらべてみましょう。

木村さん：はい。まず、表1を見てみましょう。2つのクラスの合計人数から、2つのクラスの徒歩通学の合計人数の割合を計算すると、約 ⌐ A ⌐ ％になりますね。

山田さん：はい。ところで、通学にかかる時間の平均値は、どのようになっていたのでしょうか。

木村さん：各クラスの、通学手段別の通学にかかる時間の平均値をまとめた表2を見てみましょう。表2のそれぞれの平均値は、すべて割り切れた数値が記入されています。

山田さん：わたしのクラス全員の通学時間の平均値と、木村さんのクラス全員の通学時間の平均値では、どちらのほうが大きいのでしょうか。

木村さん：今までの情報からわかりそうですね。

アンケート

通学についてのアンケート

（1） おもな通学手段は何ですか。
下記の方法のうち、あてはまる手段1つに〇を付けてください。
徒歩　自転車　電車　その他（　　　　　　）

（2） 通学にはどのくらいの時間がかかりますか。
整数で答えてください。
（　　　　　　）分間

表1　おもな通学手段別の人数

	徒歩	自転車	電車	その他	クラス全員の合計
木村さんのクラス	26人	4人	6人	0人	36人
山田さんのクラス	30人	4人	6人	0人	40人

表2　通学にかかる時間の平均値

	徒歩	自転車	電車	その他
木村さんのクラス	11分40秒	5分40秒	25分40秒	0分　0秒
山田さんのクラス	9分45秒	6分45秒	24分45秒	0分　0秒

問1　【山田さんと木村さんの会話①】にある空らん ▢ A ▢ にあてはまる数を、小数第1位を四捨五入して、整数で答えなさい。

問2　【山田さんと木村さんの会話①】をもとに、次の（1）、（2）に答えなさい。
（1）　山田さんのクラス全員の通学時間の平均値は何分何秒か、求めなさい。
（2）　山田さんのクラス全員の通学時間の平均値と、木村さんのクラス全員の通学時間の平均値の差は何分何秒か、求めなさい。

【山田さんと木村さんの会話②】

木村さん：山田さんの主な通学手段を教えてください。

山田さん：わたしは徒歩です。

木村さん：そういえば、成人は健康のために「1日1万歩の歩数を確保することが理想的と考えられる」と書かれているホームページを見たことがあります。

山田さん：そうなのですね。しかし、1日に1万歩を歩くのは大変だと思います。1万歩を歩くと、その道のりはどのくらいになるのでしょうか。

木村さん：歩幅を考えれば計算できそうですね。人によって差はありますが、調べたところ、身長をメートルで表した数に0．45をかけると、およその歩幅がわかるそうです。それをもとに考えていきましょう。

山田さん：はい。わたしの身長は160cmなので、まずその方法で歩幅を計算してみます。それをもとに1万歩を歩いたときの道のりを計算すると ▢ B ▢ mになります。もし、わたしがこの道のりをすべて歩くとしたら、どのくらいの時間がかかるでしょうか。

木村さん：それを知るためには、山田さんが歩く速さを知る必要がありますね。山田さんが10歩を歩くのにかかる時間をはかってみましょう。

　　〈山田さんが10歩を歩いてかかる時間をはかった〉

山田さん：10歩を歩くのに7．2秒かかりました。

木村さん：先ほど求めた山田さんの歩幅をもとに計算すると、山田さんは分速 ▢ C ▢ mで歩くと考えられます。つまり、山田さんが1万歩を歩くには、 ▢ D ▢ 分歩けばよいということですね。

問3　【山田さんと木村さんの会話②】にある空らん ▢ B ▢ 、 ▢ C ▢ 、 ▢ D ▢ にあてはまる数をそれぞれ答えなさい。

2

太郎さんは、食品のパッケージに書いてある栄養成分表示について興味をもち、先生に教えてもらうことにしました。

次の問1～問3に答えなさい。

【太郎さんと先生の会話】

太郎さん：先生、【クッキーの箱の裏】に、栄養成分表示が書かれていました。これについて教えてください。

【クッキーの箱の裏】

栄養成分表示
クッキー1枚（8.6g）あたり

エネルギー	44.6kcal
タンパク質	0.6g
脂質	2.2g
炭水化物	5.6g
ナトリウム	10.0mg

先　　生：栄養成分表示は、食品の中に、エネルギーやタンパク質、脂質、炭水化物、ナトリウムなどの栄養素がどのくらい含まれているかが書かれています。

太郎さん：エネルギーとは何ですか。

先　　生：エネルギーとは、人間が体を動かすために必要なものです。栄養成分表示に書かれているエネルギーの数値は、その食品を食べたときにとることができるエネルギーの量を表しています。タンパク質、脂質、炭水化物の量をもとに計算することができます。エネルギーの単位はcalで表され、カロリーと読みます。このクッキーの栄養成分表示には、エネルギーがkcalという単位で表されていますが、キロカロリーと読みます。1kcalは1000calであり、kmとm、kgとgの関係と同じです。つまり、このクッキーを1枚食べると、44600calのエネルギーをとることができます。

太郎さん：タンパク質、脂質、炭水化物の量をもとに、エネルギーの数値を求める方法を教えてください。

先　　生：エネルギーを計算する方法はいろいろありますが、タンパク質は1gで4kcal、脂質は1gで9kcal、炭水化物は1gで4kcalになるものとして、エネルギーの量を計算で求められます。

太郎さん：そうなのですね。ナトリウムは何を表しているのですか。

先　　生：ナトリウムは、食塩の成分の一つです。ナトリウムの量から、食品の中に含まれている食塩の量を表す「食塩相当量」がわかります。これは、次の計算式で求めることができます。

食塩相当量を求める計算式
（食塩相当量（g））＝（ナトリウム（mg））×2.54÷1000

太郎さん：わかりました。さっそく計算をしてみたいと思います。

先　　生：食品によっては、ナトリウムの量ではなく、食塩相当量が表示されているものもあります。

太郎さんは家に帰り、レトルトカレーの箱の裏に書かれている栄養成分表示を資料1として、先生から教えてもらった内容を復習することにしました。

資料1　太郎さんの家にあったレトルトカレーの箱の裏

栄養成分表示	
1人前（220g）あたり	
エネルギー	A
タンパク質	5.3g
脂質	7.5g
炭水化物	24.9g
食塩相当量	2.7g

問1　【太郎さんと先生の会話】と資料1をもとに、次の（1）、（2）に答えなさい。

（1）　資料1にあるエネルギーの数値は、かすれて見えなくなっていました。資料1の空らん A にあてはまるエネルギーの量は何kcalか、答えなさい。

（2）　太郎さんの家にあったレトルトカレーには、ナトリウムは何mg含まれているか、小数第1位を四捨五入して、整数で答えなさい。

太郎さんは、栄養について学ぶうちに、料理に興味をもちました。

【太郎さんとお母さんの会話①】

太郎さん：栄養について学んだら、実際に料理がしたくなりました。

お母さん：それでは、今日の晩ご飯のしたくを手伝ってください。

太郎さん：わかりました。何をすればよいですか。

お母さん：まな板の上に豆腐があるので、包丁で切ってください。
切った豆腐は、みそ汁の具にします。

太郎さん：わかりました。どのように切ればよいですか。

お母さん：それでは、次の【豆腐の切り方】にしたがって、切った
あとの1個1個の豆腐が同じ立体になるように切ってく
ださい。

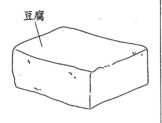

豆腐

【豆腐の切り方】

手順1　豆腐をまな板の上面にのせ、まな板の上面と包丁
の位置を平行に保ちながら、①のように切ります。
その際、切ったあとのそれぞれの豆腐の高さがすべ
て等しくなるようにします。

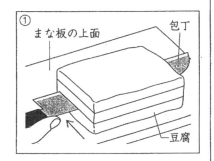

① まな板の上面　包丁　豆腐

手順2　次に、まな板の上面と包丁の位置を垂直に保ちな
がら、②のように切ります。その際、切ったあとの
それぞれの豆腐の幅が等しくなるようにします。

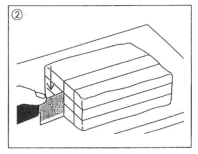

②

手順3　最後に、まな板の上面と包丁の位置を垂直に保ち
ながら、③のように切ります。その際、切ったあと
のそれぞれの豆腐の幅がすべて等しくなるようにし
ます。

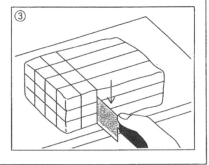

③

【太郎さんとお母さんの会話②】

お母さん：【豆腐の切り方】には、３つの手順がありますが、どの手順でも、何回か包丁を入れ、
　　　　　豆腐の高さや幅が等しくなるように切り分けています。手順１において１回だけ包丁を
　　　　　入れた場合は図１のようになります。また、手順１において２回だけ包丁を入れた場合
　　　　　は、図２のようになります。

太郎さん：わかりました。手順２、手順３についても同じように考えればよいのですか。

お母さん：はい。それでは、豆腐を切ってみてください。

図１ 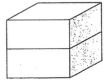　　　図２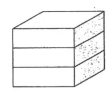

手順１で、１回だけ包丁を入れた場　　　　　手順１で、２回だけ包丁を入れた場
合、同じ大きさ、同じ形の豆腐が２　　　　　合、同じ大きさ、同じ形の豆腐が３
個できます。　　　　　　　　　　　　　　　個できます。

問２　縦５cm、横９cm、高さ４cmの直方体の豆腐を、【豆腐の切り方】のとおりに切っていきま
　　す。【豆腐の切り方】の手順１で２回、手順２で３回、手順３で４回包丁を入れて切ったとき、
　　豆腐は全部で何個に切り分けられるか、答えなさい。また、この手順で豆腐を切ったとき、切り
　　分けられた豆腐１個の体積を求めなさい。

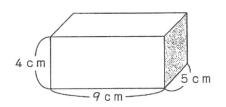

問３　縦８cm、横８cm、高さ６cmの直方体の豆腐を【豆腐の切り方】のとおりに切っていきます。
　　【豆腐の切り方】の手順１から手順３までの間に、合計８回包丁を入れて切ります。切り分けられ
　　た豆腐１個の体積が最も小さくなるとき、その豆腐１個の体積を答えなさい。ただし、手順１から
　　手順３までのそれぞれの手順の中で、必ず１回以上包丁を入れて切ることとします。

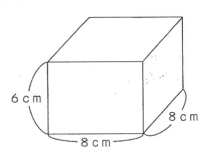

3

夏休みの自由研究で、太郎さんは数のしくみについて、花子さんは月について調べています。

次の問1～問4に答えなさい。

太郎さんは、自由研究で作った**資料1**の4枚の数当てカードを使って、家族といっしょに数当てゲームをしました。

資料1　太郎さんが作った 1 ～ 4 **の4枚の数当てカード**

1	2	3	4
8, 9,10,11 12,13,14,15	4, 5, 6, 7 12,13,14,15	2, 3, 6, 7 10,11,14,15	1, 3, 5, 7 9,11,13,15

【太郎さんたちの会話①】

太郎さん：今から数当てゲームを行います。お父さん、お母さんが思いうかべた数を当ててみますよ。

お父さん：思いうかべる数は何でもいいのかな。

太郎さん：当てられる数は1から15までの整数です。そのうち、どれか1つを思いうかべてください。

お母さん：思いうかべたよ。この後はどうするのかな。

太郎さん：これから、**資料1**にある 1 ～ 4 の4枚のカードを見せるので、思いうかべた数と同じ数がそれぞれのカードの中にあるか、ないかを答えてください。

【お父さんとお母さんの答え】

カード	お父さんが思いうかべた数	お母さんが思いうかべた数
1	ない	ある
2	ある	ない
3	ある	ある
4	ない	ある

【太郎さんたちの会話②】

太郎さん：思いうかべた数は、お父さんが6、お母さんが A ですね。

お父さん：すごいね、当たったよ。

お母さん：わたしが思いうかべた数も当たったよ。どうして当てられたのかな。

太郎さん： 1 ～ 4 の4枚のカードのうち、思いうかべた数が「ある」と答えた各カードの左上に書かれている整数をたすと、思いうかべた数が求められます。たとえば、お父さんが「ある」と答えたカードは 2 と 3 なので、 2 のカードの左上に書かれている4と、 3 のカードの左上に書かれている2をたして、思いうかべた数は6だとわかりました。

問1　【太郎さんたちの会話②】にある空らん A にあてはまる数を答えなさい。

【太郎さんたちの会話③】

お母さん：数当ての方法はわかったけれど、数当てカードはどのような仕組みになっているのかな。

お父さん：それぞれのカードの左上に書かれている、8、4、2、1の整数と関係がありそうだね。

太郎さん：そうです。1から15までの整数は、8、4、2、1のそれぞれを最大1回使ったたし算で表すことができます。たとえば、3は2＋1と表すことができ、14は8＋4＋2と表すことができます。最大1回までしか使わないことがポイントです。14を4＋4＋4＋2など2回以上同じ数を用いて表すことはできません。

お父さん：そうなんだね。

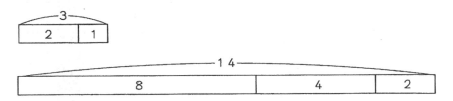

太郎さん：3は2＋1と表すことができるため、左上に2と書かれた ③ のカードと左上に1と書かれた ④ のカードにのみ、3という数を記入しました。また、14については、8＋4＋2と表すことができるため、左上に8と書かれた ① のカード、左上に4と書かれた ② のカード、左上に2と書かれた ③ のカードにのみ14という数を記入しました。

お母さん：お父さんが思いうかべた6は、4＋2と表すことができるね。

お父さん：左上に4と書かれた ② のカードと、左上に2と書かれた ③ のカードにのみ6という数が記入されているんだね。なるほど、ある数を思いうかべたとき、どのカードにその数が入っているかがわかれば、簡単な計算でその思いうかべた数を当てることができるんだね。

太郎さん：そうです。

お母さん：数当てができる整数のはんいを広げることはできないのかな。

太郎さん：数当てカードの枚数を増やせば、数当てができる整数のはんいを広げることができます。

お父さん：それでは、カードの枚数を5枚にしたらどうなるかな。

太郎さん：新しく作る5枚の数当てカードを、わたしが作った ① ～ ④ の4枚のカードと区別するために、❶～❺とします。それぞれのカードの左上に書く整数は、❶のカードは16、❷のカードは8、❸のカードは4、❹のカードは2、❺のカードは1になります。したがって、数当てができる整数は、16、8、4、2、1をそれぞれ最大1回使って表したたし算の答えと等しくなるので、1から ☐ B ☐ までに広げられます。

お母さん：それでは、❶～❺の5枚の数当てカードをつくったとすると、25はどのカードに入っているのかな。

太郎さん：☐ C ☐ に入っています。

お父さん：そうだね。

問2　【太郎さんたちの会話③】について、空らん ☐ B ☐ にあてはまる数を答えなさい。また、空らん ☐ C ☐ にあてはまる内容を、次のア～オの中から**すべて**選び、記号で答えなさい。

　　ア　❶のカード　　イ　❷のカード　　ウ　❸のカード　　エ　❹のカード　　オ　❺のカード

月について調べている花子さんは、インターネットを使い、ある年の9月にさいたま市から観測した月の記録について調べ、**資料2**にまとめました。

資料2　ある年の9月にさいたま市から観測した月の記録（一部）

日	月の出の時こく	月の入りの時こく	月の形	月齢	日	月の出の時こく	月の入りの時こく	月の形	月齢
1	18:00	3:48		13.0	16	3:31	17:22		28.0
2	18:31	4:48		14.0	17	4:43	17:58		29.0
3	18:59	5:47		15.0	18	5:55	18:32		
4	19:26	6:44		16.0	19	7:08	19:06		
5	19:51	7:40		17.0	20	8:21	19:41		
6	20:18	8:35		18.0	21	9:33	20:19		
7	20:45	9:31		19.0	22	10:44	21:02		
8	21:16	10:28		20.0	23	11:53	21:50		
9	21:50	11:25		21.0	24	12:57	22:43		
10	22:31	12:23		22.0	25	13:54	23:40		
11	23:17	13:21		23.0	26	14:44	--:--		
12	--:--	14:18		24.0	27	15:26	0:40		
13	0:12	15:11		25.0	28	16:02	1:41		
14	1:13	15:59		26.0	29	16:34	2:41		
15	2:20	16:43		27.0	30	17:03	3:40		

※月の出の時こくは月の中心が地平線から出てきた時こく、月の入りの時こくは月の
　中心が地平線にしずんだ時こくです。
※月齢は正午の時点の値です。

（国立天文台暦計算室のウェブサイトをもとに作成）

問2　下線部②「どんどん世界に広がっている」とありますが、これは具体的にどのようなことを表していますか。「本」と本の意味に着目して、本文中で述べられていることとして、最も適切なものを、次のア～エの中から1つ選び、記号で答えなさい。

ア　本を読むことが苦手だった人々が、電子媒体によって「本」を容易に手に入れることができるようになり、多くの知識を得やすくなっていること。

イ　本を手に入れることが容易である地域に住む人々の間だけで、電子書籍で「本」を読む習慣がついていったことによって、電子書籍で「本」を読む人はますます増えていること。

ウ　本を手に入れることが難しい地域に住む人々も、電子媒体が広まることによって、容易に「本」を手に入れられるようになっているということ。

エ　輸送技術の発達により、地球上のどんな地域にいるどんな人でも、遠くで販売されている本を手に入れやすくなっていること。

問3　下線部③「『なぜロシアでは、電子書籍を読むのか？』と聞いたら、『なぜ日本人は、紙で本を読むのか？』と逆に質問されて、驚いたこともあります。」とありますが、日本の電子書籍の利用について調べた花子さんは、資料3を見つけました。資料3から読み取れることとして適切でないものを、次のア～エの中から1つ選び、記号で答えなさい。

ア　2018年度の全体において、「電子書籍をよく利用する」と「電子書籍をたまに利用する」と答えた人の割合の合計は、全体の約4分の1である。

イ　2018年度において、「紙の本・雑誌・マンガも電子書籍も読まない」と答えた人の割合が最も高い年代は、70歳以上である。

ウ　2018年度において、「電子書籍をよく利用する」と「電子書籍をたまに利用する」と答えた人の割合の合計は、20～29歳、30～39歳ともに5割をこえている。

エ　2018年度の全体のほうが2013年度の全体よりも「電子書籍をよく利用する」と「電子書籍をたまに利用する」と答えた人の割合の合計が8％多い。

資料3　電子書籍を含む書籍の利用状況

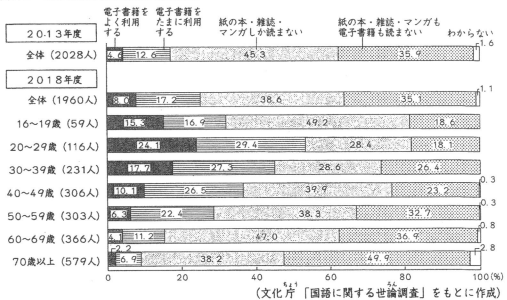

（文化庁「国語に関する世論調査」をもとに作成）

問4　本文から読み取れる筆者の考えとして最も適切なものを、次のア〜エの中から1つ選び、記号で
　　　答えなさい。

　　ア　本のデジタル化によって、電子書籍を楽しむことができるようになったが、紙の本を収集し
　　　たいと考える人の方が多く、結局は、紙の本がこれからも主流であり続ける。
　　イ　本のデジタル化によって、紙の本を買うことが難しかった地域に住む人でも紙の本を入手しや
　　　すくなる一方で、電子書籍は、都市部の人など一部の人に楽しまれるだけのものになる。
　　ウ　本のデジタル化によって、電子書籍の違法コピーが多く行われるようになったので、紙の本の
　　　値段が高くなり、電子書籍も含めた本の売り上げが減少していく。
　　エ　本のデジタル化によって、紙の本と電子書籍を競い合わせるのではなく、それぞれの特性を生
　　　かした楽しみ方を模索することが必要になってくる。

4

太郎さんは、総合的な学習の時間に、布を染める染料である藍を中心に産業と生活について調べたことを発表することになりました。

次の問1～問3に答えなさい。

【太郎さんと花子さんと先生の会話】

先　生：どうして藍を中心に発表しようと考えたのですか。

太郎さん：東京2020オリンピック・パラリンピック競技大会のロゴマークに使われていた藍色が印象的だったので、調べてみたいと考えました。

花子さん：2020年には、さいたま市立博物館で、「さいたまのJAPAN BLUE（ジャパン ブルー）～さいたまを染める！～」というタイトルで、藍がテーマの企画展が行われていました。藍の歴史や、藍を科学的に説明した展示などがあり、とても勉強になりました。

太郎さん：藍に関連して、新しい1万円紙幣の図柄になることで注目されている渋沢栄一の生家では、染料の藍玉を売っていたそうですよ。

花子さん：江戸時代、今の埼玉県では藍が商品作物として作られ、取り引きされていたそうです。商品作物とは、売ることを目的として作る作物のことです。

太郎さん：江戸時代は、日本各地で農民がお金を得るために商品作物を作っていたのですか。

先　生：そのとおりです。

太郎さん：では、商品作物を作るようになったことで、日本の稲作はどのように変化したのでしょうか。

花子さん：調べているときに、資料1を見つけました。この資料を見て、考えてみましょう。

資料1　石高※1と稲作面積の変化

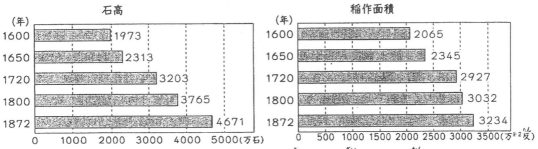

（「岩波講座　日本経済の歴史第2巻」をもとに作成）

※1　石高……米（穀物）の収穫量を「石」という容積の単位で表したもの。1石は約180リットル。

※2　反……土地の面積を表す単位。当時の1反は現在の約992m²。

— 12 —

問1　資料1から読み取れることとして正しいものを、次のア～エの中から1つ選び、記号で答えなさい。

　　　ア　1872年の石高と稲作面積は、ともに1600年の2倍以上になっている。
　　　イ　1600年から1872年まで、石高と稲作面積はともに減少し続けている。
　　　ウ　1720年から1800年にかけて、稲作面積の増加率は石高の増加率より高い。
　　　エ　1600年と1800年の1反あたりの石高を比べると、1800年のほうが多い。

【太郎さんと花子さんの会話①】
太郎さん：日本の稲作の変化がわかりました。次に、藍の生産についても調べてみると、藍の生産
　　　　　は、1800年代後半に、合成染料の輸入などのえいきょうで減少したそうです。また、
　　　　　太平洋戦争中は、藍の生産が禁止されたそうです。
花子さん：なぜ、藍の生産が禁止されたのでしょうか。
太郎さん：わたしも疑問に思い、調べてみました。資料2は、鉄鋼業、石油・石炭製品工業、せん
　　　　　い工業、食料品工業について、1931年の生産活動を100としたときの指数で生産
　　　　　活動の変化を示したものです。この資料から、　　　A　　　ことがわかります。

資料2　生産指数の変化（1931～1945年）

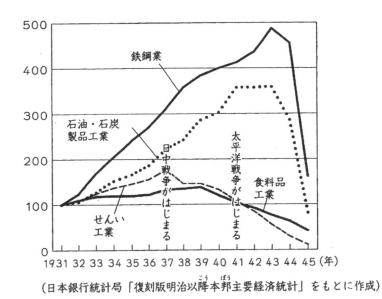

（日本銀行統計局「復刻版明治以降本邦主要経済統計」をもとに作成）

問2　【太郎さんと花子さんの会話①】の空らん　　A　　にあてはまるものとして正しいものを、
　　　次のア～エの中から1つ選び、記号で答えなさい。

　　　ア　鉄鋼業の生産指数について、1942年は1931年と比べて4倍以上に増加している
　　　イ　石油・石炭製品工業の生産指数について、日中戦争がはじまって以こう減少し続けている
　　　ウ　せんい工業の生産指数について、1931年から1945年まで増加し続けている
　　　エ　食料品工業の生産指数について、1938年は1931年に比べて減少している

【太郎さんと花子さんの会話②】

花子さん：現在でも藍の生産がさかんな地域について調べて、どのようなことを発表するかをいっ
しょに考えましょう。

太郎さん：農林水産省で最後に藍の生産量の調査が行われたのは、２００７年度でした。このとき
の生産量の１位は徳島県で、全国の約６割が生産されていました。徳島県で藍の生産が
さかんな理由は、いくつかあります。

花子さん：江戸時代、徳島藩は、藍の生産をあとおししていたそうです。また、徳島県を流れる吉
野川は、肥料や作った藍を運ぶのに利用されました。吉野川は、藍の生産に適する養分
の多い土をもたらしたそうです。

太郎さん：川があって水が得られるなら、米の生産もできるはずですが、吉野川の流域では江戸時
代には米の生産がさかんではなかったと聞いたことがあります。

花子さん：吉野川流域で藍の生産がさかんな理由は、生産にかかわる条件を調べるとわかると思い
ます。資料３、資料４、資料５を用意しました。資料４は香川県のものですが、徳島県
に隣接し、同じ四国地方にある県なので、これらの資料を活用してまとめを作りたいと
思います。

資料３　徳島県の藍の生産カレンダー

３月	種まき
４月	育苗・苗取り
５月	苗を畑に植える
６月	肥料をあたえる・草取り
７月	しゅうかく

(「地域資源を活かす　生活工芸双書
藍」をもとに作成)

資料４　米の生産カレンダー

５月	育苗
６月	田植え・除草
７月	※3中干し
８月〜９月	中干し終了・水管理
１０月	落水・しゅうかく・乾燥・もみがらを取り除く

(香川県ウェブサイト「稲の苗作りからお米になるまでを
追ってみよう！」をもとに作成)

※3　中干し……苗に酸素を取り入れるため、田んぼの土
をかわかすこと

資料５　台風の月別のおもな経路

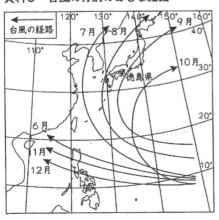

(気象庁ウェブサイトをもとに作成)

問3 【花子さんのまとめ】の空らん ［ B ］ にあてはまる内容を、資料3、資料4、資料5の
すべての内容をふまえ、30字以内で書きなさい。

【花子さんのまとめ】
　江戸時代、徳島藩では、藍の生産がさかんに行われていた。現在も、日本国内における藍の大半
は、徳島県で生産されている。資料3、資料4、資料5からわかるように、吉野川流域での藍の生
産がさかんな理由の一つは、米作りとはちがい、 ［ B ］ という利点があるからである。

SDGsの17の目標のうち、「つくる責任　つかう責任」に関心をもった太郎さんは、総合的な学習の時間に、ごみを減らすために行われている取り組みを調べることにしました。

次の問1～問3に答えなさい。

【太郎さんと先生の会話①】

先　　生：太郎さんは、何について調べることにしたのですか。

太郎さん：ごみを減らすために行われている取り組みを調べることにしました。まずは、さいたま市のごみの処理量と人口の変化を調べていて、資料1と資料2を見つけました。

先　　生：調べていて気づいたことはありますか。

太郎さん：資料1の２０１９年度には水害による災害ごみがふくまれていることがわかったので、他の年に着目してみました。２０１８年度まではごみの総排出量は毎年減少していますが、２０２０年度は、２０１８年度よりも増加しています。

先　　生：1人あたりの1年間のごみの排出量はどのようになっていますか。

太郎さん：資料1のごみの総排出量と資料2を用いて1人あたりの1年間のごみの排出量を計算してみると、２０２０年度は、２０１８年度と比べて　Ａ　しています。

先　　生：そのとおりですね。他にどのようなことがわかりましたか。

太郎さん：ごみの最終処分量をごみの総排出量で割ったものを百分率で表したものを最終処分率といいます。資料1から２０２０年度の最終処分率を計算すると約２.８５％で、２０１５年度と比べて　Ｂ　しています。

先　　生：そうですね。さいたま市では、ごみを減らすためのさまざまな努力をしているようですね。

資料１　さいたま市のごみの処理量の変化

年度	ごみの総排出量（ｔ）	最終処分量（うめ立て量）（ｔ）
２０１５	４２３，６９４	１５，４７４
２０１６	４１５，９９７	１５，１１３
２０１７	４１５，３８５	１５，５１５
２０１８	４１４，３７６	１３，５６６
２０１９	４２２，９３０	１３，３２６
２０２０	４１８，１９６	１１，９１２

資料２　さいたま市の人口の変化

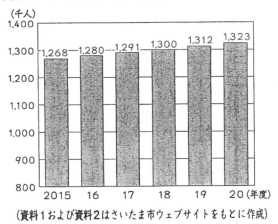

（資料1および資料2はさいたま市ウェブサイトをもとに作成）

問1　資料1、資料2から読み取れることをもとに【太郎さんと先生の会話①】にある空らん　Ａ　、　Ｂ　にあてはまる内容として正しい組み合わせを、次のア～エの中から1つ選び、記号で答えなさい。

ア　　Ａ　増加　　Ｂ　増加　　　　　イ　　Ａ　増加　　Ｂ　減少

ウ　　Ａ　減少　　Ｂ　増加　　　　　エ　　Ａ　減少　　Ｂ　減少

【太郎さんと先生の会話②】

先　　生：生活の中でごみを増やさないようにするためには、どうしたらよいでしょうか。

太郎さん：資源になるものと、そうでないものを分別する必要があります。たとえば食品包装にはプラスチックがよく使われています。プラスチックごみのリサイクルについて、調べようと思っています。

先　　生：プラスチックの原料は石油です。プラスチックごみについては、この資料3を見てください。資料3は、廃プラスチックとよばれる捨てられたプラスチックのうち、有効利用率と未利用率の変化を示したものです。有効利用とは、「マテリアルリサイクル」「ケミカルリサイクル」「サーマルリサイクル」のことで、日本ではこの3つの方法をリサイクルととらえています。未利用は、単純焼却やうめ立てのことです。資料4に、この3つのリサイクル方法についての説明が示してあります。

太郎さん：リサイクルには、いろいろな方法があるのですね。

資料3　廃プラスチックの有効利用率・未利用率の変化

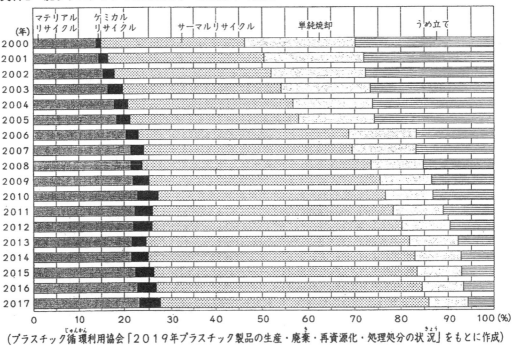

（プラスチック循環利用協会「2019年プラスチック製品の生産・廃棄・再資源化・処理処分の状況」をもとに作成）

資料4　廃プラスチックのリサイクルの種類

マテリアルリサイクル	ケミカルリサイクル	サーマルリサイクル
廃プラスチックを原料として、プラスチック製品に再生する方法。	廃プラスチックを化学的に分解するなどして、化学原料に再生する方法。	廃プラスチックを焼却して、熱エネルギーを回収する方法。

（プラスチック循環利用協会「プラスチックとリサイクル8つの『？』」をもとに作成）

問2　【太郎さんと先生の会話②】をもとに、資料3、資料4から読み取れることとして**適切でないもの**を、次のア～エの中から1つ選び、記号で答えなさい。

ア　廃プラスチックの有効利用率は、2000年から2017年にかけて毎年増加している。

イ　2017年の熱エネルギーを回収するリサイクルの割合は、2000年と比べて1.5倍以上に増加している。

ウ　2017年には、廃プラスチックの8割以上がプラスチック製品または化学原料にリサイクルされている。

エ　2017年の廃プラスチックの未利用率は、2000年と比べて3分の1以下に減少している。

【太郎さんと先生の会話③】

太郎さん：分別しているペットボトルもプラスチックでできていますよね。先ほど出てきた廃プラスチックに、ペットボトルもふくまれますか。

先　　生：ふくまれます。ペットボトルは、マテリアルリサイクルによって、ペットボトルやシート、せんいなどになりますよ。マテリアルリサイクルには「水平リサイクル」という方法があります。「水平リサイクル」とは、使用済み製品を原料として同じ種類の製品を作るリサイクルのことです。

太郎さん：そうなのですね。ペットボトルからペットボトルにリサイクルされることは、「ボトル　TO　ボトル」と言うと聞きました。ペットボトルと同じく、飲み物の容器に使われるアルミかんも、分別してアルミかんにリサイクルされるので「かん　TO　かん」と言うのですか。

先　　生：そうですね。そのように言うこともあるようです。

太郎さん：リサイクルの面で、何かちがいがあるのでしょうか。

先　　生：次の**資料5**、**資料6**をもとに、ペットボトルとアルミかんのリサイクルのちがいについて考えてみましょう。

資料5　ペットボトルの国内再生利用量と
リサイクルの内訳（２０１９年）

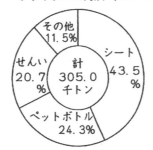

（ＰＥＴボトルリサイクル推進協議会「ＰＥ
Ｔボトルリサイクル年次報告書２０２０」を
もとに作成）

資料6　アルミかんの国内再生利用量とリ
サイクルの内訳（２０１９年）

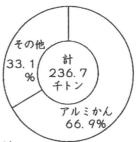

（アルミ缶リサイクル協会「２０２０年（令
和２年）度　飲料用アルミ缶のリサイクル率
（再生利用率）について」をもとに作成）

問3　太郎さんは、【太郎さんと先生の会話③】と資料5、資料6から読み取れることをもとに、【太
郎さんのまとめ】を作成しました。次の（1）～（3）に答えなさい。

（1）空らん　　Ａ　　にあてはまる数値を計算し、小数第1位を四捨五入して整数で答えなさい。

（2）空らん　　Ｂ　　にあてはまる内容を、次のア、イの中から1つ選び、記号で答えなさい。

　　　　ア　高い　　　　　イ　低い

（3）空らん　　Ｃ　　にあてはまる内容を、【太郎さんと先生の会話③】にある言葉を用いて
7字で書きなさい。

【太郎さんのまとめ】
・資料5から、回収されたペットボトルはシートに最も多くリサイクルされており、再びペットボ
　トルへとリサイクルされたものの重さは約　　Ａ　　チトンである。
・資料5、資料6をもとに考えると、アルミかんの「かん　ＴＯ　かん」率は、ペットボトルの
　「ボトル　ＴＯ　ボトル」率に比べ　　Ｂ　　といえる。
・資料5、資料6をもとに考えると、ペットボトルよりアルミかんのほうが　　Ｃ　　の割合
　が高い。

これで、問題は終わりです。

令和4年度

適 性 検 査 Ⅲ

───── 注　意 ─────

1　問題は [1] から [3] までで、6ページにわたって印刷してあります。

2　検査時間は45分間です。

3　声を出して読んではいけません。

4　解答はすべて解答用紙にはっきりと記入し、**解答用紙だけ提出**しなさい。

5　解答を直すときは、きれいに消してから、新しい解答を書きなさい。

6　**性別・受検番号**は解答用紙の決められた欄3か所に必ず記入しなさい。

さ い た ま 市 立 浦 和 中 学 校

太郎さんと花子さんは、二人が通っている小学校の来年度の運動会について話しています。

以下の会話文を読んで、問いに答えなさい。

太郎さん：先日、学校行事についてのアンケートが配られました。そのなかに、「来年度の運動会は５月と９月のどちらがよいですか？」という質問がありましたが、どう思いましたか。

花子さん：これまで毎年９月に行われてきたので、５月の実施を検討していると知っておどろきました。しかし、調べたところ、運動会の時期は地域によってさまざまです。アンケートといっしょに配られた来年度の予定表を見ると、わたしたちの学校では、５月と９月のどちらかの第４土曜日に行う案があるようです。太郎さんは、どちらがよいと考えましたか。

太郎さん：はい。それを考えるために、まず、気温と運動の関係について調べてみました。それにあわせて月ごとの気温と降水量などについても調べてみました。また、わたしたちの小学校では、毎年、運動会が行われる月のはじめから、運動会に向けて練習をしています。１日でも多く練習できたほうがよいと思うので、来年度の５月と９月の練習ができる日についても調べました。それらをもとに考えると、わたしは５月がよいと思いました。

花子さん：そうなのですね。太郎さんの考えをまとめて、次の学級会で発表してみてはどうですか。

太郎さん：それはよいですね。さっそく、発表原稿をつくってみます。まず、資料1から読み取れる気温と熱中症予防運動指針の情報の関係をもとに、資料2から５月と９月のどちらがより運動をするのに適しているか、具体的に数値を使って述べます。次に、資料3から、９月より５月がよいと考えた理由を２つ以上の項目を用いて説明します。そして、資料4から、５月と９月の運動会の練習が可能な日数を比べ、その差を述べます。最後に、以上のことから、来年度の運動会は５月に行うのがよいと結論を述べます。

花子さん：がんばってください。

資料1　気温と運動に関する※1指針

気温	※2暑さ指数	熱中症予防運動指針
３５℃以上	３１以上	運動は原則中止する
３１℃以上３５℃未満	２８以上３１未満	厳重警戒（激しい運動は中止する）
２８℃以上３１℃未満	２５以上２８未満	警戒（積極的に休けいする）
２４℃以上２８℃未満	２１以上２５未満	注意（積極的に水分補給する）
２４℃未満	２１未満	ほぼ安全（※3適宜水分補給する）

※1　指針……物事をそれによって進めるべき方針、てびき。

※2　暑さ指数……熱中症の危険度を判断する目安となる数値。

※3　適宜……状況に応じて。

（公益財団法人日本スポーツ協会「スポーツ活動中の熱中症予防ガイドブック（２０１９）」をもとに作成）

資料2　さいたま市における１０年間の最高気温の平均日数（２０１０年～２０１９年）

	4月	5月	6月	7月	8月	9月
３５℃以上の日数(日)	0.0	0.0	0.1	6.5	9.2	1.0
３１℃以上３５℃未満の日数(日)	0.0	1.3	2.6	11.9	12.4	7.3
２８℃以上３１℃未満の日数(日)	0.2	4.5	9.6	6.2	5.7	7.9
２４℃以上２８℃未満の日数(日)	3.8	12.8	11.2	4.3	2.5	9.3
２４℃未満の日数(日)	26.0	12.4	6.5	2.1	1.2	4.5

（気象庁ウェブサイトをもとに作成）

資料3　さいたま市の降水量と日本全体の台風の発生数に関するデータ（平年値）

	4月	5月	6月	7月	8月	9月
降水量が1mm以上あった日(日)	9.0	10.0	11.6	11.8	8.8	10.8
月別の平均降水量(mm)	101.9	121.4	144.8	148.0	164.0	202.8
台風の発生数(個)	0.6	1.0	1.7	3.7	5.7	5.0

（注）平年値は、１９９１年～２０２０年の３０年間の平均です。　（気象庁ウェブサイトをもとに作成）

資料4　太郎さんと花子さんが通う小学校における来年度の５月と９月の予定表

５月の予定　（一番下の段に○がついている日は、運動会の練習が可能な日）

日	1	2	3	4	5	6	7	8	9	10	11	12	13	14	15	16	17	18	19	20	21	22	23	24	25	26	27	28	29	30	31
曜日	日	月	火	水	木	金	土	日	月	火	水	木	金	土	日	月	火	水	木	金	土	日	月	火	水	木	金	土	日	月	火
行事	さいたま市民の日		憲法記念日	みどりの日	こどもの日							交通安全教室	クラブ活動															運動会（仮）		振替休業日	
練習	○				○				○							○	○	○	○	○			○	○	○	○	○				

９月の予定　（一番下の段に○がついている日は、運動会の練習が可能な日）

日	1	2	3	4	5	6	7	8	9	10	11	12	13	14	15	16	17	18	19	20	21	22	23	24	25	26	27	28	29	30
曜日	木	金	土	日	月	火	水	木	金	土	日	月	火	水	木	金	土	日	月	火	水	木	金	土	日	月	火	水	木	金
行事	避難訓練								クラブ活動										敬老の日				秋分の日	運動会（仮）		振替休業日		遠足（1・2年）	遠足（3・4年）	
練習		○			○	○	○	○				○	○	○	○	○				○	○	○								

問　あなたが太郎さんなら、どのような発表原稿を作成しますか。次の条件に従って書きなさい。

条件１：解答は横書きで１マス目から書くこと。

条件２：文章の分量は３００字以内とすること。

条件３：数字や小数点、記号についても１字と数えること。　（例）| 4 | 2 | . | 5 | % |

2

太郎さんの学校では、環境美化への取り組みを進めるために、全クラスから企画を募集しています。太郎さんのクラスは、ガーデンアーチの企画（ガーデンアーチプロジェクト）を提案することになりました。企画書の担当になった太郎さんは、先生と話をしています。

以下の会話文を読んで、問いに答えなさい。

【太郎さんと先生の会話①】

先　　生：企画書の作成は順調に進んでいますか。

太郎さん：はい。これが完成予想図です。ガーデンアーチをくぐることで、全校の環境美化への意識を高めたいと考えています。クラス全員で考えた企画なので、ぜひ実現させたいです。

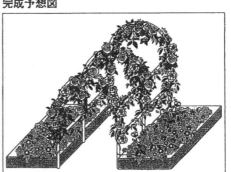

完成予想図

先　　生：このガーデンアーチをつくるために必要な材料と費用はわかりますか。

太郎さん：材料は、花だんをつくるためのレンガと、ガーデンアーチをつくるための金属製のポールなどです。資料1と資料2の設計図を花子さんが作成してくれたので、必要な材料の種類と数がわかります。費用は、どのように計算したらよいでしょうか。

先　　生：まずは、実際の販売価格を調べる必要がありますね。学校の近くにある、AとBの2つのホームセンターで、材料の販売価格を調べ、比べてみてはどうでしょうか。

資料1　花子さんの設計図①「花だん」

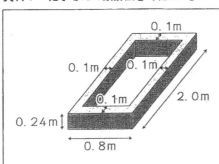

このサイズの花だんを、ガーデンアーチの外側に2つ作る。なお、以下のレンガをすき間なく積み、花だんを作るものとする。

使用するレンガ（直方体）

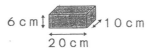

資料2　花子さんの設計図②「ガーデンアーチ」と必要な材料の数

【ガーデンアーチ】

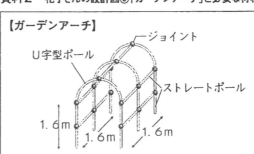

それぞれのポールをジョイントでつなぐとき、ポールとポールが重なることはないと考える。また、ポールの厚みは考えないものとする。

【必要な材料の数】

ストレートポール（0.8m）	╱	22本
U字型ポール	⌒	3本
ジョイント	◉	15個

4

問1

問2

問3

15

30

5

問1

問2

問3

(1)

(2)

(3)

7

□や□の欄には、何も記入しないこと。

性　別	受　検　番　号

令和4年度　適性検査Ⅱ　解答用紙（2）

4

問1 _____

問2
A _____10

B _____

問3 _____10

5

問1
A _____ B _____

問2 （10 / 20 / 25 マス）

性別　受検番号

□や▢の欄には、何も記入しないこと。

2

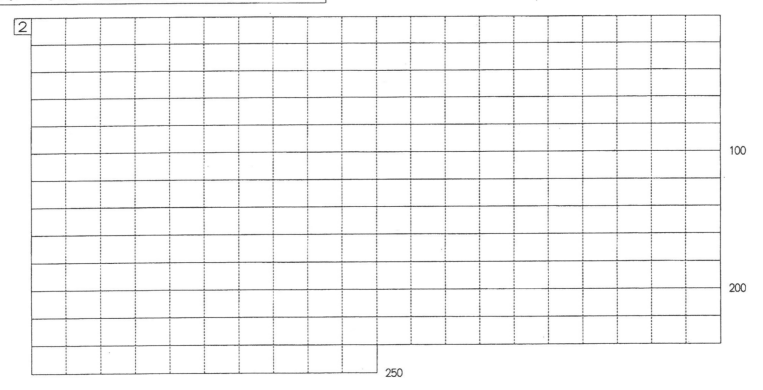

100

200

250

性　別	受　検　番　号

の欄には、何も記入しないこと。

K 教英出版

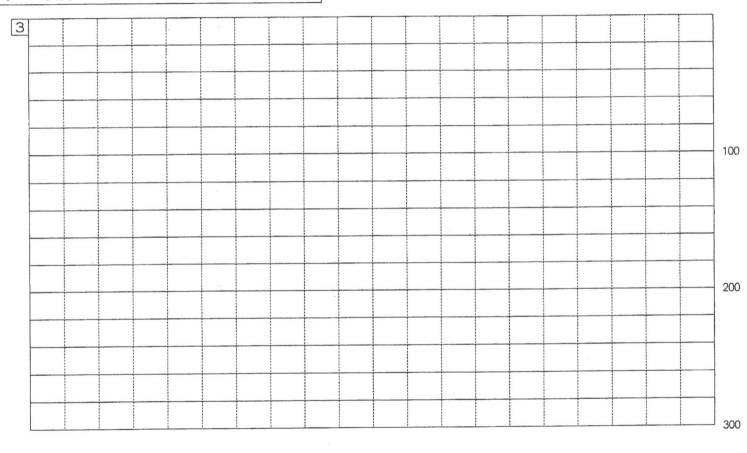

3

100

200

300

性　別	受 検 番 号

☐　▢の欄には、何も記入しないこと。

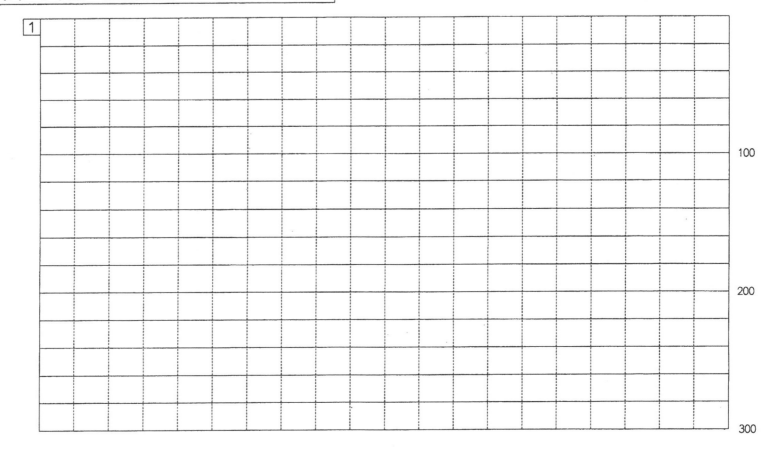

1

100

200

300

□の欄には、何も記入しないこと。

性　別	受　検　番　号

令和4年度　適性検査Ⅱ　解答用紙（1）　　　（配点非公表）

1

問1

問2 (1) ［　　　分　　　秒］ (2) ［　　　分　　　秒］

問3 B ［　　　］ C ［　　　］ D ［　　　］

2

問1 (1) ［　　　kcal］ (2) ［　　　mg］

問2 個数 ［　　　個］ 体積 ［　　　cm³］

問3 ［　　　cm³］

3

問1

問2 B ［　　　］ C ［　　　］

問3 時間 ［　　　分］

問4

［　］や［　］の欄には、何も記入しないこと。

性　別	受　検　番　号

1

問1

問2

問3
　　　　　　　　　　　　　　　　　　　　　　　　10
　　　　　　　　　　　　　　　　　　　　　　　　21

問4

2

問1
　　　　　　　　　　　　　　　　　　　　　　　　13

問2

B
　　　　　　　　　　　　　　　　　　14
　　　　　　　　　　　　　　　　　　15

C
　　18
　　　　　　　　　　　　　　　　　　　　15
　　　　　　　　　　　24　　　　　28

D

問3

問4

3

問1

問2

問3

問4

性別　　受検番号

□や□の欄には、何も記入しないこと。

【解答

太郎さんはAとBの2つのホームセンターに行き、必要な材料の販売価格を調べ、表1、表2にまとめました。

表1　太郎さんがAのホームセンターで調べた材料の価格（すべて税込み）

材料	価格（個別販売）	価格（セット販売）
レンガ	1個　200円	1セット（10個）　1800円
ストレートポール	1本　350円	1セット（10本）　3150円
U字型ポール	1本　500円	1セット（10本）　4500円
ジョイント	1個　100円	1セット（10個）　900円

表2　太郎さんがBのホームセンターで調べた材料の価格（すべて税込み）

材料	価格（個別販売）	価格（セット販売）
レンガ	1個　220円	1セット（12個）　1848円
ストレートポール	1本　385円	1セット（12本）　3234円
U字型ポール	1本　550円	1セット（12本）　4620円
ジョイント	1個　110円	1セット（12個）　924円

【太郎さんと先生の会話②】

太郎さん：AとBの2つのホームセンターで、花だんとガーデンアーチに使用する材料の販売価格を調べました。どちらのホームセンターでも同じ種類の材料が売られていました。しかし、個別販売における1個あたりの価格と、セット販売における1個あたりの価格にちがいがありました。

先　　生：セット販売で買うと、1個あたりの価格は安くなります。しかし、AとBの2つのホームセンターでは割引率に差があります。両方の店の個別販売とセット販売を上手に組み合わせて買うと合計金額が安くなりそうですね。最も安くなる組み合わせを考え、費用を計算してみましょう。

太郎さん：はい、費用を計算してみます。しかし、セット販売だけで材料をそろえると、材料に余りが出そうです。余りが出る買い方でもよいのでしょうか。

先　　生：今回は、資料1、資料2をもとに、必要な数の材料を買って、余りが出ないようにしましょう。両方の店の個別販売とセット販売を組み合わせた買い方をすることについて、学級会でクラスのみんなに説明してみてはどうでしょうか。

太郎さん：はい。先生からのアドバイスを参考に、最も安くなる組み合わせで「ガーデンアーチプロジェクト」のすべての材料を買う方法について、発表原稿を作ります。まず、資料1から、花だんをつくるために必要なレンガの数を述べます。次に、資料2から、ガーデンアーチを完成させるのに必要な材料と数をそれぞれ述べます。そして、表1を使って、Aのホームセンターで買う材料とその数を述べます。さらに、表2を使って、Bのホームセンターで買う材料とその数を述べます。最後に、これらの買い方で全部の材料を買うための合計金額を述べます。

先　　生：がんばってください。「ガーデンアーチプロジェクト」の提案が通るとよいですね。

問　あなたが太郎さんなら、どのような発表原稿を作成しますか。次の条件に従って書きなさい。

条件1：解答は横書きで1マス目から書くこと。

条件2：文章の分量は250字以内とすること。

条件3：数字や小数点、記号についても1字と数えること。　　　（例）| 4 | 2 | . | 5 | % |

3

┌──┐
│　花子さんのクラスでは、総合的な学習の時間に「伝統文化を受け継ぐこと」について調べていま │
│す。花子さんは埼玉県内の郷土料理や伝統料理について発表することになり、先生に相談してい │
│ます。 │
└──┘

以下の会話文を読んで、問いに答えなさい。

┌──┐
│ 花子さん：先日、埼玉県内の祖母の家に遊びに行ったときに、**写真1**にある「みそポテト」を食べ │
│　　　　　　ました。「みそポテト」とは、熱々のじゃがいもにみそだれをつけて食べる、秩父地方 │
│　　　　　　の有名な郷土料理です。 │
│ 先　　生：おいしそうですね。日本全国にはさまざまな郷土料理があり、埼玉県には他にも**写真2** │
│　　　　　　の「すったて」などの郷土料理がありますが、花子さんはふだんそのような料理を食べ │
│　　　　　　る機会が多いのですか。 │
│ 花子さん：いいえ。祖母の家に行ったときぐらいしか食べることがありません。 │
│ 先　　生：ここに、食育に関する国民の意識調査の結果があります。**資料1**を見てください。これ │
│　　　　　　は、20歳以上の人が、ふだんどのくらい郷土料理や伝統料理を食べているかを表した │
│　　　　　　ものです。 │
│ 花子さん：現在は、郷土料理や伝統料理を日常的に食べない人も多くいるのですね。 │
│ 先　　生：そうですね。価格の問題もあるかもしれませんが、このまま日常的に食べない人が多く │
│　　　　　　なれば、これまで地域や家庭で受け継がれてきた料理や味、作法などの食文化が、いつ │
│　　　　　　かは失われてしまうかもしれません。 │
│ 花子さん：和食が無形文化遺産に登録されたというニュースもありました。郷土料理や伝統料理に │
│　　　　　　も大きく関係のある話だと思います。わたしたちの国のさまざまな素晴らしい食文化が、 │
│　　　　　　これからも大切にされ、受け継がれていくことはとても重要だと思います。 │
│ 先　　生：そのとおりですね。**資料2**、**資料3**を見てください。**資料2**では、地域や家庭で受け継 │
│　　　　　　いできた伝統的な食文化を、地域や次世代にどれくらい伝えているかがわかります。ま │
│　　　　　　た、**資料3**からは、**資料2**で食文化を地域や次世代に「伝えていない」と回答した人が、 │
│　　　　　　今後、食文化を伝えるために、どのようなことが必要だと思っているかがわかります。 │
│　　　　　　これらについてもふれ、発表の準備をするとよいでしょう。 │
│ 花子さん：わかりました。まず、**資料1**から、郷土料理や伝統料理を食べている回数が「月に1回 │
│　　　　　　以上」の人の割合を計算し、百分率を用いて小数第1位まで述べます。次に、**資料2**か │
│　　　　　　ら、食文化について地域や次世代に「伝えていない」と回答した人が約何割いるかを示 │
│　　　　　　します。そして、**資料3**のアンケート項目の上位3つの中から、食文化を伝える機会 │
│　　　　　　として最も必要だと考えるものを1つ選び、どのようなことができるかについて具体的な │
│　　　　　　例をあげて述べます。最後に、食文化を受け継いでいくことが大切であるということを、 │
│　　　　　　クラスのみんなに伝えます。 │
│ 先　　生：とてもよい発表になりそうですね。 │
└──┘

写真1　みそポテト

(埼玉県のウェブサイトより引用)

写真2　すったて

(農林水産省のウェブサイトより引用)

資料1　郷土料理や伝統料理を食べている回数

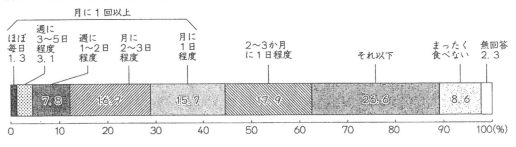

資料2　地域や家庭で受け継いできた伝統的な食文化を、地域や次世代に伝えているか

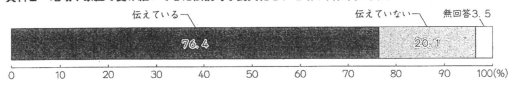

資料3　資料2で「伝えていない」と回答した人が食文化を伝えるために必要だと思っていること

（複数回答）

	(%)
家庭で伝える機会を持つこと	85.5
学校で伝える機会があること	44.8
地域で伝える機会があること	31.2
一緒に活動する仲間がいること	18.6
教材などが整っていること	9.1
そ　　の　　他	3.2

資料1、2、3（農林水産省「食育に関する意識調査報告書（令和3年3月）」をもとに作成）

問　あなたが花子さんなら、どのような発表原稿を作成しますか。次の条件に従って書きなさい。

条件1：解答は横書きで1マス目から書くこと。

条件2：文章の分量は300字以内とすること。

条件3：数字や小数点、記号についても1字と数えること。　　（例）　4 2 . 5 %

これで、問題は終わりです。

K 教英出版

【花子さんと先生の会話①】

花子さん：月の出入りの時こくについてまとめたのですが、**資料2**の9月1日は、「月の入り」の
　　　　　時こくが「月の出」の時こくより早くなっています。月は、「月の出」があって、その
　　　　　後に「月の入り」があるのではないでしょうか。

先　　生：そのとおりです。それでは、**資料2**の見方を教えます。この年の9月の初めごろは、満
　　　　　月に近い形の月が見えています。満月は夕方ごろ東の地平線から出てきて、真夜中に南
　　　　　の高い空を通って、次の日の明け方ごろ西の地平線にしずみますね。では、9月1日の
　　　　　18時に出てきた月は、何日の何時何分にしずみますか。

花子さん：次の日の明け方にしずむので、**資料2**から2日の4時48分ということでしょうか。

先　　生：そのとおりです。**資料2**で、「月の出」の時こくが「月の入り」の時こくよりもおそく
　　　　　なっている日は、月が出ている間に午前0時をこえたということがわかります。したがっ
　　　　　て、その日に出た月がしずんだ時こくを知りたいときは、次の日の「月の入り」の時こ
　　　　　くを調べましょう。

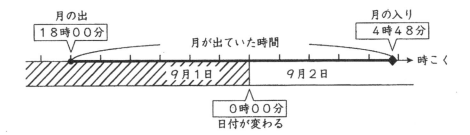

花子さん：**資料2**の中に、「月の出」や「月の入り」の時こくが書かれていない日がありますが、
　　　　　これはなぜでしょうか。

先　　生：「月の出」、「月の入り」の時こくの両方とも、日がたつにつれて30分から1時間く
　　　　　らいおそくなっていますね。それぞれの「月の出」からその次の「月の出」までの時間
　　　　　は、平均して約24時間50分かかります。「月の入り」も同じです。

花子さん：それぞれの「月の出」からその次の「月の出」までの時間が24時間より長いので、「月
　　　　　の出」が午前0時直前になると、その次の「月の出」が2日後の午前0時より後になっ
　　　　　てしまうから、その間にはさまれた日の「月の出」はないのですね。

先　　生：そうですね。

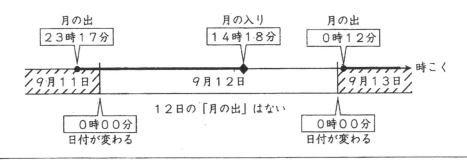

問3　**資料2**で、12日にしずんだ月と26日に出てきた月の「月の出」から「月の入り」までのそれ
　　　ぞれの時間を比べたとき、月が出ていた時間の差は何時間何分か、答えなさい。

— 10 —

【花子さんと先生の会話②】

花子さん：次は、月齢について質問させてください。

先　　生：資料2で空らんになっている、18日以こうの月齢についてでしょうか。

花子さん：はい。月齢は「新月の日から何日たったかを表す数」と聞いたことがあるので、整数もしくは小数点以下は0で表すものだと思っていました。しかし、インターネットで調べたところ、18日以こうの月齢には小数点以下にも数が書かれていたため、たしかめてから書こうと思いました。なぜ小数点以下の数が0以外になることがあるのでしょうか。

先　　生：それでは、月齢についてかんたんに説明しましょう。

花子さんは、先生の説明を聞いて、ノートにまとめました。

【花子さんがまとめたノート】

・地球から見た月と太陽の方向が同じになったときを「朔」といい、朔になったときの月を新月という。

・朔から次の朔までの期間は一定ではなく、平均すると約29.5日である。

・月齢は、朔の瞬間を0とし、そこから何日たったかを表す数である。

・資料2の月齢は、その日の正午の時点のものなので、朔になった時こくによっては月齢が小数になることもある。

【花子さんと先生の会話③】

花子さん：月齢は小数で表されていてもよいのですね。

先　　生：資料2において、9月1日から17日までの月齢の小数点以下が0だったのは、資料3によると、8月の朔の時こくが11時42分であり、正午に近かったからです。つまり、資料2で正午の時点での月齢を計算したとき、小数第2位を四捨五入した結果、小数第1位が0になったので、小数第1位に0が表記されているのですね。資料2の年の9月の朔は17日の20時ちょうどですから、今の説明をもとにして、月齢を自分で計算してみましょう。

資料3　資料2の年におけるさいたま市での朔の日時（一部）

月日	時こく
8月19日	11：42
9月17日	20：00
10月17日	4：31

（国立天文台暦計算室のウェブサイトをもとに作成）

問4　資料2の9月30日正午の月齢を、小数第2位を四捨五入して小数第1位まで答えなさい。

　ある夏の日の午後、花子さんは植物園に行き、植物園の職員と話をしました。

次の問1～問3に答えなさい。

【花子さんと職員の会話①】

花子さん：アサガオがたくさんありますね。

職　　員：毎朝たくさんの花がさいていますよ。種子もたくさんとれるので、よかったらさしあげましょう。

花子さん：ありがとうございます。わたしの家の庭ではヘチマを育てていますが、アサガオも実や種子ができるには受粉が必要なのでしょうか。

職　　員：そうですね。アサガオも受粉しないと、実や種子はできません。ヘチマは、おばなにあるおしべでできた花粉が、めばなにあるめしべにつく必要がありますが、アサガオは、おしべの花粉が同じ花のめしべにつけば実や種子ができます。実験を行って、確かめてみるとよいですね。

　花子さんは、アサガオの花を使って、実や種子ができるためには受粉が必要かどうかを調べるために、次のような【実験の計画】を立てました。

【実験の計画】

〈用意するもの〉

□アサガオのはち植え　　□カッター　　　□ビニールのふくろ

□モール　　　　　　　　□ピンセット

〈方法〉

・アサガオのはち植えから、次の日にさきそうなつぼみを2つ選び、それぞれA、Bとする。

・Aのつぼみには何もせず、ビニールのふくろをかぶせて、口の部分をモールでしばる。Bのつぼみにはカッターで切りこみを入れ、ピンセットでおしべを全部取り除き、ビニールのふくろをかぶせて、口の部分をモールでしばる。

・両方の花がさいても、ふくろをかぶせたままにしておく。

・両方の花がしぼんだら、ビニールのふくろを外し、その後、A、Bに実や種子ができるかどうかを調べる。

	花がさく前		花がさいている間	花がしぼんだ後
A	何もしない	ふくろをかぶせる	ふくろをかぶせたままにする	ふくろをはずす
B	おしべを全部取り除く	ふくろをかぶせる	ふくろをかぶせたままにする	ふくろをはずす

【花子さんと職員の会話②】

花子さん：【実験の計画】のように実験を行えば、アサガオの実や種子ができるためには、受粉が
　　　　　必要であることが確かめられるでしょうか。

職　　員：この計画では、AとBの結果を比べても、本当に受粉が必要かどうかはわからないので
　　　　　はないでしょうか。新たに次の日にさきそうなCのつぼみを選び、Bのつぼみに行う
　　　　　〈方法〉を少し変えたものをCのつぼみに行い、BとCの結果を比べてみるとよいと思
　　　　　いますよ。

問1　【実験の計画】で、BとCの結果を比べ、アサガオの実や種子ができるためには受粉が必要であ
　　　ることを確かめるとき、Cのつぼみに行う〈方法〉として正しいものはどれですか。次のア～エの
　　　中から1つ選び、記号で答えなさい。

	花がさく前	花がさいている間	花がしぼんだ後
ア	おしべを全部取り除く → そのままにする	花粉をつける → そのままにする	そのままにする
イ	おしべを全部取り除く → そのままにする	花粉をつける → ふくろをかぶせる	ふくろをはずす
ウ	おしべを全部取り除く → ふくろをかぶせる	花粉をつける → そのままにする	そのままにする
エ	おしべを全部取り除く → ふくろをかぶせる	花粉をつける → ふくろをかぶせる	ふくろをはずす

【花子さんと職員の会話③】

花子さん：アサガオは※1夏至を過ぎないと花がさかない、と聞いたことがあるのですが、本当なの
　　　　　でしょうか。

職　　員：そうですね。アサガオやコスモスなどは、ふつう、夏至を過ぎないと花がさかないと言
　　　　　われています。

花子さん：夏至を過ぎると、※2冬至までの間、昼の長さがだんだん短くなり、逆に夜の長さがだん
　　　　　だん長くなりますね。昼や夜の長さとアサガオの開花には、何か関係があるのでしょう
　　　　　か。

職　　員：同じアサガオでも、品種によってちがいがあるかもしれませんね。わたしが庭で育てて
　　　　　いるアサガオを使って行った実験の結果がありますから、資料としてお見せしますね。

※1　夏至……昼の長さが最も長い日。日本では6月21日ごろ。
※2　冬至……夜の長さが最も長い日。日本では12月22日ごろ。

資料　「光を当てる時間・当てない時間」と「アサガオの開花」の関係を調べる実験の結果

【実験】
〈用意するもの〉
□アサガオのはち植え（8個）　　□段ボール箱（8個）
□照明

〈方法〉
・同じ条件で成長させたアサガオのはち植えを8個
　用意し、それぞれ（1）〜（8）として、気温を
　一定に保ち、照明を1日中点灯させた室内に置く。
・（1）〜（8）のアサガオに、光を当てる時間と
　当てない時間を図1のように定め、毎日くり返す。
　なお、光を当てない時間は、アサガオのはち植え
　に段ボール箱をかぶせ、光が入らないようにする。
・水は毎日同じ時こくに、それぞれのはち植えに同
　じ量を与える。

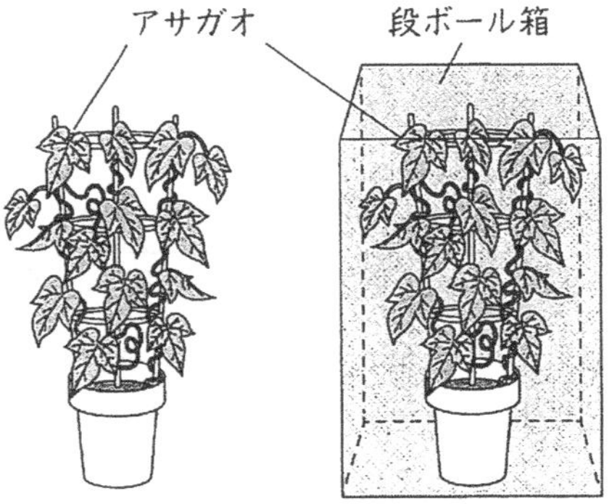

アサガオ　　　段ボール箱

光を
当てているとき

光を
当てていないとき

図1　「光を当てる時間・当てない時間」とアサガオの「花の様子」

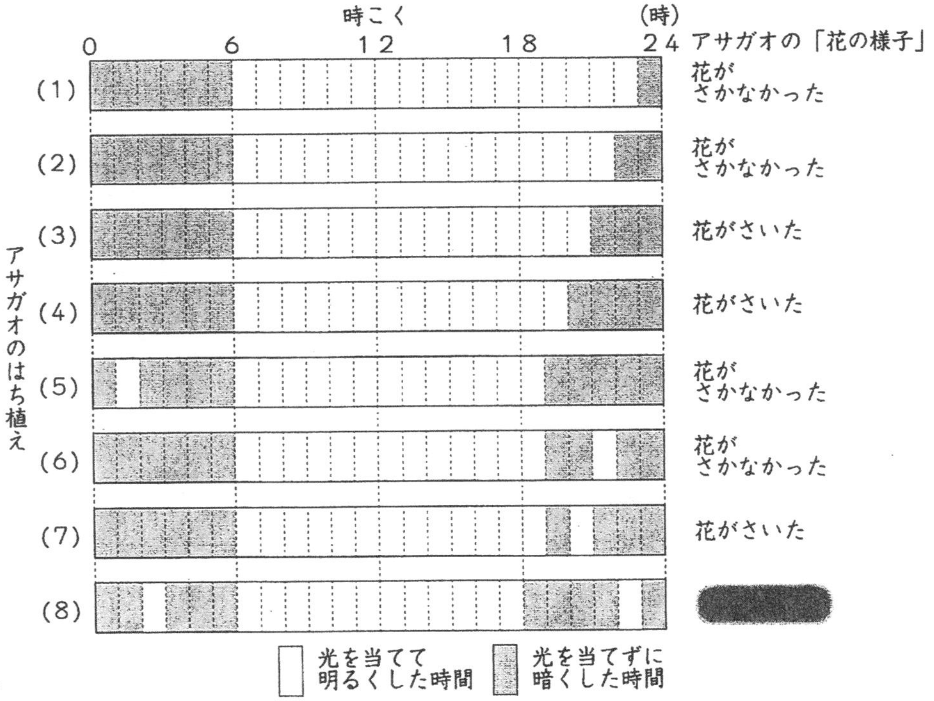

時こく　　　　（時）

0　　　6　　　12　　　18　　　24　アサガオの「花の様子」

（1）　花が
さかなかった

（2）　花が
さかなかった

（3）　花がさいた

（4）　花がさいた

（5）　花が
さかなかった

（6）　花が
さかなかった

（7）　花がさいた

（8）

□光を当てて
明るくした時間　　□光を当てずに
暗くした時間

【花子さんと職員の会話④】

花子さん：資料を見ると、アサガオの花がさくかどうかは、光を当てずに暗くした時間と関係がありそうですね。図1の（8）のアサガオの「花の様子」が、にじんで読めなくなっています。

職　　員：（1）から（7）のアサガオの「花の様子」から考えると、（8）のアサガオの「花の様子」がわかりますよ。

花子さん：そうなのですね。（1）から（7）のアサガオは、光を当てずに暗くした時間が　　　A　　　であれば花がさいたので、（8）のアサガオは、花が　　B　　といえるのではないでしょうか。

職　　員：そのとおりです。

問2　【花子さんと職員の会話④】の空らん　　　A　　　にあてはまる言葉を、１０字以内で書きなさい。また、空らん　　B　　にあてはまる内容を、次のア、イの中から１つ選び、記号で答えなさい。

　　　ア　さいた　　イ　さかなかった

　　　花子さんは、もらった種子をまいて、アサガオを育てました。アサガオのつるがまきついた支柱を真上から見ると、図2のように、葉があまり重ならないようについていることに気づきました。庭のホウセンカも真上から見ると、図3のように、葉があまり重ならないようについていました。

図２　アサガオのつるがまきついた支柱を
　　　真上から見たようす

図３　ホウセンカの葉を真上から
　　　見たようす

　　　調べたところ、アサガオやホウセンカなど、多くの植物は葉があまり重ならないようについていることを知った花子さんは、葉が重ならない利点について、次のようにまとめました。

【花子さんのまとめ】
　　アサガオやホウセンカなど、多くの植物は葉があまり重ならないようについていることで、葉が重なっている場合に比べ、多くの葉に　　　C　　　ので、成長するために必要な養分をたくさん作ることができるとわかった。

問3　【花子さんのまとめ】の空らん　　　C　　　にあてはまる内容を、１０字以内で答えなさい。

太郎さんと先生は、運動場に引かれている白いラインパウダー（線を引くために使われる粉）について話をしています。

次の問1～問2に答えなさい。

【太郎さんと先生の会話①】

太郎さん：先日、父に運動場のライン引きを行ったことを話したら、ラインパウダーを素手でさわらず、目に入らないように気をつけるように言われました。

先　　生：たしかにそのとおりです。しかし、今のラインパウダーは、昔と比べると安全なものが使われているので、昔ほど心配する必要はありませんが、十分気をつけて使用するべきですね。

太郎さん：今と昔で、ラインパウダーは違うのですか。

先　　生：太郎さんのお父さんやわたしが小学生だったころは、ラインパウダーに水酸化カルシウムが使われていました。水酸化カルシウムは、その性質により、皮ふなどにつかないよう気をつけなければなりません。水酸化カルシウムを水に溶かして水溶液にしたものを石灰水といいますが、おぼえていますか。

太郎さん：はい。二酸化炭素をふきこむと、白くにごる性質がある水溶液です。

先　　生：そうですね。では、石灰水は酸性、中性、アルカリ性のうち、どれでしょうか。

太郎さん：おそらくアルカリ性だと思います。

先　　生：少しあいまいなようですね。それでは、水溶液の性質について、復習してみましょう。

太郎さんは、酸性、中性、アルカリ性の水溶液の性質について調べ、表にまとめました。また、表をもとに、水酸化カルシウムの水溶液が何性であるかを調べました。

表　水溶液の性質

酸性の水溶液	中性の水溶液	アルカリ性の水溶液
・青色のリトマス紙だけを赤色に変える。 ・緑色のBTB溶液を黄色に変える。 ・無色のフェノールフタレイン溶液の色を変えない。	・どちらのリトマス紙も色を変えない。 ・緑色のBTB溶液の色を変えない。 ・無色のフェノールフタレイン溶液の色を変えない。	・赤色のリトマス紙だけを青色に変える。 ・緑色のBTB溶液を青色に変える。 ・無色のフェノールフタレイン溶液を赤色に変える。

＊BTB溶液、フェノールフタレイン溶液は、万能試験紙と同じように、水溶液の性質を調べるために使われます。

【太郎さんと先生の会話②】

先　　生：太郎さんは、石灰水がアルカリ性だと予想していましたね。水溶液がアルカリ性であることは、赤色のリトマス紙、青色のリトマス紙、ＢＴＢ溶液、フェノールフタレイン溶液のうち、どれを使えば確かめられますか。

太郎さん：　Ａ　を除く3種類のうち、どれかを使えばよいと思います。

先　　生：そうですね。それでは、なぜ　Ａ　は水溶液がアルカリ性であることを確かめることができないのでしょうか。

太郎さん：　Ａ　では、　Ｂ　からです。

先　　生：そのとおりです。それでは、石灰水が酸性・中性・アルカリ性のうち、どれであるかを実際に確かめてみましょう。

問1　【太郎さんと先生の会話②】の空らん　Ａ　、　Ｂ　にあてはまる内容として最も適切なものを、次のア〜エの中から1つずつ選び、記号で答えなさい。

　　　Ａ　の選択肢

ア　赤色のリトマス紙

イ　青色のリトマス紙

ウ　ＢＴＢ溶液

エ　フェノールフタレイン溶液

　　　Ｂ　の選択肢

ア　色が変化したときに、水溶液が酸性かアルカリ性なのかわからない

イ　色が変化したときに、水溶液が中性かアルカリ性なのかわからない

ウ　色が変化しなかったときに、水溶液が酸性かアルカリ性なのかわからない

エ　色が変化しなかったときに、水溶液が中性かアルカリ性なのかわからない

【太郎さんと先生の会話③】

太郎さん：今のラインパウダーには、何が使われているのですか。

先　　生：おもに炭酸カルシウムが使われています。炭酸カルシウムは、石灰石のおもな成分です。炭酸カルシウムにうすい塩酸をかけると発生する気体は何か知っていますか。

太郎さん：二酸化炭素です。二酸化炭素は酸素とちがい、物が燃えるのを助けるはたらきがありません。

先　　生：そうですね。それでは、二酸化炭素を集めた集気びんの中に火のついたろうそくを入れるとどうなりますか。

太郎さん：火はすぐに消えると思います。

先　　生：そうですね。それでは、二酸化炭素に、物が燃えるのを助けるはたらきがないことを確かめるために、二酸化炭素を発生させて集気びんに集め、実験をしてみてはどうでしょうか。

太郎さん：はい、やってみます。

【太郎さんが行った実験①】
〈用意したもの〉
□炭酸カルシウム　　□うすい塩酸　　□スタンド　　□フラスコ　　□ゴム管
□ピンチコック　　　□ろうと　　　　□リング　　　□集気びん　　□ゴムせん
□ガラスのふた　　　□水そう　　　　□水　　　　　□曲がるストロー

〈方法〉
①フラスコに少量の炭酸カルシウムを入れ、装置を組み立てる。水そうに入れた集気びんは、中を水で満たしておく。
②うすい塩酸を、ろうとから少しずつフラスコの中に注ぐ。
③ストローの先から気体が出始めたら、すぐに集気びんに集める。
④気体が集気びんの7～8分目まで集まったら、集気びんの口にふたをして、水そうからとり出す。このとき、フラスコの中の炭酸カルシウムのようすを観察する。

〈装置〉

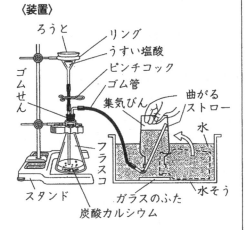

ろうと／リング／うすい塩酸／ピンチコック／ゴム管／ゴムせん／集気びん／曲がるストロー／水／フラスコ／スタンド／炭酸カルシウム／ガラスのふた／水そう

〈結果〉
・炭酸カルシウムにうすい塩酸を注ぐと、炭酸カルシウムからあわが出た。炭酸カルシウムは、うすい塩酸を注ぐ前と比べて量が減っていた。

【太郎さんが行った実験②】
〈用意したもの〉
□【太郎さんが行った実験①】で気体を集めた集気びん
□ガラスのふた　　□ろうそく立て　　□ろうそく　　□マッチ

〈方法〉
①ろうそく立てにさしたろうそくにマッチで火をつけ、ガラスのふたを動かして集気びんの口を少し開き、火のついたろうそくを集気びんの中に入れる。
②ろうそくの燃え方を観察する。

〈結果〉
・集気びんの中に入れたろうそくは、すぐには火が消えず、数秒間燃えてから消えた。

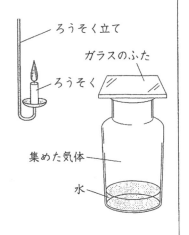

ろうそく立て／ガラスのふた／ろうそく／集めた気体／水

【太郎さんと先生の会話④】

先　　生：【太郎さんが行った実験①】では、フラスコの中で二酸化炭素が発生しましたね。【太郎さんが行った実験②】で、集気びんの中に火をつけたろうそくを入れたときの結果はどうでしたか。

太郎さん：集気びんの中に入れたろうそくの火は、すぐに消えると予想していましたが、数秒間燃え続けました。集気びんの中は二酸化炭素で満たされていたはずなのに、なぜ、ろうそくの火はすぐに消えなかったのでしょうか。

先　　生：【太郎さんが行った実験①】で、ストローの先から気体が出始めたとき、すぐに集気びんに気体を集めていましたね。

太郎さん：はい、集めていました。

先　　生：そこから理由が考えられますか。

太郎さん：わかりました。ストローの先から気体が出始めたとき、すぐに集気びんに気体を集めたため、　　　　C　　　　ことで、ろうそくの火がすぐに消えなかったのですね。

先　　生：そのとおりです。

問2　【太郎さんと先生の会話④】の空らん　　　　C　　　　にあてはまる内容を、「フラスコ」という言葉を使って、２５字以内で書きなさい。

これで、問題は終わりです。

令和３年度

適 性 検 査 Ⅰ

注　　意

1　問題は □1□ から □5□ までで、18ページにわたって印刷してあります。

2　検査時間は**45分**です。

3　声を出して読んではいけません。

4　解答はすべて解答用紙にはっきりと記入し、**解答用紙だけ提出**しなさい。

5　解答を直すときは、きれいに消してから、新しい解答を書きなさい。

6　**性別・受検番号**は解答用紙の決められた欄（らん）2か所に必ず記入しなさい。

さ い た ま 市 立 浦 和 中 学 校

1

花子さんは、図書館で面白そうなタイトルの小説を見つけたので、読んでみることにしました。

次の文章は、魚住直子著「みかん、好き？」(講談社) の一部です。これを読んで問1〜問4に答え
なさい。

拓海、長谷川、柴は、クラスは違うが同じ高校に通っている。瀬戸内海に浮かぶ島にある拓海の
祖父のみかん畑で、三人が収穫の手伝いをしている場面である。

　夕方になると、じいちゃんが※1一斗缶で火を起こした。昼間は結構暑かったのに火を見ると、手を
かざしたくなる。
　じいちゃんは、木の枝の先にみかんをさして、火の上であぶった。
「みかんを焼くんですか」
　長谷川がびっくりしたように聞いた。
「甘くなるんよ。でも熱いけぇ気をつけてね」
　じいちゃんは軍手をした長谷川の手に、焼いたみかんを渡す。
　長谷川が黒く焼けた皮をむくと湯気が立った。ひとかけら口に入れると、　　　Ａ　　　。
「ほんとだ、甘い」
「じゃろ」
　じいちゃんが満足そうに言うと、次の焼きみかんを柴に渡そうとしたが、柴は「いらん」と断った。
「おれはそのままがええ。①焼いたり凍らしたりするのは※2邪道じゃ」
「確かに」と、じいちゃんは笑った。
「ほいでも、いろんな食べかたがあったら、そのぶん、みかんをもっと食べてもらえるかもしれん」
「そりゃそうかもしれんけど」
　じいちゃんは焼いたみかんの皮をむき、柴に半分渡す。柴はしぶしぶ口に入れる。
「まあ、確かに甘いわ」
　最後にじいちゃんは拓海にくれた。かむと、みかんのあたたかい汁が口に広がる。不思議な味だ。こ
げたところがちょっとほろ苦い。
「でも、これからの時代はますます厳しいよねえ。②特にふつうのみかんだけじゃ難しいわ。うちはわ
しでおしまいじゃけど」
「もったいないですね」と長谷川が残念そうに言う。
「今はわしの※3道楽でええけど、これで生きていこうと思うたら苦労の連続よ。気候もどんどん変わ
りよるし、害虫の被害も増えよる。それに、もしこれからやるなら、別の品種も考えんと。デコポンと
か、せとかとか、カラマンダリンとか、今は甘いみかんが人気があるじゃろ」
「でも甘いみかんって、そんなにええかね」
　柴が不満そうな顔になる。
「私はすごく甘いのが好きだけどな」
　長谷川が言った。
「おれは酸っぱくないと、みかんじゃない気がする。甘くて酸っぱいのが自然のみかんじゃ」
　柴の言葉にじいちゃんがうなずく。

【適】

「確かに甘いだけのみかんは、みかんの本当のうまさを味わえん気がするよね」

「みかんはお菓子じゃないけえ」

　柴がきっぱり言うと、長谷川は「そんなふうに考えたことはなかったな、確かにそうかも」と③考える顔になった。

　それきり皆、しばらく黙った。

（一部、ふりがなをつけるなどの変更があります。）

※1　一斗缶……一斗（約18リットル）の容量がある金属の缶。

※2　邪道……望ましくないやり方。　※3　道楽……趣味として楽しむこと。

問1　本文中の空らん　　A　　にあてはまる言葉として最も適切なものを、次のア〜エの中から1つ選び、記号で答えなさい。

　　ア　目くじらを立てる　　　　イ　目を丸くする
　　ウ　目もくれない　　　　　　エ　目をぬすむ

問2　下線部①「焼いたり凍らしたりするのは邪道じゃ」とありますが、柴がこのように言ったのはなぜか、次の空らん　　B　　にあてはまる内容を、本文中からさがして15字で書きぬきなさい。

　柴は、　　　　　　　　B　　　　　　　　であり、お菓子ではないので、そのまま食べるべきだと考えているから。

問3　下線部②「特にふつうのみかんだけじゃ難しいわ」について、このように言ったときのじいちゃんの思いを、花子さんは次のようにまとめました。【花子さんのまとめ】にある空らん　　C　　、　　D　　にあてはまる内容を、本文中からさがして、　　C　　は11字で、　　D　　は6字でそれぞれ書きぬきなさい。

【花子さんのまとめ】

　　今はふつうのみかんより　　　C　　　ので、これからのみかん農家は、ふつうのみかんだけを作って　　D　　とするのは難しいと思っている。

問4　下線部③「考える顔になった」とありますが、このときの長谷川の様子の説明として最も適切なものを、次のア〜エの中から1つ選び、記号で答えなさい。

　　ア　「みかんはお菓子じゃないけえ」という柴の言葉を聞き、みかんはお菓子と同じように楽しむために食べるものなのだから、甘くなければならないと反発している。
　　イ　気候変動や害虫の被害の増加により、みかんを作るのは苦労の連続だとじいちゃんから聞いて、みかん作りの大変さがよくわかったと思っている。
　　ウ　大人であるじいちゃんに対しても思ったことを遠慮なく言う柴の態度を見て、失礼だと思っている。
　　エ　これまで酸っぱいみかんより甘いみかんがいいと単純に考え、みかんの本当のおいしさについて考えようとしなかったことに気がついている。

2

太郎さんは、イソップ童話の「アリとキリギリス」を読んで、アリが本当に働き者なのかということに興味をもち、先生にたずねたところ、次の本を紹介してもらいました。

次の文章は、長谷川英祐著「面白くて眠れなくなる進化論」（PHPエディターズ・グループ）の一部です。これを読んで問1～問5に答えなさい。

アリは働き者であるというイメージがあります。

しかし、アリの大部分は巣の中で暮らしており、地上に現れるアリはエサを集めるためにやってくるのですから、いつも働いているのはある意味で当然のことです。

それでは、巣の中のアリはどうなのでしょうか。中を観察できるような人工のアリの巣を作って観察すると、①意外なことがわかります。

ある瞬間を見てみると、全体の三割くらいしか働いておらず、後の七割はボーッとたたずんでいたり、自分の体を掃除しています。子どもの世話のような、※1コロニーの他のメンバーの利益になるような「労働」をしていません。

アリのコロニーの生産性を考えれば、全員が働いているほうが、生産力が高いのはいうまでもありません。それでは、自然選択の存在下でなぜ、常に働かないアリがいるような無駄が存在しているのでしょうか。

※2アリのワーカーの各個体は、②仕事が出す刺激がある一定の値以上になると反応して働きだすと考えられています。この時の仕事を始める限界の刺激値を「反応閾値」と呼んでいます。

さらに、「反応閾値」は特定の仕事について、個体差があることもわかっています。　　A　　、小さい刺激で働きだすものと、刺激が大きくならないと仕事を始めないものがいるのです。このようなシステムになると、ずっと働き続ける個体から、ほとんど働かない個体が自動的に現れるのです。

なぜでしょうか。

反応閾値ではわかりにくいので、人間の中にきれい好きの人とそうでない人がいることに譬えて、説明しましょう。

きれい好きの「程度」が様々な人々が集まり、部屋で何かをしていると考えます。時間が経つとだんだん部屋が散らかっていきます。

このとき、誰が掃除を始めるのでしょう。そうです、きれい好きの人ですね。きれい好きの人は部屋が散らかっているのが我慢できないので、少しでも散らかってくると掃除を始めてしまいます。

　　B　　、部屋がきれいになりました。そこでまた皆が何かをやっていると、再び部屋が散らかってきます。誰が掃除するでしょうか？　そうです。また、きれい好きの人が掃除するのです。

理由は「散らかっていると我慢できない」からです。結局、きれい好きの人はいつも掃除をしていますが、散らかっていても平気な人は全然掃除をしません。

この時大事なことは、もしきれい好きの人が疲れて掃除ができなくなってしまって、部屋がさらに散らかると「　　　　　E　　　　　」ことです。そういう人もある程度を越えると部屋が散らかっているのには耐えられないからです。

【適

アリでも同じことが起こっていると考えられます。

　働かないアリはサボっている訳ではなく、ある程度以上に仕事の刺激が大きくなればちゃんと働けるのですが、さっさと働いてしまう個体がいるために、働かずにいるだけです。ともあれ、全体を見てみると、③いつも働いている個体から、ほとんど働かない個体まで、様々なアリがいることになります。

　さてここで、全員が一斉に働いてしまうような、短期的生産性の高いコロニーを考えてみます。このようなコロニーは、時間あたりの仕事処理量は高いでしょうが、その代わり、全ての個体が一斉に疲れて誰も働けなくなるという時間が生じてしまうでしょう。

　もし、コロニーに絶対にこなさなければならない仕事があるとしたら、その瞬間には誰もその役割を担えなくなってしまいます。その仕事ができないことがコロニーに大きなダメージを与えるとしたら、その仕事をこなせる誰かが常に準備されていないと大変なことになります。もしかすると、「働かない働きアリ」は、誰も働けなくなる危険きわまりない瞬間の※3リスクを回避するために用意されているのかも知れません。

　そんな仕事があるのでしょうか。

　あると考えられます。

　アリやシロアリは卵を一カ所に集めて、常にたくさんの働きアリがそれを舐めています。シロアリでの実験では、※4卵塊から働きアリを引き離してしまうと、ほんのわずかな時間放置しただけで卵にカビが生えて全滅してしまうことがわかっています。さらに、シロアリの働きアリの唾液には※5抗生物質が含まれており、働きアリたちは唾液を卵に塗り続けてカビを防いでいたのでした。

　アリも同様でしょう。卵が全滅すればコロニーにとって大きなダメージになりますから、卵を舐めるという仕事はコロニーにとって、誰かが必ずこなし続けなければならない仕事なのです。普段働かないアリは仕事の刺激が大きくなれば働きますから、他の個体が疲労して休まなければならない時に代わりに働くことができます。

（一部省略や、ふりがなをつけるなどの変更があります。）

※1　コロニー……ここではアリの集団が生活している巣のこと。

※2　アリのワーカー……働きアリのこと。食物の確保、幼虫の世話などをする。

※3　リスク……危険の生じる可能性。

※4　卵塊……魚や昆虫などの卵のかたまり。

※5　抗生物質……カビなどの微生物の発育をじゃまする物質。

問1　本文中の空らん　　Ａ　　、　　Ｂ　　にあてはまる言葉の組み合わせとして最も適切なものを、次のア～エの中から1つ選び、記号で答えなさい。

　　ア　　Ａ　しかし　　　Ｂ　ところで

　　イ　　Ａ　つまり　　　Ｂ　さて

　　ウ　　Ａ　すなわち　　Ｂ　または

　　エ　　Ａ　ところが　　Ｂ　それでは

問2　下線部①「意外なこと」について、太郎さんは次のようにまとめました。次の【太郎さんのまとめ①】にある空らん　　Ｃ　　にあてはまる内容を、本文中からさがして11字で書きぬきなさい。

— 4 —

【太郎さんのまとめ①】

　アリはみんな働き者であるというイメージがあるが、実際は巣の中には ┌─── C ───┐ とい
うことがわかる。

問３　下線部②「仕事が出す刺激がある一定の値以上になると反応して働きだす」とありますが、これ
　　を人間の「きれい好き」の人の場合にあてはめると、具体的にどのようなことが言えるか、次の空ら
　　ん ┌─ D ─┐ にあてはまる内容を本文中の言葉を使って、３０字以上３５字以内で書きなさい。

　　「きれい好き」の人の場合にあてはめると、┌─────── D ───────┐ こと。

問４　本文中の空らん ┌─ E ─┐ にあてはまる内容を、次のア～エの中から１つ選び、記号で答え
　　なさい。

　　ア　散らかっていても平気な人が掃除をあきらめる
　　イ　あまりきれい好きでない人が掃除を始める
　　ウ　散らかっていても平気な人が掃除をさせられる
　　エ　あまりきれい好きでない人が掃除を我慢する

問５　下線部③「いつも働いている個体から、ほとんど働かない個体まで、様々なアリがいる」につい
　　て太郎さんは下のようにまとめました。下の【太郎さんのまとめ②】にある空らん ┌─ F ─┐
　　にあてはまる内容として最も適切なものを、次のア～エの中から１つ選び、記号で答えなさい。

　　ア　きれい好きな人とそうでない人がいるように、アリにも自分の体の掃除しかしない個体がいる
　　イ　アリは人間とは違い、どんなに働いても疲れることなく、仕事を続けることができる
　　ウ　全員が一斉に働いてまで時間当たりの仕事量を高くする必要性が、アリのコロニーにはない
　　エ　絶対に必要な仕事を誰もできなくなるという、コロニーにとって危険な瞬間のリスクをさける

【太郎さんのまとめ②】

　全てのアリが一斉に働いていると、全てのアリが一斉に疲れて誰も働けなくなる。
　もし、コロニーに絶対にこなさなければならない仕事があったら……
　→誰もその役割を担えなくなり、コロニーに大きなダメージを与える。

　　　　　　　　　　　　　　　　↓

　いつも働いているアリとほとんど働かないアリがいる理由は、┌─ F ─┐ ためか
もしれないと、筆者は考えている。

花子さんは、学校の授業で富士山が世界遺産であることを学んだ後に、図書館で富士山に関する本を見つけたので、読んでみることにしました。

次の文章は、山崎晴雄著「富士山はどうしてそこにあるのか　地形から見る日本列島史」（ＮＨＫ出版）の一部です。これを読んで、問１〜問４に答えなさい。

著作権に関係する弊社の都合
により省略致します

教英出版編集部

（一部、ふりがなをつけるなどの変更があります。）

※1　定常的……一定して変わらないこと。

※2　朝廷……天皇を中心に政治がおこなわれていた機関。

※3　官位……官職（その人の立場や仕事）と位階（その人の序列・位）のこと。

※4　叙位……位を授けること。

※5　成層圏……地球の表面をおおう空気の層（大気圏）のうち「対流圏」の次に地球に近い層。

※6　ひいては……それがもとになり、さらに進んで。さらには。

※7　カルデラ……火山の活動によってできた大型のくぼんだ土地。

※8　火砕流……火山ガスとともに火口から高温の噴出物が高速で流れ出る現象。

※9　賜物……くださったもの。恩恵。

問1　下線部①「神様の官位が上がっていきました」について、次の（1）、（2）に答えなさい。

（1）　下線部①「神様の官位が上がっていきました」について、花子さんは次のようにまとめました。【花子さんのまとめ①】にある空らんにあてはまる内容を本文中からさがして、　　Ａ　　は１４字、　　Ｂ　　は１２字でそれぞれ書きぬきなさい。

【花子さんのまとめ①】

　日本では古代から、高くそびえる山にはそれぞれ神様がいて、火山噴火を　　Ａ　　と考えていたので、平安時代には　　Ｂ　　という目的で朝廷が神様に官位を授けた。

（2）　下線部①「神様の官位が上がっていきました」とありますが、官位が上がっていった理由として最も適切なものを、次のア～エの中から１つ選び、記号で答えなさい。

　　　ア　平安時代には、他の時代より火山の噴火の回数が増えたから。
　　　イ　平安時代には、山の神様に対する感謝の気持ちが大きくなったから。
　　　ウ　平安時代には、朝廷が火山の噴火の報告が地方からあるたびに、叙位していたから。
　　　エ　平安時代には、朝廷が、むやみに人々に官位を授けていたから。

問2　下線部②「火山の冬」について、花子さんは下のようにまとめました。【花子さんのまとめ②】の空らん　　Ｃ　　にあてはまる内容として最も適切なものを、次のア～エの中から１つ選び、記号で答えなさい。

　　　ア　噴出物が成層圏を破壊し　　　　　イ　周辺の溶岩が冷えて固まり
　　　ウ　噴出物が太陽光をさえぎり　　　　エ　周辺に雪が降り出し

【花子さんのまとめ②】

　「火山の冬」とは、火山の噴火によって　　Ｃ　　、そのことが気温を低下させ、食料生産などにも影響をおよぼし、生物の生存まで不可能にすること。

問3　下線部③「火口」について、山にみられる火口に興味を持った花子さんは、富士山の火口について調べ、等高線を示した地図と富士山の断面を表す図をつくり、【花子さんのまとめ③】のようにまとめました。<富士山の山頂付近の等高線を示した地図>に見られる富士山を、山頂と斜面の途中の火口を通るようにDからEの線で切った断面を表す図として最も適切なものを、下のア〜エの中から1つ選び、記号で答えなさい。

【花子さんのまとめ③】
<富士山についてわかったこと>
・富士山の山頂の標高は、3776メートルである。
・富士山は、どの方向から見ても左右対称に近いなだらかな形をしている。しかし、江戸時代中期に富士山の斜面で大規模な噴火が起こったため、このときの噴火の「火口」が斜面の途中にあるため、特ちょう的な地形が見られる。

<富士山の山頂付近の等高線を示した地図>

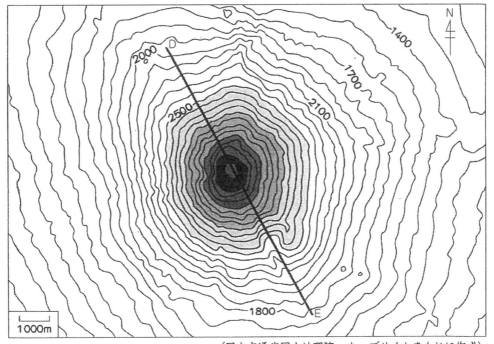

(国土交通省国土地理院　ウェブサイトをもとに作成)

<地図について>
・標高が2500メートル以上の高さの場所には色をつけ、色が濃くなるほど標高が高くなるようにあらわした。

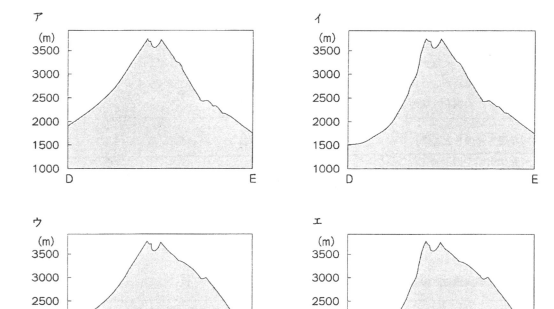

問4 この文章で述べられている内容として**適切でないもの**を、次のア〜エの中から1つ選び、記号で
答えなさい。

ア 火山活動は、人間の生活を破壊することがあるおそろしい存在なので、火山活動を予知するな
ど、防災の意識が必要である。

イ 大規模な火山噴火が起こると、火山灰などの噴出物が地球全体をとりまいて日傘のようになり、
日射量を低下させる。

ウ 火山地帯には、火口やカルデラとそこに作られる湖、溶岩や火砕流が作った地形など、火山噴
火に伴ったさまざまな景色が見られる。

エ 火山は、噴火などの火山活動によって人間に大きな厄災をもたらすが、同時に、さまざまな恩
恵を与えてくれるものである。

令和３年度

適 性 検 査 Ⅱ

さ い た ま 市 立 浦 和 中 学 校

太郎さんと花子さんは学校の環境美化委員会に入っています。環境美化委員は１６人います。市をあげて取り組んでいる「花いっぱい運動」に協力するために、校舎のうらにある縦５ｍ、横６ｍの空き地に、花だんをつくることにしました。

次の問１〜問５に答えなさい。

【太郎さんたちの会話①】

先　　生：まずは、空き地をレンガで囲んで、水や土が流れ出ないように花だんをつくりましょう。使えるのは４７個のレンガです。たくさんの花を植えたいので、花だんの面積が最大になるように考えましょう。

太郎さん：先生、レンガ１個の大きさを教えてください。

先　　生：大きさは縦２０cm、横４０cm、高さ１５cmです。図１のように、縦２０cm、横４０cmの長方形の面を底面にして置くことにしましょう。

図１　レンガ１個の大きさ

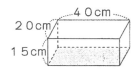

太郎さん：わかりました。では、縦と横にレンガを１２個ずつ並べて、上から見たときに、図２のように花だんの内側が正方形になるようにしてみてはどうでしょうか。１周の長さが同じ四角形であれば、正方形にしたときの面積が一番大きくなると思います。

図２　太郎さんの考えた　　レンガの並べ方

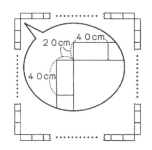

花子さん：そうですね。しかし、その並べ方だと、全部でレンガが　　Ａ　　個必要になるので、　　Ｂ　　個足りないのではないでしょうか。

先　　生：そうですね。それにその並べ方だと縦５ｍを　　Ｃ　　cm、はみ出してしまいますね。図３のように、レンガとレンガをすき間なく並べ、図４のように花だんの外側と内側が四角形になるように並べることにしましょう。正方形に近いほど、面積が大きくなるという太郎さんの目の付けどころはいいですね。では、レンガ４７個を使って、どう囲んだらよいかを考えましょう。

図３　２個のレンガの並べ方の例

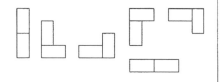

図４　花だんの完成イメージ

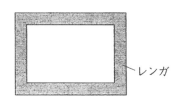

← レンガ

問1 【太郎さんたちの会話①】にある空らん　A　、　B　、　C　に入る数字をそれぞれ答えなさい。

問2 【太郎さんたちの会話①】から、レンガ４７個を使ってつくる一番大きい花だんの内側の面積は何m²か、答えなさい。

太郎さんたちは花だんの一部に、チューリップの球根を植える計画を考えています。

問3 花だんの中の縦３m、横３mの正方形の場所にチューリップの球根を植える計画を立てました。直径４cmの円の形の穴を堀り、そこにチューリップの球根を１つずつ植えます。穴と穴の間隔を１０cmとするとき、一列目をすべて植え終えるためには、チューリップの球根は何個必要か求めなさい。なお、球根は図５のように植えるものとし、三列目以降も同様に植えるものとします。

図５　チューリップの球根の植え方

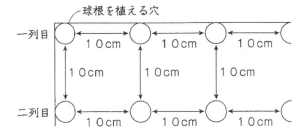

－2－

太郎さんたちは、花だんを完成させ、チューリップの球根をすべて植え終えるのに３日間かかりました。また、１６人の環境美化委員全員が、順番に水やりなどの世話をすることにしました。

【太郎さんたちの会話②】

先　　生：お疲れさまでした。無事、みなさんのおかげでチューリップの球根を植えるところまで終えることができました。

太郎さん：３日間もかかってしまいました。

花子さん：環境美化委員は全員で１６人いますが、全員が集まれたわけではなかったため、時間がかかってしまいましたね。

先　　生：１日目は１０人の環境美化委員が３時間の作業を行いましたね。２日目は６人の環境美化委員が３時間の作業を行い、３日目の今日は１２人の環境美化委員が４時間の作業を行って終えることができたのですから、みなさんとてもがんばりましたね。

太郎さん：もしも、１日目に１６人全員で作業することができたら、今回３日間かけて終わらせた作業を何時間で終えることができたのでしょうか。

花子さん：全員の１時間あたりにできる仕事の量は同じであると考えたとき、１日目に１６人全員で作業したら　　　Ｄ　　　時間ですべての作業を終えることができましたね。

太郎さん：そうだったのですね。

先　　生：来週からみなさんにチューリップの世話をしてもらうことになりますが、１人あたりの回数があまり多くならないよう、２人一組の順番の当番制で行ってください。

花子さん：はい。２人一組のペアを８組作り、順番に行っていきます。また、世話をする日は、１週目が火曜日と木曜日、２週目が月曜日と水曜日と金曜日、３週目は１週目と同様に火曜日と木曜日、４週目は２週目と同様に月曜日と水曜日と金曜日というように、５週目以降も交互にくり返したいと思います。

先　　生：よい考えですね。それでは、来週の１１月９日の週から１２月２１日の週の金曜日まで花子さんが考えた当番制で１日ずつ行っていきましょう。ところで、世話をするペアの順番は決まっているのですか。

太郎さん：はい。わたしと花子さんのペアは、１１月１０日の火曜日が最初に世話をする日です。

先　　生：そうなのですね。それでは、よろしくお願いします。

問４　【太郎さんたちの会話②】にある空らん　　　Ｄ　　　に入る数字を答えなさい。

問５　【太郎さんたちの会話②】から、太郎さんと花子さんのペアが世話をする回数は合計で何回になるか、答えなさい。

2

～～～～～～～～～～～～～～～～～～～～～～～～～～～～～～～～～
太郎さんの家族は犬を飼っていて、※ドッグランに行ったり競技会に参加したりしています。
～～～～～～～～～～～～～～～～～～～～～～～～～～～～～～～～～

※ドッグラン……犬の綱（リード）を外して、犬が自由に駆け回ることができる施設。

次の問1〜問4に答えなさい。

太郎さんたちは、車で、あるドッグランに行きました。**資料1**は、太郎さんたちが行ったドッグランの案内板の一部です。

資料1　ドッグランの案内板（一部）

問1　太郎さんたちは、午前8時25分に車で自宅を出発して、**資料1**のドッグランに午前10時15分に到着しました。車は平均時速30kmで走りました。太郎さんの自宅から**資料1**のドッグランまでの道のりは、何kmだったか答えなさい。

問2　**資料1**に示された図1のように、中・大型犬用と小型犬用の施設は、幅が一定の道をはさんでいます。また、道と東西南北の囲いはすべて直線で、A、B、H、Gの4つの地点において、直角に囲われています。中・大型犬用の施設の面積は、1200m²あります。

中・大型犬用の施設の1周の長さは、小型犬用の施設の1周の長さより何m長いですか。長さの求め方を式で説明し、答えなさい。

— 4 —

太郎さんが飼っている犬は、花子さんが飼っている犬と、このドッグランの中で仲良くなりました。ドッグラン内にタイム計測ができる長さ３６ｍの直線のコースがあったため、太郎さんは、太郎さんが飼っている犬と花子さんが飼っている犬を競走させることにしました。

問３　太郎さんが飼っている犬は長さ３６ｍの直線のコースを秒速４．５ｍで走りました。花子さんが飼っている犬が同じコースを０．５秒速いタイムでゴールしたとき、花子さんが飼っている犬が走る平均の速さは秒速何ｍか、答えなさい。

　　資料２は、太郎さんが飼っている犬が今度参加する予定の競技会の内容を簡単に説明したものです。

資料２　競技会の内容

●犬がコースに置かれたいくつかの障害物を時間内にこえていき、所要時間を競います。
●犬と飼い主は並んで走ります。
●競技会では、長さ４５ｍの直線のコースに、次の図２の４種類の障害物をすべて使うことになっています。

　図２　コースに設置した障害物の大きさ

	ウォーク	ウォールジャンプ	ランプ	トンネル
障害物		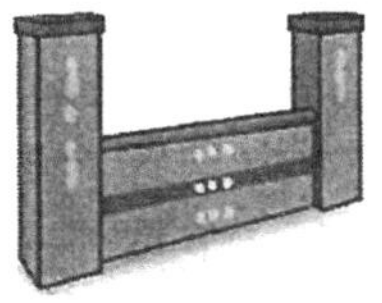		
障害物を横からみた図と犬の動き方と障害物の長さ	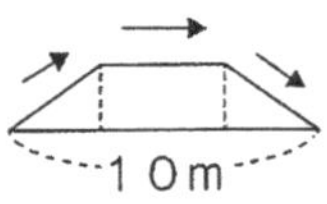 １０ｍ	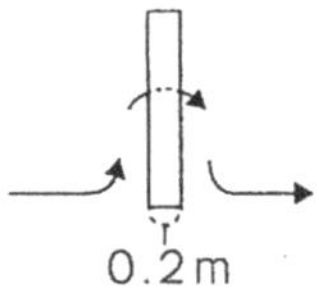 ０．２ｍ	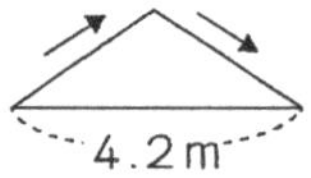 ４．２ｍ	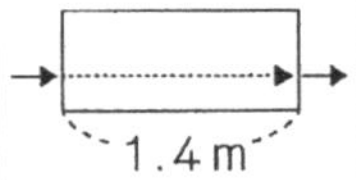 １．４ｍ
障害物の高さ	１．２ｍ	０．５ｍ（ジャンプする部分の高さ）	１．４ｍ	０．７ｍ

太郎さんは、犬が走るときに、犬の目の高さがどのように変化しているかを考えてみることにしました。そこで、次の【太郎さんの考え】のようにまとめました。図3は、【太郎さんの考え】をもとにして、長さ45mの直線のコースでの犬の目の高さの変化を、図に表したものです。

【太郎さんの考え】
① 走っているときの目の高さは、足が着いているところから常に0.5mとする。
② トンネルの中でも目の高さは変わらず0.5mとする。
③ ウォールジャンプでは、0.4m手前からジャンプし、0.4m先に着地するものとして、目の高さが直径1mの半円をえがくようにこえるものとする。
④ ウォールジャンプをこえるときの目の高さが最も高くなるところは、ウォールジャンプのジャンプする部分の高さから0.5m高い位置にあるものとする。
⑤ それぞれの障害物の間のきょりは5mとし、図2にある4つの障害物はそれぞれ1台ずつあるものとする。
⑥ スタート地点と最初に置かれている障害物の間のきょりは、5m以上離れているものとする。また、最後に置かれている障害物とゴール地点の間のきょりも同様とする。

図3　犬の目の高さの変化

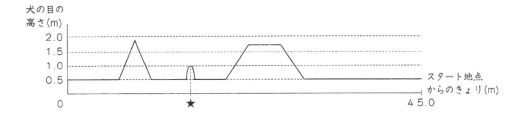

問4　【太郎さんの考え】と図3から考えて、長さ45mの直線のコースに置かれた障害物は、どのような順番で並んでいますか。最も適切なものを次のア～エの中から1つ選び、記号で答えなさい。また、スタート地点と最初に置かれている障害物の間のきょりは何mか、答えなさい。なお、図3のスタート地点から★までのきょりは、15.6mとします。

ア　スタート → トンネル → ウォーク → ウォールジャンプ → ランプ → ゴール
イ　スタート → トンネル → ランプ → ウォールジャンプ → ウォーク → ゴール
ウ　スタート → ランプ → ウォールジャンプ → ウォーク → トンネル → ゴール
エ　スタート → ランプ → トンネル → ウォールジャンプ → ウォーク → ゴール

－6－

3

太郎さんのクラスでは、メダカを育てています。

次の問1〜問4に答えなさい。

【太郎さんと花子さんの会話①】

太郎さん：メダカは元気に育っていますね。でも、水がにごってきました。

花子さん：水槽の水は、ときどきかえたほうがよいそうです。水をかえましょう。

太郎さん：水は一度に全部かえたほうがいいのですか。

花子さん：水のようすが大きく変わるとメダカにとってよくないそうです。

太郎さん：今日はメダカの水槽に入っている水の3分の1の量だけをかえましょう。

花子さん：水槽に入っている水の3分の1の量とは、何Lなのでしょうか。

太郎さん：水槽の大きさを調べて計算する必要がありますね。この水槽は厚さが均一のガラスでできた直方体の形を

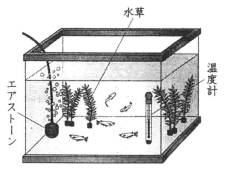

水草

温度計

エアストーン

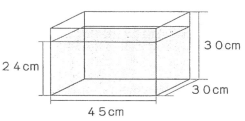

30cm

24cm

30cm

45cm

していて、その内のりは、縦30cm、横45cm、深さ30cmとわかっています。メダカ、少量の水、水草、エアストーン、温度計を別の容器にうつしたので、水槽の水の深さは24cmになりました。この水槽に入っている水の3分の1の量をかえましょう。

花子さん：この水槽に入っている水の3分の1の量を、ポンプを使って取り出し、バケツに入れて、外にすてようと思います。

太郎さん：このバケツには、3Lと書いてありますね。

花子さん：はい。3Lの水の量をはかることができます。では、このバケツを使って、この水槽に入っている水のうち、3分の1の量を外に運んですてましょう。

太郎さん：そうしましょう。水をすてたあとは、用意しておいた、くみ置きの水を水槽に入れましょう。

問1　【太郎さんと花子さんの会話①】から、水槽に入っている水の3分の1の量の水をすてるとき、少なくとも何回バケツで水を運ぶ必要があるか、回数を答えなさい。ただし、このバケツには1回に3Lまで水を入れることができることとします。

【適

太郎さんと花子さんは水をかえるときに、水槽の中がより自然な環境に近くなるよう整えました。

【太郎さんと花子さんの会話②】
花子さん：メダカがたまごをうむのは夏から秋ですね。なぜメダカは冬にたまごをうまないのでしょうか。
太郎さん：メダカがたまごをうむための条件があるのかもしれませんね。水温と明るくする時間の長さを変えて、メダカがたまごをうむかどうかを確かめ、まとめてみたいと思います。

【実験①】
＜用意したもの＞
　□水槽　□砂　□ヒーター　□エアストーン　□水温計
　□水草　□メダカ　□照明器具

＜方法１＞
　水温をそれぞれ１５℃、２５℃にし、それ以外の条件は同じにして、メダカを育てた。明るくする時間は１日１５時間にした。

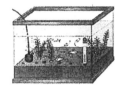
水温：１５℃

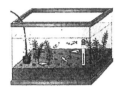
水温：２５℃

＜結果１＞
　水温を２５℃にした水槽でだけ、メダカはたまごをうんだ。

【実験②】
＜方法２＞
　明るくする時間を１日それぞれ１０時間、１５時間にし、それ以外の条件は同じにして、メダカを育てた。水温は２５℃にした。

明るくする時間：
１０時間

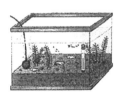
明るくする時間：
１５時間

＜結果２＞
　明るくする時間が１日１５時間の水槽でだけ、メダカはたまごをうんだ。

【太郎さんのまとめ】
　＜結果１＞と＜結果２＞から、メダカがたまごをうむためには、　　Ａ　　ことがわかった。

問2　【太郎さんのまとめ】にある空らん　　　A　　　にあてはまる内容として最も適切なものを、次のア～エの中から1つ選び、記号で答えなさい。

ア　水の温度だけが関係している
イ　明るくする時間だけが関係している
ウ　水の温度と明るくする時間の両方が関係している
エ　水の温度と明るくする時間は、どちらも関係がない

花子さんは、メダカのたまごがふ化する日を予想する方法について、先生に質問しました。

【花子さんと先生の会話】
花子さん：今朝メダカがたまごをうみました。このたまごがいつふ化するのかを予想しようと思います。よい方法はありませんか。
先　　生：メダカのたまごは、毎日の平均の水温を合計し、一定の値をこえると、ふ化するといわれています。資料をみて、今朝うんだたまごがふ化するまでにかかる日数を、考えてみてください。

資料　平均の水温とメダカのたまごがふ化するまでにかかる日数

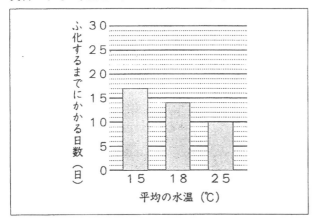

問3　花子さんは、先生の話をもとに、メダカのたまごがいつふ化するか、計算をしてみました。【花子さんと先生の会話】の下線部と資料から、平均の水温が20℃のとき、メダカのたまごがふ化するには何日かかると考えられますか。最も適切なものを、次のア～エの中から1つ選び、記号で答えなさい。

ア　8～9日　　イ　10～11日　　ウ　12～13日　　エ　14～15日

4

～～
太郎さんと花子さんは、総合的な学習の時間に、防災とまちづくりをテーマとした発表をすることになりました。
～～

次の問1～問4に答えなさい。

花子さんはテーマについて考えながら、お父さんと家の近所を散歩していたとき、写真のような「火の見やぐら」を見つけ、話をしたことを思い出しました。

【花子さんとお父さんの会話】

花子さん：お父さん、あそこに塔があります。

お父さん：あれは、「火の見やぐら」というんだよ。江戸時代には「火消し」という、現在の消防士のような人たちがいたのだけれど、その人たちが使ったものだと言われているよ。今、目の前にある建物は、江戸時代にできたものではないけれど、火の見やぐらは今も全国各地に残っているよ。

花子さん：よく見ると、火の見やぐらの上には鐘がありますね。何に使われたのでしょうか。

お父さん：以前、テレビで見たのだけれど、江戸時代は、鐘を1回ずつ鳴らすと「火元は遠い」、2回ずつ鳴らすと「火消しが出動する」という合図だったそうだよ。

花子さん：おもしろいですね。鐘の意味を後でメモに残しておきます。

お父さん：あと、鐘を続けて何度も鳴らすと「火元は近い」、鐘を激しく続けて何度も鳴らすと「火元はとても近い」という合図だったそうだよ。

花子さん：つまり、江戸時代は、鐘の ┌─ A ─┐ 方を変えることによって、火消しの出動の合図や、近いか遠いかなど、火元までの ┌─ B ─┐ を町の人に知らせる役割があったのですね。火の見やぐらは、昔の人の防災対策のひとつだったのですね。

お父さん：そのとおりだよ。実は、さいたま市には、火の見やぐらが多いんだよ。

花子さん：学校の近くにも火の見やぐらがあるか、探してみます。

問1　【花子さんとお父さんの会話】の ┌─ A ─┐ 、┌─ B ─┐ にあてはまる言葉を、【花子さんが作ったメモ】を参考に、それぞれ3字以内で答えなさい。

写真　火の見やぐら

【花子さんが作ったメモ】

鐘を1回ずつ鳴らす	火元は遠い
鐘を2回ずつ鳴らす	火消しが出動する
鐘を続けて何度も鳴らす	火元は近い
鐘を激しく続けて何度も鳴らす	火元はとても近い

問2　花子さんは、江戸時代の江戸（現在の東京）の町の防災対策について調べていると、図1、図2を見つけたので、そこからわかったことを下のようにまとめました。【花子さんのまとめ】の空らん　C　にあてはまる内容について最も適切なものを、次のア〜エの中から1つ選び、記号で答えなさい。

　　ア　それぞれの町人の家のとなりには、ごみすて場や共同便所があった
　　イ　それぞれの町人の家を取り囲むように、たくさんの広い道があった
　　ウ　限られた空間に、多くの町人の家がすきまなく建てられていた
　　エ　町人の家にはさまれるような形で、多くの店が建てられていた

図1　火消しの消火活動	図2　江戸の※町人の家の建てられ方（例）
 火消しが「さすまた」を使って家の柱や壁をこわす。	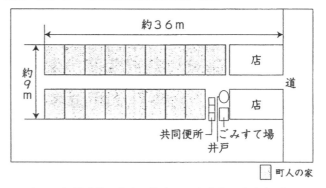 ※町人……江戸時代の都市に住んでいた職人や商人などのこと。

【花子さんのまとめ】
　江戸の町では、木造の燃えやすい家が多かった。また、火事がおこったときに、現代と違って水がじゅうぶんに使えなかったので、江戸の町での火消しの消火活動は、図1のように「さすまた」という道具を使って周りの家をこわすことだった。
　それは、当時の江戸の町は、図2からわかるように　C　ため、火事が広がることを防ぐという目的で行っていた作業だと考えた。

　太郎さんは、図書館で水害や土砂災害について調べていると、地図と【図書館に飾られていた防災マップ】を見つけました。それらをもとに水害に備えたつくりの家が多くみられる場所について考え、【太郎さんのまとめ】をつくりました。

問3　【太郎さんのまとめ】の空らん　D　にあてはまる場所として最も適切なものを、地図にある⑦〜㊤の中から1つ選び、記号で答えなさい。

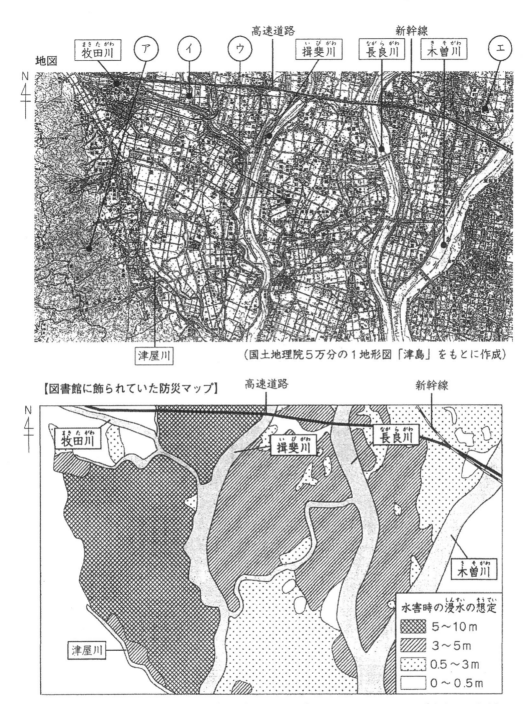

地図

牧田川 ア イ ウ 高速道路 揖斐川 長良川 新幹線 木曽川 エ

N

津屋川

（国土地理院５万分の１地形図「津島」をもとに作成）

【図書館に飾られていた防災マップ】 高速道路 新幹線

N

牧田川 揖斐川 長良川

木曽川

津屋川

水害時の浸水の想定
5〜10m
3〜5m
0.5〜3m
0〜0.5m

（各県市町のウェブサイトのハザードマップをもとに作成）

【太郎さんのまとめ】
　【図書館に飾られていた防災マップ】の「水害時の浸水の想定」で読み取れた数字が高いほど水害に備えたつくりの家が多く見られると考えた。したがって、地図にある㋐〜㋓の中では、最も水害に備えたつくりの家が多くみられる場所は ☐Ｄ☐ だと推測できる。

【太郎さんと先生の会話】

太郎さん：土砂災害について調べていたら資料を見つけました。これは何でしょうか。

先　　生：これは、砂防の写真ですね。砂防は土砂災害などを防止・軽減するために作られた防災設備のひとつです。

太郎さん：はじめて知りました。砂防を使うと、なぜ、土砂災害を防止したり、軽減したりすることができるのでしょうか。

先　　生：図3を見てください。これは、水量の少ない川に砂防が設けられている例です。通常時、川の水は、砂防と地面との間の小さなすき間や砂防に空いている穴を通り、流れています。そこに大雨が降って土砂くずれが起こり、流れてきた石や土砂などが図4のように堆積すると、水の流れが変化します。では、図3と比べ、水の流れはどのように変化すると思いますか。

太郎さん：図3に比べ、図4は石や土砂などが堆積したことによって、川の傾きが変化しますね。ということは、流れる水の量が同じなら、傾きの分、水の流れは　 E 　なると思います。

先　　生：そうですね。実は、水の流れが　 E 　なるもうひとつの理由があるのです。

太郎さん：石や土砂などのあいだに、川の水がしみこんでいくからですか。

先　　生：それもありますが、もっと大きな理由があります。図5をもとに考えてみてください。

太郎さん：石や土砂などが積もったことによって、　　　 F 　　　 なっていますね。

先　　生：よいところに気がつきましたね。このような変化が起こることで、下流の地域で土砂災害の危険が増す前に、住民が避難する時間を稼ぐことができるのです。

太郎さん：なるほど。砂防は大変すぐれた機能を持っているのですね。

問4　【太郎さんと先生の会話】を見て、次の（1）、（2）に答えなさい。

（1）　空らん　 E 　にあてはまる内容を3字以内で書きなさい。

（2）　太郎さんは図5をもとに流れる川の水の量だけに注目した、砂防のない図6をつくりました。【太郎さんと先生の会話】の空らん　　　 F 　　　 にあてはまる内容を、図5、図6を参考に10字以内で書きなさい。

資料　砂防

砂防

すき間

穴

図3　横から見た通常時の川

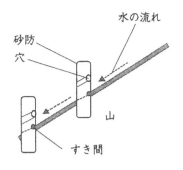

図4　石や土砂などが堆積した川

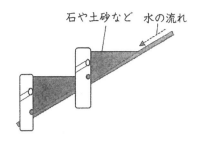

図5　図4の川を上流から見たようす（川の断面のようす）

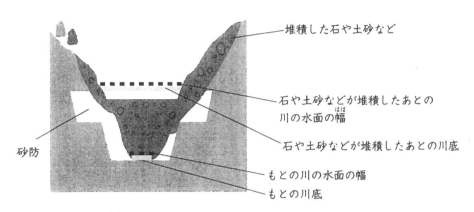

（**資料**は山陽建設工業株式会社、図3、図4、図5は国土交通省北陸地方整備局黒部河川事務所のウェブサイトをもとに作成）

図6　太郎さんが図5をもとに流れる川の水の量に注目した図

※1秒間に流れる川の水の量は同じとする。

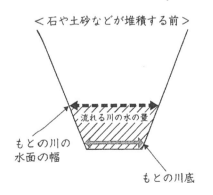

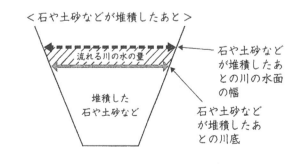

5

　太郎さんと花子さんは、総合的な学習の時間に、「スマートシティ」での生活についてそれぞれ調べることになりました。

次の問1〜問3に答えなさい。

【太郎さんと花子さんの会話】

花子さん：スマートシティとは、スマートフォンやタブレットを使って、くらしがより便利になったり、自動化されたりする未来のまちづくりのことですね。

太郎さん：自宅の外からスマートフォンを使ってテレビやエアコンを操作できるなど、インターネットと家庭用の電化製品をつないで生活を便利にする技術も進んでいます。

花子さん：それは、「IoT（アイ・オー・ティー）」という技術ですね。

太郎さん：自宅で使用する電気を太陽光発電でまかなったり、環境にやさしい交通手段を取り入れたりすることも、スマートシティのまちづくりのひとつです。わたしの家では今年、屋根に太陽光パネルをつけました。日本では、傾きが約30度になるように設置することが多いそうです。

問1　太郎さんは、太陽光発電について調べていると、資料1と資料2を見つけました。資料1と資料2から【太郎さんのまとめ】の空らん　A　、　B　にあてはまる内容として正しいものを、それぞれの選択肢ア〜エの中から1つずつ選び、記号で答えなさい。

資料1　北杜サイト太陽光発電所における月別の発電量（1時間あたり）（2011年度）

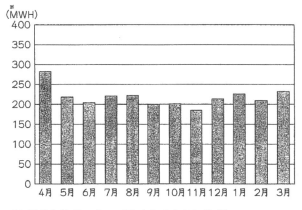

（山梨県北杜市のウェブサイトをもとに作成）

※MWH……1時間あたりの発電量を表す単位。

資料２　太陽光パネルの角度別の発電量の比較

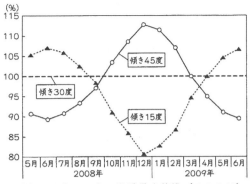

※傾き３０度のときの発電量を基準（１００％）
とする。

（山梨県北杜市のウェブサイトをもとに作成）

【太郎さんのまとめ】

　資料１と資料２から考えると太陽光発電は、太陽光をエネルギー源として利用するため、環境に
やさしいという利点がある。資料１と資料２からは、さまざまなことがわかる。

　例えば、資料１からは、　Ａ　ことがわかる。また、資料２からは、太陽光パネルの傾き３０
度に対して、　Ｂ　ことがわかる。一方で、環境の変化の影響を受けやすく、月ごとの発電量
が一定ではないという課題もみられる。

Ａ　の選択肢
　ア　９月から１２月までの発電量（１時間あたり）は、２００ＭＷＨを下回ることはない
　イ　８月の発電量（１時間あたり）は、１月の発電量の約２倍である
　ウ　最も発電量（１時間あたり）が少ないのは１１月で、３月よりも１００ＭＷＨ以上少ない
　エ　最も発電量（１時間あたり）が多いのは４月で、１１月よりも５０ＭＷＨ以上多い

Ｂ　の選択肢
　ア　１２月は、パネルの傾きを４５度にすると、発電量が多くなる
　イ　８月は、パネルの傾きを４５度にすると、発電量が多くなる
　ウ　２月は、パネルの傾きを１５度にすると、発電量が多くなる
　エ　９月は、パネルの傾きを１５度にすると、発電量が多くなる

問2　次に、太郎さんは環境にやさしいといわれる電気を使って走る車について調べてみたところ、資料3と資料4を見つけました。資料3と資料4から読み取れる内容として正しいものを、下のア〜エの中から1つ選び、記号で答えなさい。

資料3　販売台数の移り変わり

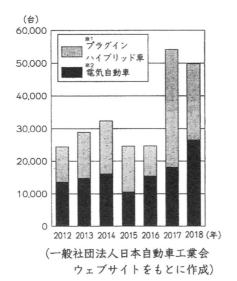

（一般社団法人日本自動車工業会
ウェブサイトをもとに作成）

資料4　公共の電気自動車用 充 電器の設置
　　　　台数の移り変わり

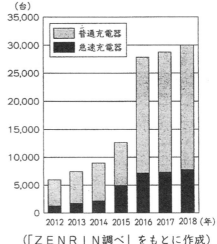

（「ＺＥＮＲＩＮ調べ」をもとに作成）

※1　プラグインハイブリッド車……コンセントから差込プラグを用いて直接バッテリーに充電できる、
　　　電気でもガソリンでも走行する車。
※2　電気自動車……コンセントから差込プラグを用いて直接バッテリーに充電できる、電気のみで走
　　　行する車。

ア　2016年の普通充電器と急速充電器の合計設置台数と、2017年のプラグインハイブリッ
　　ド車と電気自動車の年間合計販売台数は、ともに前年の2倍以上である。
イ　2013年から2018年にかけて、プラグインハイブリッド車と電気自動車の年間合計販売
　　台数と、普通充電器と急速充電器の合計設置台数は、毎年増加している。
ウ　急速充電器の設置台数が普通充電器の設置台数を上回った年はなく、プラグインハイブリッド
　　車の年間販売台数が電気自動車の年間販売台数を上回った年もない。
エ　プラグインハイブリッド車と電気自動車の年間合計販売台数が、同じ年の普通充電器と急速充
　　電器の合計設置台数よりも少なかったことはない。

花子さんがテレビについて調べていると**資料5**と**資料6**を見つけたので、【**花子さんのまとめ**】のようにまとめました。

問3　【**花子さんのまとめ**】の　C　、　D　にあてはまる言葉を、**資料6**の地方名から1つずつ選び、それぞれ書きなさい。

**資料5　民間地上テレビジョン放送の視聴
可能な※チャンネル数（2019年度）**

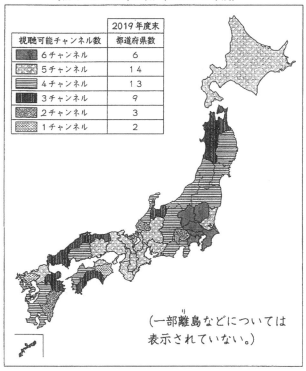

視聴可能チャンネル数	2019年度末 都道府県数
6チャンネル	6
5チャンネル	14
4チャンネル	13
3チャンネル	9
2チャンネル	3
1チャンネル	2

（一部離島などについては表示されていない。）

（総務省「令和2年度版　情報通信白書」をもとに作成）
※チャンネル……放送局のこと。

資料6　日本の7地方区分

地方名	都道府県名
北海道	北海道
東北	青森県、秋田県、岩手県、宮城県、山形県、福島県
関東	群馬県、栃木県、茨城県、埼玉県、東京都、千葉県、神奈川県
中部	新潟県、富山県、石川県、福井県、長野県、山梨県、岐阜県、静岡県、愛知県
近畿	滋賀県、三重県、兵庫県、京都府、奈良県、大阪府、和歌山県
中国・四国	岡山県、鳥取県、島根県、山口県、広島県、香川県、徳島県、愛媛県、高知県
九州	福岡県、佐賀県、長崎県、大分県、宮崎県、熊本県、鹿児島県、沖縄県

【**花子さんのまとめ**】

　地方ごとに、1都道府県あたりの視聴可能なチャンネル数の平均を比べてみると、最も多いのは　C　地方で、最も少ないのは　D　地方ということがわかった。

これで、問題は終わりです。

K 教英出版

令和３年度

適 性 検 査 Ⅲ

---------------- 注　　意 ----------------

1　問題は 1 から 3 までで、６ページにわたって印刷してあります。

2　検査時間は４５分です。

3　声を出して読んではいけません。

4　解答はすべて解答用紙にはっきりと記入し、**解答用紙**だけ提出しなさい。

5　解答を直すときは、きれいに消してから、新しい解答を書きなさい。

6　**性別・受検番号**は解答用紙の決められた欄3か所に必ず記入しなさい。

さ い た ま 市 立 浦 和 中 学 校

～～～～～～～～～～～～～～～～～～～～～～～～～～～～～～～～～～～～～～
太郎さんは、日曜日にお父さんと過ごした出来事について先生と話をしています。
～～～～～～～～～～～～～～～～～～～～～～～～～～～～～～～～～～～～～～

以下の会話文を読んで、問いに答えなさい。

【太郎さんと先生の会話】

太郎さん：昨日、父の仕事が休みだったので、１年ぶりにキャッチボールをしました。とても楽し
　　　　　かったのですが、父が腰を痛めてしまいました。前回運動したのは、１年前のわたしと
　　　　　のキャッチボールのときだったようです。運動不足の人は多いのでしょうか。

先　　生：それは大変でしたね。では、資料１を見てください。これは、スポーツ庁が実施した「スポ
　　　　　ーツの実施状況等に関する世論調査」から全国の２０歳以上の男女のデータをまと
　　　　　めたものです。資料１を見て何かわかることはありますか。

太郎さん：資料１を見ると、運動不足を感じている人が多いようです。

先　　生：そのようですね。また、運動・スポーツを行わなかったと回答した人たちの理由は、資
　　　　　料２を見ればわかります。

太郎さん：さまざまな理由があるのですね。ところで、運動をしている人は、おもにどのような種
　　　　　目を行っているのでしょうか。

先　　生：それについては、資料３が参考になります。

太郎さん：わたしたちが日ごろ行うことが多いサッカーやバスケットボールは、上位６種目に入っ
　　　　　ていないのですね。

先　　生：そうですね。これらをまとめて、授業参観日に何か発表することはできますか。

太郎さん：はい。「運動不足を解消するために」という題で発表しようと思います。まず、資料１
　　　　　から、運動不足を感じると回答した人の割合について、各年度に共通する特ちょうを述
　　　　　べます。次に、資料２から、運動・スポーツを行わなかった理由について最も多かった
　　　　　項目をあげます。そして、資料３にあげられる項目の運動・スポーツを行うのに必要な
　　　　　人数の特ちょうについて述べ、資料２で取り上げた項目の解決策を提案します。最後に、
　　　　　参観に来た保護者のみなさんに向けて、積極的に運動するように呼びかけたいと思いま
　　　　　す。

先　　生：楽しみにしています。

資料１　運動不足を感じるか

年　度 （調査対象者数）	平成２８年度 （１９５０６人）	平成２９年度 （１９５０２人）	平成３０年度 （１９５１６人）	令和元年度 （１９５１０人）
大いに感じる	３８．８％	４１．４％	３９．３％	３７．３％
ある程度感じる	３８．３％	３８．２％	４１．１％	４１．４％
あまり感じない	１５．１％	１３．６％	１３．７％	１４．６％
全く感じない	５．７％	５．０％	４．３％	４．７％
わからない	２．１％	１．８％	１．６％	２．０％

（平成２８年度～令和元年度　スポーツ庁「スポーツの実施状況等に関する世論調査」をもとに作成）

資料２　運動・スポーツを行わなかった理由

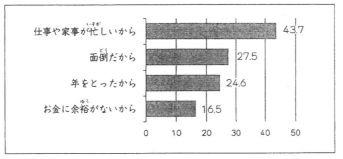

仕事や家事が忙しいから　43.7
面倒だから　27.5
年をとったから　24.6
お金に余裕がないから　16.5

0　10　20　30　40　50　%　（複数回答）

資料３　この１年間に行った運動・スポーツ（上位６種目）

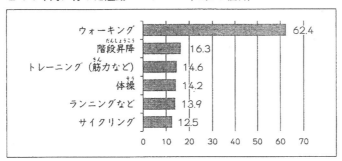

ウォーキング　62.4
階段昇降　16.3
トレーニング（筋力など）　14.6
体操　14.2
ランニングなど　13.9
サイクリング　12.5

0　10　20　30　40　50　60　70　%　（複数回答）

資料２、資料３（令和元年度　スポーツ庁「スポーツの実施状況等に関する世論調査」をもとに作成）

問　あなたが太郎さんなら、どのような発表原稿を作成しますか。次の条件に従って書きなさい。

条件１：解答は横書きで１マス目から書くこと。
条件２：文章の分量は３００字以内とすること。
条件３：数字や小数点、記号についても１字と数えること。

（例）| ４ | ２ | ． | | ５ | ％ |

2

　花子さんと先生は、二酸化炭素排出量を減らす取り組みについて話をしています。

以下の会話文を読んで、問いに答えなさい。

【花子さんと先生の会話①】
花子さん：二酸化炭素排出量を減らすことは、地球温暖化への対策として必要なことだと思います。
　　　　　どのような取り組みがあるのでしょうか。
先　　生：例えば輸送については、別の会社どうしが協力することで、二酸化炭素排出量を減らす
　　　　　取り組みが行われているそうです。インターネットで調べてみませんか。

　花子さんはインターネットで調べ、A社、B社の2つの会社が荷物を運ぶ方法を工夫することで、
二酸化炭素排出量を減らす取り組みを計画していることを知りました。

資料1　現在のA社とB社の輸送方法

　A社は年間3000トン、B社は2800トンの荷物を、それぞれア県からイ県に運んでいる。
A社とB社は、同じ車種の10トントラックを使っている。
●A社、B社の輸送経路：ア県からイ県まで600kmの道路を10トントラックで運ぶ。

●A社の輸送手段：10トントラック（積める荷物の最大量：10トン）

　毎回、荷物を10トン積んで運んでいる。荷物を積むとコンテナの容量の約50%分になる。

●B社の輸送手段：10トントラック（積める荷物の最大量：10トン）

　毎回、荷物を7トン積んで運んでいる。荷物を積むとコンテナの容量の約100%分になる。

資料2　これからのA社とB社の輸送方法

　これまでより大きなトラックにA社、B社の両方の荷物を共同で運ぶ。
●A社とB社の輸送手段：20トントラック
　（積める荷物の最大量：20トン、積める荷物の容量は10トントラックの2倍。）

　A社、B社の荷物を積む。毎回、荷物を20トン積んで運ぶ。荷物の容量はコンテナの約95%分になるように積む。

　また、花子さんは、A社とB社の共同輸送における経路に2つの案があることを知りました。

資料3　A社とB社の共同輸送における経路の2つの案

　案①：ア県からイ県まで20トントラックで運ぶ。

　案②：ア県からイ県までの600kmを20トントラックで運ぶが、途中20トントラックを船に
のせて運ぶ。

4

問1　A ｜　　　｜　　　｜ 3 ｜ B ｜　　　｜ 3 ｜

問2

問3

問4　(1) ｜　　　｜　　　｜ 3
　　　(2) ｜　　　｜　　　｜　　　｜　　　｜　　　｜　　　｜　　　｜ 10

5

問1　A ｜　　　｜ B ｜

問2

問3　C ｜　　　｜ D ｜

□や□の欄には、何も記入しないこと。

性　別	受　検　番　号

令和３年度　適性検査Ⅱ　解答用紙（２）

3

問1 [　　　　　　　　回]　　問2 [　　　　　　　　]

問3 [　　　　　　　　]

問4 [　　　　　　　　　　　　　　　　　　　　　　　　　　]

4

問1 [　　　　　　　　　　　　　　　　　　　　]

問2 [　　　　　　　　]　　問3 [　　　　　　　　]

問4 [　　　　　　　　]

5

問1 [　　　　　　　g/cm³]　　問2 [　　　　　　　　]

問3 [　　　　　　　　]

[　　]や[　　]の欄には、何も記入しないこと。

性　別	受　検　番　号

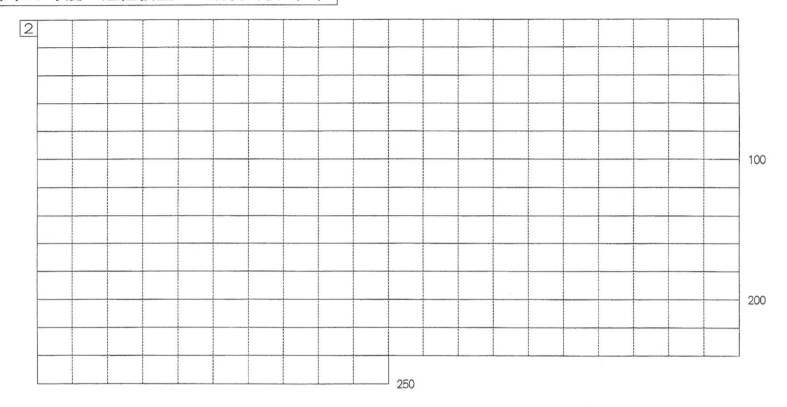

2

100

200

250

性　別　　　　受　検　番　号

□の欄には、何も記入しないこと。

Ⓚ教英出版

K 教英出版

令和3年度　適性検査Ⅲ　解答用紙（3）

3

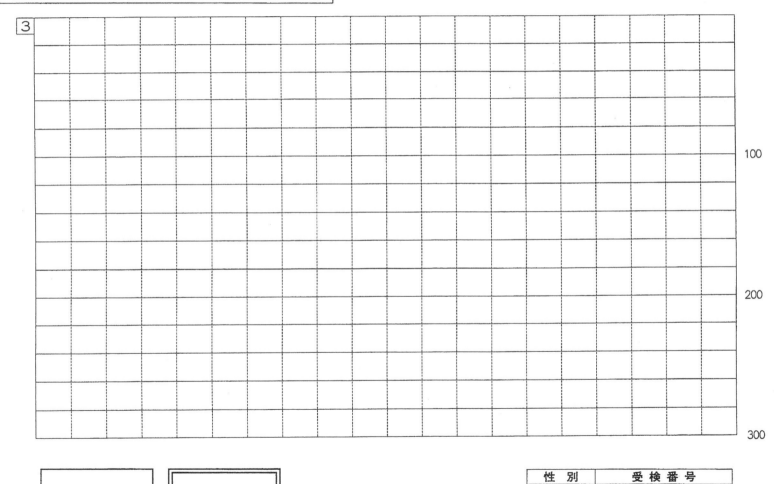

100

200

300

性　別　　　受　検　番　号

□ □ の欄には、何も記入しないこと。

令和３年度　適性検査Ⅲ　解答用紙（１）

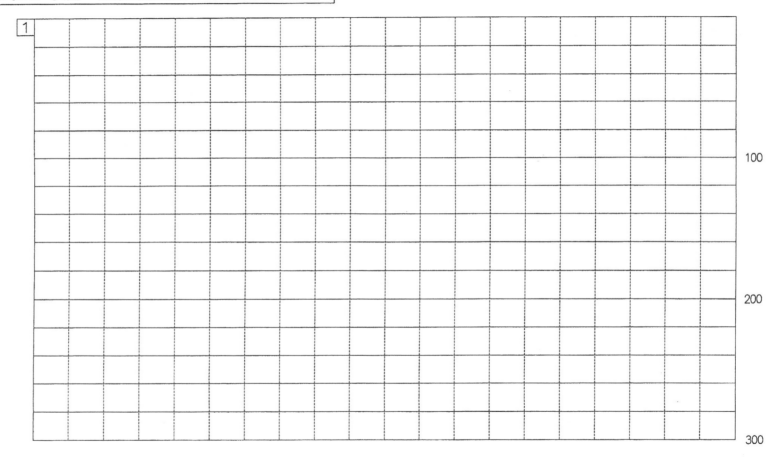

1

100

200

300

性　別	受 検 番 号

▢の欄には、何も記入しないこと。

【解答用

1

| 問1 | A | | B | | C | |

問2 | ＿＿＿＿ m²

問3 | ＿＿＿＿ 個

問4 | ＿＿＿＿

問5 | ＿＿＿＿ 回

2

問1 | ＿＿＿＿ km

問2

式

答え　中・大型犬用の施設の１周の長さは、小型犬用の施設の１周の長さより　＿＿＿＿　m長い。

問3 | 秒速 ＿＿＿＿ m

| 問4 | 記号 | | 最初に置かれた障害物のスタート地点からのきょり | ＿＿＿＿ m |

＿や▢の欄には、何も記入しないこと。

| 性　別 | 受　検　番　号 |
| | |

2021(R3) 市立浦和中

K 教英出版

【解答用

※100点満点
（配点非公表）

1

問1

問2

10

15

問3

C

D

11

6

問4

2

問1

問2

11

15

問3

30

35

問4

問5

3

問1

（1）

A

B

14

12

（2）

問2

問3

問4

性　別　　　受　検　番　号

□や□の欄には、何も記入しないこと。

2021(R3) 市立浦和中

K 教英出版

【解答用

資料4　輸送手段別二酸化炭素排出量

	輸送手段	輸送距離（km）	1年間の荷物の重さ（トン）	1回に運べる荷物の重さ（トン）	1回の輸送での二酸化炭素排出量（トン）
A社	10トントラック	600	3000	10	0.54
B社	10トントラック	600	2800	7	0.50
A社＋B社　案①	20トントラック	600	5800	20	0.90
A社＋B社　案②	20トントラック	142	5800	20	0.21
	船	458	5800	20	0.36

※二酸化炭素排出量は、二酸化炭素の重さで表している。

【花子さんと先生の会話②】

花子さん：資料1から、現在のA社とB社の輸送方法がわかります。また、資料2のようにA社とB社の荷物を1つのトラックに積んで共同輸送する方法があり、さらに、共同輸送における経路について資料3のように2つの案があります。資料4からは、それぞれの1回の輸送での二酸化炭素排出量がわかります。

先　　生：よく調べましたね。地球温暖化の対策の一つとして、資料4を使って、A社とB社が共同輸送すると、現在と比べて二酸化炭素排出量をどれだけ減らすことができるか、総合的な学習の時間で発表してくれませんか。

花子さん：はい、わかりました。では、資料4から、現在のA社とB社の年間の二酸化炭素排出量を計算してそれぞれ示します。次に、共同輸送したときの1年間の輸送回数を計算して示すとともに、それぞれの案での1年間の二酸化炭素排出量を計算して示します。そして、現在よりも二酸化炭素排出量をどれだけ減らすことができるかを資料3の案①と案②のそれぞれについて百分率で示し、どちらの案が二酸化炭素排出量をより減らすことができるか、説明したいと思います。

先　　生：がんばってください。発表を楽しみにしています。

問　あなたが花子さんならどのような発表原稿を作成しますか。次の条件に従って書きなさい。計算結果は小数第2位まで求めて四捨五入し、小数第1位まで書きなさい。なお、数式は書かなくてよいものとします。

　　　条件1：解答は横書きで1マス目から書くこと。
　　　条件2：文章の分量は250字以内とすること。
　　　条件3：数字や小数点、記号についても1字と数えること。

（例）　| 4 | 2 | . | 5 | % |

― 4 ―

3

> 花子さんは、「救急安心センター（＃７１１９）」の利用について総合的な学習の時間で発表することになり、準備をしながら太郎さんと話をしています。

以下の会話文を読んで、問いに答えなさい。

【花子さんと太郎さんの会話】

花子さん：太郎さんは、救急安心センター（＃７１１９）を知っていますか。

太郎さん：知りませんでした。それは何ですか。

花子さん：地域によって呼び方は異なりますが、「すぐに病院に行った方がよいか」や「救急車を呼ぶべきか」など、悩んだりためらったりしたときに、電話をするところです。電話口で医師や看護師などの専門家が救急相談に応じてくれるそうです。先日、病院に行ったときにポスターを見かけ、一緒にいた母が「もっと早く知りたかった」と言っていました。

太郎さん：そうなのですね。

花子さん：太郎さんのように救急安心センター（＃７１１９）のことを知らない人もいるようです。そこでわたしは、救急安心センター（＃７１１９）の利用について総合的な学習の時間で発表しようと思い、資料を見つけました。資料１では、救急自動車の出動件数の移り変わりがわかります。資料２からは、救急自動車で運ばれた人の病気やけがの程度とその割合がわかります。救急自動車とは、救急車のことです。

太郎さん：救急車で運ばれた人の病気やけがの程度のうち、入院を要しない軽症の割合は半分以上なのですね。

花子さん：はい。この資料２は、病院などの医療機関に運ばれてからの医師の診断結果を表したものなのですが、事故やけがの現場では、緊急時ということもあり、救急車が必要かどうかの判断が難しいのだと思いました。そこでさらに資料を探し、資料３と資料４をみつけました。

太郎さん：花子さんはどのように発表しようと考えていますか。

花子さん：最初に、資料１から救急車の年間出動件数の変化を述べ、資料２から救急車で運ばれた人の病気やけがの程度についての特ちょうを述べます。次に、資料３から、救急車が必要かどうかの判断にまよい、救急安心センター（＃７１１９）を利用する場合、どのような流れで進んでいくのか、順を追って説明します。最後に、資料４を踏まえながら救急安心センター（＃７１１９）の効果について２つあげ、わたしだったらどのようなときに利用したいか、自分の考えを述べたいと思います。

太郎さん：発表を楽しみにしています。

資料1　救急自動車の年間出動件数の移り変わり（全国）

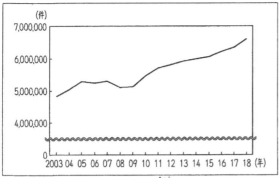

(総務省消防庁「令和元年版　消防白書」)

資料2　救急自動車で運ばれた人の病気や
　　　　けがの程度（最初の診断時）

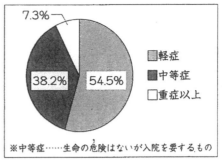

※中等症……生命の危険はないが入院を要するもの

(東京消防庁ウェブサイトをもとに作成)

資料3　救急安心センター（＃7119）の流れ

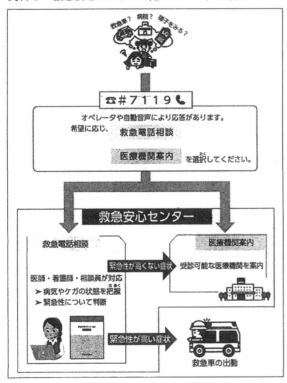

(総務省消防庁「救急車の適正利用」をもとに作成)

資料4　救急安心センターの効果

①不安な住民に安心を提供
　・利用者の約9割が「大変役に立っ
　　た」「役に立った」と回答
②救急車の適正利用
　・軽症者の割合の減少
　　　60.3%　→　54.5%
　　（平成18年）　　（平成30年）
　・かくれた重症者を発見
③救急医療体制全体の※1円滑化
　・医療機関における救急医療相談や
　　時間外受付者数の※2抑制

(＃7119(救急安心センター事業)関連情報をも
とに作成)

※1　円滑化……物事がすらすら運ぶこと
※2　抑制……おさえること

問　あなたが花子さんなら、どのような発表原稿を作成しますか。次の条件に従って書きなさい。

条件1：解答は横書きで1マス目から書くこと。
条件2：文章の分量は300字以内とすること。
条件3：数字や小数点、記号についても1字と数えること。

(例)　| 4 | 2 | . | 5 | % |

これで、問題は終わりです。

花子さんと先生は、メダカのたまごを取り出したときに、たまごの大きさをはかりました。花子
さんは、その結果を太郎さんに話しました。

【太郎さんと花子さんの会話③】

花子さん：メダカのたまごの大きさは、直径1.2mmでした。ほかの魚のたまごの大きさは、ど
　　　　　のくらいなのでしょうか。

太郎さん：「イクラ」は、サケのたまごですね。メダカとサケを比べてみるのはどうでしょうか。

花子さん：魚のたまごと親の大きさを調べ、表にまとめました。

太郎さん：メダカとサケのたまごの大きさと親の大きさがわかりますね。

花子さん：この表からメダカはサケに比べて、小さなたまごをうむのだとわかりました。

太郎さん：わたしは、メダカはサケに比べて「大きなたまご」をうむのだなと思いました。

花子さん：そのような見方もあるのですね。

【花子さんがまとめた表】

魚の種類	たまごの大きさ（直径）	親の大きさ（全長）
メダカ	1.2mm	40mm
サケ	7.0mm	700mm

問4　【太郎さんと花子さんの会話③】の下線部のように、太郎さんがメダカはサケに比べて「大きな
　　たまご」をうむと考えたのは、なぜですか。【花子さんがまとめた表】にある数字を使って、説明
　　しなさい。

4

~~~
太郎さんと花子さんは、ペットボトルを使って作ったロケットを飛ばす実験をすることにしました。
~~~

次の問1〜問4に答えなさい。

```
【太郎さんと花子さんの会話①】
太郎さん：このペットボトルを使って、ペットボトルロケットを作りたいと思います。
花子さん：それはおもしろそうですね。どのようなしくみでペットボトルロケットは飛ぶのでしょ
　　　　　うか。
太郎さん：水の入ったペットボトルロケットに空気を入れると、おし縮められた空気が水をおし出
　　　　　します。おし出された水がふき出すときの勢いを利用して、ペットボトルロケットは飛
　　　　　ぶのです。
花子さん：では、ペットボトルロケットに入れる水や空気の量と、ペットボトルロケットが落下し
　　　　　たところまでのきょりの関係を調べる実験をしてはどうでしょうか。
太郎さん：使うペットボトルロケットは同じものにし、はじめは水の量だけを変えて実験を行いま
　　　　　しょう。その後、空気入れで空気を入れる回数を変えた実験も行いたいと思います。
花子さん：水の量を変えたときの結果を正確に比かくしたいので、ペットボトルロケットは1回ず
　　　　　つ飛ばすのではなく、何回か飛ばして平均を出したほうが、より正確に結果を比かくで
　　　　　きるのではないでしょうか。
太郎さん：そうですね。では、ペットボトルロケットは5回ずつ飛ばすことにします。
```

問1　【太郎さんと花子さんの会話①】の下線部の理由を太郎さんは次のようにメモにまとめました。
　　　【太郎さんがまとめたメモ】の空らん　　　　A　　　　にあてはまる内容を書きなさい。

```
【太郎さんがまとめたメモ】
　ペットボトルロケットを飛ばすたびに、落下したところまでのきょりは　　　　A　　　　ので、
何回か飛ばしてその平均を求めることで、より正確に結果を比かくをすることができる。
```

```
【実験①】
＜用意したもの＞
□ペットボトルロケット（空の
　ペットボトルを組み合わせて
　つくったもの）
□空気入れ
□発射台
□メジャー
```

空気入れ　　　　ペットボトルロケット

発射台

<方法1>
・ペットボトルロケットに水を入れ、発射台に置く。
・水の量は、250mL、300mL、350mL、400mL、450mLと変える。
・空気入れで空気をそれぞれ20回入れる。
・それぞれの水の量のペットボトルロケットを<u>5回</u>ずつ飛ばし、ペットボトルロケットが落下したところまでのきょりを測定し、平均を求める。

<結果1>
ペットボトルロケットに入れた水の量（mL）とペットボトルロケットが落下したところまでのきょり（m）の記録

	1回目	2回目	3回目	4回目	5回目	平均
250mL	14.5	16.2	14.8	17.0	16.9	15.9
300mL	28.8	24.9	25.2	26.1	26.9	26.4
350mL	41.3	40.7		39.3	B	39.9
400mL	12.5	12.7	18.2	19.9	12.7	15.2
450mL	10.4	12.5	12.8	11.2	8.1	11.0

【実験②】
<方法2>
・ペットボトルロケットに水を入れ、発射台に置く。
・水の量は、250mL、300mL、350mL、400mL、450mLと変える。
・空気入れで空気を10回入れる。
・それぞれの水の量のペットボトルロケットを<u>5回</u>ずつ飛ばし、ペットボトルロケットが落下したところまでのきょりを測定し、平均を求める。
・空気入れで空気をそれぞれ15回入れた場合についても同じ条件で測定し、平均を求める。
・<結果1>の内容もふくめ、表にまとめる。

<結果2>
空気を入れた回数、入れた水の量（mL）とペットボトルロケットが落下したところまでの平均のきょり（m）のまとめ

	10回	15回	20回
250mL	3.8	8.3	15.9
300mL	5.7	13.5	26.4
350mL	8.5	18.3	39.9
400mL	3.1	7.8	15.2
450mL	2.2	5.9	11.0

【太郎さんと花子さんの会話②】

太郎さん：空気を２０回入れたペットボトルロケットを飛ばした測定結果と平均を、＜結果１＞の表にまとめました。

花子さん：３５０mLのときの、３回目と５回目のときの記録が、にじんで読めません。記録を覚えていますか。

太郎さん：３回目と５回目を比べると、３回目のほうが遠くへ飛んだことは覚えています。

花子さん：そうでした。そして、３回目と５回目は、ちょうど２mの差がありました。さらに５回飛ばしたときの平均のきょりは、ちょうど３９．９mでしたね。これらのことと＜結果１＞の表から、３回目と５回目の記録がわかりますね。

問２　【太郎さんと花子さんの会話②】を読んで、＜結果１＞の３５０mLの５回目にある　　B　　にあてはまる数字を答えなさい。

問３　＜結果２＞からわかることとして正しくないものを次のア～エの中から１つ選び、記号で答えなさい。

　ア　空気を入れた回数が１５回のペットボトルロケットであれば、入れる水の量が３００mLのときと４００mLのときを比べると、ペットボトルロケットが落下したところまでの平均のきょりは、４００mLのときのほうが５．７m短い。

　イ　空気を入れた回数が同じペットボトルロケットであれば、入れる水の量が２５０mLのときと４５０mLのときを比べると、ペットボトルロケットが落下したところまでの平均のきょりは、４５０mLのときのほうが短い。

　ウ　入れた水の量が同じペットボトルロケットであれば、ペットボトルロケットに空気入れで入れた空気の量が多いほど、ペットボトルロケットが落下したところまでの平均のきょりは長くなる。

　エ　入れた水の量が同じペットボトルロケットであれば、ペットボトルロケットに空気入れで空気を入れる回数を２倍にすると、ペットボトルロケットが落下したところまでの平均のきょりも２倍になる。

【太郎さんと花子さんの会話③】

太郎さん：ペットボトルロケットに空気を多く入れるほかにも、もっと遠くへ飛ばす方法はないでしょうか。

花子さん：発射台の角度を変えてみるのは、どうでしょう。調べてみましょう。

【実験③】

＜用意したもの＞

□分度器

＜方法３＞

・発射台の角度は３０°、５０°、７０°と変える。

・ペットボトルロケットに入れる水の量は３５０mLにする。

・空気入れで空気をそれぞれ２０回入れる。

・それぞれの角度でペットボトルロケットを５回ずつ飛ばし、ペットボトルロケットが落下したところまでのきょりを測定し、平均を求める。

発射台の角度

＜結果３＞

発射台の角度	３０°	５０°	７０°
落下したところまでの平均のきょり（m）	３９.５	５０.６	４１.７

【太郎さんと花子さんの会話④】

太郎さん：発射台の角度によってペットボトルロケットが落下したところまでの平均のきょりがちがいます。＜結果３＞の中では、５０°のときに、落下したところまでの平均のきょりが最も長くなることがわかりました。

花子さん：落下したところまでのきょりがさらに長くなる角度があるかもしれません。＜結果３＞から予想してそのことを確かめるために、次は ［　　　C　　　］ での落下したところまでのきょりも調べるとよいと思います。

問４　【太郎さんと花子さんの会話④】の空らん ［　　　C　　　］ にあてはまる言葉として最も適切なものを、次のア～エの中から１つ選び、記号で答えなさい。

ア　１０°や２０°

イ　２０°や４０°

ウ　４０°や６０°

エ　６０°や８０°

太郎さんは、コップの水にうかんでいる氷を見て、なぜ氷が水にうかぶのか不思議に思いました。

次の問1~問3に答えなさい。

【太郎さんと先生の会話①】
太郎さん：水を入れたコップに氷を入れると、氷はうかびます。氷は水の温度が下がって固体になったものです。同じ水なのになぜ氷は水にうくのでしょうか。
先　　生：氷のほうが軽いからです。
太郎さん：氷のほうが軽いというのは、どういうことですか。
先　　生：いっしょに考えてみましょう。1cm³あたりのものの重さを密度といいます。単位はg/cm³という単位で表し、次の式で求めることができます。

$$密度（g/cm³）= \frac{重さ（g）}{体積（cm³）}$$

ものの形や大きさに関係なく、もの自体が重いのか、軽いのかを比べるには、密度を使うとわかりやすくなります。水と氷の密度を調べてみましょう。

【実験】
＜用意したもの＞
　□目盛りつきの注射器　　□注射器のせん　　□電子てんびん

＜方法＞
　・せんをした注射器に、10.0cm³の水を入れ、水と注射器とせんの重さをはかる。
　・注射器を冷凍庫に入れ、水をすべてこおらせる。
　・氷の体積を調べる。
　・氷と注射器とせんの重さをはかる。

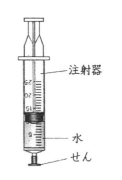

＜結果＞
　水の体積：10.0cm³　水と注射器とせんの重さの合計：25.0g
　氷の体積：11.0cm³　氷と注射器とせんの重さの合計：25.0g
　せんをした空の注射器の重さ：15.0g

問1　＜結果＞から、氷の密度を求めなさい。答えは、小数第2位を求めて四捨五入して小数第1位まで答えなさい。

【太郎さんと先生の会話②】

先　　生：氷をうかべた水に油を入れると、氷はどうなると思いますか。試してみましょう。

太郎さん：氷は水と油の間にうきました。どうしてこのようになるのでしょうか。

先　　生：水の上に油があります。これは水より油のほうが軽いためです。

太郎さん：そうだったのですね。つまり、氷と水を比べると　　　Ａ　　　ということですね。

先　　生：そのとおりです。

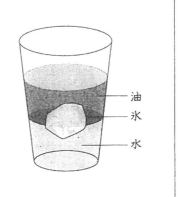

油
氷
水

問2　【太郎さんと先生の会話②】の空らん　　　Ａ　　　にあてはまるものとして適切なものを、次のア～エの中から**すべて**選び、記号で答えなさい。

　　ア　同じ体積では、氷よりも水のほうが重さは重い
　　イ　同じ体積では、氷よりも水のほうが重さは軽い
　　ウ　同じ重さでは、氷よりも水のほうが体積は大きい
　　エ　同じ重さでは、氷よりも水のほうが体積は小さい

【太郎さんと花子さんと先生の会話】

太郎さん：水を入れたコップを冷凍庫に入れて氷を作ろうとして、しばらくして冷凍庫を開けたら、コップの水の表面だけが氷になっていました。

花子さん：そういえば、学校にある池もこおったことがありますが、氷の下でコイが泳いでいるのを見たことがあります。池の水は表面だけこおり、底のほうはこおらなかったようです。なぜでしょうか。

先　　生：資料を見てください。水は4℃より温度が低いときは、温度が低いほど密度が小さくなります。したがって、池の水の温度が4℃より低いとき、池の水の温度が最も低いのは、池の表面になります。池が表面からこおるのは、池の表面が冷やされ、さらに温度が低くなると、池の表面から水が氷になる温度に達するからです。

太郎さん：そうなのですね。

先　　生：では、水の温度が4℃より高いときを考えてみましょう。池の表面が冷やされ、水の温度が4℃まで下がると、池の水の中でどのようなことが起こると思いますか。

花子さん：資料から、池の表面の水の温度が4℃になるまでは、池の表面の水と池の表面より下の水の密度を比べると、池の表面の水の密度のほうが　B　なるため、　C　と思います。

先　　生：そのとおりです。

資料　水の温度と密度の関係

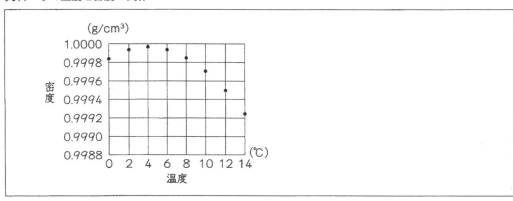

問3　【太郎さんと花子さんと先生の会話】の　B　、　C　にあてはまる組み合わせとして最も適切なものを、次のア〜エの中から1つ選び、記号で答えなさい。

	B	C
ア	小さく	池の表面にあった水が池の底へ向かう水の流れができる
イ	小さく	水の流れは起きない
ウ	大きく	池の表面にあった水が池の底へ向かう水の流れができる
エ	大きく	水の流れは起きない

これで、問題は終わりです。

【適

令和2年度

適 性 検 査 Ⅰ

さ い た ま 市 立 浦 和 中 学 校

花子さんは、図書館でおもしろそうなタイトルの小説を見つけたので、読んでみることにしました。

次の文章は、寺地はるな著「今日のハチミツ、あしたの私」（角川春樹事務所）の一部です。これを読んで、問1〜問4に答えなさい。

梅雨が過ぎて、夏が来た。帽子の下で、頭頂部から耳の後ろを汗が伝っていくのを感じる。体温が上昇しているのは、夏が来たせいだけではないのだろうという自覚が碧にはある。今日はいよいよ日本蜜蜂の採蜜を手伝わせてもらうことになっていて、それで自分でも不思議なほどわくわくしているのだった。

黒江の指示に従って、巣箱から巣板を取り出す。やわらかい毛のついたブラシを動かして、群がっている蜂をどかした。①ごめんな、ちょっとごめんな、と絶えず黒江がやわらかい声音で蜂に話しかけているのを真似て碧も、ちょっとどいてね、などと蜂に声をかける。巣穴は、白いもので覆われていた。蜜蓋と呼ばれるものだ。

基本的にぶっきらぼうな物言いしかしない黒江だが、蜂に声をかける時の口調だけはやけにやさしい。人間より蜂のほうが喋りやすいのかもしれない。

家の脇に作業場と呼ばれる小屋があり、黒江は巣板をすべて作業場に運べと言う。そこで蜜をしぼる。まずはこれで、と黒江が蜜刀と呼ばれる長いナイフを掲げた。蜜蓋を削ぎ落とす作業は、思ったより力がいる。蜜刀を必死に動かしていると、額に汗がにじんだ。遠心分離器はドラム缶のようなかたちをしている。のぞきこむと、金属の骨が三角形にはりめぐらされており、黒江はそこに三枚の巣板をはめこんだ。ドラム缶の上にハンドルがついていて、遠心力で蜜が落ちるという仕組みだ。

ハンドルをまわすと、いきおいよくドラム缶の中の巣板は回転しはじめた。おおお、と思っているうちに、下部にとりつけられた蛇口から黄金色の蜜が流れ出す。作業場はむせそうなほどの甘い香りで満ちている。

大きな容器に受けた蜂蜜は、濾過器に入れた後にそのまま瓶詰めされる。

「ほら」

黒江がどこからか出してきた匙で蜂蜜を掬い、碧の口もとに突き出した。

「ええっ」

なにこの「お口あーんして」みたいな感じ、嫌なんですけど、と抗うように顔を遠ざけたが、当の黒江が至って真剣な顔をしているので、おとなしく匙を咥えた。

「どうだ」

「あたたかいです」

採りたての蜂蜜はあたたかいのだ。はじめて知った。ふいに鼻の奥が痛くなる。蜜蜂が一生かかって集められる蜜の量が匙一杯分だということを思い出す。今わたしが口にしたのは、蜜蜂の一生だ。

「黒江さん」

「なんだ」

「黒江さん」

「なんだよ」

②み、蜜蜂ってすごいですね、と懸命に涙を堪えながら言うと、黒江は碧の顔をまじまじと見つめる。あんたおもしろいなあ、と息を吐いた顔が、くしゃっと歪んだ。え、と呆気にとられているうちに、黒江は笑い出した。

こんなに大きな声で笑うところをはじめて見た。なにがそんなにおかしいのか碧にはさっぱりわからなかったが、黒江は脇腹を押さえて笑い続けている。

（一部、ふりがなをつけるなどの変更があります。）

問1　下線部①「ごめんな、ちょっとごめんな、と絶えず黒江がやわらかい声音で蜂に話しかけている」について、このときの黒江の気持ちとして最も適切なものを、次のア〜エの中から1つ選び、記号で答えなさい。

　　ア　必死で巣を守ろうとしている蜜蜂は、作業のじゃまなのでどいてほしいと願っている。
　　イ　蜜蜂にさされないようにするためには、やさしく話しかけなければならないと思っている。
　　ウ　蜜蜂が懸命に集めてきた蜜をうばってしまうことを、申し訳ないと感じている。
　　エ　蜜を分けてもらえることがうれしくて、蜜蜂に感謝を伝えたいと思っている。

問2　文章中の .... 部分について、このときの碧の様子として最も適切なものを、次のア〜エの中から1つ選び、記号で答えなさい。

　　ア　蜜の甘い香りによって、味見をすることへの期待がどんどんふくらんでいる。
　　イ　採蜜の最終工程で、遠心分離器の動く様子におどろいている。
　　ウ　わくわくしていた気持ちを切り替え、最後の作業は冷静に観察している。
　　エ　蜂蜜を生み出す黒江の手際のよさに感心し、ただただぼんやりと見とれている。

問3　下線部②「み、蜜蜂ってすごいですね」と言ったときの碧の気持ちを花子さんは次のようにまとめました。【花子さんのまとめ】にある空らん　　A　　にあてはまる内容を、本文中からさがして11字で書きぬきなさい。

┌─────────────────────────────────┐
│【花子さんのまとめ】
│　今、自分が採蜜して口にした蜜の量は、蜜蜂が　　A　　蜜の量と同じだと思い、胸を
│うたれている。
└─────────────────────────────────┘

問4　この文章の表現の特徴として最も適切なものを、次のア〜エの中から1つ選び、記号で答えなさい。

　　ア　碧にぶっきらぼうに接する様子と、蜜蜂へ愛情をそそいでいる様子、大きな声で笑う様子を対比することによって、黒江の人物像の奥深さがえがかれている。
　　イ　比喩や擬人法を多く用いることによって、採蜜の体験がよりいきいきと効果的にえがかれている。
　　ウ　蜂蜜を採取して瓶詰めされるまでの過程が、黒江の視点も交え、淡々と報告するようにえがかれている。
　　エ　音や様子を表す表現を多く用いることによって、読み手の心情に訴え、その場で採蜜を体験しているような臨場感がえがかれている。

― 2 ―

太郎さんは、読書が好きなおばあさんからすすめられた本を、読んでみることにしました。

次の文章は、田中優子著「グローバリゼーションの中の江戸時代」（筑摩書房）の一部です。これを読んで、問1～問4に答えなさい。

江戸時代には木綿が日本で盛んに作られるようになります。木綿の技術は朝鮮、中国、インドから入ってきました。綿花を栽培し、摘み、「綿繰り機」で綿と種を分けます。実は綿繰り機は日本で発明されたもので、綿花を中に挟み、手回しハンドルを廻すと種が落ちるというたいへん画期的な発明品です。私は以前ラオスに行ったとき、江戸時代に使われていた綿繰り機が一般家庭で使われているのを見て驚いたのを覚えています。綿繰りを描いた浮世絵の人物の足下を見ると種がたくさん落ちています。集めてぎゅっとしぼると油になり照明器具の行燈に使います。さらに油を絞った残りかすは畑の肥料になります。捨てるものはひとつもなく、①完全に循環していました。こうして木綿の技術もあっという間に国産化してしまいます。

日本人は好奇心旺盛です。安土桃山時代には「ヨーロッパ風の※陣羽織をはおってみたい」と水玉模様の陣羽織を作る武将が出現したり、羽織の襟にフリルが付いたりと、なかなか奇抜な格好をしていたようです。徳川家に伝わるフリルも、面白いかたちをしています。鎧の下には立て襟のシャツを着ていました。ちょうどこの頃ヨーロッパでズボンが広まり、日本にも入ってきましたから、江戸の男性はずいぶんいろいろな種類のズボンをはいていた記録もあります。おしなべて、男性の着物から西洋のおしゃれが取り入れられていったことがわかります。

外国製品をそのままそっくり真似しただけではありません。鍋島藩では、日本人好みの形や色で、職人が磁器を作っていました。また、ヨーロッパから時計を仕入れ、和時計を完成させました。十六世紀中頃、ザビエルの時代にヨーロッパからアジア全域に時計が流れこみましたが、アジアで唯一日本だけが、日本流に時計を作り変えてしまったのです。

江戸時代は太陽が昇るときを「明け六つ」、太陽が沈むときを「暮れ六つ」といい、その間を六つに区切り、そのひとつの区切りを一刻と数えました。　　Ａ　　、夏は昼間が長く、冬は昼間が短くなりますよね。つまり季節によって一刻の長さがまちまちでした。ふつうだったら「時計というものは使いものにならない」となりますが「伸び縮みする毎日の生活に時計を合わせればいいんだ！」とひらめくのが日本人。季節ごとにおもりを調節し、時計を使いこなしていました。

日本人は時計によって、非常に複雑な歯車の技術を手にしました。この精巧な歯車を使って、茶汲み人形のような、電源を使わないロボットを発明しています。　　Ｂ　　、木製の歯車を組み合わせることで、舞台装置も発明しました。現在でも歌舞伎で使われている回り舞台、せり出しなどは、すべて江戸時代に作られた世界初の舞台装置です。

それから活字です。出版業も江戸時代に生まれました。もともとは中国で発明された活字が朝鮮半島に渡り発達したものを、徳川家康が日本へ導入したところから始まります。銅活字を導入し、日本化して木活字で印刷した教科書類ができます。使用したのは武士の子どもたちです。すると、民間の出版社もぜひ活字で本を作ってみたいと思うようになる。活字は一文字ずつ組んで使いますね。当時は組む技術の関係であまり多くの本は作れないということがわかり、そのうち1ページぶんの版を彫る印刷が主

流になっていきます。こうして、活字をきっかけに日本には本があふれるようになりました。明治期に今度はヨーロッパ式の活字が入って来て、現在に続くことになります。なんと日本には活字が二度入ってきていたのです。

　日本の技術力は「②どうすれば教わったものを自分の中で消化し、生まれ変わらせることができるか？」ということに集中してきました。技術や考え方をすべて人に頼るのでなく、自分のものにしていく。これこそが本当の個性だと思います。国や産業のあり方も同じです。そうやって独自の文化を生み出してこそ、次の時代の　　Ｃ　　につながります。たったひとつの価値観しかない社会では、その価値観が崩れた瞬間にぜんぶが倒れてしまいますから、生物　Ｃ　と同じように、文化や技術の　Ｃ　が必要です。

（一部省略や、ふりがなをつけるなどの変更があります。）

※　陣羽織…武士が戦のとき、鎧の上に着用した羽織。

問1　下線部①「完全に循環していました」とありますが、このことについて太郎さんは次のようにまとめました。次の【太郎さんのまとめ】の　　　　　ア　　　　　にあてはまる内容を、１５字以上２０字以内で書きなさい。

【太郎さんのまとめ】
　綿花から綿を取るだけではなく、種からも　　　　ア　　　　のので、捨てるものはひとつもない。

問2　空らん　　Ａ　　、　　Ｂ　　にあてはまる組み合わせとして最も適切なものを、次のア〜エの中から１つ選び、記号で答えなさい。

ア　　Ａ　ところが　　Ｂ　つまり
イ　　Ａ　ところが　　Ｂ　また
ウ　　Ａ　しかも　　Ｂ　また
エ　　Ａ　しかも　　Ｂ　つまり

問3　下線部②「どうすれば教わったものを自分の中で消化し、生まれ変わらせることができるか」と
　　ありますが、この文章で述べられている、日本人が外国の文化や技術を取り入れるときの方法とし
　　て**適切でないもの**を、次のア〜エの中から１つ選び、記号で答えなさい。

　　　ア　外国から入ってきた木綿の技術をそのまま使うのではなく、綿繰り機を発明するなど新しいも
　　　　のを生み出した。
　　　イ　羽織の襟にフリルをつけるなど、奇抜な格好であっても、それまでの衣装に西洋のおしゃれを
　　　　取り入れていった。
　　　ウ　時計を生活に合わせるのではなく、毎日の生活を時計に合わせることで時計を使いこなした。
　　　エ　導入した銅活字を日本で使いやすいように木活字にし、さらに１ページぶんの版を彫る印刷に
　　　　進化させた。

問4　空らん　　　C　　　にはすべて同じ言葉が入ります。空らん　　　C　　　にあてはまる言葉を
　　次のア〜エの中から１つ選び、記号で答えなさい。

　　　ア　一貫性　　　イ　一般性　　　ウ　多様性　　　エ　将来性

3

花子さんは、学校の授業で新聞について学び、興味をもったので図書館に行きました。そこで新聞に関するおもしろそうな本を見つけたので、読んでみることにしました。

次の文章は、齋藤孝著「新聞力　できる人はこう読んでいる」（筑摩書房）の一部です。これを読んで、問1～問4に答えなさい。

　かつては日本のほとんどの世帯が新聞を取っていて、毎日の事件や出来事、社会の動きの情報を共有していました。
　①刻一刻移り変わる社会の情報をみなが共有することで、人々の会話が成り立ち、日本の政治、経済を下支えしていたのです。
　各家庭にはもちろんのこと、行く先々にも新聞があるのは当たり前でしたから、大学や会社にも新聞はあるわけで、家で読めなければ、そこで読んだり、通勤時に読むのも日常の光景でした。
　ちなみに私が東京に出てきた頃は、電車の中で新聞を読む人がたくさんいました。今はみんなスマホをいじっていますが、当時はかなりの人が新聞を読んでいたのです。
　しかも満員電車の中で、新聞を縦に四つ折りにして、周りの人に迷惑をかけないよう読む名人芸の人もたくさんいました。②当時の人たちは満員電車の中でさえ、新聞を読みたいと思っていたんですね。
　いい意味で活字中毒だったわけです。なぜそこまで中毒になってしまったのかというと、新聞はニュースペーパーというくらいですから、つねに新しい情報があふれていたからです。
　そういった新鮮な情報にふれるのが心地よかったのです。ここが本との決定的な違いです。本は何百年も前に書かれたものもあるくらいで、時間的には昨日、今日の情報が載っているわけではありません。もう少し長い*¹タイムスパンになります。
　たとえば『論語』は③2500年くらい前に書かれたものですから、*²普遍的な内容ではありますが、最近のことを知るには適していません。一方、新聞には日々のことが書かれているので、情報の新陳代謝が盛んです。
　日々更新される新しい情報を知りたいという欲求や、その情報にふれている満足感が、活字中毒を招いたといえます。
　かつての日本には毎日そうやって新聞の情報を入手しないと気が済まない活字中毒の人たちが9割はいました。すごい社会だったんですね。
　しかし私たちはそれをごく当たり前のことと思っていたので、日本がひじょうに知的レベルの高い社会であることに気づきませんでした。
　そして今、④新聞を読まない人たちが圧倒的に増えてしまい、日常会話として政治、経済の深い話ができなくなってしまったのです。
　物事の判断基準も変わってしまいました。基本情報量の多い人間が判断するのと、少ない人間が判断するのとでは、判断の精度にも大きな差が生まれます。
　情報量が少ない人が判断するとどうなるのかというと、そのときの気分や個人の好き嫌いで判断するしかなくなります。大切なことを、そのときの気分や好き嫌いで判断するわけです。
　今まさに日本ではそういう状況が進んでいるのです。

（一部、ふりがなをつけるなどの変更があります。）

— 6 —

※1 タイムスパン…期間。
※2 普遍的…あらゆるものにあてはまるさま。

問1　下線部①「刻一刻移り変わる社会の情報」とは、具体的に何をさしているのか、本文中からさがして１８字で書きぬきなさい。

問2　下線部②「当時の人たちは満員電車の中でさえ、新聞を読みたいと思っていた」とありますが、その理由として適切でないものを、次のア〜エの中から１つ選び、記号で答えなさい。

　　ア　新鮮な情報にふれるのが心地よかったから。
　　イ　新聞には昨日、今日の情報が載っているわけではないから。
　　ウ　日々更新される新しい情報を知りたいという欲求があったから。
　　エ　新しい情報を入手しないと気が済まなかったから。

問3　下線部③「2500年くらい前」の日本の様子について、正しいものを次のア〜エの中から１つ選び、記号で答えなさい。

　　ア　中国や朝鮮半島から移り住んだ人々によって、日本列島に米作りの技術が伝えられた。
　　イ　日本で最大の前方後円墳である大仙（仁徳陵）古墳が作られた。
　　ウ　聖徳太子が天皇中心の国づくりを目指して、政治の改革を進めた。
　　エ　日本から中国へ、多くの人々が遣唐使として海をわたった。

問4　下線部④「新聞を読まない人たち」について、花子さんは人々が情報を得るために何を利用しているのかを調べようと思い、資料を見つけました。資料から読み取れる内容として正しいものを、次のア〜オの中から**すべて**選び、記号で答えなさい。

　　ア　１０代から６０代までのそれぞれの年代で、割合が最も少ないのは「ラジオ」である。
　　イ　「新聞」と答えた人の割合が最も大きいのは、６０代である。
　　ウ　「インターネット」と答えた人の割合は、年代が上がるごとに小さくなっている。
　　エ　どの年代においても、「テレビ」と答えた人の割合は、「新聞」と答えた人の割合の２倍以上である。
　　オ　３０代をみると、「新聞」と答えた人の割合と「インターネット」と答えた人の割合の合計は、「テレビ」と答えた人の割合よりも大きくなっている。

資料　信頼できる情報を得るために最も利用するものの割合（平成２９年）

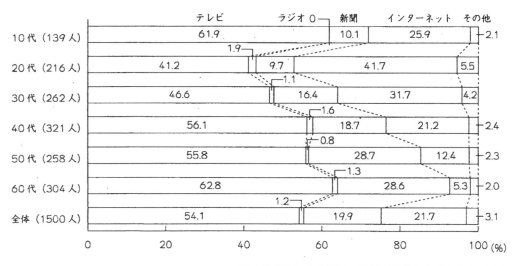

（総務省「平成２９年版　情報通信白書」をもとに作成）

4

　　太郎さんは、総合的な学習の時間に、埼玉県とさいたま市について調べて発表することになりました。

次の問1〜問4に答えなさい。

問1　太郎さんは、埼玉県は県の面積にしめる河川の面積の割合が日本一であることを知り、埼玉県を
　　流れるおもな川について調べていると、資料1を見つけました。資料1を読み取った【太郎さんの
　　まとめ】の空らん　　A　　にあてはまる言葉と、そのように判断した理由を地形をふまえて
　　書きなさい。また、空らん　　B　、　　C　にあてはまる言葉を書きなさい。

資料1　埼玉県を流れるおもな河川

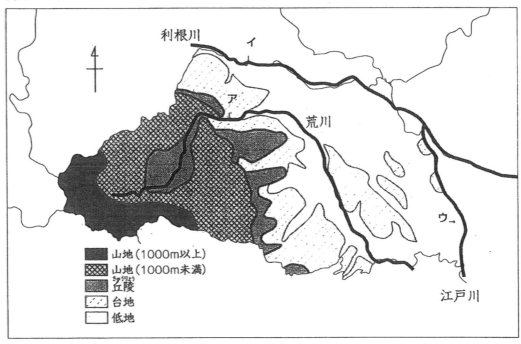

（埼玉県立文書館のウェブサイトをもとに作成）

【太郎さんのまとめ】
　①　アの地点では、荒川は、　　A　　の方位へ流れている。
　②　イの地点では、利根川は、埼玉県と　　B　　県のさかいを流れている。
　③　ウの地点では、江戸川は、埼玉県と　　C　　県のさかいを流れている。

令和２年度

適 性 検 査 Ⅱ

注　　意

1　問題は ① から ⑤ までで、１７ページにわたって印刷してあります。

2　検査時間は４５分です。

3　声を出して読んではいけません。

4　解答はすべて解答用紙にはっきりと記入し、**解答用紙だけ提出**しなさい。

5　解答を直すときは、きれいに消してから、新しい解答を書きなさい。

6　**性別・受検番号**は解答用紙の決められた欄2か所に必ず記入しなさい。

さ い た ま 市 立 浦 和 中 学 校

　花子さんは円墳や前方後円墳などの古墳に興味を持ち、社会の学習発表会で古墳の形について発表することにしました。そして、その発表会でわかりやすく伝えるために模型を作って説明しようとしています。

次の問1〜問3に答えなさい。

　花子さんは資料1、資料2のような上の面が水平な古墳の形を模型で作ることを考えました。そこで、まず立方体の積み木を使って円墳の模型を作ることにしました。

資料1　上の面が水平な円墳の形

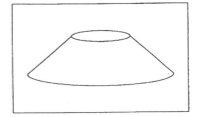

資料2　上の面が水平な前方後円墳の形

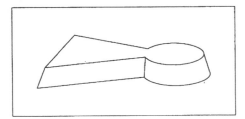

問1　立方体の積み木を次の【花子さんの決めたルール】にしたがって積むことにしました。3段目まで積み終わったとき、積んだ積み木の数は何個ですか。

【花子さんの決めたルール】

①　積み木はすき間なく並べる。

②　1段目は図1のように縦の列と横の列にそれぞれ9個ずつ並べたあと、4すみから3個ずつ積み木を取る。

③　2段目は図2のように1段目より縦の列の数と横の列の数が1つずつ少なくなるようにする。

④　1段目の真ん中と2段目の真ん中が重なるようにする。

図1　1段目を並べたときの真上から見た図

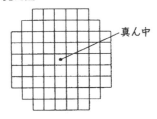

真ん中

図2　2段目までを重ねたときの真上から見た図

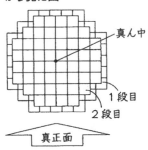

真ん中

1段目

2段目

真正面

⑤ 3段目も同じように、縦の列の数と横
の列の数が2段目より1つずつ少なくな
るようにし、真ん中が2段目の真ん中と
重なるようにする。

図3　2段目まで重ねたときの真正面
から見た図

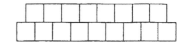

花子さんは作った積み木の模型を見て、画用紙で作った模型のほうが実物に近くなると考え、次
の【模型の作り方のメモ】で円墳の模型を作ろうとしました。

問2　【模型の作り方のメモ】の①の「側面になる部分を平面に広げた形」として適切なものを、下の
ア～エの中から1つ選び、記号で答えなさい。

【模型の作り方のメモ】
① 画用紙から「側面になる部分を平面に広げた
形」を切り取る。
② ①をもとに画用紙から「小さい円」「大きい
円」を1つずつ切り取る。
③ 切り取った3つのものをセロハンテープで
図4のようにはり合わせる。

図4　できあがる模型

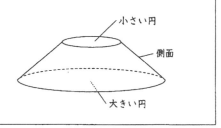

ア
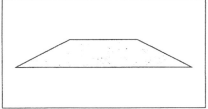

イ
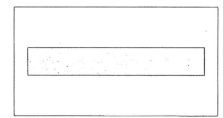

ウ
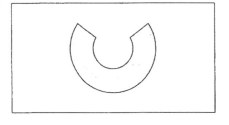

エ
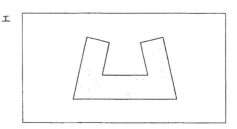

次に花子さんは前方後円墳の模型を作ろうとしました。模型を作る前に、画用紙で「真上から見た前方後円墳の形」を作りました。

問3　花子さんは、次の【「真上から見た前方後円墳の形」を作ったときのメモ】の手順のとおり「真上から見た前方後円墳の形」を作りました。図7の完成した「真上から見た前方後円墳の形」の面積は何 cm² ですか。ただし、画用紙の厚さは考えないものとします。

【「真上から見た前方後円墳の形」を作ったときのメモ】

①　画用紙から図5のような点Oを中心とした「円」と「線対称な台形」をそれぞれ1つずつ切り取った。なお、台形の上底の真ん中を点Aとした。また、切り取った円の面積は628cm²だった。

②　図6のように円の中心点Oに台形の上底の真ん中の点Aを重ねた。

③　台形と円が交わってできる2つの点を結んだ直線と台形の上底は平行で、その幅は10cmだった。

④　台形と円が交わってできる2つの点と点Oを結んだ三角形は、直角二等辺三角形だった。

図5　切り取った2つの図形

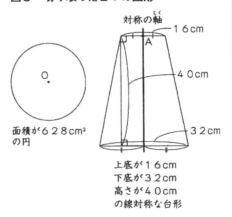

面積が628cm²の円

上底が16cm
下底が32cm
高さが40cm
の線対称な台形

図6　切り取った2つの図形をはり付けた図

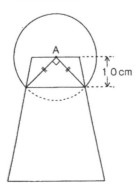

図7　完成した「真上から見た前方後円墳の形」

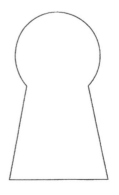

2

～～～～～～～～～～～～～～～～～～～～～～～～～～～～～～～～～～～～～～～
　太郎さんの家族は、いとこの和子さんの家族と自然公園に出かけました。
～～～～～～～～～～～～～～～～～～～～～～～～～～～～～～～～～～～～～～～

次の問1～問6に答えなさい。

太郎さんたちは公園の「入口」に来ました。そこには、下の**資料1**のような料金表がありました。

資料1　料金表

●入園料金（税込み）

	一般	団体
大人（高校生以上）	４５０円	２９０円
シルバー（６５才以上）	２１０円	１４０円
中　学　生　以　下	無料	

＊チケットをお買い求めの際に障がい者手帳を見せていただければ、本人および、つきそい1名が無料で入園できます。

＊団体料金で入園できるのは、大人とシルバーの入園者が合わせて２０名以上同時に入園する場合です。

●レンタサイクル料金（税込み）

３時間まで

大人（高校生以上）・シルバー（６５才以上）	４１０円
中学生以下	２６０円

＊入口で借りて、入口で返却してください。また、お支払いは借りる際にお願いします。

＊３時間をこえた場合は、３０分ごとに大人・シルバーは７０円（税込み）、中学生以下は４０円（税込み）の延長料金を返却時にいただきます。

●ベビーカー・車いすの貸し出し・・・無料

問1　太郎さんの家族と和子さんの家族の年齢は**資料2**のとおりです。また、この中で太郎さんのおばあさんは少し足が不自由なため、公共サービスを受けられる障がい者手帳を持っています。太郎さんの家族と和子さんの家族の入園料金の合計が最も少なくなるときの合計金額を答えなさい。

資料2　太郎さんの家族と和子さんの家族の年齢

太郎さん	１２才（小学生）	和子さん	１３才（中学生）
おじいさん	６６才	和子さんのお父さん	４４才
おばあさん	６８才	和子さんのお母さん	４３才
お父さん	４２才		
お母さん	４２才		

太郎さんが入っている陸上クラブでは、この自然公園の中でバーベキューを行うことになっています。太郎さんはそのことを思い出し、お父さんと次のような会話をしました。

【太郎さんとお父さんの会話】
太郎さん：来週の日曜日にこの自然公園でバーベキューをやるんだ。
お父さん：何人参加するんだい？
太郎さん：小学生、中学生、高校生が合わせて１６人と、２人のコーチが参加する予定だよ。
お父さん：高校生は何人参加する予定なの？
太郎さん：　Ａ　人だよ。今回は、高校生の欠席者がたくさんいると聞いたよ。
お父さん：高校生の参加者がもう少し増えて、大人料金の入園者がコーチ２人と合わせて、ちょうど２０名になれば、団体料金で入園できるのにね。予定人数で入園するよりも合計で５００円少なく入園できるよ。

問２　【太郎さんとお父さんの会話】の　Ａ　にあてはまる数を答えなさい。

　　太郎さん、おじいさん、お父さん、和子さん、和子さんのお父さんは、「入口」でレンタサイクルを借りて、資料３の自転車ルートマップをもとに公園内を移動することにしました。また、おばあさんは車いすを借りて、お母さん、和子さんのお母さんといっしょに「花畑」と「ハーブガーデン」に行くことにしました。

問３　太郎さんたちは、資料４の計画どおりに進んで、午前１０時８分に「どきどき森」近くの「駐２」に着きました。「入口」から「駐２」まで、自転車でどのような道順を通ってきたか、次の(例)にならって答えなさい。ただし、同じ交差点を２回以上通ることはありませんでした。また、太郎さんたちの各交差点や駐輪場の間を自転車で進むのにかかる時間は、資料３のとおりとします。

　　(例)　　Ｄから「駐３」とＥを通ってＦまで行くルートの場合
　　　　　　Ｄ　→　駐３　→　Ｅ　→　Ｆ

資料3　自転車ルートマップ

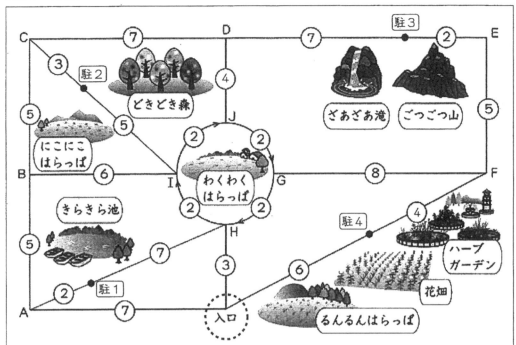

・A～Jは交差点や曲がり角を表します。
・「駐1」、「駐2」、「駐3」、「駐4」は駐輪場を表します。
・〇の中の数字は、交差点や駐輪場の間を自転車で進むのにかかる時間です。
　「駐1」とAの間の②は、「駐1」とAの間を自転車で移動するのに2分かかるということを表します。
・「わくわくはらっぱ」の周りのコースは矢印の方向にしか進めません。

資料4　太郎さんたちの計画

まわり方

　午前9時10分に、「入口」で自転車を借りて、すぐに「入口」を出発し、「きらきら池」、「どきどき森」、「ざあざあ滝」の順にまわる。その後、「入口」に戻り、自転車を返してから「わくわくはらっぱ」へ向かう。

各場所での滞在時間等
＊滞在時間には、自転車を停める時間や駐輪場と目的地との往復時間などもふくむ。
＊それぞれの見学地に一番近い駐輪場に自転車を停めて見学をする。

場所	滞在時間	活動内容
きらきら池	30分	ボートにのる。
どきどき森	1時間	アスレチックで遊ぶ。
ざあざあ滝	20分	写真をとる。
わくわくはらっぱ	1時間	お母さんたちと合流し、昼食をとる。

問4　太郎さんたちは**資料4**の計画どおりに進んで、午前１１時２５分に「駐3」に着きました。ここで予定を変更し、「ごつごつ山」で遊ぶことにしました。太郎さんたちは、レンタサイクルの延長料金が発生しないように「入口」に戻ろうと思っています。このとき「ごつごつ山」での滞在時間は、最大何分間ですか。

問5　おばあさんたちが行った「花畑」の面積は３ha で、自然公園全体の面積の１.１％にあたります。自然公園全体の面積は何 ha ですか。小数第１位を四捨五入してがい数で答えなさい。

太郎さんたちは、「わくわくはらっぱ」で昼食をとるために、お母さんたちとルートマップのH地点で待ち合わせをしています。

太郎さんたちが自転車を返しているときに、飲み物などを買いにきたお母さんたちが「入口」へ戻ってきました。買い物が終わったお母さんたちは、太郎さんたちよりも先にH地点に向かいました。

その後、太郎さんたちもお母さんたちと同じ道を通り、H地点に向かいました。そして、ちょうどH地点に着いたところでお母さんたちに追いつきました。

【太郎さんとお母さんの会話】

太郎さん：やっと追いついた。今、午後０時２７分だね。お母さんたちは何時に「入口」から歩き始めたの？

お母さん：午後０時１５分だったよ。

太郎さん：じゃあ、ゆっくり歩いてきたんだね。

お母さん：そうだね。「入口」から２００ｍのところで時計をみたら午後０時１９分だったよ。

太郎さん：ちょうどその時刻にぼくたちは、「入口」から歩き始めたよ。

問6　【太郎さんとお母さんの会話】を読んで、太郎さんたちが歩いた速さは分速何ｍか求めなさい。ただし、太郎さんたちとお母さんたちは、それぞれ一定の速さで歩いたものとします。

太郎さんは、近くの公園で生き物について調べることにしました。

次の問1～問4に答えなさい。

【太郎さんが植物について調べたこと】

公園の広場に生えている植物について調べました。

広場の一部で、一辺2mの正方形のはん囲を決めて、そこに生えていた植物の種類と株数を調べ、表にまとめました。

表　調べた植物の種類と生えていた株数

調べた植物の種類	※2 生えていた株数
オオバコ	27
オヒシバ	33
スズメノカタビラ	21
タンポポ（セイヨウタンポポ）	4
※1 その他	35
合計	120

※1：図かんで調べてもよくわからなかった植物をその他の植物としています。

※2：1本が見分けにくい植物について、見かけ上の様子で1つのまとまりを1株として数えています。

【太郎さんの考え】

広場全体の植物の生え方は、広場のどの部分でも、ほぼ同じような割合で生えていました。このことから、広場全体に生えていた植物の株数は広場の面積に比例していると考えられます。

問1　太郎さんが調べた一辺2mの正方形のはん囲に生えていた植物のうち、オオバコの生えていた株数の割合を百分率で答えなさい。

問2　【太郎さんの考え】では、広場全体に生えていた植物のおおよその株数を求める計算の式は、広場の面積を x m²とするとどのように表せますか。次のア～エの中から1つ選び、記号で答えなさい。

ア　$x \div 4 \times 120$

イ　$x \times 120$

ウ　$x \times 4 \div 120$

エ　$(x + 4) \times 120$

次に太郎さんは、公園の池にいる生き物について調べようと考え、学校に行って先生に相談しました。

【太郎さんと先生の会話①】

太郎さん：先生、池にいる生き物の数について調べたいのですが、よい方法が思いつきません。例えば、池にはフナがいます。池のフナの数を推測する方法はないでしょうか。

先　　生：資料は数年前に池の中のフナの数を調査した方法と調査記録です。

太郎さん：資料を使って、調査当時の池全体にいるフナの数を推測してみます。

問3　太郎さんは、資料の調査記録を使って、調査当時の池全体にいるフナの数を推測しました。この記録から、この池にはフナは何匹いたと考えられますか。

資料　フナの数の調査方法および調査記録

【調査方法】

① 池のフナを一定数つかまえる。

② つかまえたすべてのフナのせびれに目印をつけて、池に放す。

③ 数日後、再びフナを一定数つかまえる。

④ つかまえたフナの数に対する目印のあるフナの数の割合から、池全体にいるフナの数を推測する。

泳ぐのに影響のない目印をつける

【調査記録】	
○○年7月20日	○○年7月23日
目印をつけて放したフナの数　20匹	つかまえたフナの数　　　　　　36匹
	目印がついているフナの数　　　 3匹
	目印がついていないフナの数　　33匹

問2　太郎さんは、縄文時代（じょうもんじだい）の埼玉県のようすについて調べていると、**資料2**、**資料3**を見つけたので、先生に質問をしました。**資料2**、**資料3**を参考に、次の【太郎さんと先生の会話】の空らん　D　にあてはまる内容を、１０字以内で書きなさい。

【太郎さんと先生の会話】

太郎さん：この**資料2**は何の写真ですか。

先　　生：これは、埼玉県にある縄文時代の貝塚（かいづか）の遺跡（いせき）です。さいたま市にも、たくさんの貝塚があります。

太郎さん：貝塚とは、どのような場所だったのですか。

先　　生：縄文時代の人は、狩りや採集をして食べ物を得ていました。貝塚とは、食べ終えたあとの貝殻（かいがら）や、魚や動物の骨（ほね）などを捨てた場所だと考えられています。

太郎さん：**資料3**には、貝塚で見つかった貝殻が写っていますね。縄文時代の人々は、これらの貝を川や池などでとって食べていたのでしょうか。

先　　生：はい。ただ、これらの貝の中には、海でとれたものも含（ふく）まれています。

太郎さん：さいたま市の貝塚からも、海でとれる貝殻が出てくるのですか。

先　　生：はい。さいたま市の貝塚からも、海でとれる貝殻が数多く見つかっています。しかし、さいたま市には海がありません。では、なぜさいたま市の貝塚から、海でとれる貝殻が出てくるのでしょうか。

太郎さん：わかりました。縄文時代、さいたま市は　　D　　ので貝塚から海でとれる貝殻が見つかっているのですね。

先　　生：そのとおりです。

資料2　貝塚の遺跡

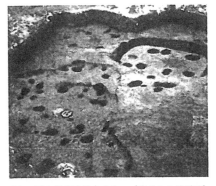

（春日部市教育委員会のウェブサイトより引用）

資料3　貝塚で見つかった貝殻

（富士見市立水子貝塚資料館より提供）

太郎さんは、さいたま市内で和同開珎という昔の貨幣が見つかったことを知り、家で貨幣について
お姉さんと話をしました。

【太郎さんとお姉さんの会話】

太郎さん：さいたま市内で先日、和同開珎という貨幣が2枚見つかったそうです。ところで今わた
　　　　　したちが使っている貨幣には、どのような機能があるのでしょうか。

お姉さん：貨幣とはお金のことで、大きく3つの機能があると言われています。まず、お金を使え
　　　　　ば、それと同じ価値のものと　　E　　することができます。これが1つめの機能
　　　　　です。

太郎さん：たしかに、お金を使えば、店などでそれに見合った金額を支払うだけで、自由に商品と
　　　　　　　　E　　することができますね。では、2つめの機能は、どのようなことでしょう
　　　　　か。

お姉さん：お金は、今使わない分を将来使うためにとっておくことができます。これが2つめの
　　　　　機能です。

太郎さん：確かにそうですね。3つめの機能は、どのようなことでしょうか。

お姉さん：商品に価格をつけることによって、その商品の価値を決める物差しとなることです。こ
　　　　　れが3つめの機能です。

太郎さん：なるほど。お金には、便利な機能がたくさんあるのですね。

問3　【太郎さんとお姉さんの会話】の空らん　　E　　にあてはまる言葉を、4字以内で書きな
　　　さい。

　太郎さんは、戦国時代から江戸時代にかけて、さいたま市の岩槻区が城下町だったことを知り、
この時代の市のようすに興味をもちました。そこで、市について調べていると、資料4、資料5を
見つけたので、博物館の職員に話を聞いてみました。

【太郎さんと博物館の職員の会話】

太郎さん：この資料4は、どのようなものなのでしょうか。

職　　　員：これは、織田信長が出した、楽市・楽座に関する命令のひとつです。

太郎さん：楽市・楽座という言葉を初めて聞きましたが、どのようなものですか。

職　　員：「市」とは、多くの人が集まって品物の売買を行う場所で、市場ともいいます。市で商
　　　　　売をするには税を納める必要がありました。「座」とは、同じ商品をあつかう人たちが
　　　　　集まってできた団体のことです。座は、税を納めることで品物の製造や販売を独占する
　　　　　ことができるという、特別な権利を認められていました。

太郎さん：「楽」という字には、「簡単なようす」という意味があります。つまり、楽市・楽座は、
　　　　　それまでの市や座を廃止して、　　F　　に商売ができるようにするということだっ
　　　　　たのでしょうか。

職　　員：そのとおりです。なぜ、信長がそのような命令を出したのか、**資料4**の内容をひとつず
　　　　　つ見て、**資料5**も参考にして考えてみてください。

太郎さん：商人が必ず安土に宿泊するなら、そのついでに商売をすることができますね。また、
　　　　　新しく住み着いた人が、以前からの住人と同じように扱われるということは、安土に住
　　　　　みたいと思う人が　　G　　ますね。つまり、信長は城下町の商工業を　　H
　　　　　させ、城下町を発展させるために、この命令を出したのだと思います。

職　　員：そのとおりです。

問4　　【太郎さんと博物館の職員の会話】の空らん　　F　　、　　G　　、　　H　　にあて
　　　はまる言葉を、次のア～コの中からそれぞれ1つずつ選び、記号で答えなさい。

ア　独占　　　イ　廃止　　　ウ　固定化　　　エ　活性化　　　オ　正確
カ　自由　　　キ　特別　　　ク　消え　　　　ケ　増え　　　　コ　減り

資料4　織田信長が出した命令

一、街道を往来する商人は、中山道の通行を
　　やめて下街道だけを通行し、都へ行き来
　　する場合は、安土に宿泊するようにせよ。

一、他の国や領地から安土にやって来て住み
　　ついた者でも、以前から住んでいた者と
　　同じ扱いとする。

（安土山下町中掟書をもとに作成）

資料5　中山道と下街道

（彦根市のウェブサイトをもとに作成）

> 花子さんの班では、総合的な学習の時間に、税金について調べることになりました。

次の問1～問4に答えなさい。

【花子さんたちの会話①】

花子さん：消費税が２０１９年の１０月から１０％になりました。

先　　生：消費税は、１９８９年に初めて日本に導入されたのですが、そのときは３％でした。その後、消費税は１９９７年に５％、２０１４年に８％となり、２０１９年に現在の１０％になったのです。

花子さん：そうだったのですね。現在、消費税が１０％ですから１０００円の商品を買ったら、その値段の１０％にあたる１００円を消費税としてお店に払うのですね。

先　　生：そうです。商品やサービスの代金を支払うときに、１０％の税金を負担します。これを標準税率といいます。

太郎さん：わたしのおこづかいでは、１００円の消費税は、ずいぶん高い気がします。

先　　生：ただし、スーパーマーケットなどで買うほとんどの食料品は、税率が標準税率である１０％よりも低くなっています。これは、生活に欠かせない商品にかかる税金を低くしているからです。

花子さん：知っています。たしか、食料品などは税率が８％のままですね。

先　　生：そうです。これを軽減税率といいます。ただし、同じ食料品でもレストランでの外食は、税率が標準税率の１０％になるのですよ。

花子さん：日本は世界の国々と比べて、消費税の税率が低いと聞きました。

太郎さん：ほかの国の税率については、**資料1**があります。

花子さん：国によって、税率が違うのですね。

太郎さん：花子さん、わたしの好きな国が**資料1**にあったので、その国がわかるようにメモを作ってみたいと思います。あとでそのメモを見て、わたしの好きな国を当ててみてください。

問1　**資料1**を参考にし、**【太郎さんのメモ】**から考えられる太郎さんが好きな国を、次のア～クの中から1つ選び、記号で答えなさい。

ア　中国　　　　　イ　ベトナム　　　ウ　イギリス　　　　エ　フランス
オ　ドイツ　　　　カ　イタリア　　　キ　オーストラリア　ク　ルクセンブルク

資料1　主な国の標準税率と食料品などに対する軽減税率の比較（2019年10月時点）

国名	標準税率	軽減税率
中国	13%	9%
ベトナム	10%	5%
イギリス	20%	0%
フランス	20%	5.5%
ドイツ	19%	7%
イタリア	22%	10%
オーストラリア	10%	0%
ルクセンブルク	17%	3%

（財務省「付加価値税率（標準税率及び食料品に対する適用税率）の国際比較」をもとに作成）

【太郎さんのメモ】
① その国の標準税率は、現在の日本の標準税率の2倍未満に設定されています。
② その国の軽減税率は、その国の標準税率の50％未満に設定されています。
③ その国の軽減税率は、日本の1999年時点での消費税率以上に設定されています。

問2　花子さんと太郎さんは、日本の軽減税率について調べるために、店で買い物をしたときのレシートを集めました。資料2、資料3のレシートについて述べた文のうち適切でないものを、次のア～エの中から1つ選び、記号で答えなさい。

資料2　花子さんのレシート

```
          お買上票
    毎度ありがとうございます
      TEL 201-91-××××
   2019年11月22日　10:30
      010000＃責任者01


商品A ※          ￥300
商品B ※          ￥500
商品C            ￥420
・・・・・・・・・・・・

個数            3個
小計            ￥1,220


税　10%          ￥42
税　 8%          ￥64

〔※が8%対象商品〕


◇◇　合計        ￥1,326
現金            ￥1,500
おつり            ￥174
```

資料3　太郎さんのレシート

```
         〇〇スーパー
           〇〇店
      TEL 201-95-〇〇〇〇
  2019年11月17日18:24 責12
        ┌─────────┐
        │ 領　収　書 │
        └─────────┘

商品D          ￥216 軽
商品E          ￥135 軽
商品F          ￥495
- - - - - - - - - - - -

  合　計        ￥846
(内消費税等      ￥ 71)
   (税 10%対象   ￥495)
   (税 8%対象    ￥351)
  点数          3個
  上記正に領収いたしました


お預かり合計      ￥846
おつり            ￥0
軽は軽減税率(8%)対象商品です
```

ア　資料2において、商品A、商品Bは軽減税率の対象となっている商品であり、この2つの商品の消費税を含む合計金額は864円である。

イ　資料3において、商品D、商品E、商品Fの、消費税を含まない合計金額は775円である。

ウ　資料2、資料3において、標準税率の対象となっているのは、商品Cと商品Fであり、2つの商品の消費税の合計金額は90円である。

エ　資料2、資料3にある、すべての商品の消費税の合計金額は177円である。

問3　花子さんは、日本の消費税の税率の変化について調べていると、資料4を見つけました。資料4を見て、【花子さんのまとめ】にある空らん　A　、　B　にあてはまる言葉を、それぞれ4字以内で書きなさい。

資料4　各世帯の年収にしめる消費税額の負担割合（消費税10％時は推測値）

年収　＼　消費税率	消費税5％（2000年）	消費税8％（2015年）	消費税10％
200万円未満	5.0％	7.2％	8.9％
200万円以上～300万円未満	3.4％	5.5％	6.7％
300万円以上～400万円未満	2.6％	4.4％	5.4％
400万円以上～500万円未満	2.4％	3.9％	4.7％
500万円以上～600万円未満	2.2％	3.5％	4.3％
600万円以上～700万円未満	2.1％	3.3％	4.0％
700万円以上～800万円未満	1.9％	3.1％	3.8％
800万円以上～900万円未満	1.8％	3.0％	3.7％
900万円以上～1000万円未満	1.8％	2.8％	3.4％
1000万円以上～1500万円未満	1.6％	2.6％	3.2％
1500万円以上	1.1％	1.6％	2.0％

（総務省「家計調査」および国税庁「民間給与実態統計調査」をもとに作成）

【花子さんのまとめ】
　資料4の消費税が10％のとき、年収250万円と年収1250万円の世帯の消費税額の負担割合から、推測されること。
　・年収に対する消費税の負担割合は、年収250万円の世帯より、年収1250万円の世帯のほうが　A　。
　・消費税の1年間の負担額は、年収250万円の世帯より、年収1250万円の世帯のほうが　B　。

【花子さんたちの会話②】

太郎さん：江戸時代は、税は主にお米で納められていましたが、明治時代になると、税の納め方はお金が中心になり、現在も税はお金で納められています。

花子さん：江戸時代にお金はなかったのですか。

先　　生：江戸時代には金貨（小判）や銀貨がありましたが、昔の貨幣には金や銀が含まれていたので、貨幣そのものに価値がありました。

花子さん：日本には、金や銀がたくさんあったのですね。

先　　生：そうです。しかし、江戸時代の終わりごろ、日本の金貨が外国へ大量に流出してしまう出来事がありました。

花子さん：どのような出来事だったのですか。

先　　生：当時の日本と外国では、金と銀の※交換比率が違っていました。外国はそのことを利用して、大量の金を持ち出したのです。

太郎さん：交換比率にどのような違いがあったのですか。

先　　生：資料5を見てください。これは説明しやすいように図で示したものです。外国銀貨4枚は、ほぼ同じ重さである日本銀貨12枚と交換することができました。そして、日本での金と銀の交換比率により、日本銀貨12枚は日本金貨3枚と両替することができました。日本金貨に含まれている金の量から、日本金貨3枚は外国で売却すると、外国銀貨12枚の価値がありました。

太郎さん：むずかしいですね。

先　　生：では、具体的に計算してみてください。もし、太郎さんが当時の外国銀貨100枚を持っていたとします。当時の日本銀貨に交換したら何枚になりますか。

太郎さん：　C　枚です。

先　　生：では、その日本銀貨をそのまま日本金貨に両替したら何枚になりますか。

太郎さん：　D　枚です。

先　　生：次に、その日本金貨を外国で売却したら、何枚の外国銀貨になりますか。

太郎さん：　E　枚です。あれ、外国銀貨がもとの100枚から　F　倍に増えてしまいました。

先　　生：これを繰り返すことで、外国に金が流出していったのです。

花子さん：先生、それでは日本から金がなくなってしまいます。

先　　生：そうですね。そこで、幕府は日本金貨を作り直したのです。太郎さんは、どのようにすれば金の流出を防ぐことができると思いますか。

太郎さん：日本金貨に含まれる金の量を　G　よいと思います。そのようにすれば、外国への金の流出を防ぐことができます。

先　　生：そのとおりです。

※　交換比率…物と物を交換するときの割合

問4 【花子さんたちの会話②】の空らん C 、 D 、 E 、 F に入る数字をそれぞれ書きなさい。また、空らん G にあてはまる内容を、次のア～エの中から1つ選び、記号で答えなさい。

ア　2倍に増やせば　　　イ　3倍に増やせば
ウ　2分の1に減らせば　　エ　3分の1に減らせば

資料5　先生が作成した資料

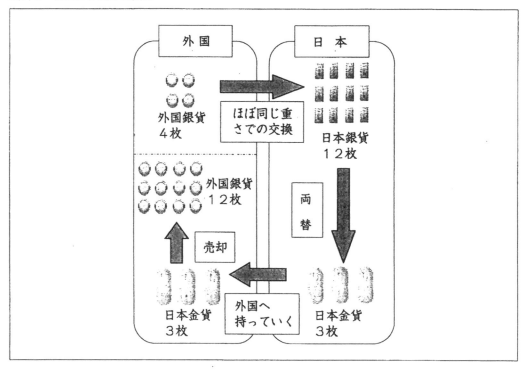

これで、問題は終わりです。

K 教英出版

令和２年度

適 性 検 査 Ⅲ

さ い た ま 市 立 浦 和 中 学 校

＿＿＿＿＿＿＿＿＿＿＿＿＿＿＿＿＿＿＿＿＿＿＿＿＿＿＿＿＿＿＿＿＿＿

　　花子さんは、総合的な学習の時間に、ボランティア活動について調べ、発表に向けた準備をしています。

＿＿＿＿＿＿＿＿＿＿＿＿＿＿＿＿＿＿＿＿＿＿＿＿＿＿＿＿＿＿＿＿＿＿

以下の会話文を読んで問いに答えなさい。

【花子さんと先生の会話】

先　　生：花子さんは、何について発表をしようと考えているのですか。

花子さん：わたしはボランティア活動について発表しようと思っています。先日、テレビで外国の
　　　　　ボランティア活動について放送されているのを見ました。そこでは多くの若者がボラン
　　　　　ティア活動に参加していました。わたしも過去に数回ボランティア活動に参加したこと
　　　　　がありますが、毎回若者の参加者が少なかったのを覚えています。まず、**資料１**から日
　　　　　本と外国の若者のボランティア活動に対する興味について、比較しながら具体的な数値
　　　　　を用いて発表する予定です。

先　　生：他には何か資料がありますか。

花子さん：はい。**資料２**と**資料３**があります。**資料２**は、日本の学生がボランティア活動に参加で
　　　　　きない要因を表したグラフです。ここに示されている要因を解決できれば、ボランティ
　　　　　ア活動に参加する若者が増えると思います。解決方法を考えるために、**資料３**を用意し
　　　　　ました。**資料３**は、わたしたちの住む区のボランティアセンターが提供している、
　　　　　ボランティアの募集情報をまとめたものです。この募集情報から、**資料２**の要因をい
　　　　　くつか解決できると思います。

先　　生：たしかにそうですね。参加できない要因はたくさんあるので、いくつか選んで発表する
　　　　　とよいのではないでしょうか。

花子さん：では、**資料２**の要因から２５％をこえているものを２つだけ選び、**資料３**と結びつけて
　　　　　発表します。

先　　生：花子さんが今回の発表をとおしていちばん伝えたいことは何ですか。

花子さん：はい。わたしは、ボランティア活動に参加するのはむずかしいことだと考えていました。
　　　　　しかし、自分の経験からボランティア活動は身近なものだと考えられるようになりまし
　　　　　た。そこで、クラスのみなさんにもボランティア活動が身近なものだと感じてもらい、
　　　　　ボランティア活動に参加してもらえるように呼びかけたいと思います。

先　　生：すばらしい発表になりそうですね。

資料1　※若者のボランティアに対する興味

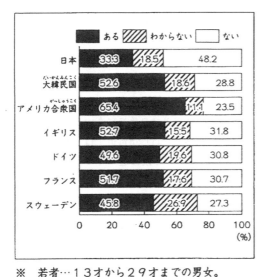

※　若者…13才から29才までの男女。

（内閣府　平成30年度「我が国と諸外国の
　　　若者の意識に関する調査」をもとに作成）

資料2　日本の学生がボランティアに参加で
　　　　きない要因

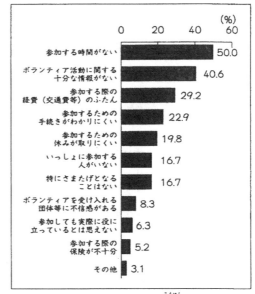

（内閣府　平成28年度「市民の社会貢献に
　　　関する実態調査」をもとに作成）

資料3　花子さんが住む区のボランティアセンターのボランティア募集情報をまとめたもの

種　　　類	活動場所	日　　　時
イベントの手伝い	区内	10／13（日）　　15：00～17：00
プール活動ボランティア	区内	毎月第1・3水曜日　16：00～17：30
清そうボランティア	区内	毎週日曜日　　14：30～15：30
手話ボランティア	区内	毎月第1・3木曜日　18：30～21：00
病院　患者付き添いボランティア	区内	毎週月曜日～金曜日　9：00～12：00
※サタデースクールボランティア	区内	9／21（土）　　9：00～11：30

※　サタデースクール…土曜授業のこと。

問　あなたが花子さんなら、どのような発表原稿を作成しますか。次の条件に従って書きなさい。

条件1：解答は横書きで1マス目から書くこと。
条件2：文章の分量は300字以内とすること。
条件3：数字や小数点、記号についても1字と数えること。

（例）| 4 | 2 | . | 5 | % |

－ 2 －

2

太郎さんは花子さんと先生に、家族と登山をしたときのことを話しています。

以下の会話文を読んで問いに答えなさい。

【太郎さんたちの会話①】

太郎さん：秩父の甲武信ヶ岳に登ったことがあります。甲武信ヶ岳は埼玉県で2番目に高い山で、標高は2475mあります。山登りをしているときに、標高1800m付近では、わたしの住むまちでは見たことのない花がさいていました。また、山頂に近づくと、高い木が少なくなり、とてもながめがよかったです。

花子さん：標高が高いところでは、わたしたちが住んでいるところとは育つ植物の種類がちがいますね。標高と関係があるのでしょうか。

太郎さん：標高が高くなると、気温が変わり、育つ植物の種類も変わります。わたしが調べたところ、「*あたたかさの指数」がわかると、その数値から育つ植物の種類を推測できることがわかりました。「あたたかさの指数」は、わたしが作成した資料1と資料2のように標高と各月の平均気温をもとに計算することができます。

先　　生：おもしろそうですね。甲武信ヶ岳に育つ植物の種類について調べたらどうでしょうか。

※　あたたかさの指数…あたたかさを表す数値のこと。

資料1　標高と気温の関係

・気温は、標高が100m高くなるごとに、0．6℃ずつ下がる。
・月の平均気温についても、標高が100m高くなるごとに、0．6℃ずつ下がることとする。

資料2　「あたたかさの指数」の求め方とその数値から推測できる植物の例

1　1月から12月の各月の平均気温を調べる。
2　各月の平均気温を次のルールにあてはめ、「各月の数値」を計算する。

平均気温が5℃未満の場合の数値…「各月の数値」を0とする。
平均気温が5℃以上の場合の数値…「各月の数値」を各月の平均気温から5を引いた数値とする。

3　2で求めた「各月の数値」を合計する。合計した数値が「あたたかさの指数」となる。
4　3で求めた「あたたかさの指数」を次の表にあてはめる。

「あたたかさの指数」	育つ植物の種類の例
15以下	ハイマツなど
15〜45	コメツガ、エゾマツなど
45〜85	ブナ、ミズナラなど
85〜180	シイ、カシなど
180以上	アコウ、ヒルギなど

令和2年度　適性検査Ⅰ　解答用紙（2）

4

問1
A	
理由	
B	C

問2

10

問3

4

問4
F	G	H

5

問1

問2

問3
A	B

4　　　　　4

問4
C	D	E	F
G			

性　別	受　検　番　号

□や▣の欄には、何も記入しないこと。

令和2年度　適性検査Ⅱ　解答用紙（2）

4

問1 ［　　　　　　　　　　　　　　　　　　　　　　］ 10

問2 ［　　　　　　　］

問3

5

問1 ［　　　　　　　　　　　］　　問2 ［　　　　　　　　　　　　　　　］

問3	とかしたもの	
	説明	

問4

性別 ／ 受検番号

□や □ の欄には、何も記入しないこと。

2

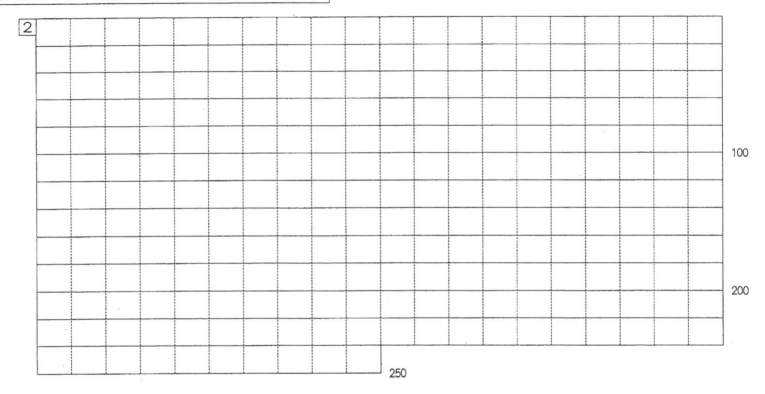

100

200

250

性　別	受　検　番　号

の欄には、何も記入しないこと。

K 教英出版

K 教英出版

令和2年度　適性検査Ⅲ　解答用紙（3）

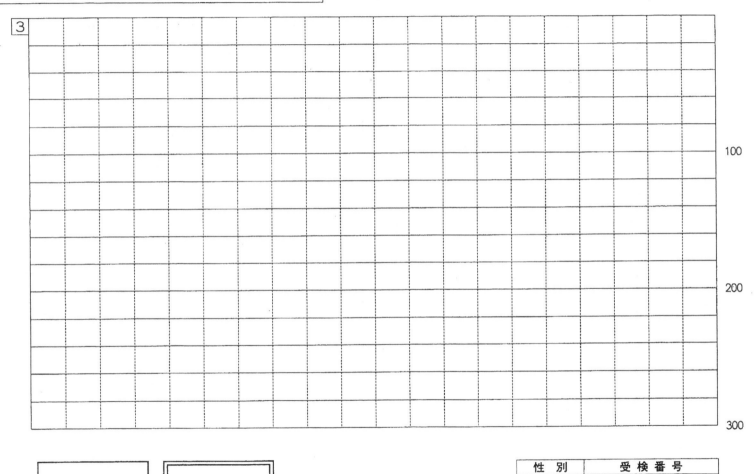

100

200

300

性　別	受　検　番　号

□　□ の欄には、何も記入しないこと。

令和2年度　適性検査Ⅲ　解答用紙（1）

（配点非公表）

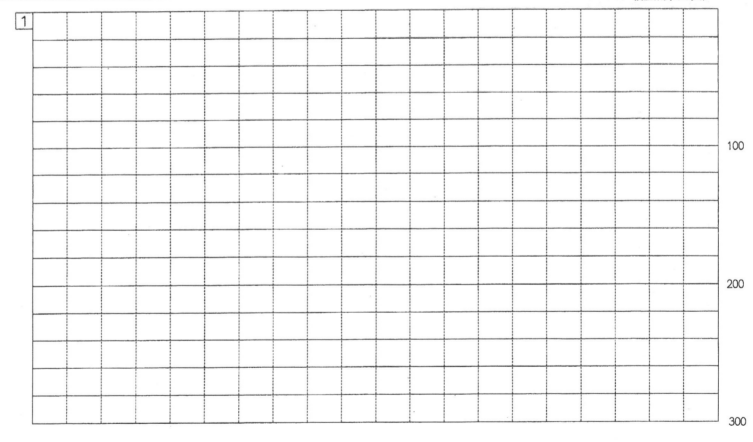

1

100

200

300

性　別　　　受　検　番　号

　の欄には、何も記入しないこと。

1

問1　　　　　　　　個　　　　問2

問3　　　　　　　　cm²

2

問1　　　　　　　　円　　　　問2

問3　　入口　→　　　　　　　　　　　　　　　　　　　→　駐2

問4　　　　　　　　分間

問5　約　　　　　　ha

問6　分速　　　　　m

3

問1　　　　　　　　%　　　　問2

問3　　　　　　　　匹

問4

性　別　　　受　検　番　号

□や□の欄には、何も記入しないこと。

令和２年度　適性検査Ⅰ　解答用紙（１）

（配点非公表）

1

問1　

問2　

問3　

11

問4　

2

問1　

15　　　　　　20

問2　

問3　

問4　

3

問1　

18

問2　

問3　

問4　

□や□□の欄には、何も記入しないこと。

性　別	受　検　番　号

【太郎さんたちの会話②】

太郎さん：甲武信ヶ岳の平均気温の記録はなかったので、秩父市の標高２３０ｍ地点（Ａ地点）で
　　　　　の平均気温の記録をもとに資料３を作成しました。

先　　生：これを使うと秩父市に育つ植物の種類が推測できそうですね。

資料３　秩父市のＡ地点の平均気温と計算して求めた「あたたかさの指数」

月	1月	2月	3月	4月	5月	6月	
各月の平均気温（℃）	1．6	2．5	6．1	12．1	16．8	20．4	
「各月の数値」	0	0	1．1	7．1	11．8	15．4	
月	7月	8月	9月	10月	11月	12月	「あたたかさの指数」
各月の平均気温（℃）	24．0	25．3	21．1	14．9	8．8	3．8	
「各月の数値」	19．0	20．3	16．1	9．9	3．8	0	104．5

【太郎さんたちの会話③】

太郎さん：資料３を見てください。Ａ地点での「あたたかさの指数」は１０４．５となるので、資料２
　　　　　から、育つ植物はシイ、カシなどと推測されます。

先　　生：地球温暖化によって平均気温はだんだん高くなっています。これからの約１００年間
　　　　　で、日本の平均気温がすべて約４℃ずつ高くなるという話を聞いたことがあります。

花子さん：仮に各月の平均気温が４℃高くなるとすれば、その場所に育つ植物の種類を推測するこ
　　　　　とができますね。

先　　生：そうですね。それでは、太郎さんが花を見た標高１８００ｍ地点をＢ地点としたとき、
　　　　　平均気温が４℃高くなると、Ｂ地点で育つ植物の種類にどのような変化が起こるか、朝
　　　　　の会のスピーチで発表してくれませんか。

太郎さん：はい。わかりました。それではまず、Ａ地点とＢ地点の気温差を明らかにします。次に、
　　　　　現在のＢ地点での「あたたかさの指数」を計算し、育っている植物の種類を示します。
　　　　　そして、各月の平均気温がすべて４℃ずつ高くなったと仮定し、再び「あたたかさの指数」
　　　　　を計算します。最後に、Ｂ地点における、育つ植物の種類の変化を推測し、発表します。

花子さん：太郎さん、がんばってくださいね。

問　あなたが太郎さんならどのような発表原稿を作成しますか。次の条件に従って書きなさい。また、
　　計算結果は小数第２位を求めて四捨五入し、小数第１位まで書きなさい。なお、計算過程は書かなく
　　てよいものとします。

条件１：解答は横書きで１マス目から書くこと。
条件２：文章の分量は２５０字以内とすること。
条件３：数字や小数点、記号についても１字と数えること。

（例）　４　２　．　５　％

給食後、花子さんは太郎さんと先生に、学校保健委員会での発表について話をしています。

以下の会話文を読んで問いに答えなさい。

【花子さんたちの会話】

先　　生：発表の準備は進んでいますか。

花子さん：はい。最近ニュースで「魚離れ」という言葉を聞きました。わたしは魚が好きなのですが、魚を食べる人がどのくらい減ってきているかを調べたところ、資料1のように国民の魚介類の消費量と肉類の消費量が変化していることがわかりました。この変化について、発表に入れたいと思います。また、資料2のように年齢層別の魚介類の※摂取量についても調べました。

先　　生：資料2からは、いろいろなことが読み取れそうですね。

花子さん：そうなのです。さらに、魚介類を食べるとどのようなよい効果があるかを調べてみると、資料3が見つかりました。

太郎さん：すごいですね。魚介類を食べるとからだによい効果がたくさんあるのですね。

花子さん：はい。資料3にあるDHAやEPA、タウリンなどはからだに必要な栄養素ですが、体内でつくり出すことはできないので、食物から摂取する必要があることがわかりました。調べていくうちに、魚介類はわたしたちの健康を保つ上で重要であることに気付きました。

先　　生：よく調べましたね。どのように発表しますか。

花子さん：まず資料1から、魚介類の消費量と肉類の消費量の変化についてふれます。次に資料2から、読み取れる特徴を2つ示します。そして、資料3から、からだに役立つ機能性成分や魚介類の具体例をあげながら、魚介類を摂取することによって期待される効果を示します。最後に、魚介類を摂取する必要性を述べたいと思います。

先　　生：発表を楽しみにしています。

※　摂取量…からだの中に取り入れる量。

資料1　魚介類および肉類の１人当たりの年間消費量

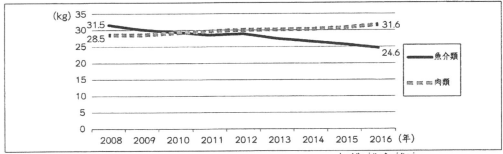

（農林水産省「食料需給表」をもとに作成）

資料2　年齢層別の魚介類の１人当たりの１日の摂取量

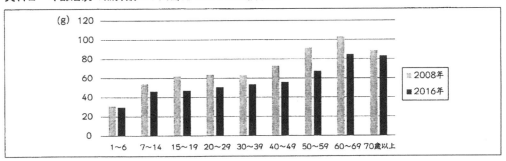

（厚生労働省「国民健康・栄養調査」をもとに作成）

資料3　魚介類にふくまれる主な機能性成分

主な機能性成分	多くふくむ魚介類	期待される効果
DHA	クロマグロ脂身、スジコ、ブリ、サバ	視力低下予防　他
EPA	マイワシ、クロマグロ脂身、サバ、ブリ	高血圧予防　他
タウリン	サザエ、カキ、コウイカ、マグロ血合肉	心臓病予防　貧血予防　視力の回復　他

（水産庁資料をもとに作成）

問　あなたが花子さんならどのような発表原稿を作成しますか。次の条件に従って書きなさい。

条件１：解答は横書きで１マス目から書くこと。
条件２：文章の分量は３００字以内とすること。
条件３：数字や小数点、記号についても１字と数えること。

（例）| 4 | 2 | . | 5 | % |

```
これで、問題は終わりです。
```

【太郎さんと先生の会話②】

太郎さん：フナの数を推測することができました。**資料の【調査方法】**なら、池にいるどんな生き物でも、池全体にいる数を推測することができるのでしょうか。

先　　生：フナと似た生活をしている生き物ならば、この方法が適しています。

太郎さん：ということは、生き物の生活のしかたによって、方法を変えないといけないのですね。

先　　生：そうです。植物は動くことができないので、すぐに調査することができましたね。同じ条件の場所ならば、同じように生えていると考えることができます。太郎さんもそのように考えて広場全体の植物の数を計算したのではないですか。

太郎さん：確かに、そう考えて計算しました。

先　　生：一方、フナは、目印をつけたあと何日か間をおいてから調査をしなければいけないのです。何日か間をおくことで目印をつけたフナが、| A |からです。もちろん、調査する期間に池全体でフナの数がほとんど変わらないということも重要です。

太郎さん：そうなのですね。今度、試してみたいと思います。

問4　【太郎さんと先生の会話②】の空らん| A |にあてはまる、何日か間をおいてから調査をしなければいけない理由を簡単に書きなさい。

太郎さんは実験を行い、豆電球と発光ダイオード（LED）の光るようすなどについて、調べることにしました。

次の問1～問3に答えなさい。

【実験①】

＜用意したもの＞

□豆電球　　□導線　　□かん電池　　□スイッチ

□プロペラ付きモーター　　□発光ダイオード

発光ダイオード
たんしの長さが異なっている。

＜方法＞

1　図1のように、2つのかん電池に豆電球とモーター、スイッチを導線でつないだ回路を作成した。スイッチを入れると、豆電球が点灯し、モーターが右回りに回転した。

図1

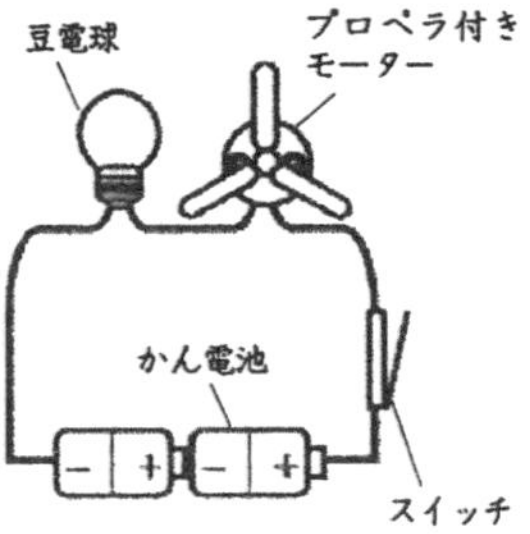

2　図2のように、図1の回路とは電池の向きを入れかえた回路を作成した。スイッチを入れると、豆電球が点灯し、モーターが左回りに回転した。

図2

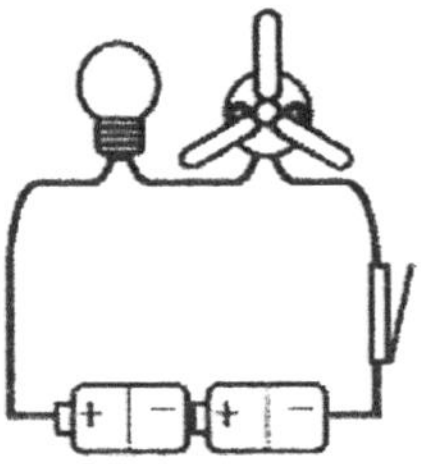

3　図3のように、2つのかん電池に発光ダイオードとモーター、スイッチを導線でつないだ回路を作成した。スイッチを入れると、発光ダイオードが点灯し、モーターが右回りに回転した。

図3

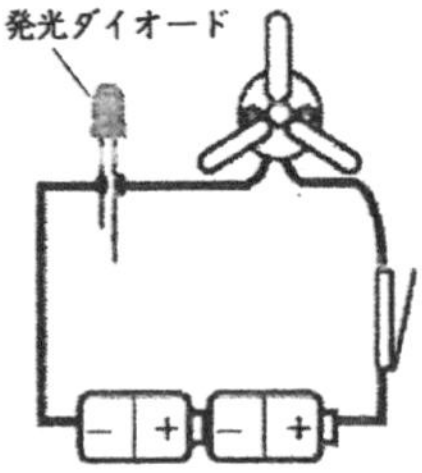

発光ダイオード

4　図4のように、図3の回路とは電池の向きを入れかえた回路を作成した。スイッチを入れると、発光ダイオードは点灯せず、モーターも回転しなかった。実験で用意したものや回路について調べたが、異常はなかった。

図4

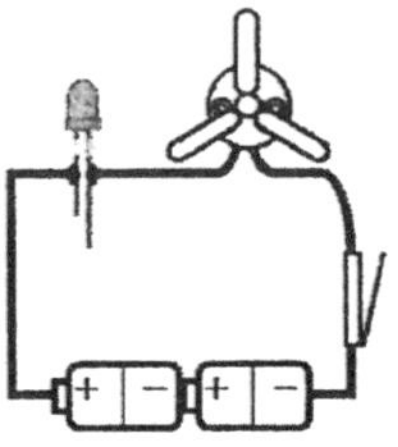

問1　太郎さんは、【実験①】からわかったことを【太郎さんのまとめ】のようにまとめました。
　　　【太郎さんのまとめ】にある、空らん ［　　　Ａ　　　］ にあてはまる言葉を、１０字以内で書き
　　　なさい。

【太郎さんのまとめ】

○**方法の１**と**方法の２**の結果からわかったこと
　・電池の向きを入れかえるとモーターの回転する向きが逆になったことから、［　　　Ａ　　　］
　　が逆になったことがわかった。
　・電池の向きを入れかえてモーターの回転する向きが逆になっても豆電球が点灯したことから、
　　豆電球は ［　　　Ａ　　　］ に関係なく点灯することがわかった。

○**方法の３**と**方法の４**の結果からわかったこと
　・電池の向きを入れかえると発光ダイオードは点灯したり、しなかったりすることから、発光ダ
　　イオードを点灯させるには正しい電池のつなぎ方があることがわかった。

【太郎さんと先生の会話①】

先　　　生：太郎さん、おもしろい実験をしましたね。どんなことがわかったのですか。

太郎さん：電池の向きを変えると、豆電球と発光ダイオードの点灯の仕方やモーターの動きに違い
　　　　　　が見られました。

先　　　生：なるほど。こちらの【実験②】を見てください。太郎さんの実験を見て、回路を作成し
　　　　　　てみました。

太郎さん：わたしの作った回路と違って少し複雑ですね。

【実験②】
<用意したもの>
□発光ダイオード　　□豆電球　　□導線　　□かん電池　　□スイッチ

<方法>
・発光ダイオードの向きに注意して、図5〜図8のような回路を作り、それぞれスイッチを入れた。

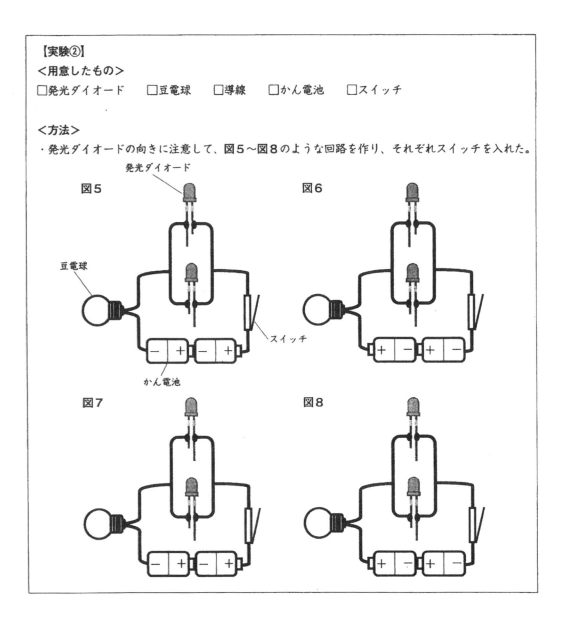

問2　先生が行った【実験②】の結果は、どのようになりましたか。正しいものを次のア〜オの中から
　　　1つ選び、記号で答えなさい。

　　ア　図5の回路と図6の回路では、豆電球は点灯しなかった。
　　イ　図7の回路では、すべての発光ダイオードが点灯し、豆電球も点灯した。
　　ウ　図8の回路では、豆電球のみ点灯した。
　　エ　豆電球はすべての回路で点灯した。
　　オ　すべての回路で、発光ダイオードは1つずつ点灯した。

太郎さんはモーター、タイヤ、車体、車軸、ギア（歯車）、かん電池、導線、スイッチを使い、図9のような車を作り、走らせました。

図9

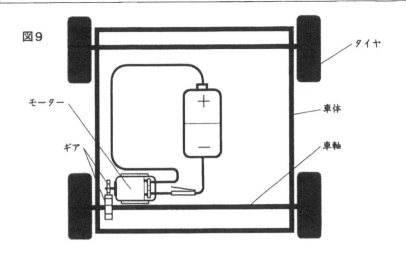

タイヤ
車体
車軸
モーター
ギア

【太郎さんと先生の会話②】

太郎さん：車が走りました。

先　　生：すごいですね。

太郎さん：しかし、一定方向にしか進みません。

先　　生：【実験①】の結果をもとに考えれば、図9の車とは逆方向へ進ませることもできますよ。

太郎さん：なるほど、考えてみます。そうだ、もっと速く走らせることはできないのでしょうか。

先　　生：それでは、電池を2つ使って回路を組み立ててみてください。

太郎さん：はい。図9の車とは逆方向へ進む、図9の車より速く走る車の回路を考えてみます。

問3　【太郎さんと先生の会話②】から図9の車とは逆方向へ進む、図9の車より速く走る車の回路を解答用紙の図にかきくわえなさい。

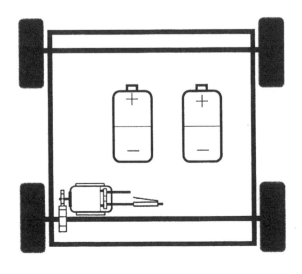

5

太郎さんは、先生と科学クラブで水にものをとかす実験をしました。

次の問1〜問4に答えなさい。

【太郎さんと先生の会話①】

先　　生：この試験管には塩化アンモニウムという白色の粉を80℃の水にとけるだけとかしてあります。これをしばらくおいて20℃まで温度を下げます。

太郎さん：水よう液の何もないところから白いものが出てきて、とてもきれいです。これは何が起きているのですか。

先　　生：白いものは塩化アンモニウムの*結しょうです。水にとけきれなくなった塩化アンモニウムが、出てきています。試験管内の水よう液から星型の結しょうが出てくるように見えています。（図1）

図1

〈しばらくすると、塩化アンモニウムは出てこなくなりました。〉

太郎さん：もう<u>塩化アンモニウムは出てこなくなりました</u>。これはなぜですか。

先　　生：いっしょに考えてみましょう。図2は、水の温度と100gの水にとけるだけとかすことができる塩化アンモニウムの量をまとめたものです。

太郎さん：試験管の底には塩化アンモニウムがしずんでいますね。これの重さを求めることはできますか。

先　　生：底にしずんだ塩化アンモニウムの量は、最初に加えた塩化アンモニウムの重さから、その温度でとけるだけとかすことができるものの量を引いた量です。

図2

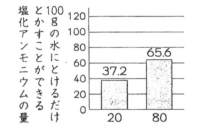

※　結しょう…水よう液を冷やしたり水を蒸発させたりしたときに出てくる、規則正しい形をしたつぶのこと。

問1　【太郎さんと先生の会話①】の下線部「塩化アンモニウムは出てこなくなりました」とありますが、このときの説明として、正しいものはどれですか。次のア〜エの中から1つ選び、記号で答えなさい。

　　ア　液体部分には、塩化アンモニウムはとけていない。
　　イ　液体をかき混ぜると、出てきた塩化アンモニウムはすべて再びとける。
　　ウ　試験管を温めると、塩化アンモニウムがさらに出てくる。
　　エ　試験管全体の重さは、塩化アンモニウムが出てくる前と後で同じである。

2020(R2) 市立浦和中
K教英出版
— 15 —

【太郎さんと先生の会話②】

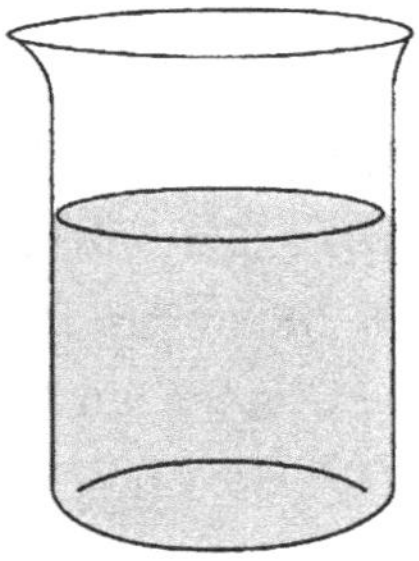

先　　生：このビーカーを見て下さい。これは６０℃の水２００ｇを
　　　　　入れたビーカーに、尿素、ミョウバン、食塩のうちのど
　　　　　れかを６０ｇ入れてとかした水よう液です。尿素、ミョウ
　　　　　バン、食塩はいずれも水の温度が高いほど、多くとかすこ
　　　　　とができます。では、温度の変化を見ていきましょう。
太郎さん：結しょうがでてきました。
先　　生：水の温度は何度くらいですか。
太郎さん：およそ４５℃です。
先　　生：それでは、資料をみてください。これは１００ｇの水にとけるものの量を温度ごとにま
　　　　　とめた表です。資料を参考に、とかしたものを考えてみましょう。

問２　次の資料から、尿素、ミョウバン、食塩のうち８０℃の水１００ｇにとけるだけとかし、しばら
　　くおいて２０℃になったときに出てくる結しょうの量が最も少ないものは、どれですか。ものの
　　名前を書きなさい。

資料　１００ｇの水にとけるものの量を温度ごとにまとめた表

水の温度 / とけるもの(g)	２０℃	４０℃	６０℃	８０℃
尿素	１０８	１６７	２５１	４００
ミョウバン	１１	２３	５７	３２１
食塩	３６	３６	３７	３８

問３　【太郎さんと先生の会話②】の、先生がとかしたものは、尿素、ミョウバン、食塩のうちのどれ
　　ですか。ものの名前を書きなさい。また、なぜそう考えたのかを、資料の数字を使って説明しなさ
　　い。

【太郎さんと先生の会話③】

先　　生：この市販されている尿素の実験キットを使って、結しょうをつくってみましょう。

【実験キットの説明書】

このキットについているもの
・尿素（肥料や化しょう品などに使われています。）
・モール（毛のようなものがたくさんついた針金(はりがね)。水を吸い上げやすい性質があります。）
・コップ
・トレー

用意するもの
・５０℃の水　１００g

手順
1　モールで木のような形をつくり、トレーの中央に立てます。
2　コップに５０℃の水１００gを入れ、尿素をとけるだけとかします。
3　2を1のトレーに入れます。

太郎さん：【実験キットの説明書】の手順どおりにやってみました。モールに白い結しょうが少し
　　　　　できてきました。（図3）

先　　生：そうですね。モールに吸い上げられて温度が下がったからですね。このまま少しおいて
　　　　　おきましょう。

図3

＜数時間後＞

先　　生：水よう液の温度が部屋の温度と同じになりましたね。

太郎さん：さっきよりもモールに結しょうが増えていますね。

先　　生：そうですね。そして、これは昨日のうちに、同じ
　　　　　条件・手順で実験を行い、温度が一定の部屋に　　　図4
　　　　　1日おいておいたものです。（図4）

太郎さん：昨日実験したもののほうが、今日実験したものよ
　　　　　り多くの結しょうがモールに出ています。なぜ
　　　　　1日おいておくと、モールについた結しょうは増
　　　　　えたのですか。

問4　部屋の温度と同じになったものを1日おいておくと、結しょうが増えたのはなぜですか。説明し
　　なさい。

これで、問題は終わりです。

K 教英出版

【適

平成３１年度

適 性 検 査 Ⅰ

さ い た ま 市 立 浦 和 中 学 校

花子さんは、図書館で面白そうなタイトルの小説を見つけたので、読んでみることにしました。

次の文章は、にしがきようこ著『ピアチェーレ　風の歌声』（小峰書店）の一部です。これを読んで、次の問1〜問4に答えなさい。

１３歳の嘉穂は、祖父母とおばの住む家で、弟の穂高とともに暮らしています。歌を習っている嘉穂は、合唱コンクールにソロで出場することになり、おばにつきそわれてリハーサルにのぞみましたが、自分としては、それほどうまく歌えませんでした。

家ではおばあちゃんがプリンを作って待っていてくれた。

「お疲れさま。夕食あんまり食べられなかったようだから、召しあがれ」

おばあちゃんの手作りプリンは嘉穂の大好物だ。でも、今は、だされたプリンにスプーンを立てるだけで食べられない。胸がつまったようだった。

食卓で古文書の参考書を読んでいたおじいちゃんがメガネをずらして嘉穂を見た。

「ん？　どうした？　いつも歌ってくると腹がすいた顔をして、よく食べたのに。歌わなかったのか？」

嘉穂は首を振る。

「上手だったのよ。嘉穂。みんな知らないでしょ。ステージの上で一人、しっかりと歌ってて……」

「やめてよ」

おばちゃんの話をさえぎった①<u>声がとがっていた</u>。

「ほぉ……」

おじいちゃんが本を食卓の上に置いた。

「ぼくにもプリン、ちょうだい」

「え？　おじいちゃんも？」

おばあちゃんが用意している間に、おじいちゃんは嘉穂に向き直った。

「うまくいかんかったんか」

嘉穂の体がびくっとした。

「思ったとおりにやればいいんだよ。下手であろうが、上手であろうが。思ったとおりにさ。どうせ、たいしたことできやせんのだから」

②「え？」

「嘉穂は心のどこかで、一人で歌うってたいしたことだと思っとるかも知れんけど、そうだろうかな？」

おじいちゃんがお茶をすすった。

「思いどおりに歌ってそれで駄目なら、そこまで。今はそこまで。好きなら続ければいいし、それでイヤになったのなら止めればいい。たとえうまく歌えなくても、それで何が変わるわけでもなし、たいしたことになりはせん」

疲れ果てている脳みそが、粘土細工のようにこねくり回されている感じがする。

「どっちにしろ、嘉穂が嘉穂であることに変わりはなく、じいちゃんは死ぬまで嘉穂のじいちゃんだ。全然変わらん。思いどおり、思いっきりやりゃぁいい」

これはおじいちゃんなりの励まし方なのだろうか。力を抜けと言っているのだろうか。今まで静観を

決めこんでいたおじいちゃんの言葉に戸惑った。嘉穂は判然^{※3はんぜん}としないまま、プリンを口に入れた。

「おいしい」

　口の中でとろける甘さと優しいやわらかさがひろがった。

「そう?」

　おばあちゃんが笑顔で嘉穂を見ていた。

　その顔を見た途端にすごくおなかがすいているのに気がついた。

「おなか、すいた」

「あらま、どうしましょ。残り物ならあるけどね。じゃ、おにぎりでも作ってあげようかね」

「あ、あたしが握る」

　嘉穂は席を立った。

　③帰ってきた時と別人のように、心も体も軽い。

　「ぼくは、お茶、おかわりね」

　　おじいちゃんが後ろで、古文書をまた開いている。

　　おばちゃんにテレビのチャンネルを奪われた穂高が、

　「おれもおにぎり、二個」

　と声をあげながら食卓についた。おじいちゃんのメガネをいじって怒られている。キャン^{※4}ものそのそと起きてきて、おこぼれちょうだいという顔で嘉穂を見ている。

　　嘉穂の握ったおにぎりが五個と、残り物が食卓にならび、ちょっと遅い二度目の夕食となった。

　　嘉穂と穂高がシャケのおにぎりを取りあい、こぼしたご飯粒にキャンがとびかかる。本から目をそらさずにお茶に手をのばし、こぼしそうになったおじいちゃん。それを叱るおばあちゃん。

（ここがわたしのいる場所……）

　おにぎりをほおばりながら、嘉穂は、唐突^{※5とうとつ}に実感した。

（一部省略や、ふりがなをつけるなどの変更^{へんこう}があります。）

※1　古文書…古い文書。

※2　静観…何もしないで、なりゆきをじっと見守っていること。

※3　判然…はっきりしている様子。

※4　キャン…飼っている犬。

※5　唐突に…前後のつながりもなく、とつぜんである様子。

問1　下線部①「声がとがっていた」という表現の意味を、花子さんは別の言葉で表そうとしています。
　　　最も適切なものを、次のア～エの中から1つ選び、記号で答えなさい。

　　　ア　いらだち　　　イ　喜び　　　ウ　にくしみ　　　エ　するどさ

問2　下線部②『「え？」』と言ったときの嘉穂の気持ちを花子さんは考えてみました。この時の嘉穂の気持ちを説明したものとして、最も適切なものを、次のア〜エの中から１つ選び、記号で答えなさい。

　　　ア　上手に歌えなかったとはいえ、一人で歌を歌うことはすごいことだと思っていたのに、おじいちゃんに「たいしたことはない」と否定されてしまってがっかりしている。

　　　イ　歌が上手に歌えなかったことで落ち込み、なぐさめの言葉なんか聞きたくないと身構えていたところ、おじいちゃんの言葉が予想外なものだったのでおどろいている。

　　　ウ　歌が上手に歌えなかったことをその場にいなかったおじいちゃんは知らないはずなのに、自分の気持ちを察し、なぐさめてくれているのでありがたく思っている。

　　　エ　嘉穂の歌のことなど、おじいちゃんは興味がないと思っていたのに、おじいちゃんの言葉から、そうではなかったことがわかってうれしくなっている。

問3　下線部③「帰ってきた時と別人のように、心も体も軽い」という表現は、嘉穂の気持ちに変化があったことを表していると、花子さんは思い、次のようにまとめました。【花子さんが思ったこと】にある空らん　　　　　　　　にあてはまる内容を、本文中の言葉を使って１０字以内で書きなさい。

┌───┐
│　【花子さんが思ったこと】
│　　帰ってきたときの嘉穂は、自分では自信があったはずの歌が上手に歌えなかったことに落ち込んでいたが、おじいちゃんと話をしているうちに、うまく歌えなくても何が変わるわけでもないので、　　　　　　　　と思えるようになり、気持ちが前向きになっている。
└───┘

問4　　　　　　　　　　部分について、この光景を見ているときの嘉穂の気持ちを花子さんは考えてみました。最も適切なものを、次のア〜エの中から１つ選び、記号で答えなさい。

　　　ア　一人ひとりが自分の好きなことをやる、さわがしいけれども笑顔が絶えない明るい家族がいることをほこらしく思っている。

　　　イ　嘉穂が握ったおにぎりを家族みんなで仲良く食べられることを幸せに思い、合唱コンクールのことがどうでもよくなっている。

　　　ウ　いやなできごとがあっても、自分をあたたかく見守ってくれる家族と過ごす日常があることに、ほっとした気持ちになっている。

　　　エ　祖父母とおばの住む家で暮らしている自分は毎日、ここが自分の居場所であることとこの家の良さを実感しつつ、穂高も同じ思いでいることを知り、安心している。

2

~~~
　太郎さんは、作文の書き方について先生に相談したところ、先生から次の本を紹介されました。
~~~

　次の文章は、森博嗣著『読書の価値』（ＮＨＫ出版）の一部です。これを読んで、次の問１～問４に
答えなさい。

　人は、普段は口から出る声でコミュニケーションを取っている。手紙などを書くときも、メールを書
くときも、せいぜいその①声が文字にそのまま変換されているにすぎない。簡単なことはこれで通じる。
「学校？」「おう」「行けた？」「大丈夫」「マジで？」「またな」みたいな会話をしているのである。
　お互いが状況を知っていて、お互いが使う言葉もだいたいわかっているから、これで通じてしまう。
文章にもなっていないし、文法などが入り込む隙もない。
　しかしこれが、実験データを考察し、実験要因に関する結果への影響を指摘する、といった場合で
は簡単にはいかない。これまで、さんざん慣れ親しんできた※1母国語であってもだ。何がどうして、何の
ためにどのように、といった説明に言葉をつなぎ合わせるのだが、普段の会話では、今の日本人の多く
は「てにをは」を使わないから、そのまま書くと意味が思いどおりには通じない。
　重要になってくるのは、相手に理解してもらう、という通信の機能である。ここでは、読む相手を想
定することが基本である。
　自分だけで終始していた段階から、②文章はここで飛躍しなければならない。それが文章の本来の役
目なのだ。
　たとえば、「相手はこれをどう読むだろう？」という視点がなければ、わかりやすい文章は書けない。
相手の知識や理解力をある程度知っている必要があるし、自分が書いた文章が誤解される可能性をでき
るだけ排除する必要もある。
　自分の書いた文章は、書いたそのときには、もの凄くわかりやすい。これは当然で、わかっている頭
から出てきた言葉だからだ。順序が違うのだ。それを読む側は、言葉からわかろうとするわけで、変換
を逆に辿ることになる。
　自分の文章をいくら読み直しても、わかりやすいか、誤解が生じないか、を確かめることはけっこう
難しいものだ。最も簡単なのは、一週間くらいあとで読み直すことだろう。これは、書いたときの気持
ちをすっかり忘れて、自分がもうそのときの自分ではなくなっているためである。
　文章に限ったことではない。漫画の絵も同じだった。描いた直後には、なかなか上手く描けたと思っ
ていても、何日か経ってから見てみると、※2デッサンが狂っているし、奇妙な顔になっていたりする。
初心者ほどこれがある。変だということがわかる客観的な目を持っていないためだ。
　最初は何日もあとにならないとわからないが、そのうち翌日にはわかるようになり、ついには、描い
てすぐに判別できる目になる。これが、つまり絵の上達というものだ。漫画を描く人は、自分が描いた
絵を鏡に映して見ることをおすすめする。裏返しになるだけで、客観的に見る自分になれる。上手い絵
は、鏡で反転しても、まったく崩れない。
　文章が上手いというのは、つまりは、自分の書いた文章を客観的に読み直せるかどうか、であり、そ

— 4 —

れは結局③「視点」の※3シフト能力なのだ。自分以外の誰かになったつもりでそれが読める、架空の人物の視点で文章を読める、ということである。

　最初のうちは、この読み手が、ある特定の人物になる。学生であれば、先生がその人だ。先生にわかってもらえる文章を書く、という訓練をすることになる。ところが、先生は、自分の視点だけで見るのではない。不特定多数が読んでもわかる文章になっているかどうかをチェックする。それが、文章の最終的な目標だからだ。

（一部省略や、ふりがなをつけるなどの変更があります。）

※１　母国語…自分が生まれた国や所属している国の言葉。
※２　デッサン…形をとらえることに重点をおいて描いたもの。
※３　シフト…切り替えること。

問１　下線部①「声が文字にそのまま変換されているにすぎない」ということを、太郎さんは次のようにまとめました。【太郎さんのまとめ】にある、空らん　　Ａ　　にあてはまる内容を、本文中からさがして５字で書きぬきなさい。

【太郎さんのまとめ】
　　Ａ　　をそのまま文字として書いただけで、文章にはなっていないということ。

問２　下線部②「文章はここで飛躍しなければならない」について、太郎さんは、この内容について考えてみました。最も適切なものを、次のア〜エの中から１つ選び、記号で答えなさい。

　　ア　話し言葉で書いた文章から書き言葉で書いた文章になること。
　　イ　声をそのまま文字にした文章から「てにをは」が整った文章になること。
　　ウ　自分だけがわかっている文章から読んだ人にわかる文章になること。
　　エ　状況を知らない人に伝える文章から状況を知っている人に伝える文章になること。

問３　下線部③「『視点』のシフト」について、太郎さんは筆者が「絵」を例に取り上げて、論を進めていることに気づきました。この場合の【「『視点』のシフト」の方法】にある空らん　　Ｂ　　にあてはまる内容を、本文中からさがして１５字で書きぬきなさい。

【「『視点』のシフト」の方法】
　デッサンの狂いがないかを判別するために、　　Ｂ　　こと。

問4　太郎さんは、この本を読んだ感想文を書こうとして【太郎さんの書いた感想文】のように書き出しました。すると、太郎さんは、この文が読み手によっては2通りの意味にとれることに気づきました。この文が、どのような意味とどのような意味にとれるのかについてわかるように、【太郎さんが気づいたこと】にあるア、イの文の空らん　C　、　D　にあてはまる内容をそれぞれ書きなさい。

【太郎さんの書いた感想文】

「わたしは先週先生に紹介してもらった『読書の価値』という本を読みました。」

【太郎さんが気づいたこと】

　ア、イの2通りの意味にとれることが分かりました。

ア　『読書の価値』という本を　C　という意味にとれる。
イ　『読書の価値』という本を　D　という意味にとれる。

―6―

3

　次の文章は、汐見稔幸著『人生を豊かにする学び方』（筑摩書房）の一部です。これを読んで、次の問1〜問4に答えなさい。

　「学び」には、三つの段階があると言われています。

　最初の段階は、いろいろな知識に触れて、物の仕組みや歴史など、何かを知るということ。これを「端緒知」と呼びます。

　次に、端緒知をきっかけにして、それがなぜ起こったのだろうとか、どうしてこういう現象が起こるのだろう、などと自分なりの疑問や課題を持って、いろいろと調べたり、人とディスカッションしたり、記録して分析したりして、知識を深めていくことを、「実践知」と呼びます。「深め知」と言ってもいいでしょう。

　たとえば、①源 頼朝が鎌倉に幕府を立ち上げたけれども、どうして朝廷のあった京都から遠く離れたところに幕府を開いたのだろうか。この例で言うと、頼朝が鎌倉に幕府を立ち上げたという事実を知ることが「端緒知」で、どうして鎌倉だったのだろうかと疑問に思って調べたり、考えたりしていくことが「実践知」ということになります。

　そして、それらがわかったことで「歴史には興味がなかったけれど、なんだか歴史って面白そうだな」と歴史に対する見方が変わったなど、その人の人格形成になんらかの影響を与えるような学びに発展していく。それを「人格知」と呼びます。

　このように、本当の学びというのは、「端緒知」「実践知」「人格知」と三層になって深まっていきます。

　僕は実際、どうして京都から遠く離れたところに幕府をつくったのだろうと不思議に思って、東京に出てきたときに、鎌倉へ行ってみたことがあります。そこは切り通しになっていて、確かに②攻め込みにくい場所でした。頼朝が攻め込みにくいところに幕府の拠点をつくったというのはよくわかるのだけれども、朝廷を守るためじゃないな。だったら、幕府というのはいったい何なのか。幕府ができるということは、何を意味するのか。そんなことを考え、ずっと疑問に思ってきました。

　僕らが学生のときには、こういうことをちょっと調べようと思っても、本格的な歴史の本を買わないと調べられませんでした。でも今は、インターネットである程度のことがわかって、さらに調べたいとなったら専門書を読もうというように、いろいろな選択肢があります。その点ではとても便利な時代になったと思います。

　それを生かして、学校で教えてくれることの中には、必ず「なんで？」という問いが隠れているはずだ、というふうに考えてみる、疑ってみる、調べてみる。学校で同じことを習ったとしても、単なる知識で終わってしまうのか、③人生を変えてくれるような深い学びとなるか、学ぶ側の意識次第で、それはまったく違ったものになると思うのです。

（一部省略や、ふりがなをつけるなどの変更があります。）

※1　ディスカッション…ある問題について、互いに意見を述べ合うこと。
※2　人格形成…人がらや人間性を形づくること。
※3　拠点…活動の足場となる重要な場所のこと。

問1　本を読んだ花子さんは、下線部①「源頼朝が鎌倉に幕府を立ち上げた」ことに興味をもち、調べてみました。そして、幕府と御家人の関係に注目し、【花子さんのノート】にまとめてみました。このノートを完成させるとき、Ａ、Ｂにあてはまる最も適切なものを、下のア〜エの中から1つずつ選び、記号で答えなさい。

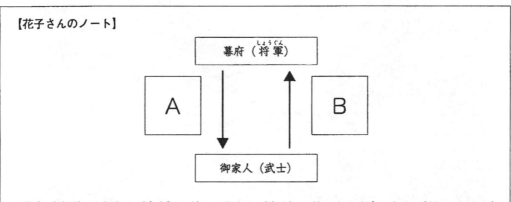

【花子さんのノート】

　幕府（将軍）は御家人（武士）に対し、御家人（武士）の持つ土地を守ったり、新しい土地を与えたりしました。御家人（武士）は幕府（将軍）に対し、戦いのときに「いざ鎌倉」といって鎌倉へかけつけ、幕府（将軍）のために命がけで戦いました。

ア	イ	ウ	エ
自分の持つ土地と鎌倉とを1年ごとに行き来する。	幕府のために戦ったり、鎌倉のけい備をしたりする。	ガラスなどの貴重な品物を幕府に納める。	領地を与えたり、領地を守ったりする。

問2　源頼朝が幕府をつくった鎌倉は、切り通しが多くあり、下線部②にあるように「攻め込みにくい場所」と本に書かれていました。花子さんは、なぜ、切り通しは攻め込みにくいと言われるのかを考えてみました。資料をもとに、その理由を１０字以上１８字以内で書きなさい。

資料　切り通しの写真

問3　下線部③「人生を変えてくれるような深い学び」とは、筆者の言う「学び」のどの段階であるか、書きなさい。

問4　次のア～ウの文は、別の機会に花子さんが国会議事堂の歴史について調べたときの花子さんの様子をまとめたものです。「端緒知」「実践知」「人格知」に分けるとすると、どれにあてはまりますか。次のア～ウの記号を使って、答えなさい。

ア　社会の授業で国会のことを勉強しているとき、国会は国会議事堂で開かれていることを知った。
イ　歴史には興味はなかったが、国会議事堂を訪問して、歴史を調べていくうちに、歴史を学ぶことが楽しくなった。
ウ　国会議事堂をおとずれたときに、この建物についてより深く調べたくなり、図書館に行って調べた。

4

　太郎さん、花子さん、次郎さんは、総合的な学習の時間にさいたま市の歴史について調べ学習をして、発表をすることになりました。

次の問1〜問4に答えなさい。

問1　太郎さんは、さいたま市の歴史的な建物について調べていると、遷喬館という埼玉県内では唯一現存する藩校の建物があることがわかりました。そこで太郎さんは、江戸時代後期にできた全国の藩校と寺子屋について調べ、資料1を見つけました。資料1から読み取ることができるものを、次のア〜エの中から1つ選び、記号で答えなさい。

ア　現在の愛知県では、江戸時代後期、寺子屋数が100未満であった。
イ　寺子屋数が未調査の国は、日本海側に多い。
ウ　現在の鹿児島県には、江戸時代後期、造士館という藩校が設置されていた。
エ　現在の四国地方には、江戸時代後期、藩校が多く設置されており、寺子屋は設置されていなかった。

資料1　おもな藩校と寺子屋数（江戸時代後期）

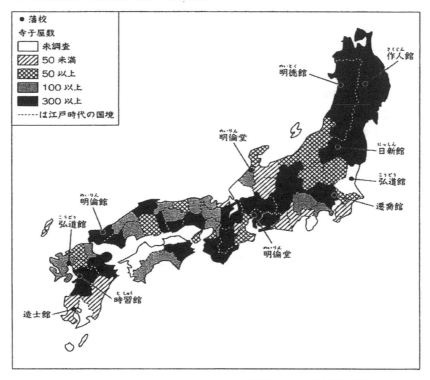

（石川謙著「日本庶民教育史」をもとに作成）

問2　花子さんは、さいたま市の農業の歴史を調べてみると、見沼代用水があることがわかりました。

　花子さんは、江戸時代に、見沼代用水が作られたことによって、見沼田んぼの周辺地域には、土地利用と農業生産の2つについて、どのような変化が起こったか考えてみました。

　　資料2、資料3の2つの資料から、【花子さんの考え】にある空らん　　A　　にあてはまる内容を20字以内で書きなさい。

資料2　見沼代用水と見沼田んぼ

　　見沼代用水は、1728年に利根川から農業用水路として引かれました。
　　この見沼代用水によって埼玉郡・足立郡の両郡内303か村の耕地に水が供給されました。
　　見沼代用水の造成にともない、周辺の村と江戸の町人によって1,200町歩の新しい田地が開発されました。また、沼地の干拓を行ったことにより600町歩の新田がひらかれ、これらをあわせて見沼田んぼといいます。

（吉川弘文館「国史大辞典」をもとに作成）

資料3　見沼田んぼの米のとれ高の変化

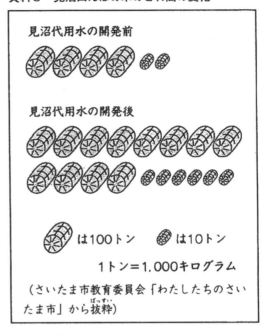

見沼代用水の開発前

見沼代用水の開発後

　　　は100トン　　　　は10トン

　　　1トン＝1,000キログラム

（さいたま市教育委員会「わたしたちのさいたま市」から抜粋）

※1　埼玉郡…武蔵国（現在の埼玉県・東京都・神奈川県の一部）北東部にあった郡。現在のさいたま市では岩槻が埼玉郡にあたる。
※2　足立郡…武蔵国北部にあった郡。現在のさいたま市では岩槻を除く地域が足立郡にあたる。
※3　造成……土地を開発して造りあげること。
※4　町歩……広さを表す単位。1町歩は約1ヘクタール。
※5　田地……田として利用している土地。

【花子さんの考え】
　見沼代用水が新しくつくられたことにより、見沼田んぼの周辺地域は　　A　　。

問3　次郎さんは、さいたま市の農業の歴史について調べ、農業の現状について、パネルを使って発表することになりました。【次郎さんが作成したパネル】の空らん　B　に書かれていると思われる内容として適切なものを、資料4を参考に、次のア〜カの中から**すべて**選び、記号で答えなさい。

ア　農家人口は増加し、耕地面積は減っている。
イ　農家人口は減少し、耕地面積は増えている。
ウ　田が約7割減少し、畑も約4割減少している。
エ　農家人口は増加し、耕地面積も増えている。
オ　農家人口は減少し、耕地面積も減っている。
カ　田が約3割減少し、畑は約2割増加している。

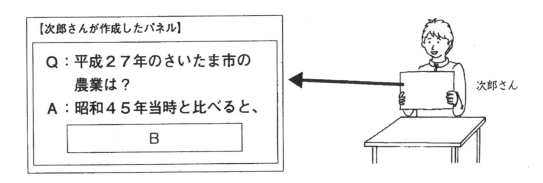

資料4　さいたま市の耕地面積と農家人口の推移

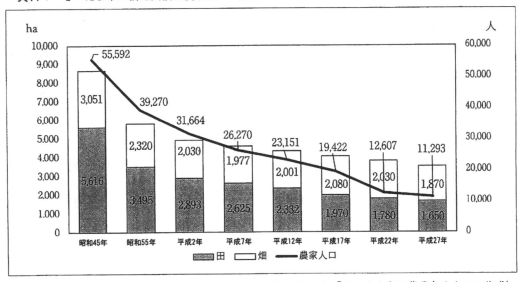

（さいたま市「さいたま市の農業」をもとに作成）

5

花子さんの班では、総合的な学習の時間に、人口の推移について調べることになりました。

次の問1〜問4に答えなさい。

問1　花子さんは、日本の人口がどう変化してきたかを調べていると、資料1を見つけました。資料1
　　からどんなことが言えるかを、班で話し合いました。日本の人口について正しく読み取って考察し
　　ているのは誰ですか。【話し合いの様子】に登場する4人の中から一人選び、名前を答えなさい。

資料1　日本の人口の推移と将来推計

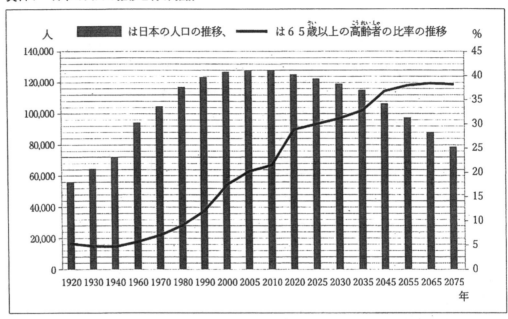

（総務省統計局「日本の統計」をもとに作成）

【話し合いの様子】

花子さん：日本の総人口は２０１０年をピークに減少に転じているけれど、将来は増えると予想さ
　　　　　れているね。

太郎さん：日本の総人口は２０２０年まで増加しているけれども、将来は減少すると予想されてい
　　　　　るよ。

明子さん：６５歳以上の高齢者の比率は１９２０年から着実に増え続け、将来も増え続けると予想
　　　　　されているね。

次郎さん：６５歳以上の高齢者の比率は２０２５年ころを境に総人口の３割を超えると予想されて
　　　　　いるね。

問2　花子さんは、人口の増減が、日本の各地方で違いがあるのか調べてみようと思い、**資料2**、**資料3**、**資料4**を見つけました。花子さんは、集めた資料から、地域によって人口の変化に違いがあるかについて考えてみました。【花子さんの考え】にある空らん　A　、　B　にあてはまる内容として最も適切なものを、次のページにあるア～エの中から１つずつ選び、記号で答えなさい。

資料2　東京圏の人口推移

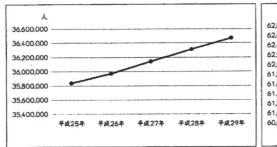

資料3　地方圏の人口推移

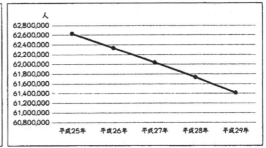

（資料2及び資料3は総務省「住民基本台帳に基づく人口、人口動態及び世帯数」をもとに作成）

※1　東京圏…埼玉県・千葉県・東京都・神奈川県
※2　地方圏…東京圏・名古屋圏（岐阜県・愛知県・三重県）・大阪圏（京都府・大阪府・兵庫県・奈良県）以外の地域

資料4　東京圏の年齢別転入超過数の状況（2017年）

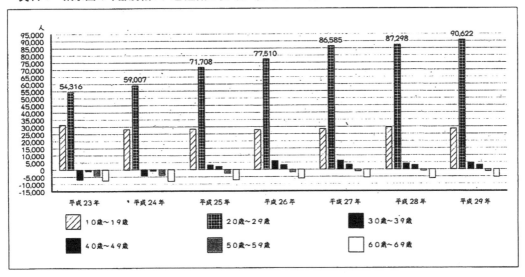

（総務省「住民基本台帳人口移動報告」をもとに作成）

※3　転入超過…一定期間における転入・転出による人口の動き。

【花子さんの考え】
　　東京圏の人口は、[　　A　　]しており、平成２３年〜平成２９年にかけて、[　　B　　]。

[　　A　　]の選択肢
　ア　地方圏の人口とは逆に増加
　イ　地方圏の人口と同じく増加
　ウ　地方圏の人口とは逆に減少
　エ　地方圏の人口と同じく減少

[　　B　　]の選択肢
　ア　２０歳〜２９歳の人たちで東京圏に入ってくる人の数は年々増えており、同様に１０歳〜
　　　１９歳の人たちも東京圏に入ってくる人の数は年々増えている。
　イ　２０歳〜２９歳の人たちが一番多く東京圏に入ってきており、次に４０歳〜４９歳の人たちが、
　　　多く東京圏に入ってきている。
　ウ　２０歳〜２９歳の人たちが多く東京圏に入ってきているが、東京圏から出ていく人は、
　　　６０歳〜６９歳の人たちが一番多い。
　エ　２０歳〜２９歳の人たちが多く東京圏に入ってきているが、３０歳〜３９歳の人たちは、平成
　　　２４年から多くの人が東京圏に入ってくるようになった。

問3　花子さんは、さいたま市の人口の変化について興味を持ち、日本の人口の変化と比べることにしました。花子さんが見つけた資料5、資料6を参考に、【花子さんの考え】にある空らん　　C　　と　　D　　について、あてはまる内容を書きなさい。

　　なお、　　D　　については、6字以上で書きなさい。

資料5　日本の年齢別人口の推移

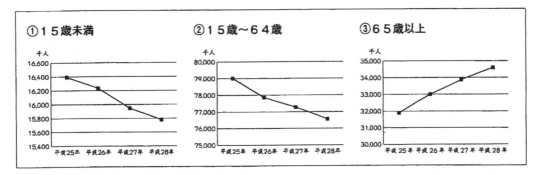

（総務省統計局「人口推計」（平成28年10月1日現在）をもとに作成）

資料6　さいたま市の年齢別人口の推移

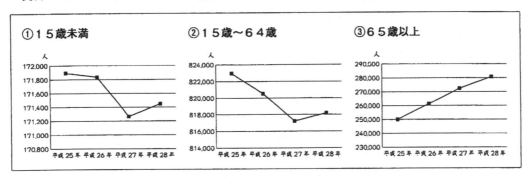

（さいたま市「さいたま市統計書（平成29年版）」をもとに作成）

【花子さんの考え】
　資料5、資料6において、日本の高齢者の比率が高いと言われ、65歳以上の人口は、日本もさいたま市も同じように　　C　　しています。
　また、日本の15歳未満の人口と15歳〜64歳までの人口の推移は、年々減少していますが、さいたま市では、　　D　　しています。

問4　花子さんは、さいたま市の高齢者の人口割合がどのようになっているかについても調べようと思い、資料7を見つけて、まとめてみました。
　　　【花子さんのまとめ】にある空らん　E　にあてはまるものとして最も適切なものを、下のア～ウの中から1つ選び、記号で答えなさい。

資料7　さいたま市の人口（2018年11月現在）　　　　　　　　　　（単位：人）

	男	女	合計
14歳以下	88,320	83,628	171,948
15歳～64歳	426,812	405,234	832,046
65歳以上	132,885	164,351	297,236
人口総数	648,017	653,213	1,301,230

（さいたま市「さいたま市の人口・世帯（平成30年）」をもとに作成）

【花子さんのまとめ】
　今まで、日本の人口の推移や東京圏への人口移動の様子、日本とさいたま市の人口移動の様子を見てきました。60年ほど前の日本は、お年寄りの割合は少なめでした。その後、医療の進歩などにより、日本人の平均寿命はのびて、65歳以上の人口の割合が増えてきました。このような「高齢化」は今後も進んでいくと言われています。
　資料7を見てください。さいたま市の様子を見てみると、65歳以上の人口は、約297,000人で、14歳以下の人口である、約172,000人の約1.7倍になっています。

　わたしは、高齢化の進行具合を示す言葉として、ある資料に以下の用語を見つけました。

　　ア　高齢化社会・・・65歳以上の人口の割合が7％以上14％未満の社会
　　イ　高齢社会・・・・65歳以上の人口の割合が14％以上21％未満の社会
　　ウ　超高齢社会・・・65歳以上の人口の割合が21％以上の社会

　これによると、さいたま市は　E　にあたります。

　さいたま市では、高齢者が増えていくと思われるので、今後も福祉に関する取組を充実させてもらいたいと思います。

これで、問題は終わりです。

K教英出版

平成３１年度

適 性 検 査 Ⅱ

さ い た ま 市 立 浦 和 中 学 校

太郎さんたちは、校外学習でＡ市にある農業体験センターを訪れ、学習に取り組みました。

次の問１〜問５に答えなさい。

太郎さんは、資料１を見ながら、農業体験センターの職員の方と話をしています。

【太郎さんと職員の方との会話】

太 郎 さん：この農業体験センターはとても広いですね。

職　　　員：そうですね。農業体験センター全体の面積は２０，０００㎡です。この広い敷地で、
　　　　　　いろいろな農作業体験ができます。

太 郎 さん：田んぼがたくさんありますね。

職　　　員：農業体験センターには田んぼが３か所あり、どれも長方形で、３か所合わせると、
　　　　　　農業体験センター全体の面積の４割を占めています。

太 郎 さん：「田んぼ③」だけ離れた場所にありますね。

職　　　員：「田んぼ③」の面積は１，７００㎡で、３つの中で一番小さい田んぼです。

太 郎 さん：今日は稲刈りをさせていただけると聞きました。

職　　　員：はい。ぜひ楽しんでください。

問１　太郎さんは、「田んぼ①」の面積が「田んぼ②」の面積の２倍であることと、「田んぼ②」の横
　　の長さはたての長さよりも４０ｍ長いことを教えてもらいました。「田んぼ②」の横の長さは何ｍ
　　ですか。整数で書きなさい。

資料１　農業体験センターの案内図

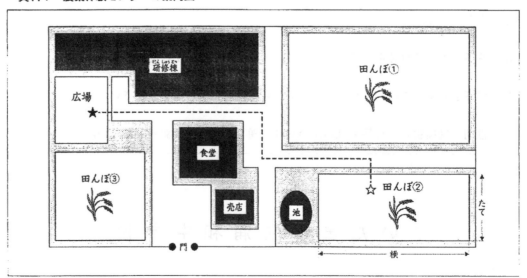

太郎さんたちは、「田んぼ②」で収穫された稲を、資料1の☆から★まで運ぶところを見学することになりました。運搬には、リヤカー付き電動バイクを使用し、☆から★まで、1回の運搬で80kgの稲を運搬します。なお、☆に戻るときは荷物を運びません。

※1　リヤカー…荷物を運ぶための台車

問2　資料2は、リヤカー付き電動バイクの走行距離と電池の残量の関係を表したものです。

　　　資料1の☆から★までの道のりは160mです。100%に充電したリヤカー付き電動バイクを使って稲を運搬すると、合計で何往復できますか。ただし、リヤカー付き電動バイクは一定の速度で走るものとします。また、☆から★までの、往復すること以外に関する電力は考えないものとします。

資料2　リヤカー付き電動バイクの走行距離と電池の残量について

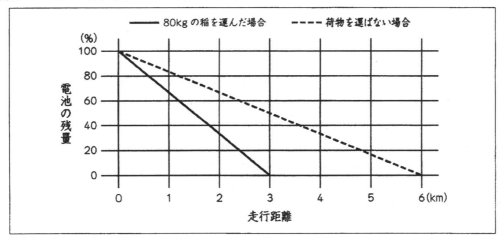

太郎さんは、職員の方が作成した資料3の掲示物に気づきました。

問3　資料3の掲示物にはクイズがあり、その一部分がカードでかくされていました。カードでかくされている数字を書きなさい。

資料3　掲示物

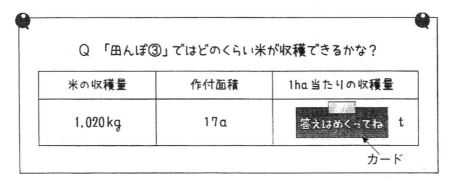

— 2 —

太郎さんは、売店で家族へのおみやげとして、クッキーを買うことにしました。お父さん、お母さんさん、弟、妹に3枚ずつわたし、自分で6枚食べようと思っています。

問4　太郎さんは、クッキーが足りなくならないように、また、あまらないように買うことにしました。
　　　資料4をもとに、一番安く買おうとすると、金額はいくらですか。

　　　資料4　クッキーの値段

・　3枚入りの箱　…	300　円
・　6枚入りの箱　…	550　円
・　9枚入りの箱　…	800　円
・12枚入りの箱　…	1,000　円

　　　太郎さんは、田植えをするときには、苗と苗の間を30cmあけることを教わりました。太郎さんはこれを参考にして、来年度、太郎さんの学校の田んぼに苗を植えようと考えました。

問5　資料5の太郎さんの学校の田んぼは、たて4m、横6mの長方形の形をしています。図のように植えていくとすると、何本の苗を植えることができますか。ただし、田んぼの端から50cm未満は苗を植えることができません。

　　　資料5　太郎さんの学校の田んぼ

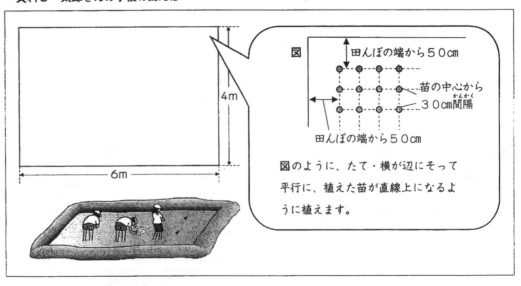

2

花子さんは友だちの家で、友だちのお母さんが作ったケーキを食べました。

　次の問1～問5に答えなさい。なお、各問においては、包丁の厚み、切ったときに出るカス、ぬった
ジャムの厚さなどについては考えないものとします。

　友だちのお母さんが作った資料1のケーキは、はちみつ味のケーキとココア味のケーキが資料2
の方法で組み合わされています。なお、資料1の白いケーキがはちみつ味で、色のついたケーキが
ココア味です。

問1　資料1のケーキは、1辺が2cmの立方体の形をしたはちみつ味のケーキとココア味のケーキを、
　　それぞれ何個ずつ使っていますか。

問2　友だちのお母さんが、ケーキを組み合わせたときにジャムをぬった面の面積は、合計何cmですか。

資料1　友だちのお母さんが作ったケーキ

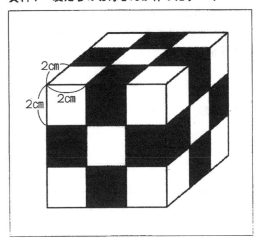

資料2　ケーキの組み合わせ方

① 1辺が2cmの立方体の形をしたはちみつ味のケーキとココア味のケーキを組み合わせてある。
② 2つの味のケーキを、資料1のように、同じ味がとなり合わないように、すきまなく組み合わ
　せてある。
③ 全体が、立方体の形になるように組み合わせてある。
④ 組み合わせるとき、触れ合う面には、どちらにもジャムをぬってつけてある。

花子さんは、ケーキを友だちと半分に分けることにしました。

問3　花子さんは、**資料3**のようにカットしようとしています。カットした時の断面図はどのような形になりますか。最も適切なものを、次のア〜エの中から1つ選び、記号で答えなさい。

　　　ア　正方形　　　　イ　長方形　　　　ウ　ひし形　　　　エ　二等辺三角形

資料3　花子さんのカット方法

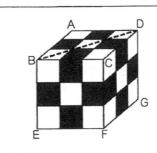

BDの線に包丁を当て、BEの線とDGの線に重なるように、包丁を下ろす。

問4　花子さんの友だちは、花子さんとは違う方法で、**資料4**のようにカットしようと考えました。カットした時の断面図はどのような形になりますか。最も適切なものを、次のア〜カの中から1つ選び、記号で答えなさい。また、その断面図の図形の特徴を書きなさい。

　　　ア　正方形　　　　イ　長方形　　　　　　　ウ　ひし形
　　　エ　台形　　　　　オ　二等辺三角形　　　　カ　正三角形

資料4　花子さんの友だちが考えたカット方法

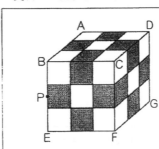

A, P, Fを通る平面になるようにカットする。
ただし、PはBEの中間（真ん中）の点である。

花子さんは、食べたケーキがおいしかったので、友だちのお母さんから材料表をもらい、家でも作ることにしました。

問5　**資料5**のように、友だちのお母さんが使用した型と、花子さんの家にある型の大きさと形がちがっていたので、花子さんは、材料の量を調整するため、材料表を**資料6**のように作りかえました。空らん　│　A　│　にあてはまる数字を書きなさい。なお、円周率は3で計算することとします。

資料5　型の大きさと形

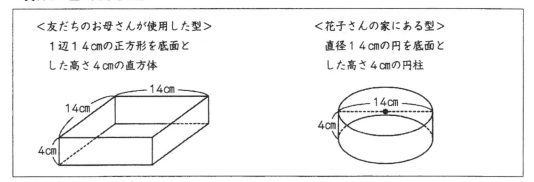

<友だちのお母さんが使用した型>
1辺14cmの正方形を底面とした高さ4cmの直方体

<花子さんの家にある型>
直径14cmの円を底面とした高さ4cmの円柱

資料6　花子さんが作りかえた材料表（一部）

	ケーキに必要な材料の量	
	友だちのお母さんの材料表の量	花子さんが調整した量
小麦粉	60g	│　A　│ g

3

太郎さんの家族は、蒸気機関車と川下りの舟に乗るためにB市を訪れました。

次の問1～問6に答えなさい。

太郎さんが、事前に蒸気機関車の時刻表を調べてみると、資料1のようになっており、中町駅で、あとから来る普通電車に追い越されることがわかりました。

資料1　北町駅からの時刻表

北町駅からの走行距離	駅		蒸気機関車の時刻	普通電車の時刻
－ km	北町	発	12：18★	□□：□□★
20.8km	中町	着	13：08★	□□：□□
		発	13：15	13：14★
25.0km	南町	着	13：25	13：19

※蒸気機関車、普通電車ともに、時刻表に★のついた時刻では、その時刻の0秒ちょうどに発着します。

問1　北町駅から中町駅までの、蒸気機関車の平均速度は分速何mですか。

問2　あとから来る普通電車が、以下の【条件】を守らなくてはいけない場合、北町駅を出発することができる時刻は、何時何分から何時何分の間ですか。

【条件】
1．普通電車の北町駅から中町駅までの平均速度は時速60kmである。
2．普通電車の中町駅停車時間は1分以上である。
3．普通電車は、中町駅では蒸気機関車が到着してから1分後以降に到着しなければならない。

太郎さんは、到着した南町駅にある、川下りの出発地点の大和橋に行きました。すると、舟を積んでいるトラックを見つけました。太郎さんは不思議に思い、そばにいた船頭さんに話を聞きました。

【太郎さんと船頭さんの会話】
太郎さん：このトラックに積んである舟はどういう舟なのですか。
船頭さん：川下りを終えた舟です。
太郎さん：川下りを終えた舟は、出発地点までトラックで運ぶのですか。
船頭さん：そうです。終点の飛鳥橋に着いた舟は、まとめてトラックに積み込んで、この大和橋まで運ぶのです。

平成３１年度

適 性 検 査 Ⅲ

さ い た ま 市 立 浦 和 中 学 校

花子さんは、総合的な学習の時間に、カタカナ語について調べ学習をし、発表に向けた準備をしています。

以下の会話文を読んで問いに答えなさい。

先　　生：花子さんは、どのような資料を集めたのですか。

花子さん：はい。わたしは社会科見学で訪れた施設で、職員同士がカタカナ語を使っているのを聞いて、わたしの知らないカタカナ語がいくつかあることに気づきました。わたしのように、カタカナ語の意味が分からず、困った人がどのくらいいるのか、また、年齢によって差があるのかを知りたいと思い、資料1を用意しました。

先　　生：なるほど。では、こちらの資料2はどのような資料ですか。

花子さん：これは、公の機関や報道機関等で使用する際の参考として、カタカナ語などの取り扱いを示したものです。

先　　生：これらの資料をもとにどのような発表をしようと考えていますか。

花子さん：はい。資料1、資料2からわかることを説明しようと思います。

先　　生：すばらしいですね。年齢によって差があるのか知りたいということでしたので、資料1から年齢に関する特徴的なことを述べて、資料2をもとに、カタカナ語を使う際に気をつけたいことをいくつか述べるのはどうですか。

花子さん：はい。では、そのように発表原稿を作成してみます。

資料1　カタカナ語の意味が分からずに困ることが「よくある」「たまにはある」と回答した人の割合（年齢別）

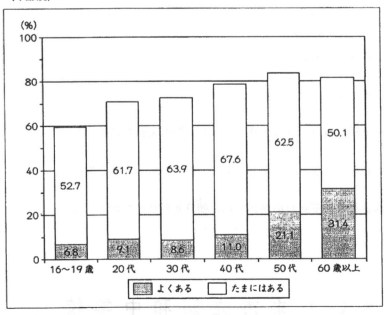

（文化庁「平成24年度国語に関する世論調査」をもとに作成）

資料２　広く国民一般を対象とする公の機関や報道機関等におけるカタカナ語の取扱いについての考え方

分　類	取扱い	語　例
広く一般的に使われ、国民の間に定着しているとみなせる語	そのまま使用する	ストレス スポーツ ボランティア
一般への定着が十分でなく、日本語に言いかえた方が分かりやすくなる語	言いかえる	アカウンタビリティー 　→説明責任など イノベーション 　→革新など スキーム 　→計画、図式など
一般への定着が十分でなく、分かりやすい言いかえ語がない語	必要に応じて、注釈を付すなど、分かりやすくなるよう工夫する	アイデンティティー デリバティブ ノーマライゼーション

（文部科学省「国際社会に対応する日本語の在り方」をもとに作成）

問　花子さんは、先生の助言に従って発表をしようとしています。あなたが花子さんなら、どのような発表原稿を作成しますか。

　　次の条件に従って書きなさい。

　条件１：解答は横書きで１マス目から書くこと。
　条件２：文章の分量は３００字以内とすること。
　条件３：数字や小数点、記号についても１字と数えること。

（例）| 4 | 2 | . | 5 | % |

太郎さんは、休み時間に花子さんと音楽販売の売上について話をしています。

以下の会話文を読んで問いに答えなさい。

花子さん：太郎さん、手に持っているものは何ですか。

太郎さん：音楽販売の売上に関する資料です。知り合いでCD販売店に勤めている人が「最近はCD
　　　　　など音楽ソフトがなかなか売れない。音楽業界全体でも音楽ソフトの生産金額が、以前
　　　　　に比べて減っているらしい」と言っていたことが気になり、本当にそうなのか調べてい
　　　　　るところです。

花子さん：CDなどではなく、音楽データをダウンロードして、パソコンや携帯電話で音楽を聴く
　　　　　こともありますね。

太郎さん：そうですね。わたしたちが音楽を購入して聴く方法には、「音楽ソフト」というCD
　　　　　などを購入する方法と、「音楽配信」というインターネットを通して音楽データを購入
　　　　　する方法があります。

花子さん：わたしの周りには、「音楽配信」で音楽データを購入して聴いている人が多い気がしま
　　　　　すが、「音楽配信の売上金額」は「音楽ソフトの生産金額」よりも高いのかしら。

太郎さん：資料1と資料2を見てください。「音楽ソフトの生産金額」と「音楽配信の売上金額」
　　　　　の合計を「音楽の総売上」とした場合、２０１７年の「音楽の総売上」に対する「音楽
　　　　　配信の売上金額」の割合は、およそ２０％に過ぎません。しかし、２０１３年の割合は
　　　　　およそ１３％であり、約７ポイント上昇していることがわかりました。

花子さん：２０１７年の「音楽の総売上」に対する「音楽配信の売上金額」の割合がおよそ２０％
　　　　　で２０１３年と比較すると約７ポイント上昇していると言いましたが、どのように計算
　　　　　するとそのようなことが言えるのですか。もう少しくわしく説明してください。

※ポイント…百分率（パーセント）で表示された数値どうしの差を比べるときに使用する語。

4

問1

問2

10　　　　　　　15

20

問3

5

問1

問2　A
　　　B

問3　C
　　　D

問4

性　別　　受　検　番　号

□や□の欄には、何も記入しないこと。

平成３１年度　適性検査Ⅱ　解答用紙（２）

3

問1　分速　　　　　　　　　ｍ

問2　　　　時　　　分　から　　　　　時　　　分　の間

問3　　　　時　　　分　　　　問4

問5

問6

4

問1　　　　　　　　　　　　問2

問3

問4
なくなった もの	
理由	

5

問1

問2

問3

性　別	受　検　番　号

□や□□の㰗には，何も記入しないこと。

2

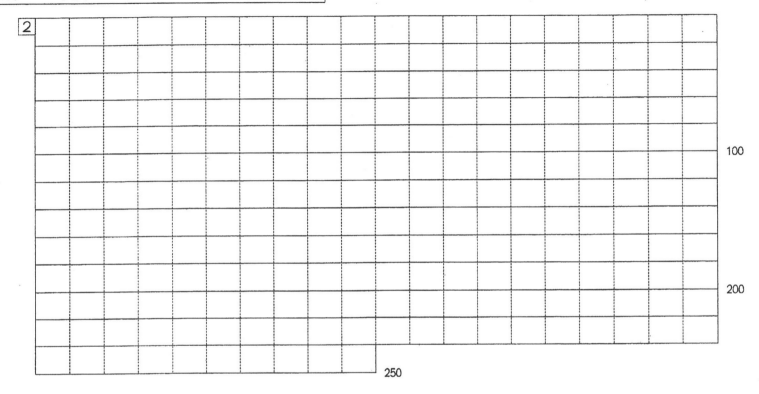

100

200

250

性　別 | 受　検　番　号

の欄には、何も記入しないこと。

K 教英出版

平成３１年度　適性検査Ⅲ　解答用紙（３）　※100点満点
（配点非公表）

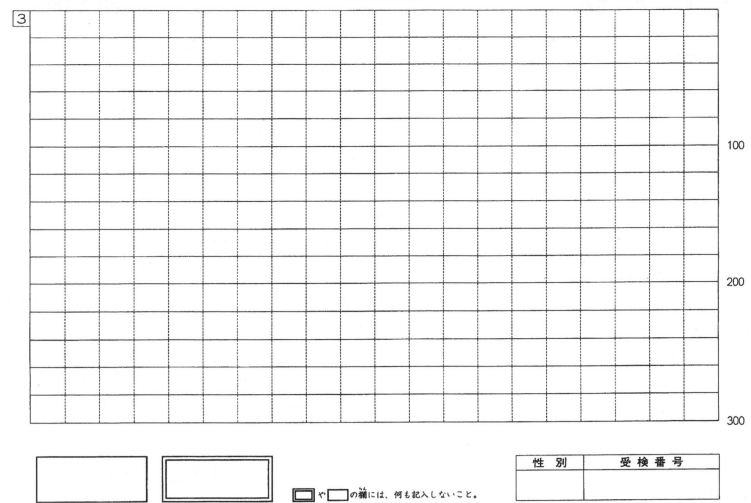

100

200

300

性　別	受 検 番 号

□ や □ の欄には、何も記入しないこと。

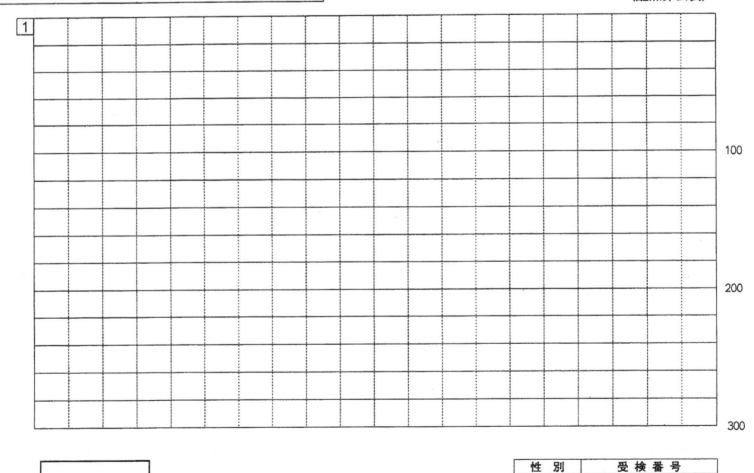

1

100

200

300

性　別	受　検　番　号

の欄には，何も記入しないこと。

【解答用

※100点満点
（配点非公表）

1

問1		m

問2		往復

問3		t

問4		円

問5		本

2

問1	はちみつ味		個	ココア味		個

問2		cm²

問3	

問4	図形	
	特徴	

問5		g

性　別	受　検　番　号

□や□の欄には，何も記入しないこと。

【解答用

平成３１年度　適性検査Ⅰ　解答用紙（１）

※100点満点
（配点非公表）

1

問1 [　　　　]

問2 [　　　　]

問3 [　　　　　　　　　　　　　　　　　　]
　　　　　　　　　5　　　　　　　　10

問4 [　　　]

2

問1 [　　　　　]
　　　　5

問2 [　　　]

問3 [　　　　　　　　　　　　　　　　　　　　　　　]
　　　　　　　5　　　　　　10　　　　　　15

問4
C	
D	

3

問1
A		B	

問2 [　　　　　　　　　　　　　　　　　　　　]
　　　　　　　　　　　　　　　10　　　　15
　　[　　　　　]
　　　　18

問3 [　　　　　]

問4
	端緒知	
	実践知	
	人格知	

性別　受検番号

□や□の欄には，何も記入しないこと。

2019(H31) 市立浦和中

教英出版

【解答用

資料1　音楽ソフトの生産金額

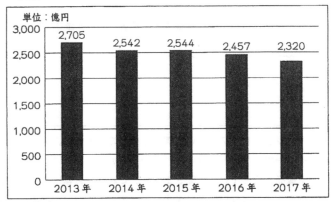

(一般社団法人　日本レコード協会「日本のレコード産業２０１８」をもとに作成)

資料2　音楽配信の売上金額

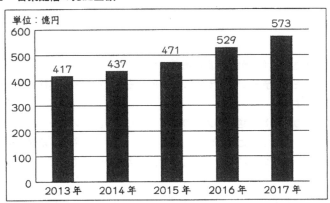

(一般社団法人　日本レコード協会「日本のレコード産業２０１８」をもとに作成)

問　太郎さんは、花子さんの最後の問いかけに対し、計算の過程もふくめながらくわしく説明しようと
　しています。あなたが太郎さんならどのように説明しますか。
　　次の条件に従って書きなさい。

　条件1：解答は横書きで1マス目から書くこと。
　条件2：文章の分量は２５０字以内とすること。
　条件3：数字や小数点、記号についても1字と数えること。

(例)　| 4 | 2 | . | 5 | % |

― 4 ―

3

> 太郎さんは、インターネットショッピングについて調べ学習をし、発表に向けた準備をしています。

以下の会話文を読んで問いに答えなさい。

先　　生：太郎さんは、インターネットショッピングについて調べているのですよね。

太郎さん：はい。わたしの母は、スーパーマーケットで働いているのですが、そこでは、売上を伸ばすため、インターネット販売も行っていると聞きました。これは、お客にとって、とても便利だと思う反面、何か危険性はないのかと考え、調べています。

先　　生：これは、どのような資料ですか。

太郎さん：**資料1はインターネットショッピングを利用する理由やメリット、資料2はインターネットショッピングを利用した際のトラブルの代表的な例をまとめたものです。**

先　　生：それらの資料を活用して、どのような発表をしますか。

太郎さん：**資料1及び資料2からわかるインターネットショッピングの利点と課題を述べたいと思います。**

先　　生：お客にとっての利点と課題がよくわかり、良い発表になりそうですね。

太郎さん：ありがとうございます。ただ、資料からわかることを述べるだけなので、単調な発表になりそうで心配しています。

先　　生：それでは、お店にとっての利点と課題も考えるのはどうでしょう。インターネットを利用すると、売上を伸ばすためにどのような利点があるのか。インターネット販売をすることで何か課題はあるのか、経営者になったつもりで、考えを発表してはどうでしょうか。

太郎さん：ありがとうございます。それでは、お客、お店の両方の立場から、インターネットショッピングの利点と課題を挙げて、双方にとって、望ましい買い物の在り方について発表したいと思います。

先　　生：がんばってください。

資料1　インターネットショッピングを利用する理由やメリット　(複数回答可)

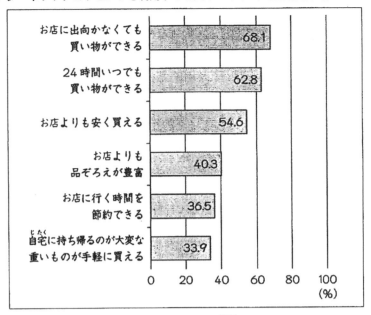

項目	%
お店に出向かなくても買い物ができる	68.1
24時間いつでも買い物ができる	62.8
お店よりも安く買える	54.6
お店よりも品ぞろえが豊富	40.3
お店に行く時間を節約できる	36.5
自宅に持ち帰るのが大変な重いものが手軽に買える	33.9

(総務省「IoT時代における新たなICTへの各国ユーザーの意識の分析等に関する調査研究 (平成28年)」をもとに作成)

資料2　インターネットショッピングを利用した際のトラブルの代表的な例

事例1　料金を支払ったのに、商品が届かない。

事例2　カーテンの色がパソコン画像と違うのに、お店の人に同じだと言われた。

事例3　届いた商品が、にせもののブランド品みたいなので、調べてもらおうとしたが対応してもらえなかった。

事例4　海外の会社が発行するスポーツチケットをクレジットカードで申し込んだが、お金は引き落とされたのに、チケットが届かなかった。

(独立行政法人国民生活センター「インターネットトラブル」をもとに作成)

問　太郎さんは、望ましい買い物の在り方について発表をしようとしています。あなたが太郎さんならどのような発表原稿を作成しますか。
　　次の条件に従って書きなさい。

条件1：解答は横書きで1マス目から書くこと。

条件2：文章の分量は300字以内とすること。

条件3：数字や小数点、記号についても1字と数えること。

(例)　| 4 | 2 | . | 5 | % |

これで、問題は終わりです。

問3　資料2は、川下りのコース案内図です。トラックに積んである舟は、12時30分に大和橋を出発したCコースの舟と、弥生橋を12時30分、12時50分にそれぞれ出発したBコースの舟の合わせて3つです。

　　舟が川を下るときの速さはどれも平均時速10kmです。舟は飛鳥橋に到着してすぐにトラックに積み込みます。最後の舟を積み込む時間と大和橋へ運搬する時間を合わせると、40分かかります。3つの舟がトラックで運ばれ、大和橋に到着した時刻は、何時何分ですか。

資料2　川下りコース案内図

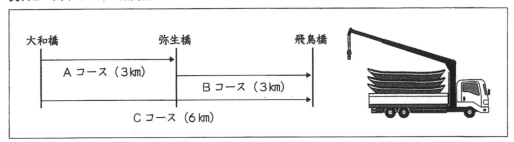

　太郎さんは、バスで北町駅にもどり、近くにある鉄道資料館で、蒸気機関車のしくみについて、係員に聞きました。

【太郎さんと係員の会話】

太郎さん：蒸気機関車は、どんなしくみで動いているのですか。

係　　員：蒸気機関車は、石炭と水をのせています。石炭を燃やして出た熱で水をあたため、水蒸気にしています。水は、水蒸気に変わるときに体積が非常に大きくなり、周りのものをおしのけようとします。このときに出る力を、車輪を回す力に変えて動いています。

太郎さん：空気もあたためると、体積は大きくなります。周りの空気をあたためて動くことはできないのですか。

係　　員：いい考えですね。でも、①水の代わりに空気を使っても、うまくいかないのですよ。

太郎さん：蒸気機関車は、えんとつからのけむりがかっこいいと思います。このけむりは水蒸気なのですか。

係　　員：白いけむりは水蒸気と水滴が混ざったものです。黒いけむりは石炭などの燃料を燃やしたときに出るものです。けむりは、燃やすところからえんとつまで一方向に流れるように工夫されています。

問4　会話にある下線部①の理由として、最も適切なものを、次のア～エの中から1つ選び、記号で答えなさい。

　　ア　空気は、力を加えるとおし縮めることができるが、水はおし縮めることができない。
　　イ　空気も水も、あたためると体積は大きくなる。
　　ウ　空気をあたためても、水が水蒸気になるときほど体積は大きくならない。
　　エ　空気は、水にわずかにとける。

　　太郎さんは、後日、水蒸気と水滴の違いについて調べてみると、水蒸気は気体、水滴は液体であることがわかりました。さらに、気体と液体の違いについて調べるため、**資料3**のように、やかんに水を入れて、加熱しました。

資料3　やかんの水の加熱方法

資料4　やかんの水の沸騰の様子

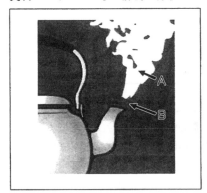

問5　やかんの水が沸騰すると、**資料4**のAの部分が白くなっていました。しかし、B部分は、白くなっていませんでした。B部分が白くなっていない理由を書きなさい。

問6　やかんの内部では、あわが発生していました。このあわの正体は何であると考えられますか。最も適切なものを、次のア～オの中から1つ選び、記号で答えなさい。

　　ア　空気　　　イ　酸素　　　ウ　水蒸気　　　エ　水素　　　オ　二酸化炭素

4

太郎さんは、学校ファームで育てているインゲンマメを、よりたくさん収穫できるように、発芽について研究をすることにしました。

太郎さんが行った実験をもとに、次の問1～問4に答えなさい。

【実験】

<用意したもの>
□ シャーレ　　□ ろ紙　　□ インゲンマメの種子　　□ 輪ゴム
□ 蒸留水　　□ 透明なラップ　※1　　□ 人工気象器　※2

※1　ラップ………食品用ラッピングフィルムのこと。
※2　人工気象器…温度や湿度などを調整できる装置。植物の育成などに用いられる。

<方法>
1　図1のように、同じ大きさのシャーレにろ紙をしいたものを4つ用意し、2つには3mLの蒸留水を加え（種子を置いたときにわずかに蒸留水にふれる状態：ア）、残りの2つには25mL（種子を置いたときに3分の2が蒸留水にひたる状態：イ）の蒸留水を入れる。

2　図2のように、それぞれのシャーレにインゲンマメの種子を10つぶずつ置き、水の蒸発を防ぐために、透明なラップでふたをして輪ゴムでとめる。

3　図3のように、20℃と30℃に設定した人工気象器に入れ、発芽させる。

4　12時間ごとに種子を調べ、発芽の様子を観察した。この実験を数回くり返し、発芽の割合の平均値を発芽率として、下のグラフにまとめた。

図1　蒸留水3mL　蒸留水25mL　ア　イ　ろ紙

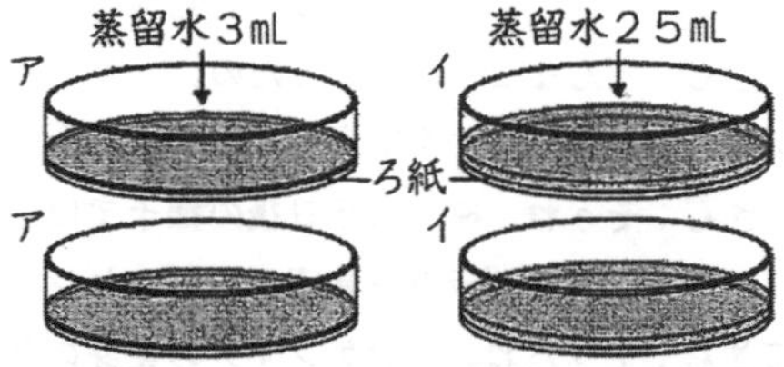

図2　ア　イ　ラップ　輪ゴム　ア　イ

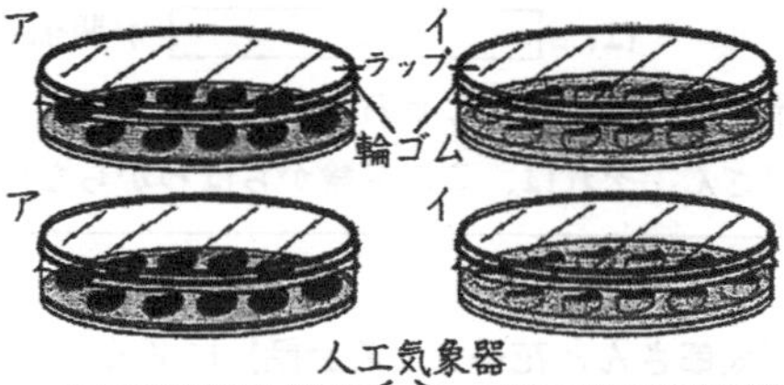

図3　人工気象器　ア　イ　ア　イ　20℃　30℃

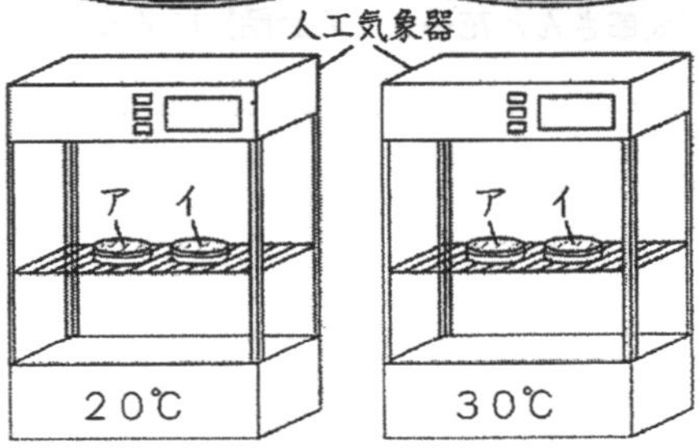

<発芽率>

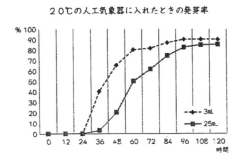

20℃の人工気象器に入れたときの発芽率

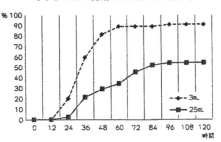

30℃の人工気象器に入れたときの発芽率

（日本科学教育学会「日本科学教育学会研究会研究報告」をもとに作成）

問1　実験結果から、実験開始5日後のインゲンマメの発芽の様子について、最も適切なものを、次の
　　ア〜エの中から1つ選び、記号で答えなさい。

　　　ア　インゲンマメの種子は、20℃のときより、30℃のときのほうが発芽率が高い。
　　　イ　インゲンマメの種子は、20℃のときより、30℃のときのほうが発芽率が低い。
　　　ウ　インゲンマメの種子は、水の量が3mLのときより、25mLのときのほうが発芽率が高い。
　　　エ　インゲンマメの種子は、水の量が3mLのときより、25mLのときのほうが発芽率が低い。

┌──┐
│　太郎さんは、この実験について、花子さんに話しました。　　　　　　　　　　　│
└──┘

┌──┐
│　【太郎さんと花子さんの会話】　　　　　　　　　　　　　　　　　　　　　　　│
│　　太郎さん：インゲンマメを使って、発芽について実験をして、調べてみたんだ。│
│　　花子さん：どんなことがわかったの。　　　　　　　　　　　　　　　　　　│
│　　太郎さん：今回、条件を変えて調べてみたら、発芽率に違いがあったんだ。　│
│　　花子さん：そうね。確かに5日後の様子では、発芽率に違いがあるわね。そういえば、発芽率の│
│　　　　　　　　2つのグラフを見ると、インゲンマメの最初の発芽が始まった時間も違っているわね。│
│　　太郎さん：そうだね。インゲンマメの発芽の条件について、発芽が始まった時間の違いについて│
│　　　　　　　　は、│　　　A　　　│が関係しているようだね。　　　　　　　│
│　　花子さん：そうね。じゃあ、光はインゲンマメの発芽に影響はあるのかな。　│
│　　太郎さん：それは、この実験からはわからないね。　　　　　　　　　　　　│
└──┘

問2　【太郎さんと花子さんの会話】にある、空らん│　　　A　　　│にあてはまる言葉を書き
　　なさい。

太郎さんは、インゲンマメの発芽に光が影響しているかを調べるため、新たに実験を行うことにしました。

問3　10ページにある【実験】の＜方法＞の2まで同様に行ったあと、2つの人工気象器に、図2のア、イを入れました。このあと、どのように実験を行えばよいでしょうか。最も適切なものを、次のア～エの中から1つ選び、記号で答えなさい。

　　ア　人工気象器の設定温度を20℃と30℃に設定し、20℃の人工気象器に黒い布をかぶせる。
　　イ　人工気象器の設定温度を20℃と30℃に設定し、両方の人工気象器に黒い布をかぶせる。
　　ウ　人工気象器の設定温度を同じにそろえ、一方の人工気象器に黒い布をかぶせる。
　　エ　人工気象器の設定温度を同じにそろえ、両方の人工気象器に黒い布をかぶせる。

　　太郎さんは、発芽前の種子と、発芽してしばらくたった種子を比べるため、それぞれを真ん中で切り、ヨウ素液にひたしました。

問4　資料1のように、発芽後の種子の色があまり変化しなかったのは、種子の中の何がなくなったためですか。なくなったものとその理由を書きなさい。

資料1　ヨウ素液にひたした発芽前と発芽後の種子

発芽前の種子　　　　　　　発芽後の種子

紫色に変色した　　　　　あまり変色しなかった

花子さんは、夏休みの理科の自由研究で、日本の天気や温度について、調べることにしました。

次の問1〜問3に答えなさい。

問1　花子さんは、さいたま市のある1日の気温と南中高度[※1]の変化を調べ、資料1のグラフを見つけました。南中高度と気温の最高点の時刻がずれているのはなぜですか。理由を書きなさい。

資料1　さいたま市のある1日の気温と南中高度

(国立天文台「こよみの計算」及び、気象庁「過去の気象データ検索」をもとに作成)

※1　南中高度…太陽が真南にきて、いちばん高く上がったときの地平線との角度のこと。

花子さんは、インターネットから、福島県南会津郡南会津町にある「さいたま市立舘岩少年自然の家」の1月、5月、7月、10月における約5日おきの最高気温と最低気温について調べました。その後、グラフを作成し、印刷したところ、何月のものかわからなくなってしまいました。

問2　「さいたま市立舘岩少年自然の家」の10月のグラフはどれですか。次のア〜エの中から1つ選び、記号で答えなさい。

ア
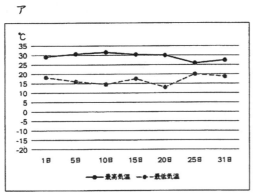

イ
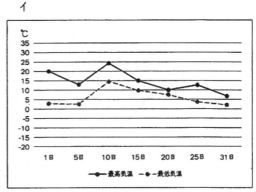

ウ
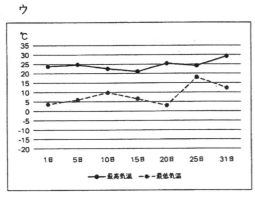

エ
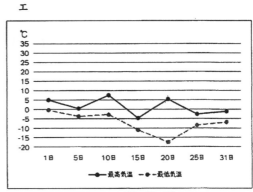

（さいたま市立舘岩少年自然の家「気象観測・放射線情報」をもとに作成）

花子さんは、1年間の南中高度と平均気温の変化について調べるため、過去1年分のデータを集め、次の**資料2**を作成しました。

問3　夏至の日に最も近いのはどれですか。**資料2**のア～カの中から1つ選び、記号で答えなさい。なお、**資料2**のア～カについては、1年間のそれぞれの月を表します。

資料2　さいたま市の1年間の南中高度と平均気温の変化

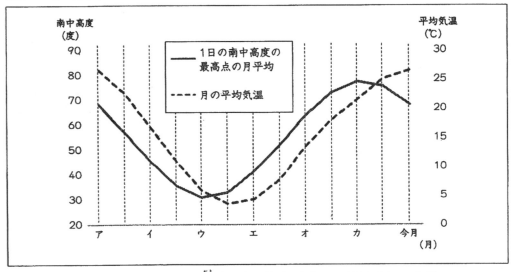

（国立天文台「こよみの計算」及び、気象庁「過去の気象データ検索」をもとに作成）

これで、問題は終わりです。

平成３０年度

適 性 検 査 Ⅰ

さ い た ま 市 立 浦 和 中 学 校

1

花子さんは、図書館でおもしろそうなタイトルの小説を見つけたので、読んでみることにしました。

次の文章は、草野たき著『Q→A』（講談社）の一部です。これを読んで問１〜問４に答えなさい。

中学３年の朝子は、新学期、担任の先生が配ったアンケートの「Ｑ　あなたは自分の親が好きですか、嫌いですか」という質問を見て、今日の朝食時、自分のバナナを、おどおどと朝子にゆずって仕事に出かけたお父さんのことを思った。

「なにあれ、これじゃあ、まるで私が悪者じゃん」

逃げるように出かけてしまったお父さんの後ろ姿を見て、朝子は言った。

「ゆずってもらったんだから、ありがたく思いなさいよ」

「えーっ、ゆずってほしいなんて言ってないじゃん。どうせくれるなら、せめてゆずってあげるって言えばいいじゃん」

「年頃の娘に話しかけるのが、恥ずかしいのよ」

お母さんは、そう言ってそんなお父さんをかばっていたけど……。

①朝子は、そうじゃない、と思った。

お父さんは自分の娘が苦手で、好かれる自信がなくて、だからせめて嫌われないようにしているだけ。

逃げているのだ。苦手だから、かかわらないようにしているだけなのだ。

あれ……？

そこで朝子はふと、気づいた。

苦手なことから逃げるって……まるで私だ。

朝子もまた、苦手だなってひとには、近づかないようにするところがある。

ひと、だけじゃない。

朝子には、すべてにおいて自分はいつも「逃げ腰」だという自覚があった。

挑戦してみようという、勇ましい気持ちが自分には欠けている、と……。

いろいろ迷ったあげく、なんの部活にも入らず、なにかの委員になるのさえ避けてきたのは、そのせいだ。

朝子は、ため息をついた。

見ていてムカつくのは、自分とそっくりだからかもしれない……。

まるで自分を見ているようだから、こんなにイヤな気持ちになるのだ。

イヤになっちゃうな……。

朝子は頭をかきむしりたくなった。

つまり、お父さんのそういう行動を否定するということは、自分自身を否定するということだ。

朝子はしかたないので、　　Ｘ　　こう回答した。

A　お母さんの優しくて明るいところが好きです。お父さんは、嫌いじゃないけど性格がイヤです。　| 　　　Y　　　 |

なにおいても「逃げ腰」だという自覚はある。
だけど、どうやったら変われるかわからないし、変えられるものなのかどうかもわからない。
だったらいっそ、そういう自分をまるごと受けいれて、好きだと思えるようにしたい。
そんな気持ちで回答してみたけれど、これって、なんか、②意味わかんない回答かも……。

　　　　　　　　　　　　　　（一部省略やふりがなをつけるなどの変更があります。）

　　※1　逃げ腰…逃げ出しそうな態度。責任などをのがれようとする態度。

問1　下線部①「朝子は、そうじゃない、と思った」の「そうじゃない」とはどういうことですか。次のア〜エの中から1つ選び、記号で答えなさい。

　　ア　お母さんはお父さんをかばっていたのではないということ。
　　イ　お父さんは娘が苦手で嫌われないようにしているのではないということ。
　　ウ　お父さんは年ごろの娘に話しかけるのが、恥ずかしいのではないということ。
　　エ　朝子はバナナをゆずってほしいとは言っていないということ。

問2　本文中の空らん　| 　　X　　 |　に入る言葉として適切なものを、次のア〜エの中から1つ選び、記号で答えなさい。

　　ア　はらはらと　　　イ　わざわざ　　　ウ　うきうきと　　　エ　しぶしぶ

問3　本文中の空らん　| 　　Y　　 |　について、朝子さんはどのように回答しましたか。次のア〜エの中から1つ選び、記号で答えなさい。

　　ア　だけど、どうしても好きになれません。
　　イ　だけど、いつかそれも含めて好きになれればとは思います。
　　ウ　だから、性格が直っても好きにならないと思います。
　　エ　だから、ほんとうは大好きです。

問4　下線部②「意味わかんない回答」と朝子が感じる理由を考えてみました。次の空らん　| 　　Z　　 |　に当てはまる内容を5字以上10字以内で書きなさい。

　　お父さんについてアンケートに回答したはずなのに、書いた内容はまるで　| 　　Z　　 |　のようだったから。

－2－

2

太郎くんは、宇宙について書かれている本を見つけ、興味を持ち、読んでみることにしました。

　次の文章は、竹内薫著『住んでみたい宇宙の話』（キノブックス）の一部です。これを読んで問1～問4に答えなさい。

　このまま、人口増加や環境汚染が進めば、人はやがて地球に住めなくなるのではないかといわれている。人の数に対して、地球の大きさが対応しきれなくなるのだ。現代は人が爆発的に増えていて、急激に増えつづけた人は、やがて２０５０年ごろには９０億人を突破するとみられている。増えすぎて全員が地球に住みつづけることができなくなったら、新しく住むことのできる場所を探さなければならない。

　そんなとき、人が住むのにもっとも現実的だといわれているのが、地球のとなりにある火星だ。実際、民間のある企業では、２０１７年から２０２７年のあいだに、希望者を募って火星への本格移住を支援する計画を立てている。片道切符で火星に行き、火星で永住するというこの無謀な計画に、なんと全世界から多数の応募があったそうだ。

　この計画では片道切符だが、これで終わらず、今後大量に人が移動できる交通手段として、わたしたちでも利用できる安価な宇宙船の研究や、宇宙エレベーターなどの研究も進んでいる。

　しかし①なぜ、火星なのか？それは、地球からの近さも魅力ではあるが、どの惑星にもない地球との共通点が数多く見つかっていることもある。そのため、地球と火星の環境を似せて、火星を第二の地球とすることができるのではないか、と考えられているのだ。

　ただし、現段階ではまだ地球の生命が生息できない環境であるため、地球の生命が住みやすいように火星の環境をつくり変える、テラフォーミングをおこなわなくてはならない。この計画、フィクション※2のようだが、真面目に考えられている。火星の低すぎる温度を上げ、氷を溶かし、地球に似た環境につくり変えるのだ。

　テラフォーミングをした前も後も、火星に行くのは「住む」ことが大きな目的となっている。そのため、どのような形であれ、火星は住宅街としての役割を期待されている。

　いずれは、家だけでなく学校や仕事も火星で、火星で生まれ火星で死んでいくという、一度も地球に行ったことのない人が出てくるかもしれない。

　夢みたいな話だが、しかしこれは、すぐそこにある未来の話なのだ。

　火星は地球の近くにあるからか、②地球の生命体が住むのに適していると思われる条件が、いくつもある。

　まず火星の1日は、地球の1日とほとんど同じで、1日がほぼ２４時間だ。火星に住んでも、明るくなったら起きて活動し、暗くなったら眠るという生活リズムをくずさずにすみそう。

　地球より遠くを回っているので、火星の1年は、６８７日。地球でいうと、おおよそ2年となる。季節の流れがゆっくり感じられるだろう。

　そして何より重要なのが、火星には大気があることだ。大気があるので、ほかの惑星ほど強烈な気温にはならない。平均気温はマイナス４３度。マイナスとはいえ、2桁の数字なので、気温を上げる工夫の余地がある。大気の主成分は二酸化炭素で、酸素はほとんどない。

大きさは地球が直径１万２７４２キロメートルであるのに対して、火星は直径６７７９キロメートルと、地球とくらべて半分ほどの大きさだ。半分ほどの大きさのため、重力は地球の３分の１くらい。３分の１は地球よりは小さいものの、３０キログラムが１０キログラムになるということは、「ちょっと軽いかな？」と感じるくらいで、物を持つときも、自分の体重も、すこし軽さを感じるくらいではないだろうか。住宅環境などは工夫することでつくり変えることができるが、重力だけは絶対に変えることができない。そのため、宇宙ステーションや月にくらべて地球の重力に近いことも、火星の大きな魅力である。

このように地球と似た点が多く、地球生命が生息できる可能性が高いので、火星は移住先の最有力候補となったのだ。

（一部省略やふりがなをつけるなどの変更があります。）

※１　無謀…結果に対する深い考えのないこと。
※２　フィクション…想像によって作り上げられた事柄。

問１　太郎くんは、下線部①「なぜ、火星なのか？」の部分に省略されている語句を考えました。次の空らん　Ａ　にあうように書きなさい。ただし、「地球」、「現実的」という語句を必ず入れて１５字以上２５字以内で書きなさい。

なぜ　　　　　　　Ａ　　　　　　　火星なのか？

問２　太郎くんは読みとったことについて情報カードを作成し、テーマごとに本文の流れにあうように並べてみました。次の情報カードの空らん　Ｂ　、　Ｃ　にあてはまる内容を本文中からさがして　Ｂ　は５字、　Ｃ　は８字で書きぬきなさい。

テーマ１　火星が移住先の最有力候補であることについて

地球との共通点が多い　→　火星を地球の環境に似せる　→　火星を　Ｂ　とすることができる

テーマ２　火星に住むために必要なことについて

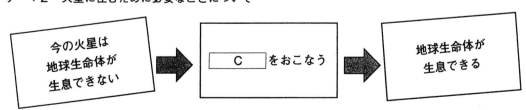

今の火星は地球生命体が生息できない　→　Ｃ　をおこなう　→　地球生命体が生息できる

問3　太郎くんは、下線部②「地球の生命体が住むのに適していると思われる条件」について、下の情報カードを作成しました。次の情報カードの空らん　D　、　E　、　F　にあてはまる内容を、　D　は１５字以内、　E　、　F　は１０字以内で書きなさい。

テーマ３　地球の生命体が火星に住むのに適していると思われる条件について

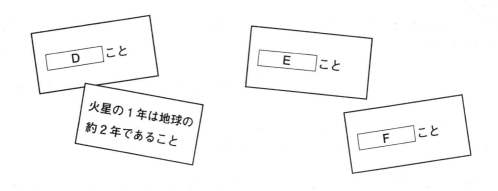

D　こと

E　こと

火星の１年は地球の約２年であること

F　こと

問4　本文中に述べられていることとして適切でないものを、次のア〜エの中からすべて選び、記号で答えなさい。

　　ア　人が地球に住めなくなるのは、人の数に対して地球の大きさが対応できなくなるからである。
　　イ　民間企業の計画する火星への本格移住は、地球にもどれない計画でも全世界から多数の応募があった。
　　ウ　安価な宇宙船や宇宙エレベーターを研究している一番の目的は火星の観光である。
　　エ　火星の大きさは地球のおよそ２倍あるので、火星の１年は地球のおよそ２年となる。

3

　次の文章は、齋藤孝著『コミュニケーション力』(岩波新書)の一部です。これを読んで問1～問4
に答えなさい。

　コミュニケーションは、この世の中を生きていくための重要な手段であると同時に、生きる目的その
ものでもある。仕事の場では、コミュニケーション力は重要な手段である。対話力が低ければ、生産効[※1]
率が悪くなる。ミスも多くなり、職場の雰囲気も悪くなる。会社は利益を上げることを目的とした集団[※2]
だ。その利益を上げるためにコミュニケーション力が必要となる。

　家族の場合は、これとは事情が異なる。家族は利潤を求めているわけではない。関わり合うことそ[※3]
のものが目的と言える集団だ。一緒に食事をし、話をし、どこかへ一緒に遊びに行く。ボーッと一緒に
部屋で寝っ転がって時を過ごすこともまた、家族のよさだ。何かを生みだすことが目的ではない。そこ
では一人ひとりが優秀であるかどうかは本来重要なことではない。赤ちゃんに対して優秀かどうかを問
う親はいない。赤ちゃんは手間のかかる存在だが、その世話をすることが皆の生き甲斐にもなる。家族[※4]
においては、生産性よりも、感情が交流することの方が重要なのである。[※5]

　私たち人間は、コミュニケーションしたいという欲求を強く持っている。一人きりになるのは寂しい
し、怖い。部屋で一人静かに過ごす時間は快適なものだが、社会から全く切り離され、他人とコミュニ
ケーションができなくなったとすれば、そのような快適さはもはやなくなるであろう。刑罰の一つに独房[※6]　　　　[※7]
というものがある。①一人で部屋に入れられ誰ともコミュニケーションできない状態は、人間にとって
は刑罰なのである。

　コミュニケーションし、感情を交わし合い、考えを語り合う。それ自体が人生の目的なのである。深
い永遠の愛ばかりが人間にとって必要なものではない。気持ちを軽く伝えることができる存在が、まず
ほしい。何かを見て、いいなという感情が湧いたり、何かを食べて、おいしいなと思ったりしたときに、
その感情を分かち合う相手が欲しくなる。その相手は、時に人間でなくとも構わない。犬は、人間のコ
ミュニケーション欲を充たしてくれる重要なパートナーであり続けてきた。私たちは気持ちを誰かと伝
え合い、あれこれと話をしなければいられない存在なのだ。

　だからこそ、家族が人間にとっては重要な単位なのである。社会では能力で人間の価値がはかられる
のに対し、家族の中では、基本的にはコミュニケーションする関係が求められている。

（一部省略やふりがなをつけるなどの変更があります。）

　　※1　生産効率…何らかの商品や製品を製造したり開発したりする時の、仕事のはかどりぐあい。
　　※2　利益………もうけ。とく。
　　※3　利潤………金銭に関わるもうけ、とく。
　　※4　生き甲斐…生きている張り合い。
　　※5　生産性……生活に必要な物資などをつくりだすこと。また、その能率。
　　※6　刑罰………特に国家が、法にそむいて罪を犯した者に加える制裁。
　　※7　独房………1人用のろうや。

問1　花子さんは、本文の内容について、下の**表**のように、会社、家族のそれぞれの集団の立場から整
　　　理してみました。次の空らん　　A　　にあてはまる適切な語句を、本文中から7字で書きぬ
　　　きなさい。

　　　表

集団	集団の目的	重要なこと
会社	利益を上げること	コミュニケーション力
家族	関わり合うこと	A　　こと

問2　下線部①「一人で部屋に入れられ誰ともコミュニケーションできない状態は、人間にとっては刑
　　　罰なのである。」とありますが、筆者はなぜそのように考えたのか、その理由を次の空らん
　　　　　B　　に20字以上30字以内で答えなさい。

　　　| 　　　　　　　　　　　　　　B　　　　　　　　　　　　　　 | を持っているから。

問3　筆者の考えとして適切でないものを、次のア〜エの中から1つ選び、記号で答えなさい。

　　　ア　会社が利益を上げるためにはコミュニケーションが必要だ。
　　　イ　家族においては、一人ひとりが優秀であることは重要ではない。
　　　ウ　人間が感情を分かち合う相手は人間に限られている。
　　　エ　社会では能力で人間の価値がはかられる。

問4　この本を読んだ花子さんは、家族のコミュニケーションについて考えようとして、次の**資料**を見つけました。見つけた**資料**を参考に、**花子さんの考え**に続くものとして、正しいものを次のア～エの中から1つ選び、記号で答えなさい。

資料　家で子どもと大人が話をすることについて
　質問：家の人（兄弟姉妹は含みません）と学校での出来事について話をしていますか。

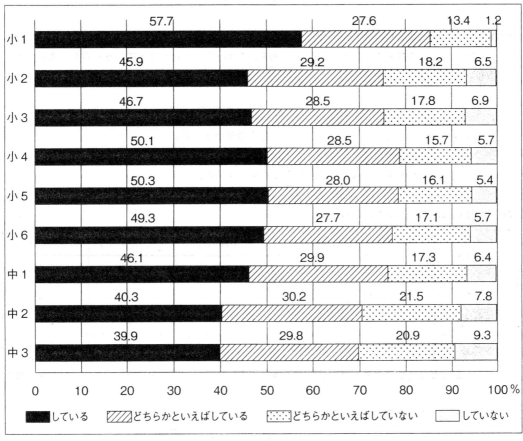

※平成28年度　さいたま市学習状況調査より作成

> **花子さんの考え**
> 　家族の中では、基本的にコミュニケーションする関係が求められているが、

ア　さいたま市の小学生は、学年が低くなるほど、家にいる大人と学校での出来事について話をしない。

イ　さいたま市の小・中学生には、学校での出来事についてあれこれと話をする存在は家にいない。

ウ　さいたま市の半分以上の小・中学生は、家にいる大人と学校での出来事についての話をせず、部屋で一人静かに過ごしている。

エ　さいたま市の中学生は、学年が進むにつれて、家にいる大人と学校での出来事について話をしなくなる。

4

> 太郎くんは、近所の道で見つけた道路標識に＜中山道＞とあることに気付き、中山道を含めた江戸
> 時代の街道について調べてみることにしました。

太郎くんが集めた**資料1〜5**を参考にして、問1〜問5に答えなさい。

問1　太郎くんは、浦和や大宮が宿場町であったことを知り、現在のさいたま市周辺にあった中山道の
　　　宿場町に関する**資料1**を手に入れました。**資料1**について、正しく述べているものを、次のア〜エ
　　　の中から1つ選び、記号で答えなさい。

ア　大宮宿は浦和宿よりも、家数もはたご屋も多くなっている。
イ　蕨宿の人口は上尾宿の3倍以上あり、家数も3倍以上ある。
ウ　わき本陣の数が多いほど、はたご屋の数も多くなっている。
エ　はたご屋の数が少ないほど、人口も少なくなっている。

資料1　江戸時代の中山道の宿場町について　　　　　　　　　　　　　　　（　）は単位

	人口（人）	家数（軒）	※1 本陣（軒）	※2 わき本陣（軒）	※3 はたご屋（軒）
蕨宿	2223	430	2	1	23
浦和宿	1230	273	1	3	15
大宮宿	1508	319	1	9	25
上尾宿	793	182	1	3	41

※国土交通省　関東地方整備局　大宮国道事務所HP　「中山道散策マップ」資料より作成

※1　本　　陣…大名などの身分の高い人がとまった宿。
※2　わき本陣…本陣の予備的施設。本陣に差し支えが生じた場合に利用された宿。
※3　はたご屋…一般の旅行者が泊まる宿。食事が提供された。

問2　太郎くんは、学校の近くに一里塚の跡があることを知り、なぜ一里塚が作られたのかを考えまし
　　　た。**資料2**を参考にして、**太郎くんの考え**にある空らん　　A　　に当てはまる内容を5字以
　　　上10字以内で書きなさい。

> **太郎くんの考え**
> 　一里塚は、街道を利用する旅人にとって、休憩をする場所であるとともに、　　A　　を
> 知るためのものである。

【適

資料2　江戸時代の一里塚について

　江戸の日本橋を起点として、主な街道に一里（約４キロメートル）ごとに土を盛ってつくられた塚。大きな木が植えられ、旅人の休憩の場にもなった。

問３　太郎くんは、江戸時代の五街道と主な宿場を示した**資料３**をもとに、街道の主な特色について、**資料４**のようにまとめました。**資料３**も参考にして、**資料４**のア～エの中から中山道に関するものを１つ選び、記号で答えなさい。

資料３　太郎くんが作成した江戸時代の五街道と主な宿場の地図

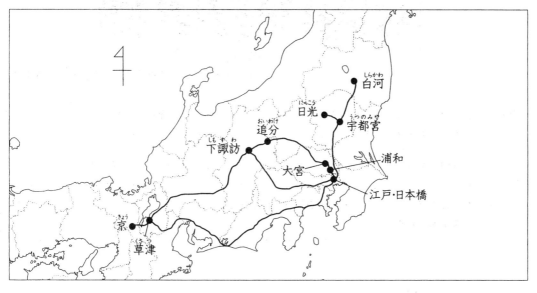

資料４　太郎くんが調べた「街道」

街道	説明
ア	江戸中期以降、商品が運ばれるための街道としてにぎわった。街道沿いにある勝沼（山梨県）では甲州ぶどうが生産されていた。
イ	５３の宿駅がおかれ、軍事的な理由で川に橋をつくることが禁じられた。箱根（神奈川県）などには関所が設けられ、江戸への出入りをきびしくとりしまった。
ウ	木曽路ともいう。碓氷峠（群馬県・長野県）などの難所があり、碓氷（群馬県）や木曽福島（長野県）には関所が置かれた。
エ	日光東照宮（栃木県）が造営されてからは、参拝者が通る道として重要視された。街道の一部は奥州街道と重なっている。

問4　太郎くんは、集めた**資料5**が、江戸時代に大名が、ある目的で街道を利用していたときの様子を描いたものだということを知り、その目的を考えてみました。**太郎くんの考え**の空らん　B　に当てはまる内容を、「領地」「江戸」という言葉を使って１５字以上３０字以内で書きなさい。

太郎くんの考え
　　　　　　　　　　　　　　　　　　B　　　　　　　　　　　　　　　　ために利用した。

資料5　太郎くんが見つけた資料

(石川県立歴史博物館「れきはく」No.１１３より)

問5　後日、太郎くんは、先生から次のことを教えてもらいました。**資料3**も参考にして、善光寺がある場所を、下の**地図**にある●ア～エの中から１つ選び、記号で答えなさい。

　江戸時代の五街道は、庶民にも利用されていました。特に東海道を使って伊勢神宮、中山道を使って善光寺へお参りをする人々が絶えませんでした。江戸から善光寺へは、中山道を通り、追分宿から分かれて北の方角に伸びている街道を通っていきました。この当時は「一生に一度は善光寺参り」という言葉があったそうです。

地図

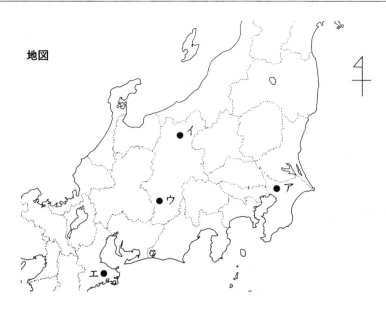

【適

花子さんは、昨年の４月に開催された「世界盆栽大会」を見に、さいたま新都心を訪れました。

次の【花子さんと先生の会話】と花子さんが集めた**資料１～資料６**を見て、問１～問４に答えなさい。

【花子さんと先生の会話】

先　　生：「世界盆栽大会」を見に行って、どうでしたか。

花子さん：会場は多くの人でにぎわっていました。スーパーアリーナやけやき広場では、参加者が
　　　　　　　　　　　Ａ　　　　　　　できるようなイベントも開催されていました。中には一時、入場が制
　　　　　限されるものもありました。

先　　生：大会期間中は、およそ４万５千人が参加したようですね。

花子さん：実は、当日、２つのことに気づきました。

先　　生：それは何ですか。

花子さん：１つ目は、①多くの国や地域の人々が参加していたことです。

先　　生：盆栽が、世界に広まっているということでしょうね。

花子さん：２つ目は、さいたま新都心を歩いていたとき、スーパーアリーナやけやき広場の周辺に
　　　　　は②電柱や電線が見られなかったことです。私の家のまわりには、電線が張り巡らさ
　　　　　れているので、とても不思議に思いました。このあと、２つの気づいた点について、資
　　　　　料を集めて調べてみたいと思います。

資料１　「世界盆栽大会」への大会登録者数が多い国や地域（上位１０位）

順位	国・地域	大会登録者数（人）	面積（万km²）	人口（万人）
1	アメリカ	145	983.4	32,445.9
2	インド	90	328.7	133,918.0
3	オーストラリア	82	769.2	2,445.1
4	台湾	56	3.6	2,362.6
5	ドイツ	54	35.7	8,211.4
6	イギリス	31	24.2	6,618.2
7	南アフリカ	30	122.1	5,671.7
8	カナダ	27	998.5	3,662.4
9	メキシコ	25	196.4	12,916.3
10	フランス	24	55.2	6,498.0
10	スペイン	24	50.6	4,635.4
※	日本	－	37.8	12,748.4

（公益財団法人矢野恒太記念会「世界国勢図会２０１７／１８」及び第８回世界盆栽大会
in さいたま実行委員会「第８回世界盆栽大会 in さいたま」より作成）

資料２　資料１の上位１０位の国や地域の分布

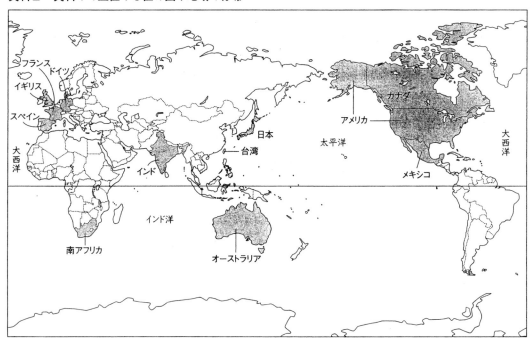

問1　【花子さんと先生の会話】にある下線部①について、**資料1**と**資料2**から正しく読み取っている
　　　ものを、次のア～エの中から１つ選び、記号で答えなさい。

　　　ア　太平洋、大西洋、インド洋のうち、上位１０位の国や地域が最も多く接しているのは、太平洋
　　　　　である。
　　　イ　上位１０位の国や地域が分布していない大陸は、南極大陸だけである。
　　　ウ　上位１０位の国や地域のうち、日本の面積と人口のいずれも上回っている国や地域は、北半球
　　　　　だけに分布している。
　　　エ　上位１０位の国や地域のうち、日本よりも人口密度が高いのは、インドだけである。

問2　**資料3**は、花子さんが、世界盆栽大会でどのようなことが行われたかを調べた時に手に入れたも
　　　のです。本文中にある　┌──────　A　──────┐　にあてはまる言葉を、**資料3**から２字で書きぬきなさい。

資料３　世界盆栽大会で開催されたイベントの例

・日本を代表する貴重な盆栽や大宮盆栽の名品、盆栽の紹介
・日本を代表する盆栽指導者や有名な海外の盆栽師のデモンストレーション
・着物の着付け体験などの日本文化体験
・盆栽師を講師としたトークショー

問3　【花子さんと先生の会話】にある下線部②について調べてみると、「無電柱化」について書かれている資料4と資料5を見つけました。次の空らん　　B　　に当てはまる内容を、8字以上15字以内で書きなさい。

資料4　「無電柱化」について

①無電柱化とは
　電線共同溝を整備し、電線を地中に埋めたりするなどによって、道路から電柱をなくすこと。

②無電柱化の目的
（1）「安全・快適」の観点から
　・歩道スペースが広がり、安全な通行が可能になるため。
　・交差点での見通しがよくなるなどの、交通安全につながるため。
（2）「防災」の観点から
　・大規模災害が起きた際に、電柱等が倒れることによる道路の寸断を防止するため。
（3）「景観・観光」の観点から
　・　　　　　　　　B　　　　　　　ため。

（国土交通省　関東地方整備局「無電柱化の推進」を参考に作成）

資料5　無電柱化の取組について

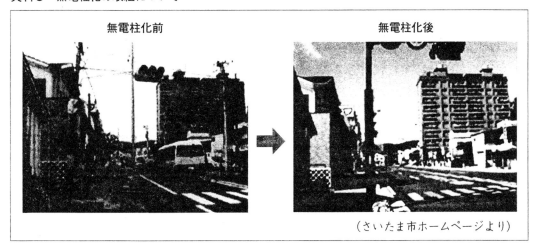

無電柱化前　　　　　　　　　　　無電柱化後

（さいたま市ホームページより）

問4　花子さんは、会場周辺で、配布していた**資料6**を手に入れました。花子さんは、その地図に、外国人観光客向けにある工夫がされていると考えましたが、それはどのようなことですか。次の**花子さんの考え**の空らん　　C　　にあてはまる内容を、5字以上10字以内で書きなさい。

花子さんの考え

　この地図は、観光のルートを示すだけではなく、　　C　　したことで、外国人観光客にも、わかりやすくしている。

資料6　花子さんが用意した地図（一部）

（さいたま市内半日観光ルート「盆栽村ルート」より一部抜粋）

これで、問題は終わりです。

平成３０年度

適 性 検 査 Ⅱ

さ い た ま 市 立 浦 和 中 学 校

元町に住んでいる太郎くんは、通っている小学校周辺の様子を紹介するために、下の図のように、まちの様子を描いた「元町マップ」を作成しました。

図　太郎くんが作成した「元町マップ」

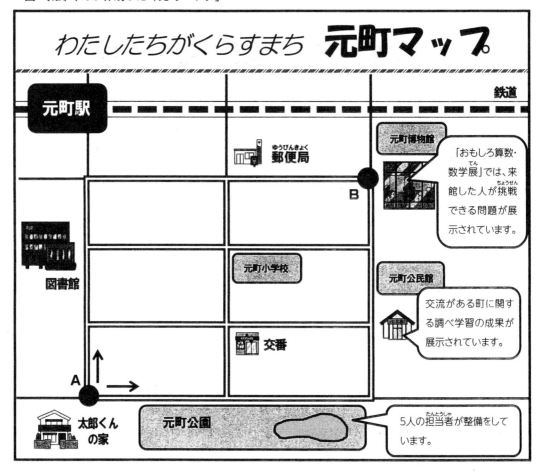

算数が得意な太郎くんは、「おもしろ算数・数学展」が開かれている元町博物館へ行くことにしました。

これについて、次の問1に答えなさい。

問1　上の図で、太郎くんの家がある●Aをスタート地点、元町博物館がある●Bをゴール地点としたとき、●Aから●Bまでの行き方は全部で何通りありますか。数字で答えなさい。ただし、══════で示した道を「↑」または「→」の方向に進むものとします。

太郎くんは、「おもしろ算数・数学展」で展示されていた式に興味をもちました。

展示されていた式は、下の**資料1**のように、1～9まで順番に並べた数字の間に、計算の結果が100となるように、「＋」「－」「×」「÷」の記号を入れたものです。

資料1　展示されていた式

$$1＋2×3＋4×5－6＋7＋8×9＝100$$

太郎くんは、上の**資料1**の式をもとに、次の2つのことを行いました。

太郎くんが行ったこと

（その1）　**資料1**の式の数字と記号の並びを、下の**資料2**のように、9から1まで逆に並べかえて計算したところ、**資料1**の式の計算と結果が異なりました。

資料2

$$9×8＋7＋6－5×4＋3×2＋1＝\boxed{}$$

（その2）　上の**資料2**の式を、計算の結果が100となるように、数字の間の記号を変えて**資料3**の式に作り変えました。

資料3

$$9×8×7÷6＋5\boxed{A}4\boxed{B}3－2＋1＝100$$

これについて、次の問2～問3に答えなさい。

問2　太郎くんが行ったことの（その1）で、**資料2**の式にある $\boxed{}$ にあてはまる数字を書きなさい。

問3　太郎くんが行ったことの（その2）で、**資料3**の式の計算の結果が100となるように、「＋」「－」「×」「÷」の記号のうち、$\boxed{A}$ と $\boxed{B}$ それぞれにあてはまる記号の組合せを1つ書きなさい。

元町公民館では、交流がある田園町（でんえんちょう）に関する展示コーナーが設けられ、近くの元町小学校の児童が調べた「まとめ」が展示されていました。

次の、**展示されていた「まとめ」**をもとに、問4〜問5に答えなさい。

展示されていた「まとめ」

田園町の「すてき」発見！

「すてき」その① 何度も訪（おとず）れたくなる！

　元町に住んでいる人のうち、田園町を訪れたことがある人を対象に調査をしてみると、右のグラフのように、およそ6割の人が2回以上田園町を訪れていました。

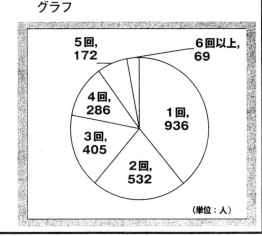

グラフ

5回, 172
6回以上, 69
4回, 286
3回, 405
1回, 936
2回, 532
(単位：人)

「すてき」その② 外国人にも大人気！

　平成28年に田園町を訪れた観光客の25％が外国人観光客で、このうち、アジアからの観光客は1300人でした。これは外国人観光客の2割（わり）にあたります。

問4　「すてき」その①で、調査の対象となった元町に住んでいる人のうち、田園町を3回以上訪れている人の割合は何％ですか。答えは、小数第1位を四捨五入（ししゃごにゅう）して、整数で答えなさい。

問5　「すてき」その②で、平成28年に田園町を訪れた観光客は全部で何人ですか。数字で答えなさい。

元町公園の整備は、Aさん、Bさん、Cさん、Dさん、Eさんの5人の担当者が、下にある【条件】にもとづいて活動日を分担しています。

次の【条件】をもとに、問6に答えなさい。

【条件】
○各担当は、1週間（日曜日から土曜日までの7日間）のうち、合計3日間活動をします。日曜日は5人全員で活動し、金曜日は5人全員が休みます。それ以外の曜日は、2人で活動します。
○Aさんは、2日連続の休みが1週間で2回あります。
○Bさんは、2日以上連続して活動はしていません。
○Cさんは、4日連続の休みがありますが、土曜日に活動があります。
○Dさんは、2日連続の休みが1週間で2回あり、土曜日が休みです。
○Eさんは、3日連続の休みがあります。

問6　上の【条件】で活動日を分担すると、Aさんは何曜日に活動しますか。解答用紙の該当する曜日すべてを○で囲みなさい。なお、考えるために、下の表を使用してもかまいません。

表

	日曜日	月曜日	火曜日	水曜日	木曜日	金曜日	土曜日
Aさん							
Bさん							
Cさん							
Dさん							
Eさん							

花子さんのクラスでは、人形劇で「かぐや姫」を演じることになり、道具を作ることになりました。

花子さんは、次の【竹の筒を作る方法】で、切り口をななめにした竹の筒を作ることにしました。これについて、問1〜問3に答えなさい。

【竹の筒を作る方法】

〈用意したもの〉
□円柱の立体模型（右の図1）
　（底面の直径１０㎝、高さ２０㎝）
□緑色の厚紙１枚　　□セロテープ
□定規　　□ペン（黒色）

図1　円柱の立体模型

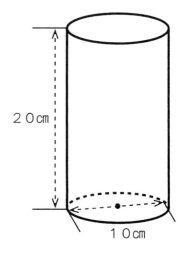

２０㎝

１０㎝

〈作り方〉
①　緑色の厚紙を、右の図1の円柱の立体模型にまき、つなぎ目をすきまなく合わせてセロテープでとめ、底面にあたる部分の直径が１０㎝、高さが２０㎝の丸い筒を作った。

②　①で作った丸い筒を、右の図2のように、底面にあたる部分から測って、一番高いところが１５㎝、一番低いところが１０㎝となるように切断した。このとき、切断面にあたる部分がたいらになるように切断した。

③　②で作った筒の側面（緑色の色紙の部分）にペンで竹の節を書き加えて、竹の筒を完成させた。

図2　丸い筒を切断して作った竹の筒

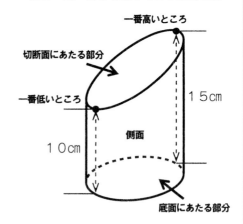

一番高いところ
切断面にあたる部分
一番低いところ
１５㎝
１０㎝
側面
底面にあたる部分

問1　図1の円柱の立体模型の体積は何cm³になりますか。数字で答えなさい。ただし、円周率は3．14とします。

問2　〈作り方〉の②でできた竹の筒の側面の部分（緑色の厚紙の部分）の面積は何cm²になりますか。数字で答えなさい。ただし、円周率は3．14とします。

花子さんが円筒形の立体を作る作業をしていると、先生が、下の図3のように、長方形の紙を(棒)を中心に1回転させると、立体を描くと教えてくれました。

先生は、図3と合同な長方形の紙をあと2枚用意して図4のように並べ、同じように（棒）を中心に1回転させました。

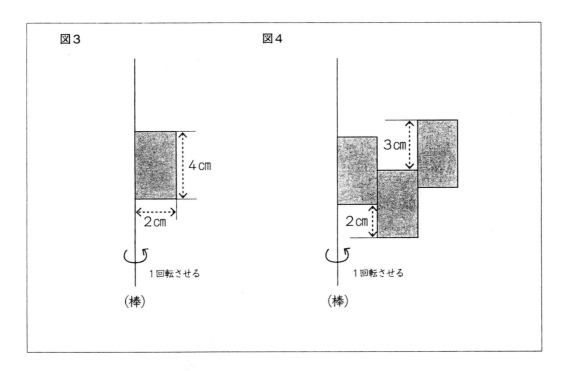

図3　　　　　　　　　　　　図4

4cm
2cm
1回転させる
(棒)

3cm
2cm
1回転させる
(棒)

問3　図4の▨▨▨で示した図形を、（棒）を中心に1回転させたときにできる立体の体積は何cm³ですか。数字で答えなさい。ただし、円周率は3．14とします。

3

太郎くんは、学校の科学クラブの活動で、様々な液体を使って実験をしました。

太郎くんはまず、実験で使う雨水を学校でためることにしました。次の【太郎くんが行ったこと】を
もとに、問1に答えなさい。

【太郎くんが行ったこと】

〈用意したもの〉
　プラスチックの容器、メスシリンダー

〈方法〉
　ある雨の日に、右の図1のような、底面
の縦の長さが8.5cm、横の長さが7cmの
プラスチックでできた直方体の容器をしば
らく外に置いておいた。

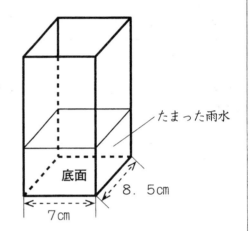

図1

たまった雨水

底面

8.5cm

7cm

〈結果〉

①　底面から [　　　　] cmのところ
　まで雨水がたまっていた。

②　容器にたまった雨水の量を、右の図
　2のようにメスシリンダーで測ったと
　ころ、297.5mLであることがわ
　かった。

図2

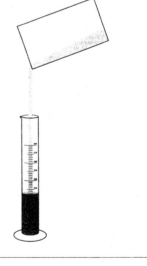

問1　上の【太郎くんが行ったこと】をもとに、〈結果〉の①にある [　　　　] にあてはまる数字

を書きなさい。なお、プラスチックの容器の厚さは考えないものとします。

平成３０年度

適 性 検 査 Ⅲ

注 意
---

1 問題は ① から ③ までで、6ページにわたって印刷してあります。

2 検査時間は**45分**です。

3 声を出して読んではいけません。

4 解答はすべて解答用紙にはっきりと記入し、**解答用紙だけ提出**しなさい。

5 解答を直すときは、きれいに消してから、新しい解答を書きなさい。

6 **性別・受検番号**は解答用紙の決められた欄3か所に必ず記入しなさい。

さ い た ま 市 立 浦 和 中 学 校

1

先　　生：　今日は、表やグラフなどの情報を適切に読み取り、それをわかりやすく表現できるよ
　　　　　　うになるための学習をします。
　　　　　　　この資料を見てください。資料1はテレビ、ラジオ、新聞、雑誌、インターネット、
　　　　　　などのメディアで「いち早く世の中のできごとや動きを知る」ためと、「信頼できる情
　　　　　　報を得る」ために最も利用するメディアは何かを様々な年代の人に聞いた中から、２０
　　　　　　代と６０代の結果をぬき出したものです。

太郎くん：　なるほど。この資料からいろいろなことがわかりますね。

先　　生：　そうですね。まずは情報を適切に読み取る練習として、資料1からわかることをいく
　　　　　　つか書いてもらいます。
　　　　　　　ところで、みなさんは、インターネットの情報をすべて信用していますか。

花子さん：　インターネットと言ってもいろいろな情報があります。

先　　生：　そうですね。例えば、ニュースサイト[※1]や、個人でも情報発信できるソーシャルメディ
　　　　　　ア[※2]、動画配信・動画共有サイト[※3]やブログ[※4]など様々なものがあります。資料2を見てくだ
　　　　　　さい。これは、インターネットを「ニュースサイト」、「ソーシャルメディア」、「動画
　　　　　　配信・動画共有サイト」、「ブログ等その他のサイト」の各情報源に分け、それぞれ「非
　　　　　　常に信頼できる」、「ある程度信頼できる」と回答した人の割合を信頼度として表した
　　　　　　ものです。
　　　　　　　では、先ほどの資料1からわかることに加え、資料2からわかることとどうして資料
　　　　　　2のような結果になったのかについて自分なりの意見を書いてみましょう。

※１　ニュースサイト　　　　・・・新聞社などが配信したニュースなどを見ることができるインターネット上の場所。

※２　ソーシャルメディア　　・・・インターネット上で相互のやりとりが出来る双方向のメディア。お互いのメッセ
　　　　　　　　　　　　　　　　　ージを受け取ったり、発信したりすることができる。

※３　動画配信・動画共有サイト・・個人などが撮影したり編集したりした動画をみることができるインターネット上
　　　　　　　　　　　　　　　　　の場所。

※４　ブログ　　　　　　　　・・・インターネット上での日記のようなもの。

「いち早く世の中のできごとや動きを知る」（２０代）

36.5%		59.0%

「いち早く世の中のできごとや動きを知る」（６０代）

61.5%		32.5%

「信頼できる情報を得る」（２０代）

36.0%		33.0%

「信頼できる情報を得る」（６０代）

43.0%		16.5%

☐テレビ ▨ラジオ ▤新聞 ☐雑誌・その他 ■インターネット

※総務省「平成２８年版情報通信白書」をもとに作成

資料２　インターネット系メディアの信頼度

メディア	ニュースサイト	ソーシャルメディア	動画配信・動画共有サイト	ブログ等のその他のサイト
信頼度	４５．７％	１１．０％	１１．１％	８．０％

※総務省「平成２８年版情報通信白書」をもとに作成

問　太郎くんは先生の指示に従い、自分の意見をまとめようとしています。あなたが太郎くんなら、どのようにまとめますか。以下の指示に従って、書きなさい。

条件１　：　解答は横書きで１マス目から書くこと。
条件２　：　文章の分量は、２３０字以内とすること。
条件３　：　数字や小数点、記号についても１字と数えること。

（例）| ４ | ２ | ． | ５ | ％ |

2

花子さんと太郎くんは熱中症について、話をしています。
以下の会話文を読んで、問いに答えなさい。

花子さん：　太郎くん、この**資料1**を見て。7月6日と7月9日では最高気温は同じなのに、7月9日は暑さ指数ランクが厳重警戒で、熱中症搬送数も94人と多いの。どうしてだかわかる？

太郎くん：　暑さ指数に違いがあるからだよね。暑さ指数は、単位は気温と同じ℃で表すけど、気温とはちがって、熱中症の予防に役立てようと提案された値だと聞いたことがあるけど。

花子さん：　そうね。暑さ指数は、普通の気温を示す乾球温度、地面や建物などから出る輻射熱の影響を示す黒球温度、湿度の影響を示す湿球温度から算出される値なの。それぞれの温度を専用の温度計で測定し、0．1×（乾球温度）＋0．2×（黒球温度）＋0．7×（湿球温度）で暑さ指数を求めることができるの。

太郎くん：　湿度が高いと汗をかいてもその汗が蒸発しづらく、なかなか体温がさがらないから、湿球温度の割合を高くしてあるんだね。

花子さん：　そのとおり。**資料2**を見て。これは、計算された暑さ指数によって注意することの目安などが書いてあるの。暑さ指数がわかれば、私たちが日常生活で気をつけなければいけないことの目安がわかるのよ。
　　　　　　この**資料3**を見て。太郎くんは、この表で空欄になっている暑さ指数と暑さ指数ランクにどんな数値や語句が入り、なぜ、8月15日と8月17日の暑さ指数に差が出たかを説明できる？それと、**資料4**はある年の東京23区で測定されたその日で一番高い暑さ指数と人口100万人当たり1日に何人が熱中症患者になったのかという熱中症患者発生率の関係を表したグラフなの。このグラフからどんなことがわかるかしら。

※熱中症搬送数・・・熱中症により救急車で病院に運ばれた人数

資料1

	7月6日	7月9日
最高気温	32．5℃	32．5℃
最小湿度	41%	56%
暑さ指数	26．9℃	29．9℃
暑さ指数ランク	警戒	厳重警戒
熱中症搬送数	50人	94人

※環境省「熱中症予防情報サイト」をもとに作成

【適

平成３０年度　適性検査Ⅰ　解答用紙（２）

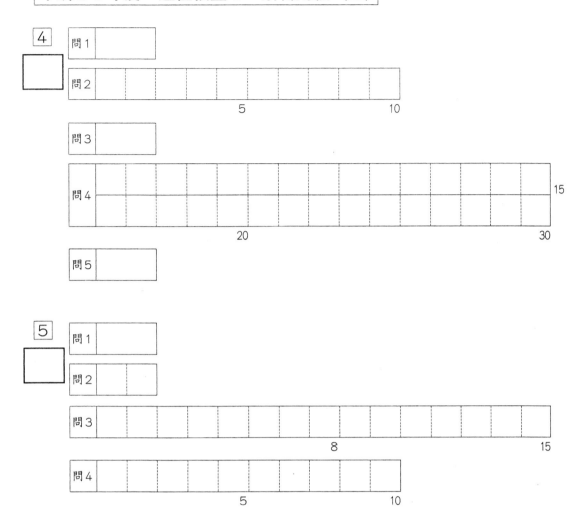

４

問1

問2
　　　　　　　　　5　　　　　　　　　10

問3

問4
　　　　　　　　　　　　　　　　　　　　　　15
　　　　　　　　20　　　　　　　　　　　　　　30

問5

５

問1

問2

問3
　　　　　　　　　8　　　　　　　　　15

問4
　　　　　　　　　5　　　　　　　　　10

☐や☐の欄には、何も記入しないこと。

性　別	受　検　番　号

平成３０年度　適性検査Ⅱ　解答用紙（２）

3

問1 ［　　　　　cm］　　問2 ［　　　　　　　　　］

問3 ［　　　　杯］　（理由）［　　　　　　　　　　　　　　　　　　　］

問4 ［　　　　　　　　　］

4

問1 (ア)［　　　　　　　　　］　(イ)［　　　　　　　　　］

問2 ［　　　　　　　　　］

問3 ［　　　　　mm］

5

問1 ［　　　　　　　　　］

問2 ［　　　　　　　　　］

問3 ［　　　　　　　　　］

問4 ［　　　　　　　　　　　　　　　　　　　　　　　　　　　］

□や□の欄には、何も記入しないこと。

性　別	受　検　番　号

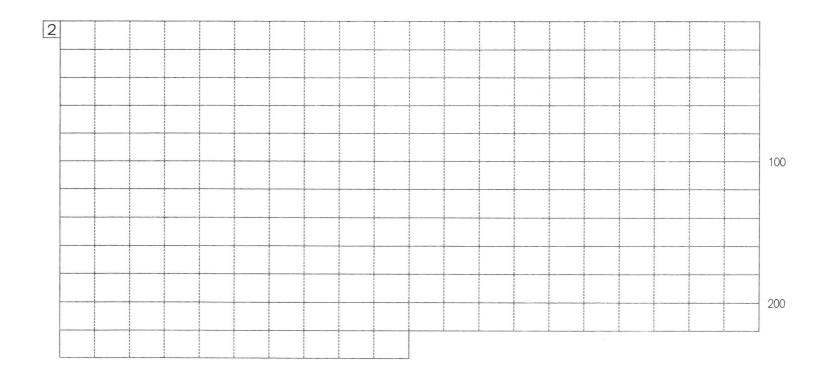

100

200

の欄には、何も記入しないこと。

性　別	受　検　番　号

3

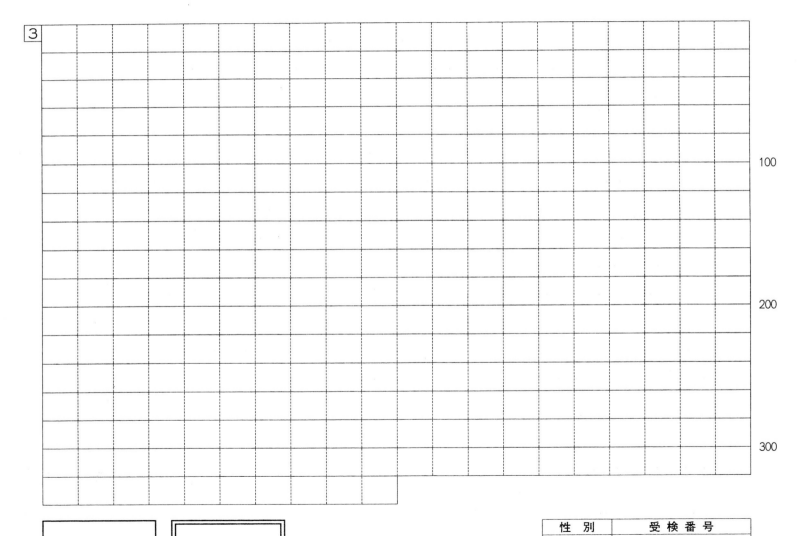

100

200

300

※100点満点
（配点非公表）

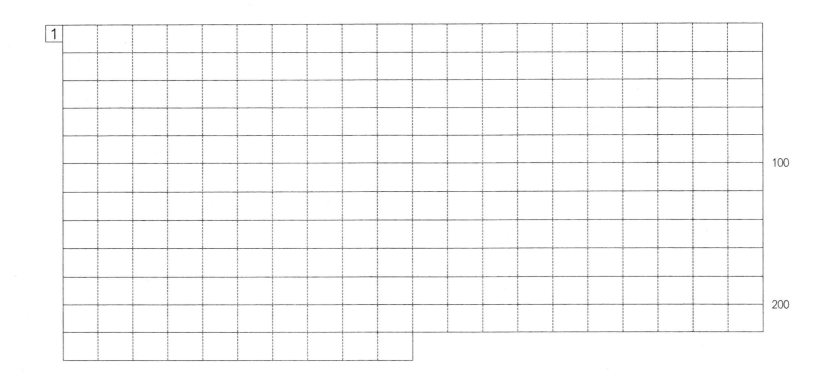

100

200

性　別	受　検　番　号

☐の欄には、何も記入しないこと。

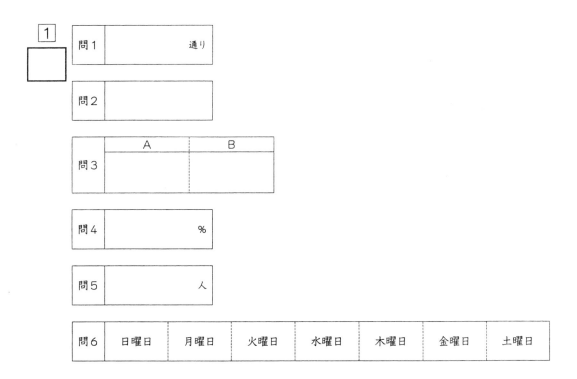

①

問1	通り

問2	

問3	A	B

問4	%

問5	人

問6	日曜日	月曜日	火曜日	水曜日	木曜日	金曜日	土曜日

②

問1	cm³

問2	cm²

問3	cm³

□や▢の欄には、何も記入しないこと。

性　別	受　検　番　号

K 教英出版

【解答用紙

※100点満点
（配点非公表）

1

問1 [　　　]　問2 [　　　]　問3 [　　　]

問4 [　　　　　　　　　　　　　　　]
　　　　　　　5　　　　　　　　　10

2

問1 [　　　　　　　　　　　　　　　　　　　　　　　]
　　　　　　　　　　　　　　　　　　　15
　　　　　　　　　　　25

問2
　B [　　　　　　　]
　C [　　　　　　　　]

問3
　D [　　　　　　　　　　　　]
　　　　　　　　　　　　　　15
　E [　　　　　　　　]
　F [　　　　　　　]
　　　　　　　10

問4 [　　　　　]

3

問1 [　　　　　　　]

問2 [　　　　　　　　　　　　　　　　]
　　　　　　　　　　　　　　　15
　　　　　20　　　　　　　　　30

問3 [　　　　　]

問4 [　　　　　]

性　別	受　検　番　号

□や□の欄には、何も記入しないこと。

【解答用紙

資料2　日常生活における熱中症予防指針

暑さ指数ランク （暑さ指数）	注意するべき 生活活動の目安	注意事項
危険 （31℃以上）	すべての生活活動で起こる危険性	高齢者においては安静状態でも熱中症が発生する危険性が大きい。外出はなるべく避け、涼しい室内に移動する。
厳重警戒 （28℃〜31℃）		外出時は炎天下を避け、室内では室温の上昇に注意する。
警戒 （25℃〜28℃）	庭の草むしりや、階段ののぼりおりなど中等度以上の生活活動でおこる危険性	運動や激しい作業をする際は定期的に充分に休息を取り入れる。
注意 （25℃未満）	バスケットボールやマラソンなど強い生活活動で起こる危険性	一般に危険性は少ないが激しい運動や重労働時には熱中症が発生する危険がある。

※（28〜31℃）及び（25〜28℃）については、それぞれ28℃以上31℃未満、25℃以上28℃未満とします
※日本生気象学会「日常生活における熱中症予防指針　Ver.3　確定版」をもとに作成

資料3

	8月15日	8月17日
乾球温度	29℃	31℃
黒球温度	33℃	33℃
湿球温度	27℃	25℃
暑さ指数	（　　）	27.2℃
暑さ指数ランク	（　　）	警戒

資料4　ある年の東京23区の日最高暑さ指数
　　　　と熱中症患者発生率

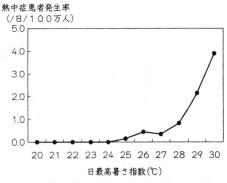

熱中症患者発生率
（/日/100万人）

日最高暑さ指数（℃）

※環境省「熱中症予防情報サイト」をもとに作成

問　　太郎くんは、計算の過程も含め資料3の空欄に入る数値と語句を述べ、8月15日と8月17日の暑さ指数に差がでた理由を述べようとしています。合わせて、資料4からわかることも述べようとしています。あなたが太郎くんなら、どのように述べますか。以下の条件に従って書きなさい。

条件1　：　解答は横書きで1マス目から書くこと。
条件2　：　文章の分量は、230字以内とすること。
条件3　：　数字や小数点、記号についても1字と数えること。

（例）　| 4 | 2 | . | 5 | % |

－4－

花子さんは、総合的な学習の時間で、人工知能やロボット※1について調べています。
以下の会話文を読んで、問いに答えなさい。

先　　生：　花子さんは、ロボットについて調べていましたね。

花子さん：　はい。今後、ロボットやＡＩ（エイアイ）と呼ばれる人工知能をもった機械が身近になるのではと思って、調べ始めました。

　　　　　　ある資料によると、日本の労働人口の約４９％が、技術的には人工知能やロボット等により代替※2できるようになる可能性が高いとされています。

先　　生：　なるほど。必ずしも特別の知識・技術が求められない仕事や、データの分析、決まった操作が求められる仕事などは、人の代わりに人工知能やロボット等が作業することができるようになりそうですね。

花子さん：　そうですね。**資料１**を見てください。これは、ある会社が行った調査で、人工知能やロボット等による代替可能性が低い１００種の職業から、１０の職業を私がぬき出したものです。今後、ますます人工知能等の開発が続き、人の代わりに働くロボット等が増えると思います。そのような中、人工知能やロボット等で人間の代わりをすることがむずかしい職業はどんなものがあるのかをまとめました。

先　　生：　面白い資料をつくりましたね。こちらの**資料２**はどのような資料ですか。

花子さん：　これは、生産年齢人口と呼ばれる１５歳から６４歳までの人口が今後どのようになっていくかを表したものです。日本では、人口に対して高齢者の割合が増えると予想されている一方、この**資料２**からは、将来社会で中心となって働くことができる年齢の人たち、つまり、働き手が減少することが予測されます。

先　　生：　具体的にはこれらの資料を用いて、どのような発表をする予定ですか。

花子さん：　はい。まず、この**資料１**から、２つの職業を選び、どうしてそれらの職業は人工知能やロボット等が人の代わりに仕事をすることがむずかしいのかをそれぞれ具体的に述べようと思います。その一方、将来の働き手が不足する対策として、職業によっては、人工知能やロボット等の活用が必要になると思います。その際、人工知能やロボット等の活用は、どんな点に優れ、どんな点に問題が発生するかを考え、望ましい将来の社会の在り方についての考えを発表したいと思います。

先　　生：　すばらしいですね。では、がんばってください。

※１　人工知能・・・学習、推論、判断といった人間の知能を持つ機能を備えたコンピュータシステム
※２　代替　　・・・かわり

資料1　代替可能性の低い職業

| 小学校教員 | 獣医師（じゅういし） | 映画監督（えいがかんとく） | 保育士 | レストラン支配人 | スポーツインストラクター | 作曲家 | 外科医（げか い） | 評論家（ひょうろんか） | アナウンサー |

※野村総合研究所「日本の労働人口の49％が人工知能やロボット等で代替可能に」（2015年12月2日）を
　もとに作成

資料2　15歳から64歳までの人口の推移予測（すいいよそく）

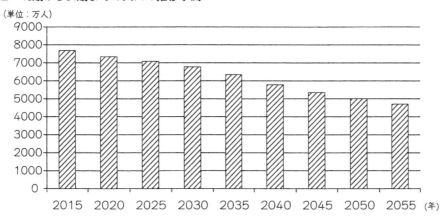

（単位：万人）

※総務省「平成28年版情報通信白書」をもとに作成

問　あなたが花子さんならどのように発表をしますか。以下の指示に従って（したがって）発表原稿（げんこう）を書きなさい。

条件1　：　解答は横書きで1マス目から書くこと。

条件2　：　文章の分量は、330字以内とすること。

条件3　：　数字や小数点、記号についても1字と数えること。

（例）| 4 | 2 | . | 5 | ％ |

┌─────────────────────────────────┐
│　　　　　これで、問題は終わりです。　　　　　│
└─────────────────────────────────┘

Ｋ 教英出版

【適Ⅲ】

太郎くんは、さっそく、用意した液体の性質を調べることにしました。

次の【実験1】をもとに、問2に答えなさい。

【実験1】リトマス紙やＢＴＢ溶液を使って、液体の性質を調べる

＜用意したもの＞
□液体が入ったビーカー（図3）　　□リトマス紙　　□ＢＴＢ溶液（緑色）※
□ガラス棒　　□試験管　　□保護メガネ

　※ＢＴＢ溶液：水溶液の性質を調べるもので、中性で緑色、酸性で黄色、アルカリ性で青色を示す。
　　　　　　　リトマス紙で色が変化がない場合でも、ＢＴＢ溶液では色が変化することもある。

＜方法＞
①下の図3のように、液体の入ったビーカーを用意した。

　　　図3　用意したビーカー

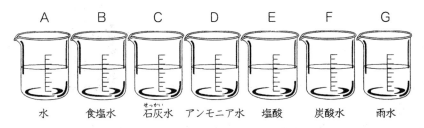

　　水　　　食塩水　　石灰水　アンモニア水　塩酸　　炭酸水　　雨水

②図3のA～Gのそれぞれの液体の性質を、次のものを使って調べ、その結果を記録した。
　　○　赤色と青色のリトマス紙に、ガラス棒で液体を少量つけて、色の変化を調べた。
　　○　液体をそれぞれ別の試験管に入れ、その中に緑色のＢＴＢ溶液を数滴たらして、色の変
　　　化を調べた。

＜記録＞

		A	B	C	D	E	F	G
		水	食塩水	石灰水	アンモニア水	塩酸	炭酸水	雨水
リトマス紙の色の変化	青色	変化なし	変化なし	変化なし	変化なし	赤色に変化	赤色に変化	変化なし
	赤色	変化なし	変化なし	青色に変化	青色に変化	変化なし	変化なし	変化なし
ＢＴＢ溶液を加えたときの色の変化		変化なし	変化なし	青色に変化	青色に変化	黄色に変化	黄色に変化	黄色に変化

問2　【実験1】から判断できることとして適切なものを、次のア～キの中からすべて選び、記号で答
　　えなさい。
　　　ア　水は中性である。
　　　イ　食塩水は、酸性である。
　　　ウ　石灰水は、二酸化炭素を通すと白くにごる。
　　　エ　アンモニア水は、気体がとけ込んでいる液体である。
　　　オ　塩酸は、銅をとかすことができる。
　　　カ　炭酸水は、アルミニウムをとかすことができる。
　　　キ　学校でためた雨水は、酸性である。

—8—

太郎くんは、水と、うすい塩酸を使って、物がとけるようすや、液体を蒸発させてとりだした固体を調べてみることにしました。

次の【実験2】【実験3】【実験4】と【まとめ】をもとに、問3〜問4に答えなさい。

【実験2】金属にうすい塩酸を注ぐ
<用意したもの>
　　□アルミニウムはく　　□スチールウール（鉄）　□うすい塩酸　　□試験管
　　□試験管立て　　□ピペット　　□保護メガネ

<方法>
　○右の図4のように、試験管に小さく
　　切ったアルミニウムはくと小さく丸
　　めたスチールウールを入れ、さらに
　　ピペットでうすい塩酸を注いだ。

図4

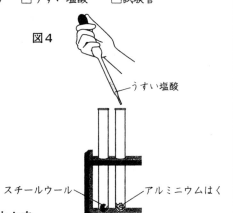

<結果>
　○アルミニウムはくとスチールウール
　　の両方ともあわをだしてとけた。

【実験3】様々な量の水で食塩をできるだけたくさんとかす
<用意したもの>
　　□食塩　　□水　　□ビーカー　　□メスシリンダー　　□計量スプーン
　　□ガラス棒　　□保護メガネ

<方法>
　①右の図5のように、3つのビーカーにそれ
　　ぞれ50mL、100mL、150mLの
　　同じ温度の水をメスシリンダーで測って入
　　れた。
　②それぞれのビーカーに、2.5mLの計量
　　スプーンで食塩をすり切り1杯ずつ入れてガラス棒でかき混ぜて、とけ残るまで計量スプーンで食塩を入れ続けた。

図5

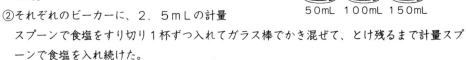

50mL　100mL　150mL

<結果>
　○それぞれのビーカーでとけた食塩の量は下の表となり、それをグラフで表した。

表

水の量（mL）	とけた食塩の量（杯）
50	6
100	12
150	18

グラフ

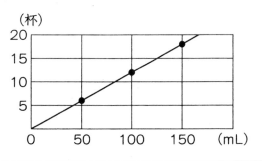

【適I

【実験4】液体を蒸発させて出てきた固体の性質を調べる

＜用意したもの＞

□【実験2】【実験3】でできた次の液体
・（アルミニウムはくをうすい塩酸でとかしたもの）
・（スチールウールをうすい塩酸でとかしたもの）
・（食塩を水でとかしたもの）
□蒸発皿　□加熱器具　□金あみ
□試験管　□ピペット　□保護メガネ

図6　液体を蒸発させる

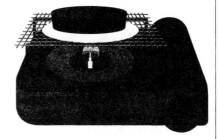

＜方法＞

① 用意した液体をそれぞれ蒸発皿に少量入れて、右の図6のように加熱器具で蒸発させ、出てきた固体の色やつやを観察した。

② ①で出てきた固体と、もとの物を右の図7のように試験管に入れ、それぞれ水を注いでとけるかどうか調べた。

図7　出てきた固体に水を注ぐ

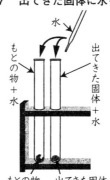

＜結果＞

	アルミニウムはく		スチールウール		食　塩	
	もとのアルミニウムはく	液から出てきた固体	もとのスチールウール	液から出てきた固体	もとの食塩	液から出てきた固体
方法①の結果	うすい銀色（つやがある）	白色（つやがない）	こい銀色（つやがある）	黄色（つやがない）	白色	白色
方法②の結果	とけなかった	とけた	とけなかった	とけた	とけた	とけた

【まとめ】

① 塩酸には、アルミニウムはくやスチールウールをとかすはたらきが（ある・ない）。

② 塩酸に金属がとけた液から出てきた固体は、とける前の金属と（同じ物・ちがう物）である。

③ アルミニウムはくやスチールウールが塩酸にとけることと、食塩が水にとけることは、ちがうようだ。

問3　【実験3】において、水を225mLにすると、食塩は計量スプーンですり切り何杯までとけると考えられますか。数字で答えなさい。また、そのように判断した理由を数字を用いて説明しなさい。

問4　【まとめ】の①～②の文章中にある（　）から適する語を選んだ組合せとして正しいものを、次のア～エの中から1つ選び、記号で答えなさい。

	ア	イ	ウ	エ
①	ある	ある	ない	ない
②	同じ物	ちがう物	同じ物	ちがう物

4

先生から「コンデンサーは電気をためることができる装置である」と教えてもらった太郎くんは、その仕組みを確かめるために、コンデンサーについて調べて分かったことを踏まえて実験をし、記録をとりました。

次の【調べて分かったこと】と【実験したこと】をもとに、問1～問3に答えなさい。
なお、ためた電気の量の単位は通常F（ファラド）を使用しますが、ここでは数値のみとします。

【調べて分かったこと】
○コンデンサーにはその仕組みによってたくさんの種類が存在するということ。
○もっとも簡単なコンデンサーは2枚の金属板を平行に並べたもので、この仕組みによってできるコンデンサーを「平行板コンデンサー」ということ。
○コンデンサーにためることができる電気の量は、「直列につなぐ乾電池の数」「金属板の面積」「2枚の金属板の間隔」によって変化するということ。

【実験したこと】
○実験には、下の図のような装置を使用し、つなぐ電池の数や正方形のアルミ板の大きさは変えられるようにした。

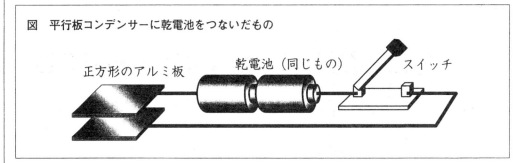

図　平行板コンデンサーに乾電池をつないだもの

正方形のアルミ板　　　乾電池（同じもの）　　　スイッチ

【実験1】　直列につなぐ電池の数とためられる電気の量を調べる
　<方法>　上の図の乾電池の数を変えて、ためられる電気の量を測定し、記録をとった。このとき、1辺が10cmの正方形のアルミ板を2枚使用し、アルミ板の間隔を2mmとした。
　<結果>　表1

乾電池の数（個）	0	1	2	3	4	5	6
電気の量	0	7.5	15.0	（ア）	30.0	37.5	45.0

【実験2】　アルミ板の面積とためられる電気の量を調べる
　<方法>　上の図の正方形のアルミ板の面積を変えて、ためられる電気の量を測り、記録をとった。このとき、乾電池を1つ使用し、2枚のアルミ板はともに同じ大きさで、アルミ板の間隔は2mmとした。

<結果> 表2

アルミ板の1辺の長さ（cm）	0	10	20	30	40	50	60
電気の量	0	7.5	30.0	67.5	（イ）	187.5	270.0

【実験3】 アルミ板の間隔とためられる電気の量を調べる

<方法> 11ページの図の正方形のアルミ板の間隔を変えて、ためられる電気の量を測り、記録をとった。このとき、乾電池は1つ使用し、正方形のアルミ板は、1辺が10cmのものを使用した。

<結果> 表3

アルミ板の間隔(mm)	0	1	2	3	4	5	6
電気の量	×	15.0	7.5	5.0	3.75	3.0	2.5

問1　<結果>の表1・表2にある（ア）と（イ）にあてはまる値を数字で答えなさい。

問2　アルミ板の間隔と電気の量の関係を調べるために、<結果>の表3の結果をもとに、グラフを作成しました。このグラフの形として正しいものを、下のア～エの中から1つ選び、記号で答えなさい。ただしグラフの横軸はアルミ板の間隔を、縦軸は電気の量を示しています。

ア

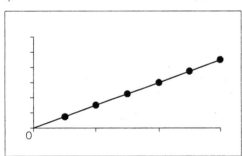

イ

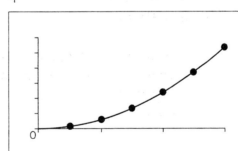

ウ

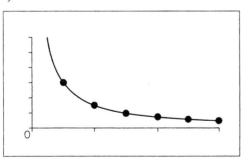

エ

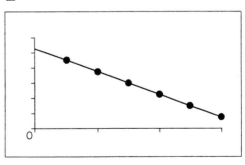

問3　直列つなぎにした乾電池を3個使用して、面積が10cm²のアルミ板2枚を並べてコンデンサーを製作し、コンデンサーにためられた電気の量を測ったところ、9.0となりました。このとき、アルミ板の間隔は何mmですか。数字で答えなさい。

　　花子さんのクラスでは、近くの公園で自然観察を行いました。公園には大きな池があり、花子さんは、池の中の様子を観察しました。

　　次の【花子さんと先生の会話】をもとに、問1に答えなさい。

【花子さんと先生の会話】

花子さん：池の中の浅いところにたくさんの水草が茂(しげ)っています。何という水草ですか。
先　　生：これはオオカナダモですね。学校の理科室にあるメダカの水そうの水草と同じものです。
花子さん：見たことがあります。でも、この池のオオカナダモのまわりには、アメリカザリガニやオタマジャクシなど、たくさんの生き物が観察できます。
先　　生：実は、花子さんがこの池で観察している生き物の多くは「外来生物」とよばれる生き物です。オオカナダモも外来生物の1つです。
花子さん：「外来生物」は、もともと日本にいない生き物なのですか。
先　　生：はい。自然環境(かんきょう)への影響(えいきょう)を考えて、「外来生物」の取り扱(あつか)いにはルールが定められていますが、オオカナダモは植物のはたらきについて観察しやすい植物なので、学校にあるオオカナダモを使って、実験をしてみましょう。

問1　次のア～エの文章の中から、【花子さんと先生の会話】の下線部の内容として最も適するものを
　　　1つ選び、記号で答えなさい。

　　　ア　強い毒(どく)によって人の健康に害を及(およ)ぼす。
　　　イ　取り除(のぞ)くのに多大な費用と人員が必要となり、多額の税金が投入される。
　　　ウ　人の食用として活用することにより、食糧(しょくりょう)問題(もんだい)が解決する。
　　　エ　食物連鎖(れんさ)の関係がくずれ、もともと日本にいた生き物が減少する。

公園での自然観察のあと、花子さんは、学校の理科室の水そうにある「オオカナダモ」を使って、実験をしました。

次の【実験】をもとに、問2〜問4に答えなさい。

【実験】オオカナダモに光を当てて、試験管の中の様子を観察する

<用意するもの>
　　□オオカナダモ3本（暗い所に一昼夜置いたもの）
　　□水道水（一度ふっとうさせて、25℃にしたもの）
　　□試験管3本　　□ストロー1本
　　□アルミニウムはく1枚（試験管をおおうことができるもの）
　　□試験管立て　　□水そう　　□ゴム栓　　□電球（光源として使用）

図1　実験の様子

<手順>
①A・B・Cの3本の試験管を用意し、すべての試験管に、25℃にした水道水を同じ量入れた。
②BとCの試験管には、ストローを使用して十分息を吹き込んだ。
③オオカナダモを、茎の先端を下向きにして、A・B・Cのすべての試験管に入れてゴム栓をした。さらに、試験管Cは、光が当たらないように、アルミニウムはくでおおった。

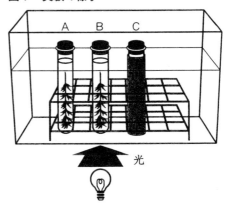

④上の図1のように、25℃の水道水が入った水そうの中に、試験管立てごとA・B・Cの3本の試験管を沈め、電球を使って試験管の正面から十分光を当てた。

<結果>
○A・B・Cの3本の試験管のうち、（　　　）の試験管に入っているオオカナダモから最も多くの気泡（あわ）が発生し、ほかの試験管のオオカナダモからはあまり気泡が見られなかった。

問2　<結果>の（　　）に、A〜Cの中からあてはまるものを1つ選び、記号で答えなさい。

問3　<結果>の下線部の「気泡」には、植物に光を当てることによって発生するある気体が、普通の空気中と比べて多く含まれています。その気体の名称を答えなさい。

問4　この実験で、Cの試験管を用意したのはなぜですか。その理由を説明しなさい。

問題は以上です。

【適[